2020年主题出版重点出版物

"十三五"国家重点图书出版规划项目
国家自然科学基金应急项目系列丛书

迈向高质量发展之路

郭克莎 等 著

科学出版社
北京

内 容 简 介

本书对推动我国经济高质量发展的背景、内涵、路径及政策取向展开理论联系实际的研究，描述了我国经济由高速增长转向高质量发展的历史轨迹，并进行了国际比较分析。主要研究范围包括区域经济和就业、创新驱动、产业结构调整升级、生态环境保护、指标体系、统计体系和评价体系在推动高质量发展中的地位和作用，有理论性探索，也有实证性分析，同时提出了一些政策措施和建议。

本书可供专业研究人员、政府工作人员、企事业单位工作人员及高等院校经济管理类学生阅读参考。对于希望了解我国经济高质量发展进程的广大读者来说，本书将为您提供有益的视野、观察点和专业资料，将给您带来新的启示和帮助。

图书在版编目（CIP）数据

迈向高质量发展之路／郭克莎等著．—北京：科学出版社，2020.9

（国家自然科学基金应急项目系列丛书）

2020年主题出版重点出版物 “十三五”国家重点出版物出版规划项目

ISBN 978-7-03-065772-5

Ⅰ.①迈… Ⅱ.①郭… Ⅲ.①中国经济—经济发展—研究 Ⅳ.①F124

中国版本图书馆CIP数据核字（2020）第141266号

责任编辑：李 莉／责任校对：贾娜娜

责任印制：张 伟／封面设计：有道设计

科 学 出 版 社 出版

北京东黄城根北街16号

邮政编码：100717

http://www.sciencep.com

北京虎彩文化传播有限公司印刷

科学出版社发行 各地新华书店经销

*

2020年9月第 一 版 开本：720×1000 B5

2020年12月第二次印刷 印张：28 3/4

字数：410 000

定价：168.00元

（如有印装质量问题，我社负责调换）

国家自然科学基金应急项目系列丛书编委会

总序

为了对当前人们所关注的经济、科技和社会发展中出现的一些重大管理问题快速做出反应，为党和政府高层科学决策及时提供政策建议，国家自然科学基金委员会于 1997 年特别设立了管理科学部主任基金应急研究专款，主要资助开展关于国家宏观管理及发展战略中急需解决的重要的综合性问题的研究，以及与之相关的经济、科技和社会发展中的“热点”与“难点”问题的研究。

应急管理项目设立的目的是为党和政府高层科学决策及时提供政策建议，但并不是代替政府进行决策。根据学部对于应急管理项目的一贯指导思想，应急研究应该从“探讨理论基础、评介国外经验、完善总体框架、分析实施难点”四个主要方面为政府决策提供支持。每项研究的成果都要有针对性，且满足及时性和可行性要求，所提出的政策建议应当技术上可能、经济上合理、法律上允许、操作上可执行、进度上可实现和政治上能为有关各方所接受，以尽量减少实施过程中的阻力。在研究方法上要求尽量采用定性与定量相结合、案例研究与理论探讨相结合、系统科学与行为科学相结合的综合集成研究方法。应急管理项目的承担者应当是在相应领域中已经具有深厚的学术成果积累，能够在短时间内（通常是 9~12 个月）取得具有实际应用价值成果的专家。

作为国家自然科学基金专项项目，管理科学部的应急管理项目已经逐步成为一个为党和政府宏观决策提供科学、及时的政策建议的项目类型。与国家自然科学基金资助的绝大部分（占预算经费的 97% 以上）专注于对经济与管理活动中的基础科学问题开展理论方法研究的项目不同，应急管理项目面向国家重大战略需求中的科学问题，题目直接来源于实际需求并具有限定性，要求成果尽可能贴近实践应用。

应急管理项目要求承担课题的专家尽量采用定性与定量相结合的综合集成方法，为达到上述基本要求，保证能够在短时间内获得高水平的研究成果，项目的承担者在立项的研究领域应当具有较长期的学术积累和数据基础。

自 1997 年以来，管理科学部对经济、科技和社会发展中出现的一些重大管理问题做出了快速反应，至今已启动 101 个项目，共 833 个课题，出版相关专著 57 部。已经完成的项目取得了不少有影响力的成果，服务于国家宏观管理和决策。

应急管理项目的选题由管理科学部根据国家社会经济发展的战略指导思想和方针，在广泛征询国家宏观管理部门实际需求和专家学者建议及讨论结果的基础上，形成课题指南，公开发布，面向全国管理科学家受理申请；通过评审会议的形式对项目申请进行遴选；组织中标研究者举行开题研讨会议，进一步明确项目的研究目的、内容、成果形式、进程、时间节点控制和管理要求，协调项目内各课题的研究内容；对每一个应急管理项目建立基于定期沟通、学术网站、中期检查、结题报告会等措施的协调机制以及总体学术协调人制度，强化对于各部分研究成果的整合凝练；逐步完善和建立多元的成果信息报送常规渠道，进一步提高决策支持的时效性；继续加强应急研究成果的管理工作，扩大公众对管理科学研究及其成果的社会认知，提高公众的管理科学素养。这种立项和研究的程序是与应急管理项目针对性和时效性强、理论积累要求高、立足发展改革应用的特点相称的。

为保证项目研究目标的实现，应急管理项目申报指南具有明显的针对性，从研究内容到研究方法，再到研究的成果形式，都具有明确的规定。管理科学部将应急管理项目的成果分为四种形式，即专著、政策建议、研究报告和科普文章，本丛书即应急管理项目的成果之一。

希望此套丛书的出版能够对我国管理科学政策研究起到促进作用，对政府有关决策部门发挥借鉴咨询作用，同时也能对广大民众有所启迪。

国家自然科学基金委员会管理科学部

2020 年 9 月

前言

党的十九大报告提出，“我国经济已由高速增长阶段转向高质量发展阶段”[①]。这是我国经济发展进入新时代的基本特征，也是党中央对我国经济发展趋势的重大判断。改革开放以来，我国坚持以经济建设为中心，不断深化改革和扩大开放，国民经济经历了一个高速增长的阶段。从 1978 年到 2017 年，我国国内生产总值（gross domestic product，GDP）按不变价计算增长 33.5 倍，年均增长 9.5%，远高于同期世界经济 2.9% 左右的年均增速。我国人均 GDP 不断提高，由低收入国家跨入中等偏上收入国家行列。2017 年我国人均 GDP 为 59 660 元，扣除价格因素，比 1978 年增长 22.8 倍，年均实际增长 8.5%。我国人均国民总收入（gross national income，GNI）由 1978 年的 200 美元提高到 2016 年的 8250 美元，超过中等偏上收入国家平均水平。2017 年我国 GDP 折合 12.3 万亿美元，占世界经济总量的 15% 左右，经济规模从 2010 年以来稳居世界第二位。随着经济总量的扩大，我国经济高速增长阶段基本结束，转向了高质量发展的新阶段。这是经济长期发展的历史性转变，指出并阐明这种阶段性转变具有重大的实践意义。

2017 年底召开的中央经济工作会议进一步指出，推动高质量发展，是保

① 习近平：《决胜全面建成小康社会　夺取新时代中国特色社会主义伟大胜利——在中国共产党第十九次全国代表大会上的报告（2017 年 10 月 18 日）》，人民出版社，2017 年，第 30 页。

持经济持续健康发展的必然要求，是适应我国社会主要矛盾变化和全面建成小康社会、全面建设社会主义现代化国家的必然要求，是遵循经济规律发展的必然要求。推动高质量发展是当前和今后一个时期确定发展思路、制定经济政策、实施宏观调控的根本要求，必须加快形成推动高质量发展的指标体系、政策体系、标准体系、统计体系、绩效评价、政绩考核，创建和完善制度环境，推动我国经济在实现高质量发展上不断取得新进展。因此，加强对推动经济高质量发展的研究，成为近几年经济理论界的一项重要任务。

正是在这个背景下，为落实十九大精神及中央经济工作会议精神，深化对高质量发展问题的理论研究，国家自然科学基金委员会管理科学部 2018 年第 2 期应急管理项目设立了“促进我国经济由高速增长转向高质量发展研究”的研究项目。经过项目招标、投标、答辩和专家评审，管理科学部确定了一个总课题和六个子课题，其中由郭克莎教授（华侨大学、中国社会科学院经济政策研究中心）担任总课题负责人，子课题负责人分别为：汪红驹研究员（中国社会科学院财经战略研究院）、贺俊研究员（中国社会科学院工业经济研究所）、史丹研究员（中国社会科学院工业经济研究所）、吕延方教授（华侨大学）、宋旭光教授（北京师范大学）、雷家骕教授（清华大学）。

项目开题后，总课题和各个子课题分别按计划进行研究。在国家自然科学基金委员会管理科学部的指导下，各个课题组接受了项目中期检查，并于 2019 年 12 月 3 日通过了结题评审验收。项目研究过程取得了一批阶段性成果，主要体现在以下四个方面：一是政策研究报告，主要通过国务院研究室《送阅件》、中国社会科学院《要报》、经济日报《经济内参》等内部刊物报送中央有关部门，其中有 4 篇报告获得中央领导的 7 份批示，发挥了为决策提供咨询服务的作用；二是理论宣传文章，主要发表在《人民日报》《光明日报》《经济日报》等重要报纸上，为推动经济高质量发展发挥了理论宣传的作用；三是参与中央部委课题研究，部分项目组人员参与中央部委的相关课题，应用了本课题的一些方法、观点和结论；四是学术性论文，已经或即将发表在国内有影响的学术期刊上。

项目最终成果的文字规模比较大，在此基础上，每个课题组把主要内容提炼为一章的篇幅，形成了本书的基本结构。各章的重点内容简介如下。

第一章为总论，主要研究三个方面的内容：①推动我国经济高质量发展的背景和内涵；②高速增长转向高质量发展的理论模型和预测分析；③推动我国经济高质量发展的思路和政策。主要思路是：坚持以深化供给侧结构性改革为主线，推进创新驱动和全要素生产率（total factor productivity，TFP）提升，加快产业结构转型与产品质量升级，注重经济发展与资源环境的协调，构建高质量发展的指标体系、绩效评价等体系。主要改革要求是：加快改革和完善市场经济体制，着力深化国资国企改革，深化财税体制改革和建立现代财政制度，推动更好服务实体经济的金融体制改革。主要政策取向是：强化创新发展政策，加强生态环保政策，完善区域协调政策，推进对外开放政策，创新宏观调控政策。

第二章主要从经济走势、区域和就业角度分析我国经济高质量发展的趋势，主要研究三个方面的内容：①我国经济高质量发展面临的形势；②影响我国经济高质量发展的问题和风险；③我国经济高质量发展的趋势和特点。当前及今后一段时期，我国的城镇化不仅需要量上的推进，更需要通过城乡协调发展，提高城乡发展质量；参与社会劳动仍将是绝大多数人获取收入的最主要渠道，就业是最大的民生；推动经济高质量发展是我国跨越中等收入陷阱的根本途径。

第三章重点剖析我国不同类型产业技术赶超的困境和突破思路，主要研究三个方面的内容：①集成电路“由弱到强”的关键是加强产业和政策的统筹协调；②数字经济跨越发展要防止美国技术路线调整对我国技术优势的颠覆；③化工产业技术突破应加强跨行业的技术融合。政府应落实财税、金融、土地、职工安置等支持政策，同时破除跨地区、跨所有制、跨行业兼并重组的体制机制障碍，积极创造本土化工的优势终端空间，引导国内化工企业兼并重组从“规模整合”转向“规模整合”与“特色分化”并重。

第四章主要从产业结构角度阐述推动高质量发展的观点：①关于从产业结构推动经济高质量发展的观点；② 关于产业发展质量演进及绿色发展的观点；③关于合理应对中美贸易战的观点。为了减弱美国发起的贸易战对我国的不利影响，我国要实行更高水平的对外开放，将政策着力点转向为高端要素集聚提供先进制度平台和软硬件环境，促使各类市场主体共享扩大开放的成果。

第五章从绿色发展的实证分析中得出若干结论：①以经济高质量发展主要指标为基础，开发生态环境保护的发展测度体系，分析主要核心指标演进趋势；②基于区域方位的生态环境差异性，分析我国省域经济发展与环境耦合的协同机制，探索我国省域生态包容化调整的主要方向和路径；③以主要制造业为样本，揭示经济增长与包容、绿色之间的横向关联，给出我国主要行业绿色包容性发展的变化路径和演进模式。

第六章构建我国经济高质量发展的指标体系，并探讨统计体系和评价体系的建设问题：①经济高质量发展指标体系的构建及测算；②经济高质量发展统计体系的建设；③经济高质量发展评价体系建设的重点，一是与地方发展目标相结合，二是分级分类评价，三是适当引入主观评价，四是设置负面评价清单。

第七章就创新驱动高质量发展提出独到的观点和政策主张：①认为高质量发展主要体现在社会净财富的持续增长和技术进步对于社会净财富增长的贡献份额增大到适当程度，以及新增财富分配的相对公平；②揭示创新驱动高质量发展的主要要求；③基于国际经验揭示创新驱动高质量发展的基本途径；④从理论上揭示创新驱动高质量发展的内在机理；⑤构建科技创新驱动经济高质量发展的测度方法，并以北京市为例进行实证分析；⑥提出创新驱动高质量发展需要实施的重点策略。

总的来看，推动我国经济高质量发展是一个巨大的系统工程，也是一个长期的演进过程，各个课题组只是从不同视角对高质量发展的有关方面进行了初步的分析探索。由于水平有限、时间较紧，本书中的许多观点还不成熟、不完善，难免存在疏漏或不妥之处。我们期望得到读者尤其是专家学者的批评指正，更期望大家一起来推进这个方面的深入研究。

在本书稿即将付梓之际，我们要感谢国家自然科学基金委员会管理科学部对这个项目的支持和资助，感谢国家自然科学基金委员会管理科学部杨列勋副主任、刘作仪副主任、任之光处长、张江华主任、苗成林主任对项目研究过程的指导和帮助，感谢项目中期检查评审时黄群慧研究员、闫坤研究员对课题组阶段性成果提出的重要修改意见，感谢项目结题验收时的评审专家李善同教授、吕炜教授、杨开忠教授、洪俊杰教授对课题组最终成果的深度点评，感谢科学出版社经管分社马跃社长及李莉编辑为本书出版付出的辛勤劳动。同时，我作为这个项目的总牵头人，还要感谢各个子课题负责人、各位研究人员的大力支持和帮助，感谢陈小宁研究助理所做的大量协助和服务工作。在此，谨向在项目立项到结题、书稿写作到出版的过程中做出贡献的所有人员，一并致以诚挚的感谢！

郭克莎

2020 年 8 月

目录

第一章

总论：促进我国经济高质量发展

第二章

我国经济高质量发展的内涵、趋势和特点研究

第三章
我国经济高质量发展与推进创新驱动发展研究

第四章
我国经济高质量发展与产业结构调整升级研究

第五章
我国经济高质量发展与加强生态环境保护研究

第六章
我国经济高质量发展的指标体系、统计体系和评价体系研究

第七章
创新驱动高质量发展的机制及对策研究

迈向高质量发展之路

第一章

总论：促进我国经济高质量发展

十九大报告指出，“我国经济已由高速增长阶段转向高质量发展阶段”（习近平，2017）。这标示着长期以来依靠高投入推动高增长的模式已经不能持续，必须向依靠提升效率、优化结构、转换动力的发展模式转变。如何理解我国经济由高速增长转向高质量发展的背景、要求和趋势，通过什么政策和路径推动经济高质量发展，需要我们理论联系实际进行深入的研究。

第一节

推动我国经济高质量发展的背景和内涵

一、国际经济环境变化对我国经济发展方式的挑战

2008 年国际金融危机之后，世界经济复苏进程缓慢，全球经济治理体系、国际经济秩序乃至世界经济格局正在重新调整，经济全球化出现了逆转的风险。国际经济环境的新变化给我国经济发展方式带来了冲击。

一是外需低迷带来的影响。这轮国际金融危机爆发后，各国均采取积极措施促进本国经济发展，但世界经济增速、国际贸易和投资增速一直没有恢复到危机前的水平。其中的原因是多方面的，包括：国际金融危机严重破坏了世界经济增长动力，新的自主增长动力没有形成（杨伟民，2018）；各国尤其是主要发达国家的全要素生产率增速下降，新技术、新产业、新模式虽不断涌现，但对整个经济仍缺乏根本性的带动效应。同时，我国已成为世界经济增长的主要力量，世界经济增长对我国的带动力减弱。外需低迷增加了经济不确定性，使我国利用世界经济较快增长机遇加快自身发展的条件发生了变化（刘志彪，2018）。

二是全球产业分工体系重构。主要表现在：发达国家推行再工业化战略，一些高端制造业出现了回流现象；部分资源型国家的资源衰竭，打破了原有的全球产业分工体系；中国的劳动力、原材料等成本上升，使得一些低端制造业转移至东南亚、非洲等地区。新一轮技术革命和产业变革正在蓬勃兴起，激烈的国际竞争将改变全球产业分工的格局，并对我国经济产生重大冲击。

三是经济全球化出现变化。世界经济增长放缓使国际市场竞争日益加剧，各国内部需求不足使贸易保护主义抬头，发达国家的再工业化政策使某些制造业回流，特朗普政府挑起了国际贸易摩擦尤其是对中国的贸易战，这些新因素、新现象形成了经济全球化的逆流，使中国原有的依靠扩大出口带动经济增长的模式面临新的严峻挑战。

二、我国经济由高速增长转向高质量发展的内在要求

（一）社会主要矛盾变化对发展方式提出新要求

我国社会主要矛盾已经转化为人民日益增长的美好生活需要和不平衡不充分的发展之间的矛盾。经济发展的主线要围绕解决主要矛盾展开，推动高质量发展是解决发展不平衡不充分问题的必然要求，是满足人民对美好生活需要的根本途径。这是推动高质量发展的需求方面的原因（杨伟民，2018；田秋生，2018；刘志彪，2018；张军扩等，2019；周文和李思思，2019）。

（二）制约我国经济发展的长期性问题凸显

从供给角度看，中国经济发展的要素条件与市场环境已发生巨大变化，已经无法支撑高速增长。社会供给由短缺阶段进入过剩阶段，本质是商品质量不高，不能适应需求的变化。同时，在要素成本方面，我国电力、天然气、物流等成本较高，环境成本、土地成本、人工成本在上涨。面对以上状况，传统的经济增长方式不可持续，唯有转变发展方式，走集约化发展道路。这是推动高质量发展的供给方面的原因（杨伟民，2018；田秋生，2018）。

（三）我国基本实现社会主义现代化的必要条件

在全面建成小康社会阶段，主要解决经济总量和经济体系完整性问题。

在全面建设社会主义现代化国家阶段，主要解决经济质量和经济现代化问题。现代化的经济体系必然是高质量的。为加快建设现代化经济体系，实现建成现代化国家的目标，必须以提高经济质量、优化经济结构为重点（杨伟民，2018；林兆木，2018；李彩华，2019），这是推动高质量发展的根本要求。

三、推动我国经济高质量发展的主要内容

总体上说，高质量发展是发展观念的提升，是增长模式的转变，是发展动力的转换，是资源配置方式的优化。从我国发展趋势和需要来看，推动经济高质量发展要实现更加充分的发展、更加均衡的发展，包括在经济总量稳步增加的基础上，实现经济效率的提升、经济结构的优化、经济可持续发展和发展成果共享。

（一）高质量发展与稳定增长

经济发展质量与速度之间存在相互矛盾、相互依存的辩证关系。经济增速过快可能降低发展质量，但经济发展质量的提升需要一定的经济增速支撑。经济高质量发展首先意味着增长速度的转变（王永昌和尹江燕，2019），但如果经济增长出现停滞甚至经济衰退，那么经济发展质量亦无从谈起（吴利学和贾中正，2019）。当前，中国经济正在由高速增长阶段转向中高速增长阶段。从国际经验来看，几乎所有发展中国家（或地区）的经济增长速度都呈倒“U”形，在经济发展水平达到一个较高的阶段后，经济增速都会出现回落，经济将进入一个新的较低增长阶段。2012 年以来我国经济增长由高速增长转向中高速增长，这是经济发展阶段变化的结果，是符合经济发展规律的。

我们不再片面追求经济增长的速度，而是要着力提升经济发展质量。但这并不意味着要放弃规模和速度，也不能忽视增长速度的重要性。只有保持经济运行在合理区间，才能为推进发展方式转变和结构调整腾挪空间，没有

一定的经济增长速度就没有真正的经济发展质量。“经济运行的合理区间”“一定的经济增长速度”是指 5%~7% 的经济增速，这属于中速或中高速增长（郭克莎，2016；吴利学和贾中正，2019）。经济增速取决于国内外市场环境、经济结构、经济效益，尤其取决于经济发展进程中不同历史阶段起主导作用的增长动力。目前，我国具有保持中高速稳定增长的潜力和韧性，动力源自全要素生产率贡献率[①]的上升和制度红利的释放。根据美国哈佛大学教授库珀的预测，结合我国新常态的几个特点，经济结构优化、发展方式转变、增长动力转换将是一个相当长期的过程，中国保持中高速增长的持续时间可能超过 20 年（郭克莎，2016）。

保持经济稳定性是处理好速度与质量关系的一项重要内容。在推动高质量发展过程中重视经济运行的稳定性，有利于防范经济波动带来的问题与风险。根据有关研究，稳定性高就是经济运行平稳、重大风险可控、资源环境可承载、发展成果包容共享。未来一段时期，影响经济稳定性的主要问题是经济增速下行压力及由此产生的金融风险，必须适度且有效地运用好宏观调控政策，既不过度刺激使经济增长超出潜在增长水平，而且要采取必要的宏观政策避免经济增长明显低于潜在增长水平，特别是要防止出现经济危机从而打乱经济生活的正常循环，为发展质量提升创造良好的宏观环境（国家发展改革委经济研究所课题组，2019）。

（二）创新发展与全要素生产率增长

经济高质量发展要求提高经济发展的质量和效益，依靠潜在增长率的提高带动长期的经济增长，而不是靠自然资源或政策刺激超越潜在增长率增长。也就是说，经济高质量发展的根本在于提高劳动生产率和全要素生产率（陈昌

---

① 贡献率是某一因素的贡献量（增长量或增长程度）与总贡献量（总增长量或总增长程度）之比乘 100%，指该因素的增长量（程度）占总增长量（程度）的比重。

兵，2018）。根据有关研究文献，我国经济进入新常态以来，全要素生产率对经济增长的贡献是提高的，全要素生产率的贡献率由2000~2011年的32.7%提高到2012~2016年的40.7%（郭春丽等，2018）。这方面的增长因素分析结果可能存在争议，还有必要进行更为深入的研究。可以说，如果全要素生产率在经济增长中的份额较大，有内生动力保持经济的高效率，那么动力转换和效率提升是统一的（国家发展改革委经济研究所课题组，2019）。

创新是引领发展的第一动力，高质量发展更需创新引领。当今世界经济社会发展更多地依赖于理论、制度、科技、文化等领域的创新，国际竞争力越来越体现在创新能力上（林兆木，2018）。在新发展理念中，创新理念涵盖技术创新、管理创新和制度创新等。创新对全要素生产率增长的作用渠道为：一方面，技术创新推动技术进步，直接带动全要素生产率的提高；另一方面，管理和制度等方面的创新活动有利于调动劳动者充分发挥智慧才智的积极性和创造性，合理配置生产要素，提高技术创新能力和要素配置效率，进而提高全要素生产率增长率。科学发现、技术发明和产业创新是实现高质量发展的关键动因，只有创新驱动的经济才能实现持续的高质量发展，尤其是技术创新（金碚，2018）。产业和企业的技术创新是从科学发现、技术发明到产业化这一完整链条中最终进入技术产品的市场实现过程的关键环节。管理和制度等方面的创新活动包括体制机制创新等改革措施、拆除行业进入和退出壁垒、通过竞争机制实现优胜劣汰、消除生产要素流动的制度性障碍等。也就是说，管理和制度等方面的创新活动有利于增强高质量发展的动力。

目前，中国的创新驱动在创新条件、创新过程和创新结果三个维度上面临着相应的制约因素。在创新条件上表现为：财政政策支持力度不到位，基础研究投入不足，从根本上制约了中国科技水平的提升，知识产权保护供给与需求不匹配，劳动力质量红利开发不足，科技人员的激励机制不健全（钞小静和薛志欣，2018；郭朝先，2019）。在创新过程上表现为：研究企业创新能力培育不足，企业家精神有限，受到所有制问题掣肘。在创新结果上表现为：创新成果转化不畅，多元创新共同体系未形成，创新体系整体效能不高（钞小静和薛志欣，2018；王一鸣，2018；国家发展改革委经济研究所课题组，2019）。

为提升全要素生产率，促进经济高质量发展，应在创新驱动的条件改善、过程完善、结果提升三个维度上下功夫。加大政府在创新方面的财政投入，改革知识产权保护体系，重视劳动力质量投资，培养造就高水平人才和创新团队；推进企业研发平台建设，充分激发企业家精神，深化混合所有制企业改革；加快搭建创新成果转化平台，推进创新共同体构建进程（钞小静和薛志欣，2018；史丹等，2018；郭朝先，2019；吴金明，2018）。在微观层面上，要调动科技人员的积极性和企业创新活力；在中观层面上，要推动金融、房地产与实体经济，生产性活动与非生产性活动报酬结构的再平衡；在宏观层面上，要维持较高的企业纵向流动性，打开创新创业企业成长空间，为创新驱动提供不竭动力（赵昌文，2017；金碚，2018）。

（三）协调发展与结构升级

高质量发展是保持国民经济重大比例关系协调，空间布局合理，生产、流通、分配、消费各环节循环顺畅的发展（林兆木，2018）。协调发展涵盖城乡、区域、经济、社会等各个方面，主要是为了解决我国现阶段经济社会发展中的结构性问题，即不平衡、不协调和不可持续的问题。这就意味着，经济协调发展客观上具有推动产业结构、经济结构乃至经济社会结构转型升级的作用。

在促进结构升级的过程中，我们面对的是以下几个方面的结构问题。

（1）供给结构不适应需求结构变化。从宏观层面看，一是产业结构对需求结构的变化不适应。我国供给体系存在的主要问题是，中低端工业品产能过剩，高端供给相对匮乏。随着我国中等收入群体比重的迅速提高，对高档商品和服务的需求快速增加。二是产品与服务在质量、档次和品种上的供给与需求结构不均衡。结构性供需失衡的根源是供给体系的质量和效率较低（钞小静和薛志欣，2018）。

（2）产业内部的结构失衡。一是产业内部结构不合理。目前第一产业中现代农业比重偏低，第二产业中现代制造业比重偏低，第三产业中现代服务业比重偏低，产业结构的层次不高。在工业内部结构上，一般要素密集型产业与技术密集型产业的比例失衡。结构性矛盾表现为资金和资源密集型产业的工业产能过剩，处于全球价值链的中低端，制造业生产效率出现下降趋势（黄群慧等，2017）。我国高新技术产业面临着创新基础薄弱、缺乏核心和关键共性技术的问题（钞小静和薛志欣，2018）。二是有效供给不足与产能过剩。表现为高技术、高质量的产品供给不足，在一些核心技术领域仍然存在进口依赖，而一般性的生产能力严重过剩（邹薇，2018；王永昌和尹江燕，2019；刘志彪，2018）。三是新产业、新动能不足与传统产业升级缓慢并存。因此，既要重视新产业的形成和落后产能的退出，也要关注传统产业的升级改造（国家发展改革委经济研究所课题组，2019）。

（3）产业间的结构失衡。一是需要警惕逆库兹涅茨（Kuznets）过程。要注重产业结构的合理比例关系，不能一味强调扩大服务业在结构中的比重（渠慎宁和吕铁，2016；郭朝先，2019）。以制造业为主的实体经济是整个经济的关键组成部分，其重要性远非对 GDP 的贡献率所能反映，仅仅以第三产业比重的提升作为高质量产业结构的重要指标是不科学的（周文和李思思，2019）。二是房地产、金融业与实体经济失衡。实体经济与虚拟经济比例失衡是我国经济的结构性问题。突出表现为更多社会资源涌入房地产和金融领域，且在金融体系内部自我循环、自我膨胀，金融不能很好地服务于实体经济（刘志彪，2018）。在实体经济下行的条件下，金融业和房地产业快速扩张。2017 年金融业和房地产业在现代服务业中的比重约为 40%，在第三产业中的比重接近 30%，已达到或高于发达国家水平，这是资金脱实向虚的结果，将累积金融风险（郭克莎，2019）。三是现代制造业与现代服务业发展不充分。我国的制造业大多数处于全球价值链的中低端，附加价值较低，竞争力不强；同时，现代服务业特别是生产性服务业发展处于滞后状态，与世界同类国家相比水平明显偏低（王永昌和尹江燕，2019）。

为促进结构升级，实现经济协调高质量发展，应加强以下几个方面：一是提高技术创新对实体经济发展的贡献率。依靠技术创新，增强发展核心技术的能力，增加制造业产品附加值，使制造业向中高端转型，提高产业竞争力和产业链水平（周文和李思思，2019）。二是着力突出结构性改革。在消除无效或低效供给的同时，增强有效供给能力，实现资源优化配置，使供给体系更好地适应需求结构变化（邹薇，2018）。必须充分考虑新旧动能转换的速度和节奏，既要避免旧动能退出过快、新动能不能接续而造成经济失速，也要防止旧动能退出过慢、挤占新动能发展空间导致质量提升缓慢（国家发展改革委经济研究所课题组，2019）。三是提升产业融合水平。提高工业化和信息化深度融合水平及制造业与服务业的融合水平，构建生产性服务业与制造业和农业的协同发展体系，建立有效循环的产业价值链以实现价值增值。寻求服务业和制造业发展之间科学合理的比例关系，推动服务业和制造业协调发展。（周文和李思思，2019）。

（四）绿色发展与生态保护

绿色发展是高质量发展的现代特征，它不仅是新时代中国人民对美好生活的迫切需要，也是经济社会可持续发展的内在要求。过去，我国粗放的发展方式在带来经济快速增长的同时，也造成环境污染严重、生态系统退化等问题。多年来，国家大力推进环境保护，取得了积极进展，但从总体上看，环境保护仍然滞后于经济社会发展。经济社会发展不平衡不充分的表现之一是生态破坏、环境污染、优质生态产品供给不足与人民日益增长的优美环境需要之间的矛盾（裴长洪和赵伟洪，2019）。环境保护成为全面建成小康社会的一个短板，主要是一些地区将经济发展与环境保护对立起来，以牺牲生态环境换取眼前和局部的利益（邵彦敏，2018）。

绿色发展理念注重的是人与自然和谐共生，绿色发展主要包括三个方面的内容：经济发展方式的低碳、集约、可循环和可持续性；经济社会发展与自然生态环境的和谐统一；人们生活方式的生态化（王永昌和尹江燕，2019）。新时代的高质量发展要求绿水青山就是金山银山，即通过保护和改善自然生态环境，将绿色化内化为收益、福利和财富，在得到绿水青山的同时获得经济发展。这摒弃了发展生产与保护环境相对立的僵化思维，为我国高质量的绿色发展扫清了思想障碍，指明了产业发展与生态保护协同推进的道路（裴长洪和赵伟洪，2019；刘志彪，2018）。

实现绿水青山就是金山银山的绿色发展之路，重点要做好以下几个方面的工作。一是通过创新等手段使用自然资源，构建生态经济体系。保护和改善自然环境的关键是采用节约资源的生产方式。技术、管理等方面的创新可以优化资源利用方式，提高资源利用效率，促使产业结构适应生态环境，生产过程实现产业生态化（赵昌文，2017）。发挥地区生态比较优势，遵循生态链条的循环，将生态环境优势转化为生态经济优势，通过创新促进生态产业化。二是建立健全生态管理体制和机制。从政策角度看，应着力于生态文明的强化机制建设，构建生态补偿、污染防治区域联动等机制，完善相应的监督考核机制。比如，可探索建立和健全以单位 GDP 能耗为基础的节能交易制度，建立和健全流域以水环境质量为基础的生态环境补偿机制（刘志彪，2018）。三是大力提倡绿色消费。政府应建立和健全与绿色消费相关的政策法规，营造适应绿色消费模式转变的制度环境，重视对绿色消费理念的宣传，不断提升公民的节能、环保意识，降低居民生活方式对资源环境的压力（林兆木，2018；孙红湘和张静，2018）。

综上所述，高质量发展要满足人民日益增长的美好生活需要，就要走向更加平衡、更加充分的发展，以增进人民获得感、幸福感、安全感为目标。在以高质量发展为重要目标的新时代，以往的增长逻辑、增长方式、增长动力、增长结构等将得到重构和升级，现代化经济体系最终将体现在国家经济实力不断增强、企业效益不断提升、居民收入持续增长、生态环境不断改善等方面。

四、构建高质量发展的指标体系

研究建立反映和评价我国经济高质量发展的指标体系，并以此为基础确定阶段性的量化目标，对于落实中央的政策导向，全面推动高质量发展，具有重要的理论和实践意义。

（一）高质量发展指标体系的构建思路

从理论上说，构建客观反映高质量发展状况的评价指标体系必须遵循以下基本原则。

（1）充分反映高质量发展主题。一是从“短板”维度寻找指标。高质量发展关注的重点是如何破解经济社会中存在的不平衡、不充分和不可持续的问题。只有掌握了这些问题，才能够从主要的“短板”维度总结出可行的高质量评价标准（赵剑波等，2019）。二是注意指标的多维性。高质量发展的根本性特征之一是多维性，表现在战略方向上就是政策目标多元化。高质量发展不仅体现在经济领域，而且体现在更广泛的社会、政治和文化等领域（金碚，2018; 安淑新，2018），但仅从经济角度看，可考虑从长期与短期、宏观与微观、总量与结构、全局与局部等多个维度，探讨高质量发展指标体系的构建（赵昌文,2017）。三是适度淡化经济增长指标。高质量发展的目标不是经济增速提高，而是质量和效益得到提升（何立峰，2018），指标体系应更加注重质量、结构和效益，更加关注反映人民群众多样化的美好生活需求，必须从 GDP 挂帅转为高质量发展挂帅，充分发挥指标体系的导向作用（徐莹，2018；安淑新，2018）。

（2）注重指标的可测度性和动态性。首先，可测度性是高质量发展指标的基本要求，主观性指标和数据测度歧义较大的指标不适合。主观性指标无法用一个统一的变量进行测度，不同人对于某个事物的感受存在差异，主观判断标准可能大相径庭，如对质量含义的看法（金碚，2018）。数据测度歧义较大的指标适用性较差。比如，全要素生产率作为高质量发展的核心指标，由于全国尚未有统一的测算方法和标准，各地测算方法不一，结果差距较大，难以具有可比性，要尽量避免替代数据或推算数据（徐莹，2018；李金昌等，2019）。其次，指标要体现动态性。高质量发展是一种发展状态，也是一个动态过程，在不同阶段有不同的目标导向和战略措施，随着人们认识和实践发展的深化，其发展目标、政策措施需要不断调整和更新，评价指标也需要不断调整和修正（胡敏，2018；鲁继通，2018）。

（3）区域指标应体现地区特色。我国幅员辽阔，各地发展水平差距较大，高质量发展指标要反映区域发展方式和路径的多样性。发展质量评价的一定模糊性反映了发展价值的多维性和丰富性，这决定了各个地区的发展可以有多种路径选择，致力于发挥比较优势，创造各具特色的高质量表现。由于不同的区位、资源和历史条件，各地区的经济增长速度和质量必然会有差别，各地区的特色可以成为高质量发展的基础性因素（金碚，2018）。同时，由于各个地区处于不同的工业化阶段，由高速增长转向高质量发展的进程不同，高质量发展的相对表现也不同，区域性评价指标如何反映这种现象，值得深入研究。

（4）既符合中国国情又具有国际视野。高质量发展属于中国经济发展中的实践过程，是对已有发展理念的升级，因此评价指标体系必须符合中国国情。同时，发达国家在生态环境保护、创新发展、人民福利和健康等方面的经验值得借鉴和学习。在构建指标体系的过程中，要广泛借鉴国内外比较成熟和被广为接受的经济社会发展测评体系及其最新研究成果，如“欧洲 2020 战略”、日本新经济增长战略、中国五年规划等指标体系，这些都是构建高质量发展指标体系重要的参照系，可以广为借鉴（何立峰，2018；安淑新，2018；李金昌等，2019）。

(二)高质量发展指标体系的主要内容

基于对高质量发展指标体系构建原则的理解和认识，在借鉴国内外相关指标体系的基础上，已有学者尝试构建反映高质量发展的指标体系(表1-1和表1-2)。表1-1给出了全国层面和地区层面高质量发展的评价指标体系，主要基于质量、效率、动力三个角度，表现在微观、中观和宏观层面，体现创新、协调、绿色、开放、共享的新发展理念。表1-2给出了基于五大发展理念的高质量发展指标体系相应内容。在创新发展方面，主要包括宏观效率、微观效率、创新投入、创新产出、人力资本等内容；在协调发展方面，主要包括城乡协调、产业结构、区域协调、城镇化水平、经济结构协调、经济文化协调等内容；在绿色发展方面，主要包括资源消耗、工业污染物排放，生态环境、环境治理，绿色建设等内容；在开放发展方面，主要包括开放水平、开放稳定性、开放安全性、开放效果、开放发展质量等内容；在共享发展方面，主要包括福利分配、人民生活、基础设施、脱贫攻坚等内容。

表1-1　中国经济高质量发展指标体系的总结分类

层面	来源	类别
全国层面	殷醒民(2018)	全要素生产率、科技创新能力、人力资源质量、金融体系效率、市场配置资源
	吕薇(2018)	经济结构、经济效率、经济活力、生产质量、幸福感
	刘惟蓝(2018)	产出效益、结构优化、科技创新、开放合作、绿色生态
	朱启贵(2018)	动力变革、产业升级、结构优化、质量变革、效率变革和民生发展
	徐瑞慧(2018)	增长基本面、社会维度、环境保护
	李梦欣和任保平(2019)	创新发展、协调发展、绿色发展、开放发展、共享发展
	鲁继通(2018)、张丽伟和田应奎(2019)	微观维度、中观维度、宏观维度
	任保平和文丰安(2018)	经济发展的有效性、协调性、创新性、持续性、稳定性、分享性

续表

层面	来源	类别
全国层面	何立峰（2018）	投入产出、质量效益、结构动力、风险防控、民生福祉等
	张军扩等（2019）	高效、公平、可持续
	史丹和李鹏（2019）	创新驱动、协调发展、绿色生态、开放稳定、共享和谐
	李金昌等（2019）	经济活力、创新效率、绿色发展、人民生活、社会和谐
	鲁邦克等（2019）	经济增长、创新发展、生态文明、民生发展
地区层面	刘干和郑思雨（2018）	居民发展水平、产业结构、对外贸易、科技教育、绿色环保
	李旭辉等（2019）	动力变革、产业升级、结构优化、质量变革、效率变革、民生发展
	赵德友等（2018）	收入与劳动产出水平、创新发展、协调发展、绿色发展、开放发展、共享发展
	方大春和马为彪（2019）	创新发展、协调发展、绿色发展、开放发展、共享发展
	刘丽波等（2018）	增长动能转换、产业结构优化、需求结构升级、效率效益提升、发展环境优化
	孟祥兰和邢茂源（2019）	经济发展、创新发展、绿色发展、协调发展、民生发展

表 1-2　基于五大发展理念的高质量发展指标体系

类别	内容
创新发展	宏观效率、微观效率、创新投入、创新产出（史丹和李鹏，2019）、人力资本（李梦欣和任保平，2019）
协调发展	城乡协调、产业结构、区域协调、城镇化水平、经济结构协调（史丹和李鹏，2019；李梦欣和任保平，2019）、经济文化协调（方大春和马为彪，2019；孟祥兰和邢茂源，2019；赵德友等，2018）
绿色发展	资源消耗、工业污染物排放、生态环境、环境治理（史丹和李鹏，2019），绿色建设（李梦欣和任保平，2019）
开放发展	开放水平、开放稳定性、开放安全性（史丹和李鹏，2019）、开放效果（李梦欣和任保平，2019）、开放发展质量（方大春和马为彪，2019；赵德友等，2018）
共享发展	福利分配、人民生活、基础设施（史丹和李鹏，2019）、脱贫攻坚（李梦欣和任保平，2019；赵德友等，2018）

第二节

高速增长转向高质量发展的理论模型和预测分析

一、国内外研究状况

（一）高质量发展阶段潜在增长率下降

潜在增长率下降是高质量发展的一个特征。在潜在增长率的测算方面，从 20 世纪 60 年代至今，已经涌现出大量从不同概念理解、不同角度展开研究的潜在产出和产出缺口的估计方法，各种不同的估计方法也在相互比较中不断发展与完善。目前测算经济潜在增长率的方法主要有生产函数法、消除趋势法（单变量滤波、多变量滤波等）、增长率推算法、可计算一般均衡（computable general equilibrium，CGE）模型、动态随机一般均衡（dynamic stochastic general equilibrium，DSGE）模型等。例如，Sato（2001）运用生产函数法对日本的经济潜在产出进行了估算；Mitra 等（2011）运用 HP（Hedrick-Prescott）滤波方法对印度的经济潜在产出与产出缺口进行了研究。

国内文献也应用不同的测算方法对我国潜在增长率及其趋势进行了研究。郭庆旺和贾俊雪（2004）运用消除趋势法、增长率推算法和生产函数法三种不同的方法对我国 1978~2002 年的潜在产出、产出缺口和潜在增长率进行了估算；张连城和韩蓓（2009）与许召元（2005）分别运用 HP 滤波和卡尔曼滤波法对我国经济潜在增长率和产出缺口进行了估算；梁泳梅和董敏杰（2015）运用非参数核算方法对我国经济增长来源进行了分析，并对我国潜在经济增速的趋势进行了判断。吴玉鸣（2006）、龙志和等（2012）认识到空间相关性对经济增长的重要性，开始运用空间计量模型对经济增长进行研究。

（二）高质量发展阶段经济波动趋稳

经济波动减缓是高质量发展的另一个特征。在该方面的研究中，徐高（2008）仿照 Chari 等（2007）的商业周期计量（business cycle accounting）方法首次对 1992 年之后我国产出波动下降的现象进行了探讨，他的研究发现 1992 年之后我国经济波动主要源自技术冲击和投资冲击，而技术冲击本身波动的下降是产出波动下降的主要原因。刘丹鹭（2011）通过反事实实验的方法发现，1978~1992 年第三产业的波动增加了总产出的波动，而 1993~2009 年第三产业的波动则降低了总产出的波动。该研究认为随着服务业比重的上升，当宏观经济稳定性较弱时，服务业的发展加大了宏观经济的波动；而在宏观经济稳定性较强时，服务业的发展则增强了宏观经济的稳定。方福前和詹新宇（2011）将我国国有企业改革与产出波动平稳化现象联系在一起，该研究以陈晓光和张宇麟（2010）的模型为基准模型，并将国有企业的目标函数由简单的利润最大化改为利润与规模的加权和最大化，通过对国有企业目标函数中利润与规模的加权系数进行敏感性分析发现，国有经济改革所导致的国有经济双重经营目标相对权重的变化是产出波动平稳化现象的重要原因。

在产业结构和经济波动性方面，Long Jr 和 Plosser（1983）的文献做出了开创性贡献，该文献首次将美国六个产业的投入产出表置入实际经济周期（real business cycle，RBC）模型中，并使用该模型分析美国六大产业之间的联动和经济波动之间的关系，模拟结果显示融入了投入产出表的一般均衡模型可以很好地重现产业内产出波动的持续性和产业间产出波动的共动性特征。

二、高质量发展的典型性事实

（一）事实一：潜在增长率下降

1. 总体特征

图 1-1 给出了我国 GDP、资本和劳动力的增长情况。在数据的处理中，本章把 1978~2017 年的 GDP 换算成以 1990 年价格水平计价的实际 GDP；实际资本存量和劳动力数据的计算详见后文。

图 1-2 给出了资本存量、劳动力和全要素生产率对我国经济增长的贡献。图 1-2 中，劳动力的贡献度[①]整体处于下降趋势，而资本存量和全要素生产率的贡献度也于 2008 年之后整体处于下降趋势。从这个意义上看，资本存量、劳动力和全要素生产率的下降是我国潜在经济增速下降的主要原因。

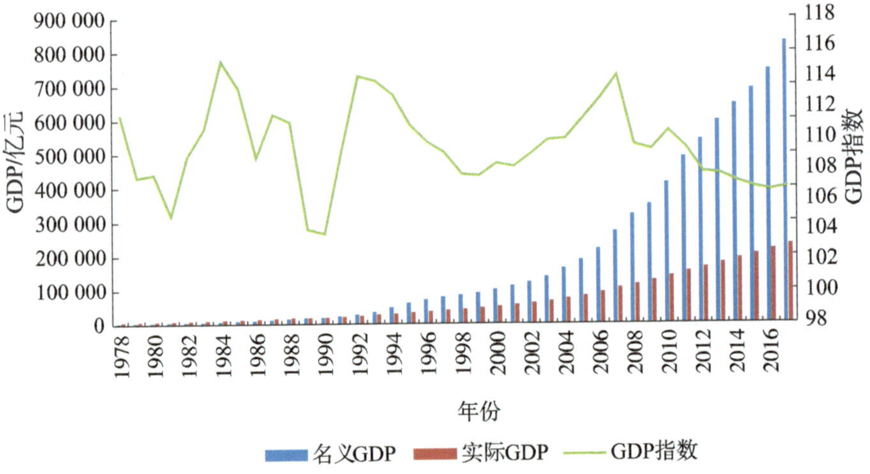

（1）

① 贡献度是指以某一因素的贡献率作为权数乘报告期总量的增速，通常表述拉动总量增长多少个百分点。

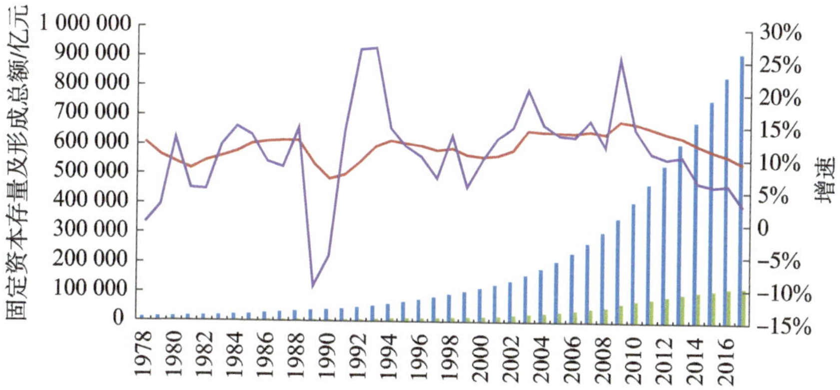

（2）

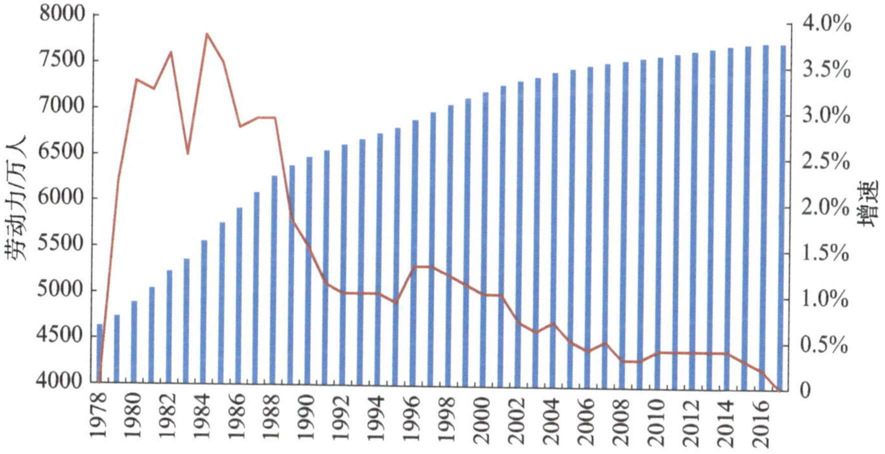

（3）

图 1-1 GDP、资本和劳动力增长情况

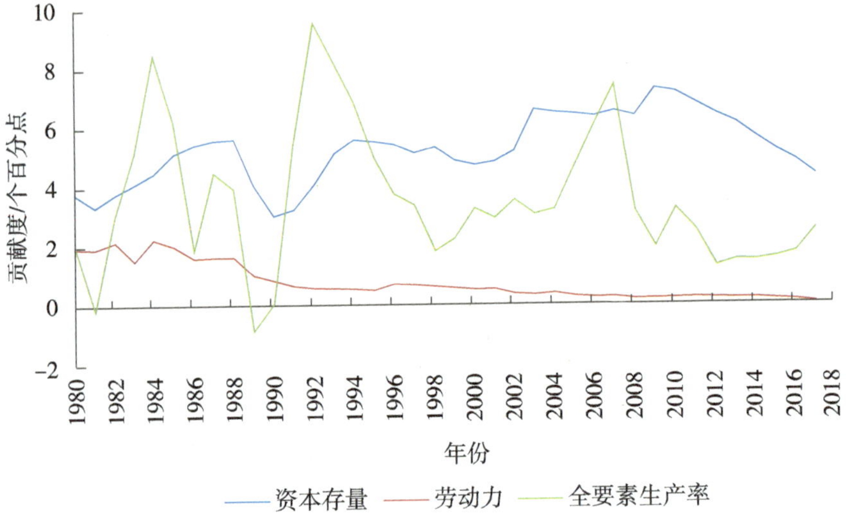

图 1-2　经济增长的要素贡献度

2. 分阶段特征

表 1-3 显示了要素贡献率的阶段性特征。表 1-3 显示，自改革开放以来，资本存量对经济增长的贡献率为 54.95%，劳动力对经济增长的贡献率为 7.79%，全要素生产率的贡献率为 37.26%，分别推动经济增长 5.22 个百分点、0.74 个百分点和 3.54 个百分点。分阶段来看，1978~2000 年为资本存量、劳动力和全要素生产率同步推动经济增长阶段，2001~2008 年为以资本存量和全要素生产率为主推动经济增长阶段，2009~2017 年为以资本存量为主推动经济增长阶段，三个阶段资本存量对经济增长的贡献率分别为 47.88%、57.08% 和 73.17%，劳动力对经济增长的贡献率分别为 11.92%、2.63% 和 2.02%，全要素生产率对经济增长的贡献率分别为 40.21%、40.29% 和 24.81%。

表 1-3 分阶段生产要素投入与全要素生产率对经济增长的贡献度和贡献率

阶段	GDP 增速	资本存量		劳动力		全要素生产率	
		贡献度/个百分点	贡献率	贡献度/个百分点	贡献率	贡献度/个百分点	贡献率
1978~2000年	9.65%	4.62	47.88%	1.15	11.92%	3.88	40.21%
2001~2008年	11.02%	6.29	57.08%	0.29	2.63%	4.44	40.29%
2009~2017年	7.94%	5.81	73.17%	0.16	2.02%	1.97	24.81%
1978~2017年	9.50%	5.22	54.95%	0.74	7.79%	3.54	37.26%

注：本表数据因进行了四舍五入，存在比例合计不等于 100% 的情况

（二）事实二：结构改善和经济波动平缓

1. 总体特征

产业结构和经济绩效改善是高质量发展的主要特征。结构改善主要表现为服务业的快速增长，绩效改善表现为经济波动性的下降。

本章对 1995~2018 年的对数 GDP 进行 HP 滤波处理，以此计算 GDP 的周期分量。图 1-3 显示了 1995~2018 年我国产业结构占比情况。图 1-3 显示，1995~2018 年我国产业结构出现了结构性的改变，第三产业增加值占 GDP 比重上升，第二产业增加值占 GDP 比重下降。与此同时，GDP 波动性出现了明显下降。

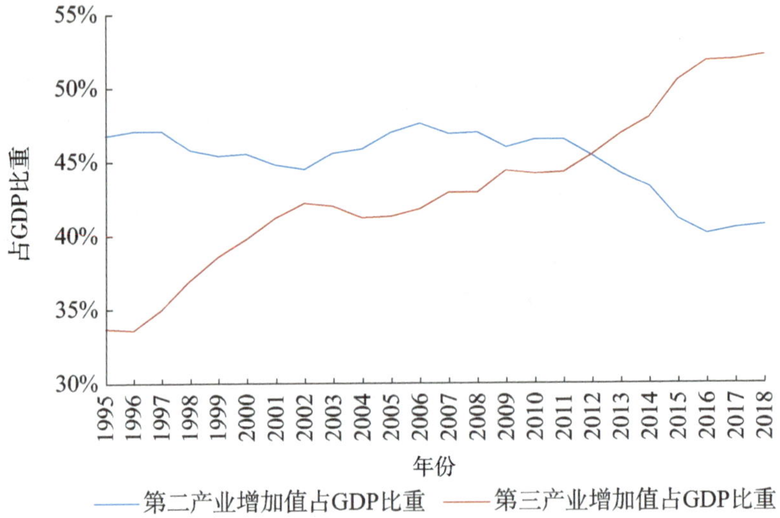

图 1-3　1995~2018 年我国第二产业增加值和第三产业增加值 GDP 比重

2. 分阶段特征

通过对工业和服务业增速的 HP 滤波计算得出两个部门周期性波动的特征。从图 1-4 来看，整体上工业波动性明显高于服务业，尤其是 2008 年以后，服务业波动性明显趋缓，而工业的波动性仍维持较高水平。

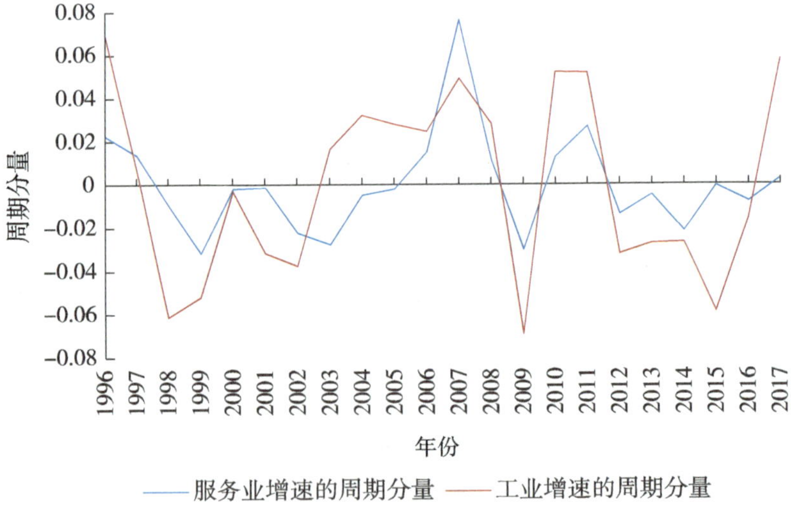

图 1-4　服务业和工业增速的周期波动

鉴于此，本章选取 2008 年为分界点来分阶段研究中国经济周期的阶段性特征。之所以选取 2008 年为分界点，不仅是因为 2008 年国际金融危机对中国经济运行的影响，还考虑到 2008 年之后服务业的快速增长造成的结构效应。

表 1-4 比较了 2008 年前后 GDP、工业和服务业的周期分量标准差。表 1-4 显示，GDP 的波动性在 2008 年前后呈现出明显的下降态势，GDP 周期分量的标准差由 2008 年之前的 3.52% 下降到 3.05%，降幅为 13.35%。

表 1-4 GDP、工业和服务业的周期分量标准差

时间	GDP	工业	服务业
1995~2018年	3.21%	4.33%	2.37%
阶段1：1995~2007年	3.52%	4.12%	2.87%
阶段2：2008~2018年	3.05%	4.48%	1.79%
增长幅度	-13.35%	8.74%	-37.63%

从工业和服务业的波动性来看，服务业的波动性在 2008 年前后呈现明显下降趋势，波动性由 1995~2007 年的 2.87% 下降到 2008~2018 年的 1.79%，降幅达 37.63%；但工业的波动性在 2008 年之后反而出现上升，波动性由 1995~2007 年的 4.12% 上升到 2008~2018 年的 4.48%，增幅达 8.74%。

值得注意的是，在所有样本区间，工业的波动性都大于服务业，1995~2018 年工业波动性是服务业波动性的 1.83 倍，在 1995~2007 年和 2008~2018 年两个子区间，工业波动性分别是服务业波动性的 1.44 倍和 2.50 倍。

三、潜在增长率下降的理论分析

首先从要素投入角度对经济发展的机理进行分析，并从全要素生产率、

六大要素投入、商品价格指数等方面分析我国潜在增长率下降的原因。其中，六大要素投入只考虑投入量的变化，将所有要素的投入产出率全部归于全要素生产率，同时将要素投入（量的变化）与要素升级（质的提升）区别开来。其次，运用柯布-道格拉斯生产函数和状态空间模型测度改革开放后生产要素投入和全要素生产率对我国经济增长的贡献，在此基础上总结我国经济增长的阶段性特征。

（一）要素投入对经济增长的影响机理

初期的经济增长理论认为，从中长期看，一个经济体的增长水平主要是由资本积累、劳动力数量及资本和劳动力等生产要素配置与使用效率决定的。除了资本（资源）积累总量和劳动力数量投入是引起经济增长的主要因素以外，其他因素如技术进步、劳动力转移、人力资本提高、管理水平改善（体制机制因素）等，同样可以推动经济增长，一般而言，扣除有形要素投入后的因素称为全要素生产率。因此，核算资本、就业及影响全要素生产率的因素，一般被认为是分析一个国家或经济体经济增长潜力和动力的关键性因素。因此，从生产法角度来看，GDP 可以表示如下：

长期总供给（GDP）= 全要素生产率 ×f(资本，劳动力，资源，环境，企业家管理，政府公共服务)× 商品价格指数

运用柯布-道格拉斯生产函数模型，可以得到

$$\mathrm{GDP}_t=\mathrm{TFP}_t\times f(K,L,R,E,M,G)\times P_t=\mathrm{TFP}_t\times K_t^{\alpha}L_t^{\beta}R_t^{\gamma}E_t^{\delta}M_t^{\eta}G_t^{\varphi}\times P_t$$

其中，GDP_t 为经济产出；TFP_t 为全要素生产率；K_t 为资本存量；L_t 为劳动力投入；R_t 为资源投入；E_t 为环境要素投入；M_t 为企业家管理投入；G_t 为政府公共服务投入；α、β、γ、δ、η、φ 分别为资本、劳动力、资源、环境、企业家管理和政府公共服务的产出弹性；P_t 为商品价格指数。

令 $\mathrm{GDP}_t^*=\mathrm{GDP}_t/P_t$，则

$$\mathrm{GDP}_t^*=\mathrm{TFP}_t\times f(K,L,R,E,M,G)=\mathrm{TFP}_t\times K_t^{\alpha}L_t^{\beta}R_t^{\gamma}E_t^{\delta}M_t^{\eta}G_t^{\varphi}$$

通常我们假设$\alpha+\beta+\gamma+\delta+\eta+\varphi=1$，即规模收益不变，则

$$\mathrm{TFP}_t=\frac{\mathrm{GDP}_t^*}{f(K,L,R,E,M,G)}=\frac{\mathrm{GDP}_t^*}{K_t^{\alpha}L_t^{\beta}R_t^{\gamma}E_t^{\delta}M_t^{\eta}G_t^{\varphi}}$$
$$=\left(\frac{\mathrm{GDP}_t^*}{K_t}\right)^{\alpha}\times\left(\frac{\mathrm{GDP}_t^*}{L_t}\right)^{\beta}\times\left(\frac{\mathrm{GDP}_t^*}{R_t}\right)^{\gamma}\times\left(\frac{\mathrm{GDP}_t^*}{E_t}\right)^{\delta}\times\left(\frac{\mathrm{GDP}_t^*}{M_t}\right)^{\eta}\times\left(\frac{\mathrm{GDP}_t^*}{G_t}\right)^{\varphi}$$

其中，$\frac{\mathrm{GDP}_t^*}{K_t}$、$\frac{\mathrm{GDP}_t^*}{L_t}$、$\frac{\mathrm{GDP}_t^*}{R_t}$、$\frac{\mathrm{GDP}_t^*}{E_t}$、$\frac{\mathrm{GDP}_t^*}{M_t}$、$\frac{\mathrm{GDP}_t^*}{G_t}$分别为资本回报率、劳动生产率、资源生产率、环境效率、企业经营效率、政府管理效率。

对 $\mathrm{GDP}_t=\mathrm{TFP}_t\times f(K,L,R,E,M,G)\times P_t=\mathrm{TFP}_t\times K_t^{\alpha}L_t^{\beta}R_t^{\gamma}E_t^{\delta}M_t^{\eta}G_t^{\varphi}\times P_t$ 两边同时取自然对数，得到

$$\ln(\mathrm{GDP}_t)=\ln(\mathrm{TFP}_t)+\alpha\ln(K_t)+\beta\ln(L_t)$$
$$+\gamma\ln(R_t)+\delta\ln(E_t)+\eta\ln(M_t)+\varphi\ln(G_t)+\ln(P_t)$$

对时间t求导，得到

$$\frac{\partial\ln\mathrm{GDP}_t}{\partial t}=\frac{\partial\ln\mathrm{TFP}_t}{\partial t}+\alpha\times\frac{\partial\ln K_t}{\partial t}+\beta\times\frac{\partial\ln L_t}{\partial t}$$
$$+\gamma\times\frac{\partial\ln R_t}{\partial t}+\delta\times\frac{\partial\ln E_t}{\partial t}+\eta\times\frac{\partial\ln M_t}{\partial t}+\varphi\times\frac{\partial\ln G_t}{\partial t}+\frac{\partial\ln P_t}{\partial t}$$

其中，$\frac{\partial\ln\mathrm{GDP}_t}{\partial t}$、$\frac{\partial\ln\mathrm{TFP}_t}{\partial t}$、$\frac{\partial\ln K_t}{\partial t}$、$\frac{\partial\ln L_t}{\partial t}$、$\frac{\partial\ln R_t}{\partial t}$、$\frac{\partial\ln E_t}{\partial t}$、$\frac{\partial\ln M_t}{\partial t}$、$\frac{\partial\ln G_t}{\partial t}$、$\frac{\partial\ln P_t}{\partial t}$分别为经济产出、全要素生产率、资本存量、劳动力投入、资源投入、环境要素投入、企业家管理投入、政府公共服务投入、商品价格指数的增长速度。全要素生产率的增长速度的计算公式如下：

$$\frac{\partial\ln\mathrm{TFP}_t}{\partial t}=\frac{\partial\ln\mathrm{GDP}_t}{\partial t}-\alpha\times\frac{\partial\ln K_t}{\partial t}-\beta\times\frac{\partial\ln L_t}{\partial t}$$
$$-\gamma\times\frac{\partial\ln R_t}{\partial t}-\delta\times\frac{\partial\ln E_t}{\partial t}-\eta\times\frac{\partial\ln M_t}{\partial t}-\varphi\times\frac{\partial\ln G_t}{\partial t}-\frac{\partial\ln P_t}{\partial t}$$

在估计出参数α、β、γ、δ、η、φ之后，结合资本存量、劳动力投入、资源投入、环境要素投入、企业家管理投入和政府公共服务投入就可以得到资本、劳动力、资源、环境、企业家管理和政府公共服务投入等要素对经济增长的贡献。使用产出增长率（即 GDP 增速）扣除投入要素增长贡献，得到

的索洛余值即全要素生产率对经济增长的贡献值。

（二）要素投入对经济增长贡献的实证分析

1. 实证模型

因统计数据限制，本章以柯布–道格拉斯生产函数为基础，从供给侧出发，把资本和劳动力作为生产要素纳入经济增长核算体系，构建供给侧视角下的中国经济增长模型，模型结构如下：

$$Y_t = A_t K_t^{\alpha} L_t^{\beta} = A_0 e^{\gamma t} K_t^{\alpha} L_t^{\beta}$$

其中，Y_t 为经济产出；K_t 为资本存量；L_t 为劳动力投入；A_t 为全要素生产率；α 、β 分别为资本的产出弹性与劳动力的产出弹性。上面的公式两边同时取自然对数：

$$\ln(Y_t) = \ln(A_t) + \alpha\ln(K_t) + \beta\ln(L_t) = \ln(A_0) + \gamma t + \alpha\ln(K_t) + \beta\ln(L_t)$$

对时间 t 求导，得到

$$\frac{\partial \ln Y_t}{\partial t} = \frac{\partial \ln A_t}{\partial t} + \alpha \times \frac{\partial \ln K_t}{\partial t} + \beta \times \frac{\partial \ln L_t}{\partial t} = \gamma + \alpha \times \frac{\partial \ln K_t}{\partial t} + \beta \times \frac{\partial \ln L_t}{\partial t}$$

其中，$\frac{\partial \ln Y_t}{\partial t}$、$\frac{\partial \ln K_t}{\partial t}$、$\frac{\partial \ln L_t}{\partial t}$、$\frac{\partial \ln A_t}{\partial t}$ 分别为经济产出、资本存量、劳动力投入、全要素生产率的增长速度。全要素生产率的增长速度计算公式如下：

$$\frac{\partial \ln A_t}{\partial t} = \frac{\partial \ln Y_t}{\partial t} - \alpha \times \frac{\partial \ln K_t}{\partial t} - \beta \times \frac{\partial \ln L_t}{\partial t}$$

通常我们假设 $\alpha + \beta = 1$，即规模收益不变，则有回归方程：

$$\ln(Y_t) = \ln(A_t) + \alpha\ln(K_t) + (1-\alpha)\ln(L_t) = \ln(A_0) + \gamma t + \alpha\ln(K_t) + (1-\alpha)\ln(L_t)$$

或者

$$\ln(Y_t / L_t) = \ln(A_t) + \alpha\ln(K_t / L_t) = \ln(A_0) + \gamma t + \alpha\ln(K_t / L_t)$$

在估计出参数 α 、β 之后，结合资本存量和劳动力数据就可以得到资本和劳动力两大投入要素对经济增长的贡献。使用产出增长率（即 GDP 增速）扣除投入要素增长贡献，得到的索洛余值即全要素生产率对经济增长的贡献值。

为了捕捉资本和劳动力对经济增长影响的时变性，采用状态空间模型方法，构建时变参数模型来考察经济增长与资本和劳动力的关系。

2. 资本存量和劳动力存量的计算

在资本存量的估算方面，学者之间的观点存在一定的分歧，但是大部分学者的估算方法基本相同，一般采用永续盘存法。本章参考郭庆旺和贾俊雪（2004）所用的计算公式：$K_t = I_t / P_t + (1-\delta_t)K_{t-1}$。其中，$K_t$ 为 t 年实际资本存量；K_{t-1} 为 t-1 年实际资本存量；P_t 为 t 年固定资本价格指数；I_t 为 t 年的固定资本形成总额；δ_t 为 t 年的固定资产形成总额折旧率。折旧率选取 5% 为固定资产形成总额的折旧率。

在劳动力存量的衡量上，有学者选取了从业人员数代替劳动力存量。本章认为能够给一个经济体的经济增长做出直接贡献的是劳动者，所以本章的劳动力存量的选取与上述方法基本相同。国家统计局从 1990 年起调整了劳动力统计数据，以 1990 年为界，两个时间段劳动力数据不可比。单纯用数学公式计算 1990 年的劳动力投入增长速度，得出的数值为 17%，我们认为该数值不具有现实意义，在计算劳动力对经济增长的贡献度时，使用 1989 年和 1991 年的劳动力增长率的平均值作为 1990 年的劳动力增长率，即 1.5%。同时运用 1979~1990 年的劳动力增长率对 1978~1989 年劳动力数据进行调整。

3. 资本和劳动力的产出弹性估计

充分体现资本和劳动力对经济增长影响的时变性，采用状态空间模型方法，构建时变参数模型，对资本和劳动力的产出弹性进行测算，1980~2017 年资本产出弹性和劳动力产出弹性如表 1-5 所示，状态空间模型时变参数统计检验结果如表 1-6 所示。

表 1-5　状态空间模型时变参数估计结果

年份	时间t前的系数（α_{1t}）	资本产出弹性（α_{2t}）	劳动力产出弹性（α_{3t}）
1980	0.0222	0.4032	0.5968
1981	0.0217	0.4029	0.5971
1982	0.0156	0.3957	0.6043
1983	0.0170	0.3982	0.6018
1984	0.0217	0.4071	0.5929
1985	0.0287	0.4224	0.5776
1986	0.0338	0.4352	0.5648
1987	0.0354	0.4394	0.5606
1988	0.0365	0.4427	0.5573
1989	0.0372	0.4450	0.5550
1990	0.0363	0.4409	0.5591
1991	0.0349	0.4346	0.5654
1992	0.0344	0.4321	0.5679
1993	0.0351	0.4355	0.5645
1994	0.0363	0.4420	0.5580
1995	0.0374	0.4494	0.5506
1996	0.0384	0.4559	0.5441
1997	0.0390	0.4607	0.5393
1998	0.0394	0.4640	0.5360
1999	0.0396	0.4652	0.5348
2000	0.0395	0.4650	0.5350
2001	0.0395	0.4643	0.5357
2002	0.0394	0.4633	0.5367
2003	0.0393	0.4622	0.5378
2004	0.0392	0.4609	0.5391
2005	0.0391	0.4590	0.5410
2006	0.0391	0.4581	0.5419
2007	0.0391	0.4583	0.5417
2008	0.0392	0.4603	0.5397
2009	0.0392	0.4616	0.5384
2010	0.0392	0.4618	0.5382

续表

年份	时间t前的系数（α_{1t}）	资本产出弹性（α_{2t}）	劳动力产出弹性（α_{3t}）
2011	0.0392	0.4617	0.5383
2012	0.0392	0.4610	0.5390
2013	0.0392	0.4593	0.5407
2014	0.0392	0.4611	0.5389
2015	0.0392	0.4610	0.5390
2016	0.0392	0.4608	0.5392
2017	0.0392	0.4606	0.5394

表 1-6 状态空间模型时变参数统计检验结果

变量	估计系数	标准误差	Z统计量	概率P值	最终状态	均方误差
C (1)	−1.4304	0.0931	−15.3637	0.0000	—	—
C (2)	−6.7662	0.2796	−24.2019	0.0000	—	—
时间t前的系数（α_{1t}）	—	—	111.5345	0.0000	0.0374	0.0003
资本产出弹性（α_{2t}）	—	—	65.4349	0.0000	0.4568	0.0070

具体而言，为防止 2014~2017 年参数估计波动较大给测算结果带来较大影响，2014~2017 年参数为前 5 年的均值，即 2014 年参数为 2009~2013 年的均值，2015 年参数为 2010~2014 年的均值，以此类推，1980~2013 年资本产出弹性和劳动力产出弹性为状态空间模型估计结果。从状态空间模型时变参数统计检验结果来看，常数项 C(1) 的估计值为−1.4304，标准误差为 0.0931，Z 统计量为 −15.3637，相应的 P 值接近于 0，统计检验结果非常显著；可变参数时间 t 前的系数（α_{1t}）和资本产出弹性（α_{2t}）的均方误差很小，统计检验结果亦非常显著，表明运用状态空间模型捕捉资本和劳动力对经济增长影响的时变性效果显著。

（三）生产要素投入与全要素生产率对经济增长的贡献测度

根据资本和劳动力的产出弹性计算出资本、劳动力和全要素生产率对经济增长的贡献。

具体而言，1980~2017 年 GDP 年均增长 9.6%，我国经济处于高速增长期，表现出生产要素投入快速增长的特征。模型测算结果显示，1980~2017 年资本存量对经济增长的贡献率为 58.31%，劳动力对经济增长的贡献率为 8.57%，全要素生产率对经济增长的贡献率为 33.12%，即资本存量、劳动力和全要素生产率分别推动经济增长 5.27 个百分点、0.75 个百分点和 3.57 个百分点。这表明我国经济的高速增长主要源于资本的快速积累，我国经济带有较为明显的投资拉动特征。

除此之外，1980~2017 年全要素生产率贡献了经济增长的 33.12%，虽然比起发达国家经济增长的 70% 以上依赖于全要素生产率仍有较大差距，但依然对经济增长起到了重要作用；在劳动力方面，劳动力对经济增长的作用不容忽视，但劳动力数量增长对经济增长起到的作用较小，且呈现下降趋势。

（四）我国经济中长期潜在增长率预测

1. 我国经济增长的外部环境分析

受世界贸易规则变革、大国货币与财政政策调整、新兴经济体陷入“集体困境”、全球金融市场持续波动、各国创新与增长动力长期疲弱等因素影响，全球经济仍将处于低速波动增长阶段。从全球范围来看，世界经济缺乏强有力的新增长点，复苏势头依然疲弱，仍将处于历史较低水平，并且各国与地区增速分化态势明显。发达经济体中，欧元区内需不足矛盾仍较突出，财政整固任务依然艰巨；日本人口老龄化、债务高企等问题对经济增长形成较大制约；新兴经济体经济增长虽仍快于发达经济体，但受结构性矛盾、金融风险上升、国际资本波动等因素影响，增速明显放缓。

中长期来看，世界经济增长存在一些不利因素。一是人口红利逐步消退。由于资源、环境、生态等方面地球承载能力的限制，未来全球人口增长将呈现逐步下降趋势。据联合国推算，世界整体的生产年龄人口比率已在 2013

年达到顶峰，长期人口增长率将急剧下降，而且劳动力成本上升压力增强，影响全球企业的生产率，从供给方面给经济增长造成压力。二是发展中国家面临转型。全球经济增长的主要动力——发展中国家结构转型步伐将加快。长期以来，发展中国家经济快速增长主要得益于较高的国民储蓄率，但是2020~2035 年这一特征将发生转变，尤其是储蓄率下降将迫使部分发展中国家由投资主导向消费主导转变，同时以服务业为代表的第三产业比重将提高。

2. 要素变化趋势判断

1）资本存量变化趋势

国际比较显示，不同历史时期工业化国家的实际投资率峰值呈现上升趋势。英国工业化时期实际投资率为 12%~20%，美国工业革命时期升到 28%。第二次世界大战后追赶国实际投资率峰值进一步提升：日本在 1973 年达到峰值 31.6% 左右，韩国在 1996 年达到峰值 40.6%。全球化拓展深化使得信息、技术转移越发便利，后进国家在追赶期的投资率峰值呈现不断提升的规律。中国的高投资现象是这个规律的表现。当然不是说投资率越高越好。相反，第二次世界大战后最初几十年很多发展中国家选用计划体制和政府主导模式实施赶超战略，虽然在一段时期内依靠政府强制动员社会储蓄实现高投资，但最终遭遇微观经济绩效低下与宏观失衡而无法持续，不得不通过改革开放另谋出路。

长期以来中国经济一直具有高储蓄特征，而高储蓄率必然导致高投资率。从各国历史经验来看，如果一个经济体储蓄率能占到 GDP 的 30% 或者更多，那么它必然会保持较快经济增速。2015~2050 年中国的高储蓄特征可能不会有大的改变，但储蓄率会呈降低趋势。

综合判断，2015~2050 年中国投资增速将逐步回落，但由于投资增速快、惯性大，2015~2050 年前期投资平均增速较高，中后期将呈减小趋势，预计2021~2025 年、2026~2035 年、2036~2050 年几个时段资本存量年均增速分别为 6.4%、6.0% 和 3.1% 左右。

2）劳动力变化趋势

人口总量和结构的变化构成了改革开放以后中国劳动力供给总量和结构变化的基础，而通过改革开放，充分释放中国的劳动力利用潜力，又成为改革开放以后中国经济快速增长的重要动力来源。中国 15~64 岁劳动年龄人口从 1978 年初的 5.5 亿人增加到 2012 年初的 9.9 亿人，年均增长 1.74%，较同期总人口增速高 0.72 个百分点。总体来看，正是由于劳动年龄人口在不断增加，中国经济发展才能获得充足的劳动力供应。但近年来，受总人口增速下降及人口老龄化趋势不断深化的影响，中国劳动年龄人口增速已经在不断趋缓。

综合判断，2015~2050 年中国劳动力数量将呈下降态势，预计 2021~2025 年、2026~2035 年、2036~2050 年几个时段劳动力数量年均增速分别为−0.010%、−0.008% 和−0.012% 左右。

3）全要素生产率变化趋势判断

我们重点分析 2021~2035 年全要素生产率变化趋势。从长期来看，全要素生产率各影响因素的影响程度都是相对有限的，故 2021~2035 年中国全要素生产率的变化趋势主要取决于技术进步或创新周期。预计受经济增速换挡影响，2015~2050 年中国全要素生产率增速总体上将呈下降趋势，但全要素生产率增速仍将处于 2% 以上。

3. 我国经济潜在增长率预测

短期来看，中国工业化趋于稳定，城镇化继续较快推进，经济处于中速增长阶段，到 2030 年基本完成工业化。从资本和劳动力要素来看，中国城镇化继续较快推进，因此投资仍保持较高增速，劳动力数量负增长。

如表 1-7 所示，综合考虑影响中国潜在经济增长的要素投入及其变化规律，预计 2021~2025 年 GDP 年均增速为 5.5%，资本存量依然是拉动经济增长的主要动力，随着对 R&D（research and development，研究与试验发展）投入的增加、人力资本增长及通过改革增强市场活力，全要素生产率对经济增长的贡献率有望提高，而劳动力对经济增长的贡献率依然为负；2026~2035 年中国 GDP 年均增长 5.0%；2036~2050 年中国 GDP 年均增长 3.5%。

预计 2025 年前后，按市场汇率计算的中国名义 GDP 总量将达到 27 万亿美元，中国将超过美国成为世界第一大经济体，2035 年名义 GDP 总量将达到 56 万亿美元，2050 年名义 GDP 总量将达到 115 万亿美元左右，人均 GDP 将达到 8.5 万美元左右，相当于同期美国人均 GDP 的 55% 左右。

表 1-7 基准方案下分阶段要素对经济增长的贡献度和贡献率

经济增长阶段	GDP年均增速	资本存量		劳动力		全要素生产率	
		贡献度/个百分点	贡献率	贡献度/个百分点	贡献率	贡献度/个百分点	贡献率
2021~2025年	5.5%	2.86	52.00%	-0.01	-0.18%	2.65	48.18%
2026~2035年	5.0%	2.28	45.60%	0	0	2.72	54.40%
2036~2050年	3.5%	1.02	29.14%	-0.01	-0.29%	2.49	71.14%

注：本表数据因进行了四舍五入，存在比例合计不等于 100% 的情况

四、经济波动减缓的理论分析与预测

针对我国自 2008 年后出现的经济波动减缓现象，国内学者已尝试从产业结构转型、需求冲击减缓和国有企业改革等多个方面进行解释，其中，产业结构转型（由工业经济向服务业经济转型）导致经济波动下降的结论为较多研究者所接受。现有研究得出了一些有意义的初步结论，同时存在两个方面的不足。

其一，产业结构转型导致经济波动下降的结论大多通过计量分析得出，在缺乏严谨模型的条件下，简单的计量分析容易产生误导性的结果。

其二，现有的较为严谨的模型化研究大多从需求冲击的角度寻找中国经济波动缓和的原因，但是对中国产业结构转型对经济波动的影响探讨不足。

本章拟通过 DSGE 模型的分析，从产业部门关联的视角考察经济结构转型，并对我国 2008 年后出现的经济波动减缓现象进行解释，从供给结构和供给冲击的角度寻找产出波动缓和的原因。

（一）理论模型

根据上述逻辑，我们以 2008 年为界，对 1995~2008 年及 2009~2018 年我国宏观经济数据构建 DSGE 模型，并使用贝叶斯方法分别对模型的参数进行估计和校准，最终将两个阶段的模型产生的波动性特征与实际波动性特征进行比较，以验证模型的解释效果。

在建模技术上，我们仿照 Horvath（2000）及 Kim K H 和 Kim Y S（2006）的研究，建立一个以居民消费和效用为基础，包含三个生产部门和投入产出关系的中国实际经济周期模型。这个模型的特点如下。

第一，整个经济以最大化居民贴现效用为目标，而效用来源于居民消费，经济波动正是居民面对外在冲击而做出的使居民效用最大化的消费投资决策的外在体现，即经济波动是最优化的体现。

第二，经济中有工业、建筑业与服务业的生产部门，且每个部门的产出在提供居民消费的同时也为其他部门提供生产要素，即本模型将实际经济中部门之间的投入产出关系融入其中，以刻画实际经济中由投入产出关系引起的经济波动。

第三，经济波动源自技术冲击。当两个生产部门的技术冲击都处于稳态时，经济中的其他变量也处于稳态或者确定性增长中；当技术冲击不处于稳态时，其他变量会出现偏离稳态和确定性增长的现象，即经济波动。随着技术冲击逐渐收敛于稳态，经济波动现象随之减弱。值得注意的是，宏观经济学中的技术冲击并不能简单地按照其字面意义理解为技术变革对产出造成的冲击，而应广义地理解为制度环境、行为习惯和技术变革等不能被生产函数详细刻画的因素的变化对产出造成的冲击。

1. 家庭

家庭面临中央计划者的跨期决策如下：

$$\max \sum_{t=0}^{\infty} \beta^t U(C_t)$$

其中，$U(C_t)=\ln C_t = a_1 \ln c_1 + a_2 \ln c_2 + a_3 \ln c_3$，$C_t = c_{1t}^{a_1} c_{2t}^{a_2} c_{3t}^{a_3}$，且 a_1、a_2 与 a_3 之和为 1；C_t 为 t 期居民的有效消费；c_{1t}、c_{2t} 和 c_{3t} 分别为 t 期居民对第一产业、第二产业和第三产业产品的消费。此处将三种产品合成有效消费的形式设为恒定替代弹性（constant elasticity of substitution，CES）的形式，为简化设三者之间的替代弹性为 1，由此可得居民有效消费为三种产品消费指数相乘的结果。

2. 生产

在生产领域，假定存在农业、工业和服务业三个部门。三个部门的生产函数都为柯布-道格拉斯生产函数形式。A_{it}、K_{it} 和 L_{it} 分别代表 t 期 i 部门的技术水平、资本存量和劳动力投入，i=1,2,3，1、2、3 分别为农业、工业和服务业。X_{jkt} 代表 t 期由 k 部门生产并投入到 j 部门作为生产中间品的产品量。I_t 代表 t 期新增投资量。D_t 代表技术，为简便起见，设定只有工业生产的产品才可用于投资。

农业、工业和服务业三个部门的产出分别用于部门的消费、中间品生产与投入及投资，具体如下。

$$A_{1t}\left(K_{1t}^{\alpha_1}\left(D_t L_{1t}\right)^{1-\alpha_1}\right)^{\rho_1}\left(X_{11t}^{\beta_{11}} X_{12t}^{\beta_{12}} X_{13t}^{\beta_{13}}\right)^{1-\rho_1} = c_{1t} + X_{11t} + X_{21t} + X_{31t}$$

$$A_{2t}\left(K_{2t}^{\alpha_2}\left(D_t L_{2t}\right)^{1-\alpha_2}\right)^{\rho_2}\left(X_{21t}^{\beta_{21}} X_{22t}^{\beta_{22}} X_{23t}^{\beta_{23}}\right)^{1-\rho_2} = c_{2t} + X_{12t} + X_{22t} + X_{32t} + I_t$$

$$A_{3t}\left(K_{3t}^{\alpha_3}\left(D_t L_{3t}\right)^{1-\alpha_3}\right)^{\rho_3}\left(X_{31t}^{\beta_{31}} X_{32t}^{\beta_{32}} X_{33t}^{\beta_{33}}\right)^{1-\rho_3} = c_{3t} + X_{13t} + X_{23t} + X_{33t}$$

资本品生产全部来源于工业，因此有

$$K_{1t+1} + K_{2t+1} + K_{3t+1} = (1-\delta)\left(K_{1t} + K_{2t} + K_{3t}\right) + I_t$$

3. 冲击

假定冲击全部来自技术冲击。具体而言，假定 A_1、A_2 和 A_3 分别代表三个部门技术水平的稳态值，它们不同时为 1。本章设技术水平的演进形式为简单的一阶自回归形式，φ_i 为 i 部门技术水平演进的自回归系数。

进一步假定 ε_{it} 为 t 期 i 部门的外生技术冲击，其服从均值为 0、标准差为 σ_i 的正态分布，且独立同分布。

4. 均衡

在均衡中，每个部门的资本收益率和工资率均相等。

假定 r_t 为 t 期的资本收益率，由于资本的逐利和互相竞争行为，均衡的结果为同一期每个部门的资本收益率相同，即 $r_{it}=r_t$，同时由于第二部门产品也是资本品，资本收益率的计算公式可以从第二部门的生产函数中简单地导出。

类似地，令 w_t 为 t 期的工资率，由于存在多个部门的竞争过程，均衡的结果为同一期每一个部门的实际工资率相等。

（二）均衡条件

均衡条件由最优条件、约束条件和冲击方差构成。

最优条件和约束条件的共同作用决定了模型的稳态，冲击条件决定了外生冲击发生和传播的结构。居民在给定本期冲击和冲击结构的条件下，基于贴现效用最大化的考虑会做出劳动、消费和投资决策，本期劳动、消费和投资的变动又会进一步影响下期的资本和产出，从而形成各个经济变量持续的偏离稳态的现象，即经济波动。以上模型的解为居民的劳动、消费和投资面对冲击时的决策函数。

（三）参数校准和估计

1. 参数校准

下面将在厘清校准概念的基础上，介绍作者对于以 2008 年为界的前后两个模型参数的具体校准过程。这里将参数校准过程分成两个部分，一个是有可靠来源和被同类研究广泛接受的参数的赋值过程，另一个是对不易直接从数据中得到的技术冲击稳态值的赋值过程。

模型中如下参数可直接从现有的数据或相关研究中获得，它们是 a_i、α_i、ρ_i、β_{ij}、d、δ、β、R。a_i 的经济意义为第 i 类消费品的名义值占该年总消费名义值的比例；α_i 的经济意义为生产第 i 类产品时工资的名义支付额占该类产品名义增加值的比例；ρ_i 的经济意义为生产第 i 类产品时名义增加值占总产品名义价值的比例；β_{ij} 的经济意义为在生产第 i 类产品时所使用的第 j 类产品的名义值占所使用的中间品名义总值的比例。以上参数可直接根据其经济意义在我国的投入产出表中寻找相关数据并进行简单的计算得到。d 表征的是模型刻画的时间段内总体经济的确定性增长率，确定性增长率由对经济总量数据进行线性去趋势的方法得到。δ 为折旧率。β 为主观折现率。R 为我国1985~2018 年的平均资本回报率。

2. 参数估计

前后两个阶段的模型中，作者各需要估计六个关于冲击的结构性参数，它们分别是冲击的自回归系数 φ_{11}、φ_{22}、φ_{33} 和冲击的标准差 σ_1、σ_2、σ_3。

设定观测变量为每个部门产出增加值偏离相应稳态的程度。由于原始模型中存在确定性增长率，而且在转换模型中进行了线性去趋势处理，我们为观测变量选择实际的观测值时应对实际值进行相应的线性去趋势处理。具体的处理为对去除价格因素后的各产业年度增加值取对数，并使用线性滤波对它们进行处理，所得到的波动项的时间序列为观测变量的实际时间序列。

以三个产业产出增加值偏离稳态的程度为观测变量，使用 Dynare 软件内置的结构模型贝叶斯估计程序对 1995~2007 年和 2008~2018 年两个阶段的模型进行估计。

（四）影响机制和波动性预测

我们认为中间品使用可以带来波动的放大效应，而中国服务业部门的扩张及其对工业部门的替代则反向造成了经济波动的平稳性。为了说明这个问题，本部分首先就中间品使用对经济波动的放大机制给出一个简化模型的示例，并使用中国工业和服务业数据来说明两部门全要素生产率波动性的差异。

1. 简化模型的分析

具体而言，假定两部门的生产均采用柯布–道格拉斯生产函数形式，且除资本 K 和劳动 N 要素之外，还使用中间品 M 进行生产，并假定资本和劳动要素以一种复合品形式进入生产函数。进一步假定企业利润最大化行为如下：

$$\max_{K,N,M}\{p_g A f(K,N)^{\theta} M^{1-\theta} - rK - wN - p_m M\} \tag{1-1}$$

其中，A 为企业生产的全要素生产率；p_g 为企业的生产所面临的产品价格水平；r、w 和 p_m 分别为资本、劳动和中间品投入的价格。值得注意的是，与传统的生产函数 $f(K,N)$ 不同，企业还使用中间品 M 进行生产，且以柯布–道格拉斯生产函数形式组织资本和劳动要素构成的复合品 f 和中间品 M 。

给定市场价格，可以求得企业中间品投入的需求为

$$M = (1-\theta)^{\frac{1}{\theta}}\left(\frac{p_g}{p_m}\right)^{\frac{1}{\theta}} A^{\frac{1}{\theta}} f(K,N) \tag{1-2}$$

将式（1-2）的中间品需求函数代入生产函数可得

$$\max_{K,N}\{p_v A^{\frac{1}{\theta}} f(K,N) - rK - wN\} \tag{1-3}$$

其中，p_v 为由最终品和中间品价格所构成的复合价格。式（1-3）的生产函数显示，由于在生产中引入了中间品，全要素生产率 A 的波动性被放大了 $1/\theta$ 倍（$\theta<1$）。

2. 经验证据

表 1-8 给出了工业和服务业部门的全要素生产率及其波动情况。1995~2018 年工业部门的全要素生产率波动性明显高于服务业，尤其是在 2008 年之

后，该部门的全要素生产率波动性不但没有下降，反而呈现上升的趋势。若以 2008 年为界，我国工业部门全要素生产率的波动性在后一阶段较前一阶段提高 75%，而服务业部门全要素生产率波动性则下降了 19%。

除了全要素生产率之外，表 1-8 还给出了两部门资本和劳动力的波动性，若以 2008 年为界，工业和服务业部门的资本波动性在 2008 年之后都变得更高。

表 1-8　工业和服务业部门的资本、劳动力和全要素生产率标准差

时间	工业部门			服务业部门		
	资本	劳动力	全要素生产率	资本	劳动力	全要素生产率
1995~2018年	0.92	1.34	0.35	0.81	1.15	0.15
阶段1：1995~2007年	0.28	0.63	0.16	0.32	0.54	0.16
阶段2：2008~2018年	0.55	0.53	0.28	0.49	0.54	0.13
增长幅度	96%	−16%	75%	53%	0	−19%

注：资本和劳动力存量按之前算法得出，并对其对数值取标准差

3. 中长期我国经济波动性预测

经济增长的主力——工业增速出现趋势性下降，而服务业无论从增速、比重还是贡献看，正在为经济增长提供重要支撑。中长期来看，服务业正在成为我国结构转换和经济增长的新动力。

从服务业增长趋势来看，1995~2018 年服务业增加值占 GDP 比重平均年增速达 1.9%，若以此速度持续增长，服务业增加值占 GDP 比重将在 2025 年达到 60%，到 2030 年达到 66%。同时，考虑服务业波动性持续下降的趋势，将 2025 年和 2030 年服务业冲击标准差进一步缩小 20%，工业冲击方差保持不变，并将其代入模型中，可以得到 2025 年和 2030 年我国 GDP 和其他宏观变量的脉冲响应和波动性，具体如下。

表 1-9 给出了 2025 年和 2030 年我国宏观经济的波动性的预测。

表 1-9　两阶段波动性预测

经济变量	波动性					
	第一阶段	第二阶段	2025年	2030年	2025年增幅	2030年增幅
GDP	0.1425	0.1362	0.1051	0.0934	−22.83%	−31.42%
工业	0.0939	0.1048	0.1024	0.1026	−2.29%	−2.10%
服务业	0.2340	0.1230	0.0710	0.0491	−42.28%	−60.08%
投资	0.5331	0.5914	0.5796	0.5650	−2.00%	−4.46%
全要素生产率	0.1143	0.1113	0.0799	0.0710	−28.21%	−36.21%
就业	0.0605	0.0447	0.0393	0.0344	−12.08%	−23.04%

注：此处全要素生产率为总体全要素生产率，第一阶段为 1995~2007 年，第二阶段为 2008~2018 年，2025 年增幅与 2030 年增幅均为与第二阶段相比结果

从 GDP 波动性来看，随着服务业比重持续提高，与 2008~2018 年阶段相比，预计到 2025 年 GDP 波动性将下降 22.83%，到 2030 年将下降 31.42%。

在其他变量方面，由于服务业冲击的波动性下降，服务业本身波动性下降最快，与 2008~2018 年阶段相比，预计到 2025 年和 2030 年将分别下降 42.28% 和 60.08%；受此影响，2025 年和 2030 年全要素生产率和就业的波动性也将出现明显下降；对于工业和投资来说，虽然工业冲击的波动性并未出现下降，但受服务业比重提升影响，2025 年和 2030 年工业及投资的波动性将出现小幅下降，降幅均在 5% 以内。

综上所述，随着服务业比重的提高，2025 年和 2030 年我国 GDP、服务业、工业、投资、就业和全要素生产率波动性都将出现下降，这意味着服务业占比提高带来了经济波动趋缓效应。值得注意的是，经济波动趋缓效应不仅是服务业比重提升及服务业波动性降低直接带来的，还是服务业中间品使用这一途径放大了波动趋缓效应所造成的。

第三节
推动我国经济高质量发展的思路和政策

一、推动经济高质量发展的主要思路

从高速增长转向高质量发展，不仅是经济增长方式和路径的转变，也是一个体制改革和机制转换的过程（金碚，2018；Dekle and Vandenbroucke，2012）。实现高速增长转向高质量发展，必须基于新发展理念进行新的制度安排，特别是要推进供给侧结构性改革（金碚，2017）。也就是说，高质量发展必须通过一定的制度安排和形成新的机制才能得以实现。进入新时代，转向高质量发展方向，就需要一套能够反映经济发展质量的核算指标，将诸多因素进行科学量化和指标化，作为高质量发展状况和成就的显示性指标。尽管经济发展质量具有非常丰富的因素，多维性是其基本特征，而且随着发展水平的提高，发展质量的含义也必将不断变化，因为作为发展质量根本性质的人对美好生活的需要是不断增长和变化的，但在理论上还是可以对现阶段的发展质量评价因素进行量化归纳和指标体系构建，作为衡量发展质量的评价工具（任保平，2018a）。

实现经济高质量发展，需要突出以下几个方面。

（一）推进技术创新驱动和全要素生产率提升

在新的发展阶段，以技术创新来改造传统产业和发展新兴产业，以及提高全要素生产率都需依托内生技术能力。郭凯明等（2017）认为，改革开放以来的高速增长中，劳动生产率和全要素生产率的提高主要源于产业间资源再配置，虽然其作用已经在衰减，但“效率洼地”在新发展阶段依然存在，主要表现在产业内的不同行业、不同类型企业间的生产率差距明显。因此，提高劳动生产率和全要素生产率的着力点需要转换（黄群慧，2018；刘世锦等，2015）。

唐未兵等（2014）认为，内生技术能力和技术创新是分工深化与市场规模扩大循环累积的结果。随着改革开放以来的高速增长，我国已拥有的制造业基础和基于加工组装能力的市场规模逐步具备了实现自主创新的基本条件。已有文献指出，企业及其组织能力是技术创新的载体，我国技术创新表现出与发达国家相似的特征，即中小企业成为技术创新的主体（高良谋和马文甲，2014）。不过菲尔普斯（2013）研究指出，实际上，发达国家中小企业的技术创新背后隐藏着大公司的影子，钱德勒式的技术创新并没有过时，不过是在新时代表现为新的形式，由大公司主导技术创新的本质并没有改变。

通过深化垄断行业改革，推进开放准入和公平竞争，在市场竞争中生成有竞争力的大公司，是促进技术创新和提升全要素生产率的必由之路（Acemoglu and Guerrieri，2008）。Boppart（2014）指出政府的作用主要是通过降低交易成本促进分工的深化——致力于反垄断和竞争性市场建设，以及基础研究和共性技术研发。同时，需要处理好技术创新与技术渗透的关系，技术创新只有有效地渗透到生产和交换流程中，才能促使劳动生产率和全要素生产率提高。

（二）加快产业结构转型与产品质量升级

长期以来，中国的产业结构处于中低端，反映出低收入阶段和发展中大国的特征，段文斌等（2018）认为，中国制造产业更是处于价值链低端，由此产生高产值、高成本、高消耗、低附加值等问题。在经济结构中，高消耗、高污染的传统产业偏多，产业绿色化和生态化程度低。未来一段时间，除了提高现代服务业比重以外，重点产业领域的中高端方向应该突出发展以下三个方面。

（1）前瞻性地培育战略性新兴产业。战略性新兴产业既要体现新兴又要体现战略性，它代表着技术创新的新趋势，也代表着产业发展的新方向，是技术创新和产业创新的深度融合（Ngai and Pissarides，2007）。在第三次技术革命的推动下，世界范围内以互联网、新材料、新能源相结合为特征的新产业革命正在逐步兴起。Miao 和 Wang（2014）认为，战略性新兴产业的投入要素结构主要表现为知识技术密集、物质资源消耗少。因此，基于战略性新兴产业的特征，立足于中国现有的技术基础和产业基础，新时代的高质量发展应当以信息技术、生物技术、新能源、新材料等为支撑的战略性新兴产业作为主导产业，并坚持技术创新与实现产业化相结合。

（2）有效推进传统制造业的改造。改造的方向是促进传统制造业运用新技术，与新兴产业融合和转型发展。这样传统制造业转型发展的总体成本较小，市场风险较低。要积极引导传统产业进行技术改造，多渠道采用现代新技术，如推动制造业“互联网 +”“智能化 +”及绿色化等，改变高消耗、高污染、高产值、低收益的窘境。

（3）加快融入全球价值链中高端。目前中国参与全球价值链的分工状况是：中国制造的许多产品处于国际价值链低端，产品缺乏核心技术和关键技术。必须依靠创新驱动来攀升全球价值链中高端，使高科技产品进入全球价值链中高端，向微笑曲线的两端攀升。一方面，在已有的全球价值链上攀登价值链中高端，推动低端制造转向高端制造；另一方面，建立以我国为主导的价值链，使原创性的有自主知识产权的核心技术和关键技术留在我国，创造属于我国的著名品牌。

（三）坚持以推进供给侧结构性改革为主线

高质量发展要通过要素质量及其配置效率的提升来提高供给体系的质量，

这需要深化供给侧结构性改革，更多地依靠改革的作用推动供给结构调整优化，促进供给质量的提高。

（1）依靠供给侧改革加快产业和产品结构调整。Herrendorf 等（2013）认为，从社会供求角度来看，当经济发展到一定程度，社会需求结构就会随着收入的提高而升级，这需要供给结构与需求结构相适应，来提高供给的有效性，促进供给结构升级。在结构调整受到体制问题制约的条件下，只有通过改革的办法和路径，推动产业结构调整升级，实现社会资源在生产各部门、各行业之间的重新配置，并带动产品结构的调整优化，才能不断提高经济增长的质量和效益（Swiecki，2017；林毅夫等，2014）。

（2）依靠供给侧改革推进技术创新和产业创新。有效供给不足的一个重要原因是供给侧由于技术水平的限制不能适应消费需求的新变化（李翀，2016）。牛犁（2017）认为，要满足转型升级的消费需求，需要通过改革的办法和路径，推进技术创新和产业创新。一是要提高企业自主创新能力，完善企业的创新机制，加大企业研发投入，形成产学研相结合的自主创新体系；二是要推进传统产业部门的现代化转型，通过企业技术创新和人力资本要素作用的发挥（Cai，2015），促进传统产业部门的转型升级，加快经济增长驱动力从要素驱动向创新驱动转变。

（四）注重经济发展与资源环境的协调

Grossman 和 Krueger（1995）认为在经济增长过程中，资源环境代价越高表明增长质量越低。改革开放以来，丰裕且廉价的自然资源为中国工业化和城市化的发展提供了重要基础，但是资源的大量消耗在促进经济快速增长的同时，也出现了严重的高投入、高能耗、高污染的状况（陈诗一和陈登科，2018）。随着中国经济发展进入新的阶段，自然资源构成了对长期经济增长的约束，依靠大量要素投入的经济增长已经不可持续。

推动高质量的经济发展，需要控制环境污染，减少碳排放，进行生态整治；

需要依靠技术创新开发绿色技术和清洁技术，发展绿色经济，走生态经济道路，发展环保产业和生态产业。Hering 和 Poncet（2014）认为，资源和环境的变化会倒逼经济发展从数量转向质量，加强创新驱动战略，创新经济发展方式。以知识创新和技术创新提升和改造物质资本，通过技术创新、产业创新、管理创新提高全要素生产率（蔡昉，2013；Brandt et al.，2013），运用新技术节省和替代物质资源，实现资源的可持续利用。

（五）构建高质量发展的指标体系、统计体系、绩效评价等体系

为了大力推动高质量发展，需要研究高速增长和高质量发展的关系、高质量发展的内在要求，探索建立支持高质量发展的指标体系、统计体系、绩效评价体系等，并建立相应的市场监管机制。

（1）高质量发展的指标体系。过去高速增长的指标体系主要体现在速度指标、总量指标、财务指标等方面，反映经济建设的指标偏多，而反映社会和谐发展的指标较少（任保平和李禹墨，2018），高质量发展则要求我们增加能够反映产业、行业、地区结构协调性的指标，例如，多考虑工业增加值率、企业杠杆率、有效投资率、产能利用率等质量效益指标，反映民生、就业、收入、消费、生态等改善状况。

（2）高质量发展的统计体系。进入高质量发展阶段，要加强统计制度的改革与创新，加快建立新动能、新经济的统计制度，利用大数据、互联网、云计算等新兴技术来提高统计效率。高质量发展的统计体系不仅应包括经济指标，也应纳入生态环境、医疗保健、教育与养老等内容，还要实现资源的共建共享。

（3）高质量发展的绩效评价体系。绩效评价考核可以从以下几个方面着手：①经济增长速度。高质量发展下的经济增速需要靠效率来驱动，表现为较高的资本产出效率、全要素生产率等（蒲晓晔和 Fidrmuc，2018）。②经济结构。高质量发展阶段的知识技术密集型产业比重要有显著提升，产业与产品在国

际分工中应上升到价值链较高的位置（任保平，2015）。③创新成果质量。它是绩效评价的核心与关键，应重点关注代表高质量专利的三方专利所占比重、国际论文引用数等。④发展可持续性。高质量的经济应当是健康和可持续的（向国成和李真子，2016），应注重单位 GDP 能耗、$PM_{2.5}$ 及城市优良空气比率等绩效。

二、推动经济高质量发展的主要改革要求

从高速增长转向高质量发展，必须基于新发展理念进行新的制度安排，深化改革开放，特别是把推进供给侧结构性改革与需求侧结构性改革结合起来（徐忠，2018）。也就是说，高质量发展必须通过一定的制度安排和形成新的机制才能实现（龚雯等，2016），要着力推进几个重点领域的改革，不断增强我国经济的创新能力和国际竞争力。

（一）加快改革和完善市场经济体制

经济体制改革必须以完善产权制度和要素市场化配置为重点，实现产权有效激励、要素自由流动、价格反应灵活、竞争公平有序、企业优胜劣汰。要深化“四梁八柱”性质的改革，以增强微观主体活力为重点，推动相关改革走深走实。全面实施市场准入负面清单制度，清理废除妨碍统一市场和公平竞争的各种规定和做法，鼓励支持民营企业发展，激发各类市场主体活力。深化商事制度改革，打破行政性垄断，防止新的市场垄断，加快要素价格市场化改革，放宽服务业准入限制，完善市场监管体制。营造法治化制度环境，保护民营企业家人身安全和财产安全。创新和完善宏观调控制度，发挥国家发展规划的战略导向作用，健全财政、货币、产业、区域等经济政策协调机制，完善促进消费的体制机制。

深化市场经济体制改革，建设现代化市场经济体系，必须把发展经济的

着力点放在实体经济上，把提高供给体系质量作为主攻方向，显著增强我国经济质量优势。加快建设制造强国，发展先进制造业，推动互联网、大数据、人工智能和实体经济深度融合，在中高端消费、创新引领、绿色低碳、共享经济、现代供应链、人力资本服务等领域培育新增长点、形成新动能。激发和保护企业家精神，鼓励更多社会主体投身创新创业，建设知识型、技能型、创新型劳动者大军，弘扬劳模精神和工匠精神，营造精益求精的敬业风气。

要着力优化营商环境。迟福林（2017）认为，把市场经济主体的活跃度保持住、提上去，是促进经济平稳增长的关键所在。要深化“放管服”改革，推动降低制度性交易成本，下硬功夫打造好软环境，以简化审批优质服务促进投资兴业。市场配置资源是最有效率的形式，要进一步缩减市场准入负面清单，推动“非禁即入”的普遍落实。政府要坚决把不该管的事项交给市场，最大限度减少对资源的直接配置。要对所有涉企经营许可事项实行“证照分离”改革，使企业更便捷拿到营业执照并尽快正常运营，坚决克服“准入不准营”的现象；持续开展“减证便民”改革行动，在全国推开工程建设项目审批制度改革，使全流程审批时间大幅缩短。建立政务服务“好差评”制度，服务绩效由企业和群众来评判。

以公正监管促进公平竞争。公平竞争是市场经济的核心，公正监管是公平竞争的保障，要加快改革完善公平竞争审查和公正监管制度。国家层面重在制定统一的监管规则和标准，地方政府要把主要力量放在公正监管上。推进“双随机、一公开”① 跨部门联合监管，推行信用监管和“互联网 + 监管”改革，优化环保、消防、税务、市场监管等执法方式。依法打击制售假冒伪劣商品等违法行为，让违法者付出沉重代价。深化电力市场化改革，清理电价附加收费，降低制造业用电成本。深化收费公路制度改革，推动降低过路

① 即在监管过程中随机抽取检查对象，随机选派执法检查人员，抽查情况及查处结果及时向社会公开。

过桥费用，治理对客货运车辆不合理审批和乱收费、乱罚款现象。专项治理中介服务收费，继续清理规范行政事业性收费，加快收费清单“一张网”建设，让收费公开透明，让乱收费无处藏身。

（二）着力深化国资国企改革

围绕推动高质量发展，深化国资国企改革，促进企业提质增效，有利于增强经济创新力和竞争力。国有企业的供给侧改革应该更加聚焦实体经济，进一步提高质量效益，瞄准国际标准，提高发展水平，进一步推进国有经济布局优化、结构调整和战略性重组。要进一步压缩过剩产能，处置低效无效资产，着力培养一批战略性新兴产业，打造一批国内外的知名品牌。落实高质量发展要求，国资国企改革要做强实业，推动传统产业转型升级，使资源更多投向战略性新兴产业，形成新的增长点。进一步推进“瘦身健体”，提高运行效率，始终把质量第一、效益优先作为发展目标，并抓好“处僵治困”工作，完成“僵尸企业”的出清。

要加快建立有效制衡的公司治理结构和灵活高效的市场化经营机制，切实落实董事会职权，推进经理层任期制和契约化管理，深化企业内部三项制度改革。要积极稳妥推进混合所有制改革，促进国有企业尽快转换经营机制。同时，推动国有企业技术创新、体制机制创新、管理创新、商业模式创新，在创新中拓展企业的发展空间。还要提高配置国际资源的能力，打造国际合作竞争新优势。

对于国资监管来说，要从管企业为主向管资本为主转变，以管资本为主来转变国资监管机构的职能，重点是放活、管好、优化、放大，做强做优做大国有资本。放活国有资本，要改革国有资本授权经营体制，科学界定国有资本所有权和经营权的边界，调整国资监管机构的权责事项，真正落实企业的法人财产权和经营自主权；管好国有资本，要创新监管方式和手段，改变行政化的管理方式，改进考核体系和办法，促进国有资本的保值增值；优化国有资本，要坚持有进有退，有所为有所不为，推动国有资本更多向关系国家安全、国计民生的重要行业和关键领域集中；放大国有资本，要推进混合所有制改革，提高国有资本的运作效率和水平，促进各种所有制资本取长补短、相互促进。

要改革国有资本管理体制，实现国资管理体制现代化。构建重视投资收益的国资管理体制，为做强做优做大国有资本提供基础环境。更充分利用资本的流动性，在国有资本有序进退当中实现国有经济的布局结构调整优化。重视国有资本的盈利性，通过市场化、专业化运营，为保障国家战略目标和国有经济发展提供可持续的国有资本投资收益，并成为公共财政的补充来源。国有资产监管机构要转变职能和转换管理方式，构建以财务硬约束为核心、以提高透明度为基础的国有资本委托代理体制。

要通过“混改”促进国有企业转变经营机制。发展混合所有制经济是国企提高全球竞争力、成长为世界一流企业的重要途径，混合所有制企业是整合不同所有制优势而形成的具有新机制的全新企业，将成为国有经济的主要存在形式。要高质量地搞好混合所有制改革，一是在思想认识上要高度重视改革质量，改革方案设计和实施都要突出高质量的要求；二是以转化和完善经营机制、提高企业全球竞争力为目标，引入有制衡能力和战略合作的新股东，优化股权结构，破除传统国有企业“一股独大”；三是高质量地推进“混改”相关配套政策，与产权保护、调动人的积极性同步推进。

（三）深化财税体制改革和建立现代财政制度

财税体制改革的目标是建立现代财政制度，深化财税体制改革应该重点推进三个方面：一是改进预算管理制度，强化预算约束，规范政府行为，实现有效监督，加快建立全面规范、公开透明的现代预算制度；二是深化税收制度改革，优化税制结构，完善税收功能，稳定宏观税负，推进依法治税，建立有利于科学发展、社会公平、市场统一的税收制度体系，充分发挥税收筹集财政收入、调节分配、促进结构优化的职能作用；三是调整中央和地方政府间财政关系，在保持中央和地方收入格局大体稳定的前提下，进一步理顺中央和地方收入划分，合理划分政府间事权和支出责任，促进权力和责任、办事和花钱相统一，建立事权和支出责任相适应的制度。

财税体制改革存在着一条上下贯通的主线索，就是伴随着由经济体制改革走向全面深化改革的历史进程，不断地对财税体制及其运行机制进行适应性变革：以“公共财政体制”匹配“社会主义市场经济体制”，以“现代财政制度”匹配“现代国家治理体系和治理能力”。我国的财税体制改革要立足于中国的基本国情，遵从财税运行体制的客观规律。

要妥善处理地方政府财政债务风险，一是转变政府职能，控制债务增速，减轻公共投资支出责任。要扭转以GDP为核心的政绩考核机制，改变地方政府行为模式，财政支出机构要更加突出和加强政府的社会管理和公共服务职能，削减地方政府的投资性支出负担。二是培养新的增长动力，扩大税基增加财政收入，还可以直接降低政府负债率。三是完善地方税制体系，增加直接税收入。通过税制改革，改变地方政府分享城镇土地增值收益的方式，加快以不动产税为主的地方税建设，对存量房产实施累进不动产税，为地方政府建立主体税种和稳定税源。四是改革完善与防范财政风险相关的制度建设，完善债务监管体系，增强地方财政的规范化，提高政府债务的透明度，加强社会和金融机构对地方政府举债行为的监督。

（四）推动更好服务实体经济的金融体制改革

围绕推动高质量发展深化金融体制改革，重点是增强金融服务实体经济的能力，提高直接融资比重。推进金融供给侧结构性改革，调整优化金融体系结构，构建多层次、广覆盖、有差异的银行体系，发展民营银行和社区银行，推动城市商业银行、农村商业银行、农村信用合作社业务逐步回归本源，积极发展个性化、差异化、定制化的金融产品，增加中小金融机构的数量和业务比重，改进小微企业和“三农”金融服务，解决实体经济特别是中小微企业融资难、融资贵问题。深化资本市场基础性制度改革，促进多层次资本市场健康发展，提高上市公司质量，完善交易制度，引导更多中长期资金进入，推动在上海证券交易所设立科创板并试点注册制尽快落地。深化利率和汇率市场化改革，降低实际利率水平，完善汇率形成机制，保持人民币汇率在合理均衡水平上的基本稳定。依靠深化改革健全金融监管体系，守住不发生系统性金融风险的底线。

构建开放的金融体系，进一步改革资本项目管理方式，丰富政策工具，探讨跨境资本流入对我国的短期交易行为征收托宾税的可行性，提高金融机构信息披露质量，完善跨境资本流动监测预警体系，实现对跨境资本流动的双向监测。完善金融基础设施，强化监管和服务能力，重点包括：第一，拓展中国人民银行的征信系统，将小额借贷公司、互联网金融科技公司等借贷信息都纳入中国人民银行的征信范围体系，建立多维度的征信数据。第二，推动建立国家工商、税务、电力、海关、环保、质检等部门的信息动态公开制度。第三，建立中小企业财务报表中心，由企业提供唯一的财务报表，供工商、税务、银行及征信部门共同使用。第四，完善资产登记制度，建立全国统一的租赁、信贷资产、非标准化债权类资产的登记和公示系统。第五，建立信息共享、标准统一的金融业综合统计体系和系统性金融风险监测体系。

三、推动经济高质量发展的主要政策取向

为了保障经济高质量发展稳步持续推进，要不断创新和完善科技创新、生态环保、区域协调、对外开放、宏观调控等政策体系，创造有利于推动经济高质量发展的政策环境。

（一）强化创新发展政策

创新是引领高质量发展的第一动力，是建设现代化经济体系的战略支撑

（易向飞和段文斌，2017）。要瞄准世界科技前沿，强化基础研究，实现前瞻性基础研究、引领性原创成果重大突破。加强应用基础研究，拓展实施国家重大科技项目，突出关键共性技术、前沿引领技术、现代工程技术、颠覆性技术创新，为建设科技强国、质量强国、航天强国、网络强国、交通强国、数字中国、智慧社会提供有力支撑。加强国家创新体系建设，强化战略科技力量，深化科技体制改革，加快建立以企业为主体、市场为导向、产学研深度融合的技术创新体系，加强对中小企业创新的支持，促进科技成果转化。倡导创新文化，强化知识产权创造、保护、运用。培养造就一大批具有国际水平的战略科技人才、科技领军人才、青年科技人才和高水平创新团队。

要提升科技支撑能力，加大基础研究和应用基础研究支持力度，强化原始创新，加强关键核心技术攻关。健全以企业为主体的产学研一体化创新机制，扩大国际创新合作，健全知识产权侵权惩罚性赔偿制度，促进发明创造和转化运用。科技创新本质上是人的创造性活动，要充分尊重和信任科研人员，赋予创新团队和领军人才更大的人财物支配权和技术路线决策权。进一步提高基础研究项目间接经费占比，开展项目经费使用“包干制”改革试点，不设科目比例限制，由科研团队自主决定使用。要在推动科技体制改革举措落地见效上下功夫，使科研人员潜心向学、创新突破。加强科研伦理和学风建设，惩戒学术不端，我国有世界上最大规模的科技人才队伍，营造良好的科研生态，就一定能够迎来各类英才竞现、创新成果泉涌的生动局面。

进一步把大众创业、万众创新引向深入，鼓励更多社会主体创新创业，拓展经济社会发展空间，加强全方位服务，发挥双创示范基地带动作用。强化普惠性支持，落实好小规模纳税人增值税起征点从月销售额 3 万元提高到 10 万元等税收优惠政策。改革完善金融支持机制，鼓励发行双创金融债券，支持发展创业投资，改革完善人才培养、使用、评价机制，优化归国留学人员和外籍人才服务。

（二）加强生态环保政策

我们要建设的现代化是人与自然和谐共生的现代化，既要创造更多物质财富和精神财富以满足人民日益增长的美好生活需要，也要提供更多优质生态产品以满足人民日益增长的优美生态环境需要。必须坚持节约优先、保护优先、自然恢复为主的方针，形成节约资源和保护环境的空间格局、产业结构、生产方式、生活方式，还自然以宁静、和谐、美丽。加强污染防治和生态建设，大力推动绿色发展，改革完善相关制度，协同推动高质量发展与生态环境保护。

推进绿色发展，壮大绿色环保产业。加快建立绿色生产和消费的法律制度和政策导向，建立健全绿色低碳循环发展的经济体系。构建市场导向的绿色技术创新体系，壮大节能环保产业、清洁生产产业、清洁能源产业。推进能源生产和消费革命，构建清洁低碳、安全高效的能源体系。推进资源全面节约和循环利用，实施国家节水行动，降低能耗、物耗，实现生产系统和生活系统循环链接。倡导简约适度、绿色低碳的生活方式，反对奢侈浪费和不合理消费，开展创建节约型机关、绿色家庭、绿色学校、绿色社区和绿色出行等行动（张梅，2013）。加强生态系统保护修复，推进山水林田湖草生态保护修复工程试点，持续抓好国土绿化、防沙治沙、水土流失治理和生物多样性保护，深化国家公园体制改革。加快火电、钢铁行业超低排放改造，实施重污染行业达标排放改造，推进煤炭清洁化利用，加快解决风、光、水电消纳问题。加大城市污水管网和处理设施建设力度，促进资源节约和循环利用，推广绿色建筑。改革完善环境经济政策，加快发展绿色金融，培育一批专业化环保骨干企业，提升绿色发展能力。

着力解决突出环境问题，持续推进污染防治。坚持全民共治、源头防治，持续实施大气污染防治行动，加快水污染防治，实施流域环境和近岸海域综合治理。强化土壤污染管控和修复，加强农业面源污染防治，开展农村人居环境整治行动。加强固体废弃物和垃圾处置，提高污染排放标准，强化排污者责任，健全环保信用评价、信息强制性披露、严惩重罚等制度。构建政府为主导、企业为主体、社会组织和公众共同参与的环境治理体系，积极参与全球环境治理，落实减排承诺。持续开展京津冀及周边、长江三角洲（简称长三角）、汾渭平原大气污染治理攻坚，加强工业、燃煤、机动车三大污染源治理。改革创新环境治理方式，对企业既依法依规监管，又重视合理诉求、加强帮扶指导，对需要达标整改的给予合理过渡期，避免处置措施简单粗暴、一关了之。

加大生态系统保护力度，改革生态环境监管体制。实施重要生态系统保护和修复重大工程，优化生态安全屏障体系，构建生态廊道和生物多样性保护网络，提升生态系统质量和稳定性。开展国土绿化行动，推进荒漠化、石漠化、水土流失综合治理，强化湿地保护和恢复，加强地质灾害防治。完善天然林保护制度，扩大退耕还林还草，严格保护耕地，扩大轮作休耕试点，健全耕地草原森林河流湖泊休养生息制度，建立市场化、多元化生态补偿机制。加强对生态文明建设的总体设计和组织领导，设立国有自然资源资产管理和自然生态监管机构，完善生态环境管理制度，统一行使所有国土空间用途管制和生态保护修复职责，统一行使监管城乡各类污染排放和行政执法职责。构建国土空间开发保护制度，完善主体功能区配套政策，建立以国家公园为主体的自然保护地体系。

（三）完善区域协调政策

实施区域协调政策。制定西部开发开放新的政策措施，继续执行西部地区企业所得税优惠等政策。加大力度支持革命老区、民族地区、边疆地区、贫困地区加快发展，强化举措推进西部大开发形成新格局，深化改革加快东北等老工业基地振兴，发挥优势推动中部地区崛起，创新引领率先实现东部地区优化发展，建立更加有效的区域协调发展新机制。以城市群为主体构建大中小城市和小城镇协调发展的城镇格局，加快农业转移人口市民化。以疏解北京非首都功能为“牛鼻子”推动京津冀协同发展，高起点规划、高标准建设雄安新区，落实粤港澳大湾区建设规划，促进规则衔接，推动生产要素流动和人员往来便利化。将长三角区域一体化发展上升为国家战略，长江经济带发展要坚持上中下游协同，加强生态保护修复和综合交通运输体系建设，打造高质量发展经济带。支持资源型地区经济转型，大力发展蓝色经济，保护海洋环境，建设海洋强国，加快边疆发展，确保边疆巩固、边境安全。

促进区域协调发展。围绕解决发展不平衡不充分问题，改革完善相关机制和政策，推动区域优势互补、城乡融合发展。目前京津冀、粤港澳大湾区、长三角等地区发展呈现出许多新特点，规模经济效应开始显现，基础设施密度和网络化程度全面提升，创新要素快速集聚，新的主导产业快速发展，要推动这些地区成为引领高质量发展的重要动力源。要增强中心城市辐射带动力，形成高质量发展的重要助推力。推动长江经济带发展，实施长江生态环境系统性保护修复，为经济高质量发展奠定基础。推动城镇化高质量发展，提高大城市精细化管理水平。

优化区域发展格局，深入推进新型城镇化。坚持以中心城市引领城市群发展，抓好农业转移人口落户，推动城镇基本公共服务覆盖常住人口，提高新型城镇化质量。更好解决群众住房问题，落实城市主体责任，改革完善住房市场体系和保障体系，促进房地产市场平稳健康发展，保障困难群体基本居住需求。城镇老旧小区量大面广，要大力进行改造提升，更新水电路气等配套设施，支持加装电梯，健全便民市场、便利店、步行街、停车场、无障碍通道等生活服务设施。新型城镇化要处处体现以人为核心，提高柔性化治理、精细化服务水平，让城市更加宜居，更具包容和人文关怀。

（四）推进对外开放政策

要以“一带一路”建设为重点，坚持共商共建共享，遵循市场原则和国际通行规则，发挥企业主体作用，推动基础设施互联互通，加强国际产能合作，拓展第三方市场合作。坚持“引进来”和“走出去”并重，加强创新能力开放合作，形成陆海内外联动、东西双向互济的开放格局，拓展对外贸易，培育贸易新业态、新模式，推进贸易强国建设。扩大服务业对外开放，保护外商投资合法权益。优化区域开放布局，加大西部开放力度，赋予自由贸易试验区更大改革自主权，搞好建设自由贸易港的实践探索。创新对外投资方式，促进全方位国际合作，形成面向全球的贸易、投融资、生产、服务网络。

要适应新形势、把握新特点，培育国际经济合作和竞争新优势，进一步拓展开放领域，推动由商品和要素流动型开放向规则等制度型开放转变，以高水平开放带动改革全面深化。促进外贸稳中提质，推动出口市场多元化，扩大出口信用保险覆盖面，改革完善跨境电商等新业态扶持政策，推动服务贸易创新发展，加快加工贸易转型升级，发挥好综合保税区作用。优化进口结构，积极扩大进口，允许更多领域实行独资经营。

坚定维护经济全球化和自由贸易，积极参与世界贸易组织（World Trade Organization，WTO）改革。加大吸引利用外资的政策力度，实行高水平的贸易和投资自由化便利化政策，全面实行准入前国民待遇加负面清单管理制度，大幅度放宽市场准入。落实金融等行业改革开放举措，完善债券市场开放政策，加快与国际通行经贸规则对接，提高政策透明度和执行一致性，营造内外资企业一视同仁、公平竞争的市场环境。加快构建高标准自由贸易区网络，继续推动中美经贸磋商。支持国家级经济技术开发区、高新技术产业开发区、新区开展自由贸易试验区相关改革试点，增强辐射带动作用，打造改革开放新高地。

（五）创新宏观调控政策

继续创新和完善宏观调控，确保经济运行在合理区间。坚持以市场化改革的思路和办法破解发展难题（张杰，2016），发挥好宏观政策逆周期调节作用，丰富和灵活运用财政、货币、就业政策工具，增强调控前瞻性、针对性和有效性，为推动经济平稳运行和高质量发展创造条件。

着力缓解企业融资难、融资贵问题。改革完善货币信贷投放机制，适时运用存款准备金率、利率等数量和价格手段，引导金融机构扩大信贷投放、降低贷款成本，精准有效支持实体经济，防控资金空转或脱实向虚。加大对中小银行定向降准力度，释放的资金全部用于民营和小微企业贷款，支持大型商业银行多渠道补充资本，增强信贷投放能力，鼓励增加制造业中长期贷款和信用贷款。完善金融机构内部考核机制，激励加强普惠金融服务，切实使中小微企业融资紧张状况有明显改善，综合融资成本有明显降低。

多管齐下稳定和扩大就业。进一步做好高校毕业生、退役军人、农民工等重点群体就业工作，加强对城镇各类就业困难人员的就业帮扶。对招用农村贫困人口、城镇登记失业半年以上人员的各类企业，三年内给予定额税费减免。加强对灵活就业、新就业形态的支持。实施职业技能提升行动，加强职工技能提升和转岗转业培训。加快发展现代职业教育，扩大高职院校奖助学金覆盖面、提高补助标准，加快学历证书和职业技能等级证书互通衔接，改革高职院校办学体制，提高办学质量。中央财政要大幅增加对高职院校的投入，地方财政也要加强支持。设立中等职业教育国家奖学金，支持企业和社会力量兴办职业教育。

实施更大规模的减税降费政策。普惠性减税与结构性减税并举，重点降低制造业和小微企业税收负担。深化增值税改革，确保主要行业税负明显降低；通过采取对生产、生活性服务业增加税收抵扣等配套措施，确保所有行业税负只减不增。落实好小微企业普惠性减税政策。要坚持把减税降费政策落实到位，为支持企业减负工作，各级政府要过紧日子，想方设法筹集资金。中央财政要开源节流，地方政府也要主动挖潜，大力优化支出结构，多渠道盘活各类资金和资产。

降低企业社保缴费负担。下调城镇职工基本养老保险单位缴费比例，稳定缴费征缴方式，防止地方采取加重企业尤其是小微企业实际缴费负担的做法。继续执行阶段性降低失业和工伤保险费率政策，加快推进养老保险省级统筹改革，提高企业职工基本养老保险基金中央调剂比例，划转部分国有资本充实社保基金。既要减轻企业缴费负担，又要保障职工社保待遇不变、养老金合理增长并按时足额发放。

宏观政策要强化逆周期调节，以适度扩大总需求实现稳增长目标，为推动高质量发展提供有利的经济环境。积极的财政政策要更加注重加力提效，较大幅度增加地方政府专项债券规模；稳健的货币政策要更加注重有效性，保持流动性合理充裕，改善货币政策传导机制。结构性政策要强化体制机制建设，坚持向改革要动力，深化重点领域和关键环节改革，强化竞争政策的基础性地位，创造公平竞争的制度环境，鼓励支持中小企业加快成长。

参考文献

安淑新 . 2018. 促进经济高质量发展的路径研究：一个文献综述 . 当代经济管理，40（9）：11-17.

蔡昉 . 2013. 中国经济增长如何转向全要素生产率驱动型 . 中国社会科学，（1）：56-71.

钞小静，薛志欣 . 2018. 新时代中国经济高质量发展的理论逻辑与实践机制 . 西北大学学报（哲学社会科学版），48（6）：12-22.

陈昌兵 . 2018. 新时代我国经济高质量发展动力转换研究 . 上海经济研究，（5）：16-24.

陈诗一，陈登科 . 2018. 雾霾污染、政府治理与经济高质量发展 . 经济研究，（2）：20-34.

陈晓光，张宇麟 . 2010. 信贷约束、政府消费与中国实际经济周期 . 经济研究，（12）：48-59.

迟福林 . 2017-09-11. 市场监管变革以优化营商环境为重点 . 经济参考报，8.

段文斌，张文，刘大勇 . 2018. 从高速增长到高质量发展——中国改革开放 40 年回顾与前瞻 . 学术界，（4）：35-51.

方大春，马为彪 . 2019. 中国省际高质量发展的测度及时空特征 . 区域经济评论，（2）：61-70.

方福前，詹新宇 . 2011. 我国产业结构升级对经济波动的熨平效应分析 . 经济理论与经济管理，（9）：5-16.

菲尔普斯 E. 2013. 大繁荣：大众创新如何带来国家繁荣 . 余江，等译 . 北京：中信出版社：312.

高良谋，马文甲 . 2014. 开放式创新：内涵、框架与中国情境 . 管理世界，（6）：157-169.

龚雯，许志峰，王珂 . 2016-01-04. 七问供给侧结构性改革 . 人民日报，（2）.

郭朝先 . 2019. 当前中国工业发展问题与未来高质量发展对策 . 北京工业大学学报（社会科学版），19（2）：50-59.

郭春丽，王蕴，易信，等 . 2018. 正确认识和有效推动高质量发展 . 宏观经济管理，（4）：18-25.

郭凯明，杭静，颜色 . 2017. 中国改革开放以来产业结构转型的影响因素 . 经济研究，（3）：32-46.

郭克莎 . 2016. 中国经济发展进入新常态的理论根据——中国特色社会主义政治经济学的分析视角 . 经济研究，（9）：4-16.

郭克莎 . 2019. 中国产业结构调整升级趋势与“十四五”时期政策思路 . 中国工业经济，（7）：24-41.

郭庆旺，贾俊雪 . 2004. 中国潜在产出与产出缺口的估算 . 经济研究，（5）：31-39.

国家发展改革委经济研究所课题组 . 2019. 推动经济高质量发展研究 . 宏观经济研究，（2）：5-17，97.

何立峰 . 2018. 大力推动高质量发展　建设现代化经济体系 . 冶金企业文化，（4）：24-26.

胡敏 . 2018-01-18. 高质量发展要有高质量考评 . 中国经济时报，（5）.

黄群慧 . 2018. 中国经济如何跨越发展阶段转换关口 . 中国中小企业，（1）：62-64.

黄群慧，黄阳华，贺俊，等 . 2017. 面向中上等收入阶段的中国工业化战略研究 . 中国社会科学，（12）：94-116，207.

金碚 . 2017. 基于价值论和供求论范式的供给侧结构性改革研析 . 中国工业经济，(4): 5-16.

金碚 . 2018. 关于“高质量发展”的经济学研究 . 中国工业经济，(4): 5-18.

李彩华 . 2019. 中国经济转向高质量发展阶段的历史必然性 . 中南财经政法大学学报，(1): 9-17.

李翀 . 2016. 论供给侧改革的理论依据和政策选择 . 经济社会体制比较，(1): 9-18.

李金昌，史龙梅，徐蔼婷 . 2019. 高质量发展评价指标体系探讨 . 统计研究，36(1):4-14.

李梦欣，任保平 .2019. 新时代中国高质量发展指数的构建、测度及综合评价 . 中国经济报告，(5): 49-57.

李旭辉，朱启贵，夏万军，等 . 2019. 基于五大发展理念的经济社会发展评价体系研究——基于二次加权因子分析法 . 数理统计与管理，(3): 506-518.

梁泳梅，董敏杰 . 2015. 中国经济增长来源：基于非参数核算方法的分析 . 世界经济，(11): 29-52.

林毅夫，蔡昉，李周 . 2014. 中国的奇迹：发展战略与经济改革 . 2 版 . 上海：格致出版社：56.

林兆木 . 2018. 关于我国经济高质量发展的几点认识 . 领导决策信息，(6): 7.

刘丹鹭 . 2011. 服务业发展能烫平宏观经济波动吗？——基于中国数据的研究 . 当代财经，(6): 97-107.

刘干，郑思雨 . 2018. 我国区域经济高质量发展综合评价 . 生产力研究，(10): 59-63.

刘丽波，曾毅漫，孙岩，等 . 2018. 区域经济高质量发展统计监测评价指标体系的构建 . 中国统计，(12): 62-64.

刘世锦，刘培林，何建武 . 2015. 我国未来生产率提升潜力与经济增长前景 . 管理世界，(3): 1-5.

刘惟蓝 . 2018-04-25. 以高质量发展的指标体系引领开发区建设 . 新华日报，(13).

刘志彪 . 2018. 理解高质量发展：基本特征、支撑要素与当前重点问题 . 学术月刊，50(7): 39-45，59.

龙志和，陈芳，林光平 . 2012. 中国区域经济收敛的空间面板分析——基于 2000-2008 年 1271 个县的实证研究 . 中国科技论坛，(1)：102-108.

鲁邦克，邢茂源，杨青龙 . 2019. 中国经济高质量发展水平的测度与时空差异分析 . 统计与决策，(21)：113-117.

鲁继通 . 2018. 我国高质量发展指标体系初探 . 中国经贸导刊（中），903（20）：4-7.

吕薇 . 2018-04-27. 打造高质量发展的制度和政策环境 . 经济日报，(14).

孟祥兰，邢茂源 . 2019. 供给侧改革背景下湖北高质量发展综合评价研究——基于加权因子分析法的实证研究 . 数理统计与管理，38（4）：675-687.

牛犁 . 2017. 供给侧结构性改革推动我国经济高质量发展 . 全球化，(12)：34-43.

裴长洪，赵伟洪 . 2019. 习近平中国特色社会主义经济思想的时代背景与理论创新 . 经济学动态，(4)：3-17.

蒲晓晔，Fidrmuc J. 2018. 中国经济高质量发展的动力结构优化机理研究 . 西北大学学报（哲学社会科学版），(1)：113-118.

渠慎宁，吕铁 . 2016. 产业结构升级意味着服务业更重要吗——论工业与服务业互动发展对中国经济增长的影响 . 财贸经济，(3)：138-147.

任保平 . 2015. 新常态要素禀赋结构变化背景下的中国经济增长潜力开发的动力转换 . 经济学家，(5)：13-19.

任保平 . 2018a. 新时代高质量发展的政治经济学理论逻辑及其现实性 . 人文杂志，(2)：26-34.

任保平 . 2018b. 新时代中国经济从高速增长转向高质量发展：理论阐释与实践取向 . 学术月刊，(3)：66-74.

任保平，李禹墨 . 2018. 新时代我国高质量发展评判体系构建及其转型路径 . 陕西师范大学学报（哲学社会科学版），(3)：104-113.

任保平，文丰安 . 2018. 新时代中国高质量发展的判断标准、决定因素与实现途径 . 改革，(4)：5-16.

邵彦敏 . 2018. 新发展理念：高质量发展的战略引领 . 国家治理，(5)：10-17.

史丹，李鹏 . 2019. 我国经济高质量发展测度与国际比较 . 东南学术，(5)：169-180.

史丹，赵剑波，邓洲 . 2018. 推动高质量发展的变革机制与政策措施 . 财经问题研究，(9)：19-27.

孙红湘，张静 . 2018. 以新发展理念指引高质量发展 . 人民论坛，(30)：94-95.

唐未兵，傅元海，王展祥 . 2014. 技术创新、技术引进与经济增长方式转变 . 经济研究，(7)：31-43.

田秋生 . 2018. 高质量发展的理论内涵和实践要求 . 山东大学学报（哲学社会科学版），(6)：1-8.

王一鸣 . 2018. 大力推动我国经济高质量发展 . 人民论坛，(9)：32-34.

王永昌，尹江燕 . 2019. 论经济高质量发展的基本内涵及趋向 . 浙江学刊，(1)：90-95.

吴金明 . 2018. "二维五元"价值分析模型——关于支撑我国高质量发展的基本理论研究 . 湖南社会科学，(3)：113-129.

吴利学，贾中正 . 2019. "高质量发展"中"质量"内涵的经济学解读 . 发展研究，(2)：74-79.

吴玉鸣 . 2006. 中国省域经济增长趋同的空间计量经济分析 . 数量经济技术经济研究，(12)：101-108.

向国成，李真子 . 2016. 实现经济的高质量稳定发展：基于新古典经济学视角 . 社会科学，(7)：57-63.

习近平 . 2017-10-18. 决胜全面建成小康社会 夺取新时代中国特色社会主义伟大胜利——在中国共产党第十九次全国代表大会上的报告（2017 年 10 月 18 日）. 人民日报，(1).

徐高 . 2008. 基于动态随机一般均衡模型的中国经济波动数量分析 . 北京：北京大学 .

徐瑞慧 . 2018. 高质量发展指标及其影响因素 . 金融发展研究，(10)：36-45.

徐莹 . 2018-03-20. 加快建立高质量发展指标体系 . 中国质量报，(2).

徐忠 . 2018. 如何理解十九大后的中国经济及相关改革 . 上海金融，(2)：1-4.

许召元 . 2005. 中国的潜在产出、产出缺口及产量——通货膨胀交替关系——基于

"Kalman 滤波"方法的研究 . 数量经济技术经济研究，(12)：3-15.
杨伟民 . 2018. 深入学习习近平新时代中国特色社会主义经济思想推动高质量发展建设现代化经济体系 . 时事报告（党委中心组学习），(2)：79-97.
易向飞，段文斌 . 2017. 中国科技创新对经济增长的支撑作用研究 . 上海经济研究，(12)：24-36.
殷醒民 . 2018-02-06. 高质量发展指标体系的五个维度 . 文汇报，(A12).
张杰 . 2016. 中国产业结构转型升级中的障碍、困局与改革展望 . 中国人民大学学报，(5)：29-37.
张军扩，侯永志，刘培林，等 . 2019. 高质量发展的目标要求和战略路径 . 管理世界，(7)：1-7.
张丽伟，田应奎 . 2019. 经济高质量发展的多维评价指标体系构建 . 中国统计，(6)：7-9.
张连城，韩蓓 . 2009. 中国潜在经济增长率分析——HP 滤波平滑参数的选择及应用 . 经济与管理研究，(3)：22-28，86.
张梅 . 2013. 绿色发展：全球态势与中国的出路 . 国际问题研究，(5)：93-102.
赵昌文 . 2017-12-25. 推动我国经济实现高质量发展 . 学习时报，(01).
赵德友，邱玲，徐委乔 . 2018. 中国省区市高质量发展指数测度模型及结果分析 . 市场研究，(11)：15-26.
赵剑波，史丹，邓洲 . 2019. 高质量发展的内涵研究 . 宏观经济研究，(11)：15-31.
周文，李思思 . 2019. 高质量发展的政治经济学阐释 . 政治经济学评论，10(4)：43-60.
朱启贵 . 2018-02-06. 建立推动高质量发展的指标体系 . 文汇报，(A12).
邹薇 . 2018. 建设现代化经济体系，实现更高质量发展 . 人民论坛 · 学术前沿，(2)：31-38.
Acemoglu D，Guerrieri V. 2008. Capital deepening and nonbalanced economic growth. Journal of Political Economy，116：467-498.
Boppart T. 2014. Structural change and the Kaldor facts in a growth model with relative price effects and non-Gorman preferences. Econometrica，82：2167-2196.
Brandt L，Tombe T，Zhu X D.2013. Factor market distortions across time，space and

sectors in China. Review of Economic Dynamics, 16: 39-58.

Cai W B. 2015. Structural change accounting with labor market distortions. Journal of Economic Dynamic and Control, 57: 54-64.

Chari V V, Kehoe P J, McGrattan E R. 2007. Business cycle accounting. Econometrica, 75 (3): 781-836.

Dekle R, Vandenbroucke G. 2012. A quantitative analysis of China's structural transformation. Journal of Economic Dynamics and Control, 36: 119-135.

Grossman G M, Krueger A B.1995. Economic growth and the environment. Quarterly Journal of Economics, 110: 353-377.

Hering L, Poncet S. 2014. Environmental policy and exports: evidence from Chinese cities. Journal of Environmental Economics and Management, 68: 296-318.

Herrendorf B, Rogerson R, Valentinyl A. 2013. Two perspectives on preferences and structural transformation. American Economic Review, 103: 2752-2789.

Horvath M. 2000. Sectoral shocks and aggregate fluctuations. Journal of Monetary Economics, 45 (1): 69-106.

Kim K H, Kim Y S. 2006, How important is the intermediate input channel in explaining sectoral employment comovement over the business cycle?. Review of Economic Dynamics, 9 (4): 659-682.

Long Jr J B, Plosser C I. 1983. Real business cycles. Journal of Political Economy, 91: 39-69.

Miao J J, Wang P F. 2014. Sectoral bubbles, misallocation and endogenous growth. Journal of Mathematical Economics, 53: 153-163.

Mitra S, Maheswari V, Mitra A. 2011. A wavelet filtering based estimation of output gap. Applied Mathematics and Computation, 218 (7): 3710-3722.

Ngai L R, Pissarides C A. 2007. Structural change in a multi-sector model of growth. American Economic Review, 97: 429-443.

Sato K. 2001. Japan's potential output and the GDP gap: a new estimate. Journal of Asian

Economics，12：183-196.

Swiecki T. 2017. Determinants of structural change. Review of Economic Dynamics，24：95-131.

本章系总课题“我国经济由高速增长转向高质量发展的现实依据和总体框架研究”的研究成果，课题主持人是华侨大学经济发展与改革研究院院长郭克莎，课题组成员有邓洲、渠慎宁、汪川、黄彦彦、姚博、陈小宁。

本章执笔人：黄彦彦、汪川、姚博、郭克莎。

第二章

我国经济高质量发展的内涵、趋势和特点研究

当前中美贸易战导致经济全球化受阻，中美贸易摩擦升级对我国产生了一系列不利影响。我国经济发展已进入高质量发展阶段，表现出速度变化、结构优化、动力转换三大特点，即通过动力变革、质量变革、效率变革，实现经济转型升级。经济减速和经济高质量发展是宏观政策关注的关键指标，从中长期看，实现“十三五”和全面建成小康社会目标需要保持经济中高速增长，产业结构向中高端升级；从短期看，经济减速时期经济仍承受较大下行压力，经济增长存在惯性下滑风险，宏观上需要避免经济减速演变为失速。应推动区域经济和就业高质量发展，通过创新和改革积极应对外部冲击，推动经济高质量发展。

我国经济高质量发展的内涵、趋势和特点研究

第一节

积极应对外部冲击，推动经济高质量发展

一、深刻理解我国经济高质量发展的内涵

我国经济发展进入新时代，推动经济高质量发展是当前和今后一个时期确定发展思路、制定经济政策、实施宏观调控的根本要求。我国市场规模巨大、人力人才资源丰富、产业配套齐全、新动能快速成长，经济发展有足够的韧性、潜力和回旋余地，长期向好的趋势没有改变。在面临经济下行压力时，需要更加重视释放内部改革红利，遵循创新、协调、绿色、开放、共享发展理念，建设现代化经济体系，推动经济高质量发展，更好满足人民日益增长的美好生活需要，推进国家治理体系和治理能力现代化。

第一，加快实施创新驱动发展战略，提高经济增长核心竞争力。要以动力变革推进质量变革和效率变革，提高商品和服务质量，以更高质量的新供给引导新需求；提高全要素生产率，以投入产出效率和经济效益获得产品国际竞争力。加强国家创新体系建设，加快关键核心技术自主创新，强化战略科技力量，破除“卡脖子”技术封锁。大力培育发展新动能，加快推进数字经济、人工智能、区块链技术发展；抓住新技术、新业态、新模式、新产业发展的历史机遇，改造传统制造业，加快先进制造业发展，推进高端制造业与现代服务业融合发展，促进产业链升级。深化科技体制改革，强化知识产权创造、保护、运用，建立以企业为主体、市场为导向、产学研深度融合的技术创新体系，加强对中小企业创新的支持，促进科技成果转化；培养具有

国际水平的科技人才和创新团队，激发和保护企业家精神，建设创新型劳动者大军，加快从劳动力数量红利向创新红利转换。

第二，完善宏观调控体系，促进经济协调发展。经济高质量发展必须保持国民经济重大比例关系协调和空间布局比较合理，生产、流通、分配、消费各环节循环顺畅，绝对避免经济发展大起大落和防范系统性金融风险。要创新和完善宏观调控，发挥国家发展规划的战略导向作用，健全财政、货币、产业、区域等经济政策协调机制。加快建立现代财政制度，控制地方政府隐性债务风险。深化金融体制改革，提高直接融资比重，稳定宏观杠杆率，健全金融监管体系，守住不发生系统性金融风险的底线。优化现代化经济体系的空间布局，促进城乡区域协调发展。统筹推进西部大开发、东北全面振兴、中部地区崛起、东部率先发展。推动京津冀协同发展，高起点规划、高标准建设雄安新区，推动粤港澳大湾区建设、长三角区域一体化发展，推动长江经济带发展。大力实施乡村振兴战略，建立健全城乡融合发展体制机制和政策体系，加快推进农业农村现代化。

第三，推进高水平对外开放，提高现代化经济体系的国际竞争力。高质量发展的一个重要表现是国际竞争力的提升。国际竞争力不仅表现为产品的市场占有率和进出口实力，更表现为本国产品标准成为国际行业标准。国内方面，借助新业态、新模式、新技术推动贸易发展方式转变，扩大自由贸易试验区试点改革，加快探索建设海南自由贸易港进程，推动粤港澳大湾区等平台的改革创新。深化规则制度型开放，完善对外开放的体制机制。保障《中华人民共和国外商投资法》落实落地，继续精简外资准入负面清单，全面取消外资准入负面清单之外的限制，持续改善营商环境。增强民事司法保护和刑事保护力度，提高知识产权保护水平。国际方面，在合作共赢的原则下继续推进“一带一路”建设，推动早日达成区域全面经济伙伴关系协定，加快中欧投资协定谈判，加快中日韩自由贸易协定谈判进程，落实与欧洲联盟（简称欧盟）和东南亚国家联盟（简称东盟）的务实合作，拓展国际合作空间和国际市场。继续降低贸易伙伴的进口关税税率，满足国内多元化消费需求，倒逼国内产业升级、产品提质。

第四，加快推动绿色发展，促进经济发展长期可持续。经济高质量发展要解决人与自然和谐共生问题，让人民群众享有良好生产生活环境。当前绿色低碳技术的迅猛发展和我国经济实力大幅提升，为我们打赢环境保护攻坚战创造了前提条件。要以生态文明建设为纲领，在全社会树立绿色发展理念，加快形成促进绿色发展的政策导向、体制机制和法律法规，发展绿色金融，促进节能环保、清洁生产、清洁能源等绿色产业发展，倡导绿色出行等绿色消费方式，健全绿色低碳循环发展的经济体系，努力使绿色发展成为普遍形态，形成人与自然和谐发展的现代化建设新格局。

第五，完善初次分配和再分配体系，让全体人民共享发展成果。消灭贫困，缩小城乡、区域发展差距和居民收入分配差距，实现全体人民更加公平地共享发展成果，既是高质量发展的根本目的，也是充分调动绝大多数人积极性、主动性、创造性，保持社会长治久安、积累社会资本、持续推动高质量发展的必要条件。优化要素市场初次分配，要实现更高质量和更加充分的就业，提供个体辛勤劳动实现自身发展的机会；坚持居民收入增长与经济发展同步、劳动报酬增长与劳动生产率提高同步，拓宽居民劳动收入和财产性收入渠道。完善再分配体系，要坚持在发展中保障和改善民生，在发展中补齐民生短板，打赢脱贫攻坚战；逐步建成覆盖全民、多层次的社会保障体系；推进基本公共服务均等化，缩小收入分配差距，让改革发展成果更多更公平惠及全体人民。

第六，深化经济体制改革，构建高质量发展的制度基础。实现经济高质量发展，必须坚持和完善中国特色社会主义制度，不断推进国家治理体系和治理能力现代化。要建设现代化经济体系，加快构建系统完备、科学规范、运行有效的制度体系，充分发挥我国社会主义制度优越性，为高质量发展提供制度保障。坚持社会主义市场经济改革方向，使市场在资源配置中起决定性作用，更好发挥政府作用。公有制经济和非公有制经济都是社会主义市场经济的重要组成部分，都是我国经济社会发展的重要基础。以完善产权制度和要素市场化配置为重点，实现产权有效激励、要素自由流动、价格反应灵活、竞争公平有序、企业优胜劣汰。深化国资国企改革，激发非公有制经济活力和创造力。深化财政金融体制改革，促进实体经济发展。加快土地制度改革试点，完善土地规划，建立兼顾国家、集体、个人的土地增值收益分配机制。

二、关注美国升级经贸摩擦对中国经济的不利影响

美国升级经贸摩擦，除了使极少数国家获利之外，对中美双方及世界经济的不利影响在加深、加重，对中国经济的影响进一步显现。

第一，美国加征关税，导致中国对美国出口较大幅度下降，规模以上工业增加值增速明显下行。2018~2019 年，美国先后分四轮对中国 340 亿美元、160 亿美元、2000 亿美元、3000 亿美元商品加征关税，导致中国对美国出口大幅下降。2019 年前 7 个月，上述前三组商品对美国出口分别同比下降 28.3%、42.5%、26.5%，尚未征税的 3000 亿美元商品对美国出口同比增速则大幅收窄至 2.7%。美国不断升级和扩大贸易摩擦范围，通过出口传导机制拖累中国规模以上工业增加值增速明显下降，据测算，美国加征关税已使我国工业增加值增速下降 0.8 个百分点左右。

第二，美国升级贸易摩擦，造成我国区域、行业、企业遭到非均衡式冲击，外贸大省、高科技“领头羊”和外资企业首当其冲。从区域看，东部地区出口大省遭遇冲击更大，广东、上海、北京 2019 年前 7 个月以美元计价出口累计分别下降 2.6%、5.4% 和 3.5%，天津下降 16%。从行业看，我国高端制造业受到负面冲击较大，其中航空航天技术、材料技术、计算机与通信技术 2019 年前 7 个月以美元计价出口累计分别下降 16%、12.3%、7.1%。从受影响企业类别看，外商投资企业受到的负面影响更大，2019 年前 7 个月以美元计价，在我国总出

口实现 0.6% 微幅增长的情况下，在华外商投资企业出口却下降了 4.9%。

第三，美国把“汇率操纵国”名单作为与中国谈判的砝码。2019 年 8 月 6 日美国将中国列为“汇率操纵国”，虽然中国并不符合美国自己制定的三条“汇率操纵国”标准，但是美国财政部依据自由裁量权依然将中国列入了“汇率操纵国”名单。根据美国《1974 年贸易法》，如果被视为“汇率操纵国”达到一年，美国有权采取禁止其任何项目获取美国海外私人投资公司融资、将其排除在美国政府采购供应地之外、呼吁国际货币基金组织加强对其监督、指示美国贸易代表评估是否与其签订贸易协定，或启动、参与贸易协定谈判时必须考虑其操控汇率的行为等措施。“汇率操纵国”这一标签如同“301 调查”制裁一样，一方面给了美国在贸易和投资上进一步和中国脱钩的工具，另一方面是为增加谈判筹码。2020 年 1 月 13 日美国财政部宣布将中国移出“汇率操纵国”名单，两天后中美签署中美第一阶段经贸协议。

第四，中美贸易摩擦加大潜在就业压力。①美国对我国加征关税促使一部分出口型企业加快将生产线或者产业链整体外迁的步伐。与此同时，中美贸易摩擦的不确定性前景，导致部分外资在华投资的观望情绪加重，或者延缓继续投资计划，尤其是以出口美国市场为主的企业受冲击最大，一些企业已开始减少在华投资，或者将生产线转移到东南亚国家。产业链转移导致部分地区劳动密集型岗位和一部分技能型岗位过快消失或外移，加重了对稳岗就业的考验。此外，随着东南亚国家基础设施及投资环境等产业配套的改善，未来其可能对我国形成更为直接的竞争。②重点地区工业生产不振、出口下滑，拖累就业稳定。2019 年山东等省区市工业利润大幅下挫，亏损企业数量不断增多，主要工业品产量严重收缩，广东等沿海地区出口大幅下滑，企业开工扩产预期不振，致使从业人员绩效收入明显减少，一些企业被迫关闭或大量裁员，对就业的直接影响逐渐明显，次生影响开始向工业园区及场镇周边餐饮、娱乐等生活性服务业领域的就业传递。如果美方继续加征关税乃至采取进一步霸权措施，迫使出现接近中美经贸关系脱钩的极端情形，可能导致大规模失业情况出现。东北、河北、山西等地的一些县市经济发展处于从资源驱动到寻求新动能的艰难转型过程，新动能孕育足量新岗位需要时间，并且产业调整过程中溢出的产业工人因技能结构不适和年龄偏大等，转岗就业预期等待时间较长。③高技术制造业增加值增速显著放缓，就业吸纳能力下降。过去几年我国高技术制造业增加值增速持续快于规模以上工业增加值增速，但2019年高技术制造业增加值增速出现明显下滑，已经由2018年的11.7%下降至2019年的8.8%，在一定程度上削弱了高技术制造业岗位创造能力和岗位保持能力，导致部分专业技能型新求职者寻找工作的时间延长。

三、当前影响我国经济高质量发展的问题和风险

2020年国内经济仍有较大下行压力，经济和金融风险加大。需要重点关注以下供给面的根本性问题，保持定力，更加突出稳增长和防风险两大目标，更加突出防御性策略。

（1）低效率“僵尸企业”是产能过剩的根源，“僵尸企业”阻碍经济资源优化配置。低效率的企业仍然没有在减速中出清，大量的低效率企业已经演变为“僵尸企业”吸收了有效的社会资金。低效率“僵尸企业”越多，经济总体增速越慢，负债率上升越快，货币供应占GDP的比重继续上升，制约去杠杆进程。

（2）高收入需求弹性的产业处于管制中，阻碍市场化投资进入。2018年末中国城镇化率达到59.6%，服务业占GDP的比重为53.3%，城市居民随着收入的不断提高，服务支出的比重也会不断提高。需求弹性最高、与人力资本提升密切相关的消费领域“科教文卫体”等的服务，以及大量城市公共基础设施服务等却严重供给不足。这些需求弹性高的服务部门基本上是事业单位，行政控制了这一领域，企业难以进入。这些领域的投资只能按财政拨款

的模式投入，而事业单位还不能完全按照市场化方式运行，经济正常循环和产业的转型升级难以完成。

（3）传统模式下潜在增长率下行，制约实际经济增长率回升。随着劳动年龄人口继续减少，储蓄率将下降，导致中国固定资产投资增速下移，劳动力投入和资本积累增长速度下降。同时，在中国人均收入达到中上等收入国家水平后，后发国家的赶超优势逐步消失，全要素生产率增速出现下降。今后，如果没有新的改革红利和创新驱动提高全要素生产率增速，中国潜在增长率下行的长期趋势将制约中国实际经济增长率的回升。

（4）存量改革不到位、不协调、不配套，改革红利未充分释放。十九届四中全会清楚地描绘了坚持和完善中国特色社会主义制度、推进国家治理体系和治理能力现代化的路线图，坚持和完善社会主义基本经济制度，推动经济高质量发展，充分发挥市场在资源配置中的决定性作用，更好发挥政府作用，全面贯彻新发展理念，坚持以供给侧结构性改革为主线，加快建设现代化经济体系。各级政府推进了商事制度改革，极大地推动了创新创业，增量改革取得突破。但在某些重要领域的改革还存在不到位、不协调、不配套的问题，比如，户籍改革、科技体制改革、财税改革和国企改革等均遭遇瓶颈，这些领域的改革涉及存量调整，是激活微观积极性、优化存量资源配置的主战场，也是未来改革红利的重要来源。

四、我国经济高质量发展的趋势和特点

结合我国经济发展的外部环境变化，本章分析认为，我国经济高质量发展长期向好的趋势没有改变。

第一，与发达国家相比，我国仍处于城镇化阶段，未来我国的城镇化不仅需要量上的推进，更需要通过城乡协调发展，提高城乡发展质量。实证分

析表明，在发展中国家，工业化带动经济增长，经济增长促进城镇化，而且城镇化和经济增长反作用于工业化，在工业化和城镇化过程中，国际贸易对于工业化（工业和服务业占比）、经济增长（人均 GDP 提升）及政府支出变量均有显著影响。从生态、经济、社会、政治和文化五个维度出发，构建包括人口与就业、基本公共服务、社会保障、生态环境、城乡一体化五个子系统在内的新型城镇化水平评价指标体系，结果表明，我国各地区新型城镇化水平逐年上升，但各地区差距仍很大。相对而言，各城市人口与就业系统指数、城乡一体化系统指数上升趋势比较明显，而生态环境系统指数与社会保障系统指数都处于较低水平且增长趋势不显著。未来区域经济协调发展应更趋均衡。

第二，稳定就业水平，提高就业质量，是促进人民生活水平持续改善的根本途径。在当前发展阶段及今后相当长的一段时期，参与社会劳动来获取收入，仍将是确保绝大多数人日常生活及其改善的最主要渠道，就业是最大的民生。近年来，党和政府的经济工作越来越突出地体现了就业优先的发展政策。提高就业质量是经济社会高质量发展的题中应有之义。结合十九届四中全会精神，完善初次分配制度和健全再分配调节机制，要优化要素市场初次分配，要实现更高质量和更加充分的就业。

第三，中国经济发展进入高质量发展阶段，经济仍可保持中高速增长。2019 年第三季度我国经济增长速度降至 6%，从世界范围看，仍处于中高速增长区间。美国、欧盟、日本经济增长的长期趋势表明，经济高增长之后的增长速度下移是自然现象，经济结构调整是适应经济增速下移的必然要求（汪红驹，2015）。根据世界银行的数据库信息，1960 年以来中高速经济增长的区间可被界定为 4.9%~7.2%，中国当前的主要宏观经济指标优于中高速增长经济体的对应指标。中国有条件、有潜力保持中高速经济增长。2019 年人均国民总收入已经超过 1 万美元，无须过分担忧落入中等收入陷阱的风险。在经济增速换挡期，伴随着经济增速下移产生了一些问题，需要平衡调结构与稳增长的关系。需坚持以转变经济发展方式为主线，以调结构为着力点，释放改革开放的红利，统筹考虑稳增长、调结构、促改革，发挥好市场机制的作用，增强发展的活力和内生动力，防范经济增速快速下滑。

第四，提高生产效率是我国跨越中等收入陷阱的根本途径。如果改革开放能够顺利推进，中国完全有能力跨越世界银行所谓的绝对中等收入陷阱，但是由于科技创新和技术领先的能力偏弱，以及国际高端市场规模有限，中国在跨越更加严格定义的相对中等收入陷阱时将面临巨大的困难。相对中等收入陷阱的划分标准可以参照美国人均国民总收入的 1/3~2/3，中国要跨越这一相对中等收入陷阱，还需要大约 20 年的时间，充分利用这 20 年，推动科技创新，促进我国产业升级，提高生产效率，壮大中等收入群体，扩大内需，为跨越中等收入陷阱打下坚实的制度和科技基础，对中国成功跨越中等收入陷阱起着特殊重要的作用。

推动我国经济高质量发展，最根本的是要用习近平新时代中国特色社会主义思想武装头脑、指导实践、推动工作，根据切实可行的战略规划分阶段、按步骤奋力推进各项工作。

五、加快科技创新和改革开放，推进经济高质量发展的重点措施

（一）更多依靠改革红利稳定经济增长

当前，我国经济已经转向高质量发展阶段，要改变过度依赖规模扩张的增长模式，适应经济潜在增长率下移态势，应适度降低经济增长预期目标。当前我国经济规模大，服务业吸纳就业潜力强，就业总体充分，适度降低经济增长预期目标是有条件的。同时，适度降低经济增长预期目标有助于加快推动关键领域改革，重点解决结构性、体制性问题，促进国家治理体系和治理能力现代化；有助于落实“房住不炒”，不将房地产作为短期刺激经济的手

段，防止地方政府和居民杠杆率进一步过快上升；有助于加快实施创新驱动发展战略，促进民间资本更多流向科技创新领域，推进实体经济与制造业高质量发展。

经济体制改革的核心问题是处理好政府和市场的关系，使市场在资源配置中起决定性作用和更好发挥政府作用。要大幅度减少政府对资源的直接配置，推动资源配置依据市场规则、市场价格、市场竞争实现效益最大化和效率最优化。政府的职责和作用主要是保持宏观经济稳定，加强和优化公共服务，保障公平竞争，加强市场监管，维护市场秩序，推动可持续发展，促进共同富裕，弥补市场失灵。当前，要着力通过深化改革激发各方面的活力，调动各方面的积极性，更多依靠改革红利稳定经济增长。

面临较大的经济下行压力，实现“六稳”目标的核心是稳增长与稳投资。宏观政策需要加大逆周期调节力度，采取适度的、针对性强的微刺激政策，防止经济增速的过快下滑。

(1) 把供给侧管理与需求侧管理更好地结合起来，特别要进一步加强积极财政政策在扩大需求方面的直接作用。为了加强积极财政政策在扩大需求方面的作用，重点可放在加强积极财政政策对投资、收入和消费等领域的影响，以引导、启动和扩大相关的市场需求。在投资领域，加强以基础设施建设为主的公共产品投资。当前我国区域经济发展很不平衡，城镇化进程、新型城镇化与新农村建设远没有完成，因此，公共基础设施和社会公共服务需求是巨大的。在收入领域，重点要加强财政在国民收入再分配中的重要作用。例如，通过必要的减税、调整支出结构、加强转移支付等方式，直接或间接地加快中低收入者的收入增长。在消费领域，财政要在改善消费市场相关基础设施、降低相关交易成本、打通有关流通环节等方面发挥重要的作用。必要时可采取降低消费税的措施，适度调低与百姓生活密切相关的必需消费品的消费税率。

(2) 充分发挥财政资金在基础设施建设方面的先导作用，适度扩大财政赤字和地方政府发债规模，加大地方政府专项债发行规模和债券置换力度，也可发行建设国债，增加中央财政预算内投资力度，促进公益性基本建设项目投资，发挥好地方政府的积极性。当前我国基础设施投资的需求和潜力十分巨大。以加快重点领域建设和促进重点区域投资为抓手，加快推进“一带一路”建设，加快长江经济带建设，加强京津冀协同发展，积极推进重大基础设施区域一体化建设，加快城镇化基础设施建设，促进交通、能源、信息等基础设施互联互通。

（3）充分发挥财政资金对民间投资的带动作用，切实打破垄断，鼓励和引导民间投资快速增长。第一，政府通过在基础设施领域的投资形成生产性的公共成本，从而有效地改善投资环境，降低民间投资成本，刺激民间投资的积极性。第二，公共投资领域往往具有很强的关联性和延展性，公共服务产业自身的发展能够带动相关生产要素和产业的发展，并提供和创造新的、有利的投资机会，从而增加这些领域的民间投资。当前，民间投资占全国固定资产投资的比重约为65%。在加强政府投资的基础上，应进一步完善投融资体制机制，营造权利平等、机会平等、规则平等、竞争平等的投资环境，充分调动各类投资主体尤其是民间投资主体的积极性。尝试不同领域引进民间资本的路径模式，包括BOT（build-operate-transfer，建设—运营—转让）、TOT（transfer-operate-transfer，移交—经营—移交）、BOO（build-own-operate，建设—拥有—经营）、PPP（public private partnership，公共私营合作制）、股权基金、资产证券化等，建立和完善相关法律制度。第三，要切实打破现代服务业的进入壁垒，大力促进相关配套改革，促进民间投资流入这些具有较高回报率的产业。

（4）进一步降低存款准备金率和利率，促进货币信贷适度合理加速，降低实体经济投资和融资成本。加强流动性管理是国际金融危机后国际社会的共识。过去几年，我国央行曾持续加强对过度流动性的管理。但是，我国很多金融指标的动态轨迹表明，现行流动性局部趋紧与我国的金融结构以间接融资为主有关，与货币政策传导机制不畅有关。事实上，这种间接融资体系（再加上产能过剩企业沉淀资金）要求高度的流动性。在2019年央行调整存款准备金率和利率的基础上，要继续下调存款准备金率和利率，促进货币信贷适度合理加速，降低实体经济投资和融资成本。

（二）完善财政制度建设，筑牢国家治理根基

目前中国已进入经济新常态，而财政是国家治理的重要基础和重要支柱，经济要平稳走向新常态离不开财政的支持。

（1）深化财税改革，为调结构提供动力。经济结构的调整、优化和升级是保持经济强劲发展的关键。国家财政实践活动的具体措施——财政政策在制定和实施过程中不仅要关注国民经济总量平衡，解决总供给与总需求失衡的“缺口”，更要把重点放在经济结构的调整和优化上，防止结构失衡推动总量失衡。在当前环境资源约束、人力成本上升及投资回报率日益降低的背景下，鼓励创新创业已经成为我国的一项国策。财政政策应大力支持创新创业，扩大鼓励创新的财政资金规模，提高相关财政资金的使用效率。推动结构性转型，特别是转变支出模式，打开科教文卫、体育、公共基础设施的事业单位的行政管控，用政府采购服务方式逐步替代财政拨款模式推动事业单位改革。

（2）推动预算管理体制，筹划将所有政府收入纳入预算管理。由于种种原因，目前我国各级政府的一些部门还掌握着形形色色的公共资金，如各类行政事业性收费、罚没收入、押金、土地出让金、国有资本经营收入、国有资源转让收入、各类基金等。这些资金虽然大部分已经被纳入“收支两条线”管理，但总的来讲，其“部门”特色是客观存在的。推动“四本预算”，即一般公共预算、社会保险基金预算、国有资本经营预算和政府性基金预算，逐渐走向管理规范化和信息公开化。

（3）编制中长期预算。过去和当前，我国预算管理执行的是“一年预算、预算一年”。这种管理方式不仅给年终突击花钱提供了口实，而且不利于各部

门制定、实施中长期工作计划和政策目标，影响了政府部门的工作绩效。应推动建立跨年度中期预算，各部门要制定至少三年期的计划与政策，并合理分解到各个年度，进而据此向财政部门提出预算申请。促使各部门加强相关政策研究、趋势预测，进一步提高工作的科学性与计划性。

（三）实施稳健的货币金融政策，防范经济金融风险

需要高度警惕国际金融市场的外部冲击对中国经济和金融稳定的影响，更加突出防御性宏观政策，防范经济金融风险，牢牢守住不发生系统性金融风险的底线。

（1）优先考虑金融稳定目标，防范金融风险。金融稳定需要同时保持股票市场、外汇市场、房地产市场稳定。当前首要的是保持外汇市场稳定，打消人民币贬值预期。中国货币政策面临两难选择，要求稳定汇率以实现金融稳定目标，同时保持货币政策独立性以实现稳增长目标，这就必须暂时放弃资本自由流动的目标，特别是防止投机性资本流出。扩大货币互换范围和规模，为应对未来潜在的金融震荡风险创造风险防范机制。加强资本项目流出监管，提高资本流出的交易成本。央行要加强对全球资本流动的监测，准确判断形势，灵活运用冲销操作、利率和法定准备金率等政策工具，消除资本流动对货币供应的冲击，稳定金融市场。提高外汇远期交易的保证金，防止资本流出过快和人民币大幅贬值造成巨大冲击。要甄别资本外逃的新渠道，防止中国服务贸易逆差继续扩大，严厉打击地下钱庄。

（2）增加适度的金融支持措施，稳定房地产市场。继续实施差别化房地产信贷税收政策，指导商业银行继续执行首套房最低首付比例和贷款利率的优惠政策，适当降低购买二套房的首付比例与贷款利率，鼓励改善型住房购买行为。继续落实开发性金融对棚户区改造支持方案，加强保障性住房、棚户区改造信贷支持，稳定房地产投资规模。防范房地产市场风险向金融领域传导扩散，高度关注重点地区和重点企业，加大对开发企业资金链风险的排查

力度，事先做好金融风险防范和应对。

（3）推动金融供给侧改革，加强金融对实体经济的支持。金融与实体经济密切联系、互促共生。在保持宏观政策稳定的同时，金融机构应围绕稳增长、调结构、惠民生创新服务方式，有效破解融资难、融资贵问题，加大对实体经济的支持。一是要保持流动性合理充裕和信贷总量适度增长，加大定向调控力度，支持重点领域、薄弱环节和小微企业，降低服务收费。二是要加强差别化信贷政策。支持先进制造等新兴产业发展和传统产业升级改造，进一步改善续贷管理，对市场前景好、暂时有困难的企业不断贷、不抽贷，对破产重组企业提供必要资金支持。三是要发挥开发性、政策性金融作用，加大对棚改、水利、中西部铁路等领域的金融服务。为 PPP 等方式安排合理融资渠道，更有效吸引社会资金参与扩大公共产品和服务供给。四是要发挥国家引导基金、政府融资担保体系等作用，鼓励金融机构积极提供适应大众创业、万众创新的金融产品和服务，培育经济新动能。

（四）推动社会保障制度和户籍制度改革，挖掘改革红利

需要指出的是，伴随着经济结构调整和消化过剩产能，一些结构性失业的现象可能会出现。从劳动力市场的动态调整看，就业创造和就业毁灭可能同时发生。在应对劳动力市场变化时要注意以下几个方面。

首先，应放弃使用“新增就业”作为劳动力市场监测的主要指标。由于新增就业只统计了新创造岗位，不能反映就业岗位的净变化，在结构调整迅速的时期，容易产生误导。同样，如果只看到去产能过程中的岗位损失，而没有考虑新创造的岗位，也会夸大结构调整过程中对劳动力市场的负面冲击。

其次，劳动力市场调整也是经济调整的一个组成部分，在应对去产能过程中，不可避免地造成一些岗位的损失。要通过完善社会保障制度，为失去岗位的工人提供必要的民生支持；通过建设更加灵活和竞争的劳动力

市场，让失去岗位的劳动者重新就业，而不能通过保护落后产能的方式维持就业岗位。

最后，坚定不移通过户籍改革挖掘出新的改革红利。抓紧推进一些对经济增长和劳动力市场健康发展起到立竿见影作用的改革措施。2013~2019年部分地方政府就户籍制度改革已经出台了一系列文件，但从操作层面看仍然缺乏实质性进展。户籍制度改革的终极目标是使户籍回归简单的人口登记和管理功能，这就要求剥离与户籍关联的社会保障和公共服务。要做到这一点，需要从顶层设计的高度，建立一体化的社会保障和公共服务体系，其核心是中央政府承担与国民身份相关的福利支出，从而在根本上推进户籍制度的彻底改革。2018年大约有1.7亿名农民工在城市就业，根据测算，户籍制度改革的红利将使潜在增长率上升1~2个百分点。除此之外，推进户籍制度改革可以增加内需。要让户籍制度改革的成本能够在中央政府和地方政府，以及社会、个人、企业之间合理分担。同时，让改革的红利、潜在的红利能够预先有确定的期望值，能够在各个群体之间合理分享。只有这样，才会实质地推进户籍制度改革，继续实现库兹涅茨过程，保持中国未来的中高速经济增长。

（五）加快实施创新驱动发展战略，推进实体经济与制造业高质量发展

技术创新是经济新旧动能转换、实现高质量发展的第一推动力。当前制约我国技术创新的主要症结在于科研创新体制不活跃，研发效率低，基础研究占比过低，国家创新体系不完善，难以适应经济高质量发展的需要。中美经贸摩擦前景的不确定性要求我们进一步凝心聚力，加快实施创新驱动发展战略。

一是加大政府支持力度。加大基础研究和应用基础研究支持力度，抓紧布局国家实验室，重组国家重点实验室体系，完善重大科技项目组织管理。

二是强化市场运作。要有效发挥企业的创新主体作用及企业在关键核心技术创新方面的主力军作用，在创新资金运营机制和监管方式方面探索新模式。要主动运用各种新型风险投资基金、创新基金及产业引导基金来培育和布局企业在战略性新兴产业的引领示范作用。强化企业在关键产业领域和重点产业链环节的基础和引领作用，健全以企业为主体的产学研用一体化创新机制，支持企业牵头实施重大科技工程。

三是推动创新和对外开放的双赢。当今全球产业价值链存在着匹配的分工链体系，创新链也存在着全球分工链体系，各国在不同产业累积的技术创新能力、在产业创新链的不同环节，均有着各自的核心优势和比较优势，借此机会加强与国外先进技术的合作，可从中不断获得技术溢出效应。

四是构建企业创新链协同体系。创新是一项系统工程，要布局颠覆性技术，突破“卡脖子”技术，协同创新和集成创新是必由之路。在基础研究领域，以国家重大需求为导向，制定国家基础研究指导战略，显著加大基础研究投入，集中突破关键基础理论；在技术创新领域，以国家重大工程项目需求为导向，发挥政产学研用协同创新优势，瞄准重点领域协同创新。

（六）加大对外开放力度，以开放促改革，统筹应对中美经贸摩擦

第一，坚持“两条腿走路”，做好长期应对的准备。当前，全球经济和金融系统紧密相连，亟须各国通力合作共同应对风险。面对美国升级经贸摩擦，要坚持“两条腿走路”，一方面，和则两利，已经达成的中美第一阶段经贸协议要坚持灵活执行；另一方面，未雨绸缪，对美国针对中国的新对策要提早做好预判和政策部署，做好长期应对的准备。美国用于打压中国的“301调查”、汇率政策等皆有日本经验教训可供借鉴，但是出于遏制中国的执念，美国正精心筹划并陆续推出限制中国的新政策，甚至有智囊提议美国应对中国在WTO使用“非违反之诉”，并要求中国调整关税减让承诺等。在美国国内对华强硬态度较为一致的情况下，任何限制中国的提议都可能被特

朗普政府采用，需要我们提前做好研判，并做好第二阶段谈判和长期应对的准备。

第二，加快对外开放，释放经济发展潜力和对外发展空间。坚持以经济建设为中心，充分利用开放作为促改革的动力源泉，推动更高水平的开放，进一步开放金融、商务服务等中高端市场，引入更多竞争，充分激发市场活力。引入侵权惩罚性赔偿制度，增强民事司法保护和刑事保护力度，提高知识产权保护水平。进一步降低关税，推动早日达成区域全面经济伙伴关系协定、中欧投资协定、中日韩自由贸易协定，落实与欧盟和东盟的务实合作。此外，在商品、要素开放基础上，要积极推进制度型开放，积极参与推进 WTO 改革，并适时加入全面与进步跨太平洋伙伴关系协定（Comprehensive Progressive Trans-Pacific Partnership，CPTPP）谈判，扩大多边合作范围。

第三，优化国内营商环境，综合统筹“一带一路”建设节奏，防止产业过快向外转移。在关税上调压力下，以美国市场为主的出口企业正在向海外转移或者正准备转移。企业向海外转移在拉低国内经济增速的同时，带来了产业空心化风险，且加剧了同本土企业的竞争。一方面，要持续优化国内营商环境，将出口企业和核心产业留在国内；另一方面，要综合统筹“一带一路”建设的节奏，防止在帮助“一带一路”沿线国家提高基础设施建设水平的同时，加大国内出口企业向外转移的推力。

第二节

推进城乡协调发展，提高城乡发展质量

长期以来，城镇化被认为是实现经济增长的引擎。尤其对于当前我国经济进入高质量发展阶段而言，新型城镇化的意义更为重大。从我国目前的情况来看，一方面，在高质量发展阶段下，我国经济面临增速下滑和结构优化的双重压力，迫切需要城镇化为经济增长注入新的动力；另一方面，经历了快速发展之后，我国的城镇化达到相对成熟阶段，2015 年以人口计算的城镇化率为 56.1%（城镇人口占总人口比重），而同年第二产业和第三产业占 GDP 比重分别达到了 41% 和 50%，未来我国的城镇化不仅需要量上的推进，更需要质上的提升。

新型城镇化是我国目前城镇化的主要特征。与传统城镇化不同，新型城镇化是坚持实现可持续发展战略目标，坚持实现人口、资源、环境、发展四位一体的互相协调，坚持实现农村与城市的统筹发展和城乡一体化，坚持实现城乡公共服务的均质化，以城乡之间和城际攫取财富和分享财富的机会平等为标志，逐步消除城乡二元结构，实现社会和谐的城镇化。2012 年党的十八大以后，新型城镇化被提高到前所未有的战略高度，被视为新时期中国社会经济发展的重要动力。

当前，我国正处于经济社会转型升级的关键时刻，面临着城镇化滞后于工业化，社会转型滞后于经济转型，以及城乡区域发展不平衡、不协调等结构性矛盾。在推进城镇化的过程中，也存在着土地城镇化快于人口城镇化、大城市“城市病”严重与小城镇“低小散”等问题。在这一转型发展的重要时期，大力推进以人为本、城乡统筹、社会和谐、大中小城市和小城镇协调发展的新型城镇化，提升城镇化的质量和水平，必然成为打造经济社会升级版的关键举措。新型城镇化的发展实际上是带动新一轮经济增长的有效载体，是实现城乡统筹发展、缩小城乡收入差距、促进区域协调发展的理想选择。

本节使用面板向量自回归（panel vector autoregression，PVAR）模型分析城镇化和经济增长的关系，使用近 200 个国家的长时间面板数据进行实证检验。除此之外，本节还将总结国内外城镇化的模式和经验，并对国内各省区市新型城镇化的发展进行指标体系分析。

一、相关文献

国内外学者基于不同的视角对新型城镇化进行了大量的研究，主要分为以下几个方面。

（1）新型城镇化评价指标体系的构建与应用。新型城镇化评价指标体系的研究是一个新的领域，学界对新型城镇化的评价指标的研究有很多，比较有代表性的有：董嘉明等（2008）提出浙江省新型城镇化评价指标，分经济集约、社会和谐、环境友好、功能优化、城乡统筹五大类二十六项指标；汪克亮等（2009）以可变模糊集理论为基础，提出了一种新的区域城市化水平评价方法——可变模糊识别评价方法，并将该方法应用于江苏省城市化水平评价。

（2）新型城镇化与新型工业化的关系研究。城镇化与工业化是相互作用的。蒋满元（2005）研究了城市化与经济结构演变互动机制的逻辑模型，认为在城市化与经济结构转型的逻辑模型中，城市化与经济结构转型之间存在着比较明显的良性互动关系：工业化为城市化提供经济支持，而城市化又为工业化的有效与有序进行创造了良好的空间依托条件。

（3）新型城镇化的道路研究。有学者对美国城镇化道路进行了研究，认为美国新型城镇化道路有两派：芝加哥学派、洛杉矶学派。对中国新型城镇化道路的研究基本上有三派：第一派认为，大中小城市和小城镇要协调发展。以前学术界对中国城镇化道路有过争论，主要是讨论我国城市发展方针。而对城市发展方针之争主要集中在城市规模上。城市规模之争主要是根据城市效益考虑的不同，一度出现“小城镇论”与“大城市论”的观点交锋。但后来争论者基本上都认为大中小城市和小城镇要协调发展。第二派认为，都市圈化。原新和唐晓平（2008）提出，都市圈化是一种新型的中国城市化战略。第三派认为，大都市区化。沈南生（2007）认为，构建大都市区是中国城市化道路的最佳选择。城镇化道路的提法比较多，如都市圈化、大都市区化、大中小城市与小城镇协调发展等。大中小城市和小城镇协调发展、都市圈化、大都市区化三个提法并不矛盾，并且都是科学的。

（4）新型城镇化存在阶段性、地域性的研究。城镇化阶段性有两层含义：一是国家或地区城镇人口比重变化呈现阶段性特征；二是国家或地区城镇化模式随着时间的变化呈现不同的特征。诺瑟姆总结得出了城镇化进程的“S”形曲线理论。城镇化水平的提高呈现慢、快、慢的三个阶段特征。城镇化水平20%~30%是从慢到快的转折点，70%是从快到慢的转折点。

城镇化特征的地域差异反映出城镇化阶段性。地域性跟阶段性相联系，不同地区因为发展阶段不同，城镇化模式也不同。在经济社会发展的不同阶段，城镇化呈现不同模式，都市圈化是城镇化的高级阶段。作为发展中国家，中国尚不能说已经像发达国家那样从整体上进入了都市圈时代。研究者都认为不同区域城镇化不能应用同一个模式，沿海地区、中部、西部应该有不同模式。

（5）新型城镇化中政府作用的研究。政府在城镇化尤其是在发展中国家城镇化进程中具有不可或缺的地位与不可替代的作用。傅琼（2004）对中国西部城镇化过程中的地方政府行为进行了研究。各地都有政府的新型城镇化指导意见和具体的政策措施。

（6）有关城镇化与经济增长的现有文献主要研究城镇化对经济增长的促进作用。在这方面，Chenery 等（1975）对 101 个国家 1950~1970 年的城镇化与经济增长的关系进行了实证分析，认为城镇化发展能够有效地促进人均 GDP 的增长。

此外，相关实证研究也发现，城镇化并不一定伴随着经济增长。例如，在美国，其城镇化率和人均收入同步变动，直到 1940 年其城镇化水平接近 60%。这意味着在城镇化的初始阶段，经济中生产率的提高是资源从低生产率的农村活动转换到其他活动的结果，但当城镇化率超过一定程度，生产率的快速提高更多地受益于工业和服务业的发展。同样地，根据世界银行的统计，在 109 个人口超过 100 万的国家中，1960~2003 年大部分国家的城镇化与人均收入水平都得到了增长，但仍有 25 个国家的人均收入水平与城镇化呈现负相关关系。

二、理论分析

在这一部分，本节以一个理论模型分析城镇化和经济增长的不同特征，从而为下文的实证分析提供理论基础。值得注意的是，虽然在模型中工业生产使用城镇劳动力，但两者并非一一对应，工业化和城镇化也可出现相反的发展轨迹。

假定存在工业与农业两个生产部门，进而假定工业化或城镇化过程中存在剩余劳动力，那么，工业化或城镇化的结构变迁意味着劳动力的部门转移。假定两部门中工业部门使用资本和劳动进行生产，而传统的农业部门仅使用劳动进行生产；进一步假定工业部门的生产函数为柯布-道格拉斯形式，而农业部门则使用线性生产函数，两部门的生产函数分别为

$$Y^M = K^\alpha \left(L^U\right)^{1-\alpha}$$

$$Y^A = AL^R$$

其中，Y^M 为工业生产的产出；K 为工业生产中的资本投入；L^U 为工业生产中的城市劳动投入；Y^A 为农业生产的产出；L^R 为农业生产中的农村劳动投入。

假定只有工业部门进行资本积累，且储蓄率为常数 s，则资本积累方程为

$$\dot{K} = sK^\alpha \left(L^U\right)^{1-\alpha} - \delta K$$

其中，$\dot{K}$ 为下一时期的资本积累；δ 为资本折旧率。因此，工业部门人均形式的资本积累方程为

$$\dot{k}_u = sk_u^{\alpha} - \left(\delta + \frac{\dot{L}^U}{L^U}\right)k_u \tag{2-1}$$

其中，k_u 为工业部门人均资本存量；$\dot{k}_u$ 为工业部门人均资本存量增速；$\dot{L}^U$ 为工业生产中的城市劳动投入增速。相比于传统的索洛增长模型，两部门模型中的资本积累方程受到了工业化和城镇化过程中劳动力部门转移的影响。

值得注意的是，在两部门模型中引入工业化和城镇化的劳动力转移的效果是多重的：在短期中，其降低了人均资本积累的增速；但在长期中，其提高了稳态的经济增长率。

在城镇化方面，以城市劳动力占总人口比重（l_u）代表城镇化，假定总人口（L）保持不变，则 $l_u = L^U/L$。进一步假定城镇化速度（l_u 增速即 $\dot{l}_u$）是其自身和工业部门人均资本存量的函数，即

$$\frac{\dot{L}^U}{L^U} = \frac{\dot{l}_u}{l_u} = g\left(k_u, l_u\right) \tag{2-2}$$

其中，函数 g 为城镇化增速函数。假定 g 是凹函数且 $g_k>0$，$g_l<0$，这意味着城镇化速度是工业部门人均资本存量的增函数，是城镇化的减函数（即城镇化率越高，城镇化速度越低）；为了便于分析，进一步假定 $g(0,0)=0$，这意味着工业部门人均资本存量和城镇化率均为 0 的情况下，城镇化速度也为 0。将式（2-2）代入式（2-1）中可得

$$\dot{k}_u = sk_u^{\alpha} - \left[\delta + g\left(k_u, l_u\right)\right]k_u \tag{2-3}$$

在稳态中，工业部门人均资本存量和城镇化增速均为 0。因此，可得

$$g\left(k_u, l_u\right) = 0 \tag{2-4}$$

$$sk_u^{\alpha-1} = \delta + g\left(k_u, l_u\right) \tag{2-5}$$

由于参数 s、α 和 δ 均小于 1，且根据函数 g 的性质，式（2-4）与式（2-5）的轨迹见图 2-1。

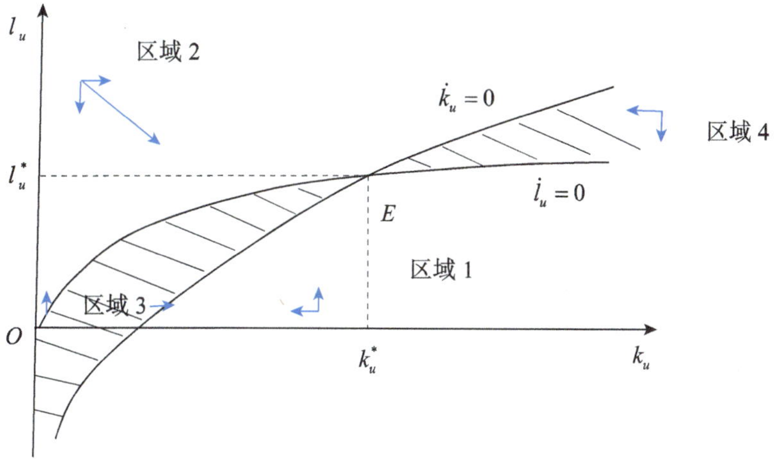

图 2-1 城镇化与经济增长的稳态分析

图 2-1 中给出了城镇化与资本积累的稳态轨迹。两条曲线并不重合，且两者存在交叉，交点 E 决定了稳态的人均资本存量 k_u^* 和城镇化率 l_u^*。与此同时，两条曲线也把整个空间分割为 4 个区域，不同区域对应着不同的资本积累（经济增长）和城镇化组合。

值得注意的是，由于 k_u 是工业部门人均形式的资本存量，且农业部门采用线性技术，k_u 可以代表工业部门对农业部门的相对产出水平，即工业化程度。同时，l_u 可以代表城镇化水平。由于模型分为 4 个区域，对于不同的工业化和城镇化水平，其工业化、城镇化和经济增长有着不同的轨迹。

具体而言，在区域 1，城镇化率相对较低，而人均资本存量相对较高，因而资本积累速度为负，但城镇化增速大于 0，因此，区域 1 意味着与城镇化相对应的是负的经济增长。相反，在区域 2，城镇化率过高，而人均资本存量较低，这意味着与经济增长相伴的是城镇化率的下降。

相比之下，区域 3 和区域 4 的情况更为我们所熟知。在区域 3，城镇化率和人均资本存量相对较低，城镇化过程中伴随着资本积累，因此，区域 3 对应着正的城镇化和经济增长。相比之下，区域 4 中城镇化率和人均资本存量相对较高，城镇化与经济增速均呈现负增长。

对于发展中国家而言，由于人均资本存量较低，往往处于 Ok_u^* El_u^* 构成的区域内，而该区域由区域 1、区域 2、区域 3 三部分组成，其中，区域 1 和区域 2 两部分的工业化和城镇化有着截然相反的特征，只有在区域 3 中，工业化和城镇化才一一对应，同时实现经济增长。而对于发达国家而言，经济一旦到达稳态的 E 点之后，城镇化的提高都无助于促进经济增长。

因此，根据理论模型判断，由于 OECD（Organization for Economic Co-operation and Development，经济合作与发展组织）国家人均资本存量较高，经济接近稳态水平，其工业化和城镇化对经济增长无显著影响。而对于发展中国家而言，城镇化、工业化对经济增长的助推作用将更为明显。

三、实证模型

在这一部分中，本节进而使用 1960 年以来的全球近 200 个国家的数据样本进行实证分析，以厘清城镇化和经济增长之间的逻辑关系。

在模型设定方面，首先，考虑到在这一样本区间内发达国家和发展中国家在工业化和城镇化程度和模式上均存在较大差距，本节区分了 OECD 国家样本和发展中国家样本。其次，本节的实证研究还加入了政府支出和国际贸易变量，以分析各国工业化、城镇化和经济增长过程中政府支出及国际贸易的推动作用。最后，考虑到 OECD 国家在样本区间内城镇化已趋近饱和，且更多地体现为城镇化结构的变化，本节进一步以城镇化结构替代城镇化率做稳健性分析。

具体而言，本节以两种方式度量工业化，在狭义上，采用工业增加值占比（占 GDP 的比重）（INDT）度量工业化程度；而在广义上，采用非农产业占比，即工业增加值占比和服务业增加值占比（占 GDP 的比重）（SRVT）来衡量。对于城镇化变量，本节使用城镇人口占总人口比例（URB）来衡量一国的城镇化发展水平，在稳健性分析中，以城镇化结构变量代替城镇化率，并以人口不超过 100 万的城市的人口占城镇人口比例（URBSR）代表中小城市占比，以衡量城镇化结构。在经济增长方面，本节以人均 GDP（PGDP）来衡量经济发展水平，相应地，在脉冲响应分析中，该变量可以视为人均 GDP 增长。同时，为了衡量政府支出和国际贸易对于工业化、城镇化和经济增长的影响，本节使用一般政府最终消费支出占比（占 GDP 的比重）（COGT）来衡量政府支出变量，使用国际贸易额占比（占 GDP 的比重）（TRDT）来衡量国际贸易因素。

在数据方面，本节数据全部来自世界银行 WDI（World Development Indicators，世界发展指标）数据库，各变量及其指标、含义具体如表 2-1 所示。考虑到工业化和城镇化变量在年度时间上变化缓慢，同时原始数据中存在大量的缺失值，本节对各个变量取三年平均，由此得到的时间序列数据不仅可大大降低缺失值的比例，而且兼顾了工业化和城镇化率数据的时间特征。在稳健性分析中，本节进而分析了五年平均的情况。

表 2-1　模型中的变量

<table>
<tr><th>变量</th><th>指标</th><th>含义</th></tr>
<tr><td>URB</td><td>城镇人口占总人口比例</td><td rowspan="2">城镇化水平</td></tr>
<tr><td>URBSR</td><td>人口不超过100万的城市的人口占城镇人口比例</td></tr>
<tr><td>PGDP</td><td>人均GDP</td><td>经济发展水平</td></tr>
<tr><td>INDT</td><td>工业增加值占比</td><td rowspan="2">工业化水平</td></tr>
<tr><td>SRVT</td><td>服务业增加值占比</td></tr>
<tr><td>COGT</td><td>一般政府最终消费支出占比</td><td>政府支出</td></tr>
<tr><td>TRDT</td><td>国际贸易额占比</td><td>国际贸易</td></tr>
</table>

同时，考虑到 1960~2011 年部分 OECD 国家的城镇化已经进入饱和阶段，而同时期发展中国家则正处在工业化和城镇化快速发展阶段，因此，将全部样本国家分成两个部分：样本一为 OECD 国家；样本二为 OECD 国家以

外的发展中国家。在样本选择方面，选取了所有 OECD 国家样本。对于样本二的发展中国家，鉴于并非所有国家都出现城镇化率的明显变化，首先选取 1960~2011 年城镇化率变动超过 20% 的部分样本，并在稳健性分析中对全部发展中国家样本进行实证分析，以突出结论的稳健性。

就城镇化率而言，样本一中 OECD 国家的城镇化率均值已超过 70%，进入城镇化的饱和阶段；相比之下，样本二中发展中国家的城镇化率不足 50%，较样本一低超过 20 个百分点。从工业化情况来看，样本一中工业增加值占比和服务业增加值占比分别为 32.3% 和 61.4%，两者之和已为 93.7%；相比之下，对于样本二中的发展中国家，工业增加值占比和服务业增加值占比分别为 35.8% 和 47.0%，虽然工业增加值占比高于 OECD 国家，但服务业增加值占比明显小于 OECD 国家，且工业增加值与服务业增加值占比之和也明显低于 OECD 国家。在人均 GDP 变量方面，OECD 国家的人均 GDP 均值已超过 15 000 美元，而发展中国家的人均 GDP 均值仅约为 2700 美元，不及 OECD 国家的 1/5。

在政府支出和国际贸易方面，样本一中 OECD 国家的一般政府最终消费支出占比的均值为 18.0%，超过样本二中发展中国家的 15.4% 的均值水平，但相对其他指标而言，两者的差距较小；值得注意的是，样本一中 OECD 国家的国际贸易额占比的均值为 69.6%，明显不及样本二中发展中国家的 74.0% 的均值水平。

总体而言，首先，相对于样本二中的发展中国家，样本一中 OECD 国家的城镇化已经进入饱和阶段；其次，样本二中的发展中国家在工业增加值占比和国际贸易额占比方面超越了样本一中的 OECD 国家均值，在一般政府最终消费支出占比方面也与 OECD 国家较为接近，这反映出政府支出和国际贸易在发展中国家推动工业化和城镇化当中担任了重要角色；最后，相对样本二中的发展中国家而言，样本一中 OECD 国家的工业化和城镇化变量具有较小的方差，这也从侧面印证了 OECD 国家的工业化和城镇化更具稳定性。

四、实证方法

本节用面板向量自回归方法进行分析，具体模型设定如下。

$$X_{it} = \Phi_0 + \sum_{j=1}^{q} \Phi_j X_{it-j} + h_i + \varepsilon_{it}$$

其中，X_{it} 为随时间和地区变化的内生变量，包括工业化变量（工业增加值占比）、城镇化变量（城镇人口占总人口比例）、人均 GDP 变量、政府支出变量和国际贸易变量（在具体的处理中，考虑到各变量的平稳性特征，本节采用各变量的对数差分值）[①]；h_i 为第 i 个地区的固定效应变量，其测度了不可观察的异质性；Φ_0 和 Φ_j 分别为常数项和滞后内生变量的估计系数；q 为内生变量的滞后阶数；ε_{it} 为回归残差。

根据施瓦茨信息准则（Schwarz information criterion，SIC）和赤池信息准则（Akaike information criterion，AIC），并考虑数据的时间间隔，选取滞后 3 阶的面板向量自回归模型。本节先后使用以下三种形式的模型设定以得出结论。

（1）简约模型。在简约模型中只包括工业化变量、城镇化变量、经济发展水平变量，以直接分析工业化、城镇化和经济增长三者之间的内在逻辑。

（2）完整模型。为了衡量政府支出及国际贸易在不同样本中对工业化、城镇化和经济增长的影响，完整模型在简约模型基础上引入政府支出和国际贸易变量，并增加服务业增加值占比变量以衡量广义的工业化。

（3）稳健性分析。在稳健性分析部分，首先针对全部发展中国家样本进行分析，同时考虑到样本区间内 OECD 国家的城镇化大多饱和并出现结构变化，进一步引入城镇化结构变量以衡量 OECD 国家进入城镇化成熟阶段后，进一

① 对数差分后的各变量经处理后通过面板单位根检验，为平稳过程，限于篇幅此处不再具体列出。

步推进城镇化带来的结构效应。不仅如此，本节还对数据进行五年平均，以验证时间窗口上的稳健性。

五、实证结果

（一）简约模型的结果

本节首先采用简约模型来分析工业化、城镇化和经济增长三者之间的内在逻辑，简约模型只使用了工业增加值占比度量工业化。在判断显著性影响方面，根据脉冲响应函数的显著性来判断各变量之间的影响，即脉冲响应函数的显著区间高于0，则影响显著。

实证结果显示，在城镇化方面，样本一中的OECD国家只对自身的城镇化冲击影响显著；而工业化变量对其城镇化的影响不显著；经济增长对城镇化有着负向影响。究其原因，OECD国家在样本期间内的城镇化率均值已超过70%，城镇化趋于饱和。因此，对于OECD国家而言，无论是经济增长还是工业和服务业增加值占比的提升都无助于其城镇化率的进一步提高。同样地，从经济增长的影响来看，其只对自身冲击显著；而城镇化冲击对其影响不显著。

就工业化的情况来看，若以工业增加值占比来度量工业化，OECD国家工业化冲击对自身有显著影响，同时经济增长显著提升了工业化程度，但城镇化对工业化的影响并不显著。

从城镇化的影响来看，除了自身冲击的影响显著外，经济增长对于发展中国家的城镇化也有显著影响，但工业化冲击对城镇化的影响并不显著。该结论意味着，由于样本二中发展中国家的城镇化率未达到饱和程度，其城镇化较OECD国家更具有空间。对于样本二中发展中国家的工业化而言，其冲击不仅对自身有显著影响，经济增长和城镇化的正向冲击都对工业化（工业增加值占比）有显著正向影响。

（二）完整模型的结果

为了进一步分析政府支出和国际贸易对工业化、城镇化和经济增长的影响，本节在简约模型的面板向量自回归分析中进一步引入了政府支出和国际贸易变量，并以工业和服务业增加值占比度量广义上的工业化。

首先，就样本一中的 OECD 国家的工业化、城镇化和经济增长而言，工业化和经济增长无助于其自身城镇化率的提升。同样，若以工业增加值占比度量工业化，经济增长冲击对工业化有着显著影响，城镇化冲击对工业化的影响则不显著。除此之外，服务业增加值占比仅对自身和经济增长冲击表现出显著性；而在经济增长方面，无论工业化（工业和服务业增加值占比）还是城镇化的冲击都对经济增长的影响不显著。

其次，政府支出和国际贸易冲击对于 OECD 国家的城镇化并无显著影响，且两者对于经济增长及工业和服务业增加值占比的影响显著性都很弱。这一方面印证了 OECD 国家的城镇化已经进入相对饱和阶段，另一方面也反映出这些国家的经济发展模式表现出更强的市场化特征，并不需借助政府支出和国际贸易来助推工业化和城镇化。

最后，从 OECD 国家的政府支出和国际贸易的影响因素来看，除自身变量外，政府支出对经济增长冲击表现出显著性，国际贸易对城镇化冲击表现出显著性。

对于样本二中的发展中国家，在引入政府支出和国际贸易变量后的结果较简约模型更为丰富。这具体体现在以下三个方面。

第一，完整模型中工业化、城镇化和经济增长三者之间的关系与简约模型大体一致。若以工业增加值占比度量工业化，那么发展中国家的城镇化受经济增长和工业化的正向影响，但两者影响的显著性均较弱。从经济增长情况来看，相比简约模型，工业化对经济增长影响的显著性明显下降，而国际贸易对经济增长有着显著正向影响。而从工业化的影响因素来看，城镇化和经济增长都对发展中国家的工业化有着显著正向影响。同样地，就服务业而言，经济增长和城镇化的正向冲击都有助于服务业增加值占比的提升；同时，来自工业部门的冲击会对服务业造成显著的负面冲击，这可能是由于发展中国家的工业化占用了较多的社会资源，从而对服务业形成挤出效应。

第二，在样本二的完整模型中，国际贸易冲击对工业化（工业和服务业增加值占比）和经济增长都具有显著的正向作用，同时，对于政府支出也有显著正向影响，这不仅是完整模型与简约模型的重要区别，也明显区别于样本一的结果（OECD 国家的国际贸易冲击对工业化和经济增长的影响显著性弱）。

第三，从政府支出和国际贸易的影响因素来看，与样本一结论明显不同的是，就样本二中的发展中国家而言，经济增长和工业化（工业和服务业增加值占比）的正向冲击都会对政府支出和国际贸易有着显著正向影响。这显示发展中国家的经济增长、工业化往往伴随着政府支出和国际贸易的快速增长。

（三）OECD 国家与发展中国家的对比

根据上述结论，表 2-2 总结了 OECD 国家的工业化、城镇化和经济增长特征，三者关系可以概述如下。

表 2-2　OECD 国家的显著性分析

变量		经济增长	城镇化	工业化		政府支出	国际贸易
				工业增加值占比	服务业增加值占比		
经济增长		显著		显著	显著	显著	
城镇化			显著				显著
工业化	工业增加值占比			显著		显著性弱	
	服务业增加值占比				显著	显著性弱	
政府支出		显著性弱 方向不定		显著性弱 方向不定	显著性弱 方向不定	显著	显著性弱 方向不定
国际贸易		显著性弱		显著性弱	显著性弱	显著性弱	显著

注：本表以第一行为因变量，第一列为自变量；结果只列出显著和弱显著，不列出为不显著；默认的脉冲响应方向为正向

第一，城镇化到达了相对饱和阶段。OECD 国家的城镇化率均值已超过 70%，因此，经济增长、工业化及政府支出和国际贸易变量均对其城镇化不构成显著影响。

第二,三者关系中，除自身影响外，仅经济增长对工业化有显著影响，其他关系均不显著。同时，政府支出和国际贸易变量对于 OECD 国家的工业化、城镇化和经济增长也均无显著正向影响。

第三，OECD 国家的城镇化更多地体现为以中小城市发展为特征的城镇化的结构变化，且工业化冲击对于其城镇化的结构变化无显著影响。

表 2-3 总结了发展中国家的工业化、城镇化和经济增长模式。与样本一中的 OECD 国家相比，样本二中发展中国家的三者关系表现出以下几点明显不同的特征。

表 2-3 发展中国家的显著性分析

变量		经济增长	城镇化	工业化		政府支出	国际贸易
				工业增加值占比	服务业增加值占比		
经济增长		显著	**显著性弱**	显著	显著	显著	**显著**
城镇化			显著	**显著**	**显著**		显著
工业化	工业增加值占比	**显著性弱**	**显著性弱**	显著	**显著为负**	**显著**	**显著**
	服务业增加值占比				显著	**显著**	**显著**
政府支出		显著性弱 方向不定		显著性弱 方向不定	显著性弱 方向不定	显著	显著性弱 方向不定
国际贸易		**显著**		**显著**	**显著**	**显著**	显著

注：本表以第一行为因变量，第一列为自变量；结果只列出显著和弱显著，不列出为不显著；默认的脉冲响应方向为正向。标黑代表与表 2-2 的不同之处

第一，工业化带动经济增长，经济增长促进城镇化。与 OECD 国家不同，由于发展中国家的城镇化程度相对较低，经济增长会对城镇化有带动作用。发展中国家的经济增长往往借助工业化加速，因而工业化对于城镇化有间接

的促进作用。但需要注意的是，在全部发展中国家样本和五年平均的稳健性分析中，工业化、城镇化和经济增长三者的关系更为模糊，即全部发展中国家样本的城镇化在长期中更无规律可循。

第二，城镇化和经济增长反作用于工业化。不同于 OECD 国家，不仅经济增长对工业化有促进作用，城镇化对工业化也有显著正向影响。此外，在工业化内部，发展中国家的工业部门对服务业存在挤出效应，这可能是因为发展中国家在推进工业化过程中将资源集中分配在工业部门，从而形成对服务业的抑制作用。

第三，在工业化和城镇化过程中，国际贸易的角色更为突出。发展中国家的国际贸易冲击对于工业化、经济增长及政府支出变量均有显著影响，这反映出国际贸易对于发展中国家实现经济增长和工业化的重要性。

第四，脉冲响应程度更高，持续时间更久。从脉冲响应函数来看，发展中国家的城镇化的相互影响程度都较发达国家更高（相应的脉冲响应函数更高）。从持续时间来看，样本二中两者的脉冲响应函数的显著期均在 3 期（对应 10 年左右时间）以上；相应地，样本一中 OECD 国家的脉冲响应函数的显著性均在 1 期（对应 3 年左右时间）之内，这显示出发展中国家工业化和城镇化的巨大潜力。

六、我国新型城镇化建设的比较分析

（一）初始指标的构建

虽然对新型城镇化的内涵具有不同的界定，但多数学者围绕人口、经济、生态环境、城乡统筹和基本公共服务均等化等维度构建新型城镇化评价指标体系。在以往研究的基础上，结合五大发展理念，以及习近平提出的“以人的城镇化为核心，更加注重提高户籍人口城镇化率，更加注重城乡基本公共服务均等化，更加注重环境宜居和历史文脉传承，更加注重提升人民群众获得感和幸福感”①，本节拟从生态、经济、社会、政治和文化五个维度出发，构建包括人口与就业、基本公共服务、社会保障、生态环境、城乡一体化五个子系统在内的新型城镇化水平评价指标体系。

评价指标体系设置得是否合理直接决定了评价结果的真实性与可靠性。如果将前述已有的评价指标体系直接利用到本节中会有不妥之处。例如，国家层面的评价指标体系虽较全面，但大多过于复杂，指标数量过多，数据获取难度较大；地方城镇的评价指标体系具有较强的地方特点，可借鉴但不能直接套用；众多学者及机构对新型城镇化评价指标体系的探讨，有些偏重于经济指标，有些偏重于环境指标，有部分指标体系在社会民生、文化等方面设置的指标较少，且有些指标体系包含定性指标过多，指标测量过于主观，数据缺乏具有科学性和说服力的调查结果作为支撑基础。

鉴于此，在借鉴已有研究的指标体系的基础上，本节先预选指标，初步构建包括人口与就业、基本公共服务、社会保障、生态环境、城乡一体化五个子系统在内的新型城镇化水平评价指标体系。为确保最终指标体系的科学性、客观性，采用主成分分析与相关系数相结合的方法筛选指标集。首先，计算各子系统内指标之间的简单相关系数矩阵，通过相关系数的绝对值是否接近 1 或者接近 0 来判断在该子系统内哪些指标之间有较强的相关性，以及数据集信息重复的多少。在相关系数较大的两个指标中需要剔除其中一个。其次，计算 KMO（Kaiser-Meyer-Olkin）统计量值。该指标值主要是比较所有指标间的简单相关系数平方和与偏相关系数平方和的大小，其取值范围为 0~1，如果 KMO 值很接近 1，则表明各指标之间的相关性很强，则该指标集适合通过主

①《习近平对深入推进新型城镇化建设作出重要指示强调：坚持以创新、协调、绿色、开放、共享的发展理念为引领促进中国特色新型城镇化持续健康发展》，http://www.gov.cn/xinwen/2016-02/23/content_5045328.htm[2020-01-05]。

成分分析来降维度，否则该指标集不适合主成分分析。最后，根据 KMO 值判断，如果需要进行主成分分析来降维，则按照主成分总方差贡献率达到 85% 以上的原则决定主成分的个数，在因子载荷矩阵中按照每个主成分中各指标的载荷量大小来决定该指标的去留。每个主成分中载荷系数较大的指标作为最终分析使用的指标，而对于那些载荷系数较小的则从指标集中剔除。

（二）数据来源

本节选取我国 30 个省区市（不包含港澳台和西藏）作为新型城镇化发展评价体系检验对象，所有数据来自《中国统计年鉴》（2008~2017 年）、《中国城市统计年鉴》（2008~2017 年）、《中国环境统计年鉴》（2008~2017 年）及政府相关年份统计公报。

（三）指标权重的确定

多指标综合评价是运用多个指标对多个参评单位进行评价的方法，主要是将多个指标按照一定的权重综合后转化为一个能够反映综合情况的指标，各个指标的权重确定方法有主观赋值法和客观赋值法，主观赋值法依据评价者主观意愿决定权重，如层次分析法、德尔菲法、模糊评价法等，客观赋值法则是依据客观数据信息来确定权重，如熵值法、主成分分析法、数据包络分析法等。其中，熵值法主要是通过对指标的原始数据测算来判断某一个现象（或者指标信息）的随机性、无序程度，并以此为基础确定该指标对于整体综合评价的影响程度。由于该方法是利用评价指标的固有信息来判别指标的效用价值，在一定程度上避免了主观因素带来的偏差。遵循客观性原则，本节采用熵值法确定各指标的权重。

指标值的差距越大，则该指标在综合评价中所起的作用越大，如果某项指标的指标值全部相等，则该指标在综合评价中不起作用。所以，可以利用信息熵这个工具，确定各项指标效用值的差异程度，据此计算出各指标的权重，为多指标综合评价提供基础。

根据已经筛选好的新型城镇化评价指标及各指标的原始数据，利用熵值法原理确定各项指标的权重，结果如表 2-4 所示。

表 2-4 新型城镇化水平评价指标体系

一级指标	一级指标权重	二级指标	属性	单位	子系统内权重	总系统内权重
人口与就业	7.841%	城镇人口比重	正指标		21.434%	1.681%
		城镇单位就业人员平均工资	正指标	元	52.720%	4.134%
		城镇登记人员失业率	负指标		25.847%	2.027%
基本公共服务	20.354%	城市用水普及率	正指标		0.255%	0.052%
		城市燃气普及率	正指标		1.327%	0.270%
		人均城市道路面积	正指标	米^2	14.076%	2.865%
		互联网上网人数	正指标	万人	74.483%	15.160%
		每万人拥有公交车辆	正指标	标台	9.859%	2.007%
社会保障	47.129%	医疗卫生机构床位数	正指标	张	23.140%	10.906%
		公共图书馆	正指标	个	14.581%	6.872%
		教育经费	正指标	万元	27.602%	13.009%
		城镇职工基本养老保险人数	正指标	万人	34.677%	16.343%
生态环境	22.095%	人均公园绿地面积	正指标	米^2	7.320%	1.617%
		城市生活垃圾无害化处理率	正指标		7.379%	1.630%
		工业污染治理完成投资	正指标	万元	85.301%	18.847%
城乡一体化	2.580%	城乡收入水平比	负指标	农村=1	32.970%	0.851%
		城乡消费水平比	负指标	农村=1	50.408%	1.301%
		城乡恩格尔系数比	负指标	城镇=1	16.623%	0.429%

注：本表数据因进行了四舍五入，可能存在运算不等的情况

（四）各子系统综合评价指数的确定

首先，我们按照表 2-4 中的指标体系，分别提出各个维度相应的衡量指数：人口与就业、基本公共服务、社会保障、生态环境、城乡一体化五个指数。其次，按照表 2-4 中确定的权重加权平均计算求出各地区的 2007~2016 年的每个维度

的指数值和城镇化总指数。

（五）省际新型城镇化水平综合评价

新型城镇化水平综合评价的主要思路是先确定各指标层每个评价指标的权重，再按照标准化后的指标值加权平均得到 2007~2016 年各地区五个维度的评价结果及新型城镇化水平综合评价结果。

表 2-5 是新型城镇化水平建设综合指数和人口与就业、基本公共服务、社会保障、生态环境、城乡一体化五个子系统的指数（为了便于指数的显示与比较，在原有计算结果基础上所有指数值都乘以 100）。

表 2-5　省际新型城镇化平均指数及排序

省区市	人口与就业		基本公共服务		社会保障		生态环境		城乡一体化		综合评价	
	指数	排序	指数	排序	指数	排序	指数	排序	指数	排序	指数	排序
北京	77.885	1	27.037	14	19.699	20	15.296	25	72.637	4	24.456	15
天津	53.835	3	23.249	21	10.775	27	20.627	14	75.421	1	18.590	25
河北	35.618	24	39.772	5	36.825	7	30.269	6	61.969	15	34.931	7
山西	38.300	15	24.279	16	23.738	15	30.977	5	61.053	16	25.977	12
内蒙古	40.201	11	22.043	23	19.045	21	32.459	4	56.897	21	23.787	17
辽宁	41.146	8	31.025	11	34.277	8	23.794	11	64.159	10	30.953	8
吉林	37.367	20	21.127	24	17.206	24	13.307	28	66.778	9	18.279	26
黑龙江	35.970	23	23.522	20	24.909	13	14.856	27	70.419	6	22.630	20
上海	63.849	2	22.168	22	20.775	19	17.847	20	71.113	5	23.254	18
江苏	45.744	6	51.538	3	50.033	3	37.850	2	73.584	3	46.020	3
浙江	46.457	5	43.516	4	38.831	6	33.195	3	74.582	2	38.135	4
安徽	37.409	19	30.729	12	27.418	11	20.721	13	59.452	17	26.688	11
福建	40.343	10	32.428	9	21.833	18	26.238	9	67.030	8	25.851	13
江西	36.346	22	24.087	17	23.648	16	16.353	23	68.307	7	22.511	21
山东	39.544	13	52.505	2	52.628	2	62.058	1	62.759	14	52.303	2

续表

省区市	人口与就业		基本公共服务		社会保障		生态环境		城乡一体化		综合评价	
	指数	排序	指数	排序	指数	排序	指数	排序	指数	排序	指数	排序
河南	34.949	28	35.665	6	44.092	5	28.281	8	59.436	18	37.029	5
湖北	38.006	17	33.185	8	31.539	10	21.975	12	64.104	11	29.454	10
湖南	34.895	29	31.474	10	34.105	9	19.494	15	58.854	19	29.523	9
广东	49.657	4	69.840	1	65.072	1	29.216	7	55.135	23	55.232	1
广西	35.546	25	26.299	15	22.439	17	18.791	18	52.605	26	22.868	19
海南	41.616	7	17.329	29	5.392	29	11.926	29	62.774	13	11.967	29
重庆	40.561	9	21.049	25	16.796	25	16.112	24	51.760	27	18.941	23
四川	35.399	26	34.465	7	46.202	4	19.429	16	63.193	12	35.858	6
贵州	35.001	27	17.796	28	18.296	23	16.928	22	49.139	29	18.730	24
云南	32.998	30	23.664	18	25.898	12	19.260	17	51.755	28	23.865	16
陕西	37.877	18	27.827	13	24.147	14	25.013	10	53.808	25	25.541	14
甘肃	36.896	21	18.582	26	16.081	26	15.159	26	48.749	30	17.604	27
青海	39.544	12	15.894	30	5.757	28	11.785	30	58.801	20	11.653	30
宁夏	38.995	14	18.317	27	4.558	30	18.022	19	55.004	24	12.916	28
新疆	38.047	16	23.661	19	18.757	22	16.970	21	56.630	22	20.389	22

从表 2-5 中可以看出，在人口与就业方面，排名前 5 位的省市分别为北京、上海、天津、广东和浙江；在基本公共服务方面，排名前 5 位的省份分别为广东、山东、江苏、浙江和河北；在社会保障方面，排名前 5 位的省份分别为广东、山东、江苏、四川和河南；在生态环境方面，排名前 5 位的省区分别为山东、江苏、浙江、内蒙古和山西；在城乡一体化方面，排名前 5 位的省市分别为天津、浙江、江苏、北京和上海。从综合的视角来看，2007~2016 年 30 个省区市新型城镇化的平均水平排名前 5 位的依次为广东、山东、江苏、浙江和河南。

此外，本节对每一年的新型城镇化水平进行分析发现，2007~2016 年我国 30 个省区市在人口与就业、基本公共服务、社会保障、生态环境、城乡一体化等五个方面大多呈现出增长的态势。

第三节

提高劳动就业质量，促进民生持续改善

促进经济社会高质量发展的根本目标是实现人民生活水平的持续改善。在当前发展阶段及今后相当长的一段时期，参与社会劳动来获取收入仍将是确保绝大多数人日常生活及其改善的最主要渠道，就业是最大的民生。近年来，党和政府的经济工作越来越突出地体现了就业优先的发展政策，提高就业质量是经济社会高质量发展的题中应有之义。

就业质量本身是经济发展质量的反馈，但劳动力市场本身的运行状况也会影响就业质量。

一、高质量就业的内涵

何为劳动就业的高质量，无论是在学术界还是在政策实践中，都尚未形成清晰的标准，主要原因在于在不同的经济发展阶段具有不同的劳动力市场运行特征，在世界不同的经济体之间，劳动力市场的运行状况也具有差异。国际劳工组织（International Labour Organization，ILO）定期发布劳动力市场关键指标（Key Indicators of the Labour Marker，KILM），如今已经更新到第九版（2015 年），其包括了劳动力参与率、就业人口比、就业状况、分行业就业、分职业就业、劳动者兼职、工作时间、非正规经济中的就业、失业、年轻人失业、长期失业、与时间相关的就业不充分、非劳动力、教育和文盲、工资和补偿成本、劳动生产率、贫困及收入分配等 17 项指标，其核心是通过翔实的数据来揭示世界范围内各国劳动力就业的基本情况。尽管通过国别数据的比较，能够看出哪些经济体的劳动者收入更高、劳动者人力资本更丰富、生产率更高、收入分配更为均等、社会保护机制更为完善等内容（ILO，2016），但没有就各项指标达成什么样的标准算是实现了高质量就业给出建议。实际上，有的指标与就业质量的高低关联度也不大。

尽管难以对高质量就业给出贴切的标准，但根据劳动力市场的运行状况和趋势，容易判断其朝着什么样的方向变化是质量的提高。整体上看，实现更高质量的就业，应当实现三个维度的福利改善，第一个是有利于在宏观层面上促进经济社会发展，第二个是从劳动者需求方看有利于提升资源配置效率，第三个是从劳动者本身的角度看有利于其福利的改进。

（一）就业充分是高质量就业的基础

高质量就业的基础是社会就业比较充分。充分就业的经济含义是，有劳动意愿并且有劳动能力的人，基本都能获得自己满意的岗位，就业者在其岗位上人尽其才，没有冗员等隐蔽性失业。如果社会都无法为劳动力提供充足的岗位，存在大规模的失业现象，高质量的就业也就无从谈起。这样的基本目标的内在的要求是社会岗位数量与劳动者数量大致匹配，人员技能特征与岗位技能需求大致匹配。但充分就业并不是全部就业，而是让经济的实际失业率水平保持在自然失业率左右，自然失业率在不同的国家和地区有所差异，它受制于实际的经济增速偏离其潜在增长率的程度。当前，我国经济实际增速处于潜在增速周围，宏观经济运行在合理区间，实际失业率水平与自然失业率大致相当，调查失业率保持在5%左右的水平，社会就业比较充分。2013~2019年我国就业情况良好，特别是以城镇新增就业人数为代表的数据指标持续稳定在高位（图2-2），连续7年实现新增就业1300万人以上，超额完成年度新增就业目标，也能说明经济运行对创造就业的支撑力较强。

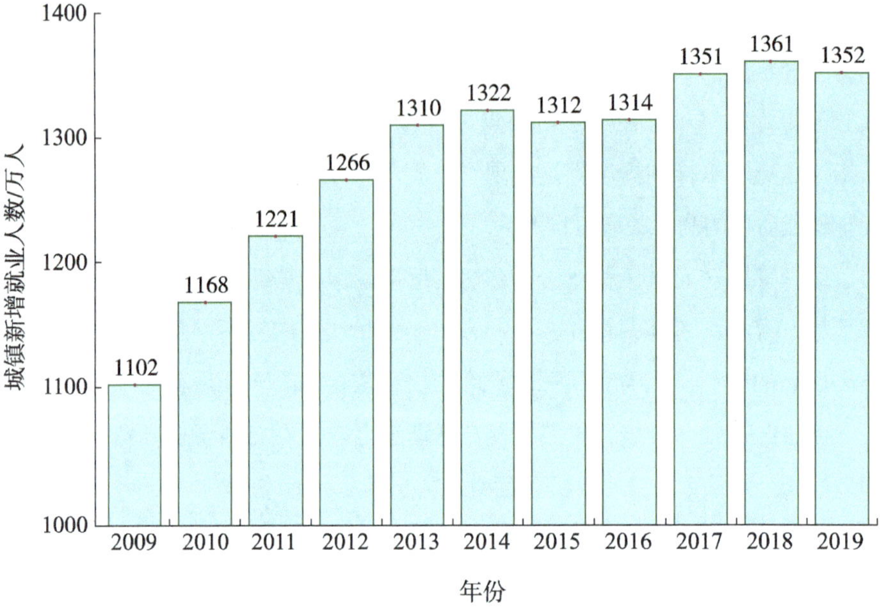

图 2-2　历年城镇新增就业规模

资料来源：国家统计局

就业情况的总体稳定，是近年来中央持续将就业作为重要民生政策的结果。一方面，积极促进经济结构调整，保持经济运行总体平稳，稳中有进，创新创业浪潮此起彼伏，从而使得全社会就业岗位数量保持增长；同时，在直接促进就业方面，国家进行大量的专项投入，公共就业服务质量不断改善，为失业人员再就业、高等学校毕业生就业及就业困难人员就业提供有力支持；此外，其他社会政策不断完善，从而使得就业环境更加优化。另一方面，人口结构转变的完成，特别是劳动年龄人口的下降，致使劳动供给从总量上呈现出短缺之势，为缓解就业问题的总量矛盾创造了一定的客观条件。综合来看，劳动力市场上实现了供给数量与需求数量的大致平衡和匹配。

确保社会能够提供充足的工作岗位来满足劳动者的就业要求，宏观经济运行在合理区间是一个基本的前提。宏观调控政策既要保证经济在一定时期内增速不至于快速下降，但也不宜通过强刺激方式促使其跳跃式提速，因此，政府对经济增速的目标设定已经从过去设定一个具体的数字转变为设定一个增值目标区间，包含预期下限和上限的增速目标，反映了最近一段时期在更加复杂严峻的国内外环境下，坚持稳增长的底线需要更加有效的政策手段。另外，推进高质量发展，必须坚持供给侧结构性改革及重点领域改革持续深入，切忌盲目追求短期高增速而施强刺激，需要在稳增长、调结构的过程中统筹防范风险。合理的增速区间取决于潜在增长率这一中长期较稳定因素，中国经济进入新常态之后，由劳动力等供给侧要素决定的潜在生产率发生了下降。设定增速目标的上限，是坚持供给侧结构性改革的内在要求，是促进整个经济质量改善的需要；设定增速目标的下限，是防范周期性失业的需要，只有增速不至于骤然下滑到合理区间以下，才能确保社会就业机会的充足。

（二）高质量就业应较好体现供求均衡

企业招用人力资源的目的是让其与资本等其他生产要素结合，整体上实现资源最优配置，在既定成本下产生最大效益。实现就业的过程，是劳动供给特征满足劳动需求方的要求，完成劳动力市场匹配的过程。从劳动力作为一种生产要素的视角来看，近年来我国劳动力市场已经在一定程度上呈现出“卖方市场”特征，需求强于供给，价格上涨较快。根据中国人力资源市场信息监测中心对公共劳动力市场的监测，市场求人倍率上升明显，即岗位空缺数量与登记求职人数之间的缺口呈拉大态势（图 2-3），空缺岗位难以及时满足。

从图 2-3 中可以看出，用人单位的空缺岗位数量与求职者人数之间的差距整体上出现了扩大趋势。其背后的宏观人口因素是，我国劳动力资源已经从丰富走向短缺。通常，劳动力供给总量受到全社会劳动力资源丰裕程度的影响，劳动年龄人口的多少直接决定了潜在劳动力资源的数量。潜在劳

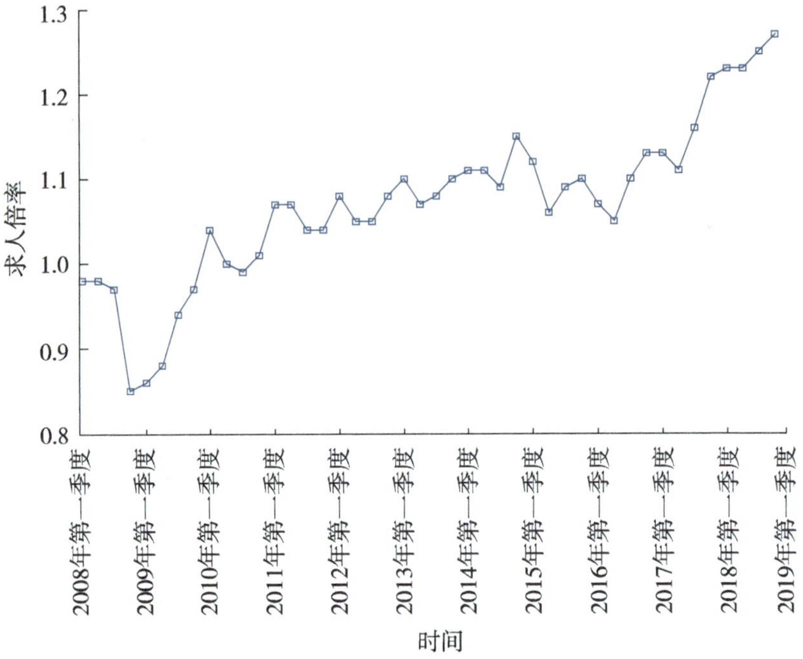

图 2-3　全国百城公共劳动力市场求人倍率季度变化情况

资料来源：根据中国人力资源市场信息监测中心数据绘制

动力资源来自劳动年龄人口当中具有劳动能力的那一部分，但出于统计的便利，宏观经济中往往将劳动年龄人口近似视为潜在劳动力资源。一个社会的劳动年龄人口在总人口中所占比重越大，则表明劳动力数量越丰富，可能出现的人口红利就越大。改革开放以来，我国 16~59 岁劳动年龄人口在总人口中所占比重长期较大，使得我国潜在劳动力资源较为丰富，为我国的经济社会发展创造了人口红利。但随着人口结构转变的完成，我国逐步进入老龄化社会，与之相伴随的是劳动年龄人口在总人口中所占比重的下降。近年来，我国 16~59 岁劳动年龄人口的绝对数量也呈现出了逐年下降的态势，“劳动力无限供给”的时代已经远去（表 2-6）。

表 2-6　近年来我国 16~59 岁劳动年龄人口规模

项目	2013年	2014年	2015年	2016年	2017年	2018年	2019年
数量规模/万人	91 954	91 583	91 096	90 747	90 199	89 729	89 640
占全部人口的比重	67.6%	67.0%	66.3%	65.6%	64.9%	64.2%	64.0%
与上年相比数量变动/万人	−244	−371	−487	−349	−548	−470	−89

资料来源：根据国家统计局历年人口抽样数据整理

在劳动年龄人口中，并非所有人都是劳动力。有一些人仍在学校接受教育，也有一些人会自愿放弃就业机会，还有一些人提前退休等，因此，实际劳动力就只包括正处于就业状态的人及正在积极寻找工作（或创业）的人。通常，实际劳动力数量占潜在劳动力数量的百分比被称为劳动力参与率，它是衡量劳动力供给状况的一个重要指标。近年来，我国的劳动力参与率呈现下降趋势（蔡昉，2017），加剧了劳动力数量的短缺态势。在劳动力数量趋于短缺的背景下，用技术和提高劳动者人力资本水平来满足岗位的要求将成为主要趋势。

（三）高质量就业要契合劳动者的体面劳动感知

20 世纪 90 年代末期，国际劳工组织提出了“体面劳动”（decent work）这一新概念，其要义是在社会提供足够工作岗位和广泛有效的社会保护前提下，确保生产性劳动者有足够的收入、良好的工作条件、公平和谐的劳动关系，各方面权益得以保障。劳动者的体面劳动感知，即劳动者对其自身就业状态“体面程度”的主观评价，也就是劳动者在生产劳动中的获得感、满足感。体面劳动感知从本质上来说是劳动者的一种主观感受，一千个劳动者可能就会给出一千种说法。实际上，无论是正规就业还是非正规就业，角色认同、受尊重、机会公平、健康的劳动关系、合理的劳动报酬增长机制等是体面劳动感知的重要来源，这便构成了改善劳动力市场环境的着力点。另外，劳动者本身的劳动力供给质量也是影响其体面劳动感知的重要因素。在就业环境大致相当的情况下，劳动者的劳动力供给质量直接受到其人力资本积累水平的影响，并表现为是否被市场所认可。劳动者体面劳动感知度越高，不仅其自身会得到的主观效用越高，而且越有利于劳动效率的提升。在当前中国语境下，更体面的劳动不仅要覆盖全体城镇职工，还要不断改善数量庞大的进城务工人员、新兴经济下灵活就业人员、自雇人员等全体劳动者的劳动条件，使其收入稳定增长，增强其公共服务的获得性。

赖德胜（2017）认为，从劳动者的角度出发，高质量的就业应当包括以下几个方面。一是工作的稳定性。这里的稳定性不仅意味着在一个单位内部工作的稳定性，也意味着连续工作的状态，即单位可能变了，但工作一直存在，即工作在不同单位之间的转换是快速且低成本的。二是工作待遇和工作环境。有比较高的待遇，包括工资收入和社会保障等，以及有比较安全舒适的工作环境，是高质量就业最重要的指标之一。三是提升和发展机会。机会包括学习和培训机会、职位晋升和职业发展的机会等。四是工作和生活的平衡度。对多数人来说，工作是为了更好地生活，如果工作时间太长，工作压力太大，就会与工作目的相向而行，就谈不上就业质量。五是意见表达和对话机制。高质量就业一般都有比较畅通且有效的意见表达渠道，有健全的对话机制，即劳动关系比较和谐。事实上，如果这几个条件都能够得到较好的满足，劳动者的体面劳动感知也就会随之增强。

（四）高质量就业是效率增进型就业

劳动生产率是劳动就业质量的一个重要体现。根据历年就业人员数量和总产出，容易计算出平均每一个就业人员对应的产出，即全员劳动生产率，以此近似地体现劳动生产率。根据国家统计局数据，我国全员劳动生产率从 1991 年的 9210.15 元增长到 2018 年的 107 320 元。2007 年左右出现同比增幅最大值，相对于前一年提高 11.97%，此后呈现下滑态势，2015~2018 年的各年增速为 6.6%、6.4%、6.7% 和 6.6%，处于 21 世纪以来的极低位置。

中国社会科学院中国经济增长前沿课题组（2018）认为，近年来我国劳动生产率增长率出现下滑属于经济结构转型的阵痛，在向中高端转换的时期，原有资本驱动工业化模式的规模效应逐渐消失，服务业在产值和就业中的比重逐年提升，但服务业主导下的新的效率促进模式还没有真正建立，从而直接反映为劳动生产率增长乏力。

在分地区的劳动生产率增长方面，自 2010 年开始，中、西部地区出现分化迹象，西部地区的劳动生产率增速开始领先于中部地区，这与东部沿海地区向中、西部地区进行产业转移有关。西部地区依靠资源、政策和后发优势，加速吸引产业转移和资本投资，全员劳动生产率提升相对较快；而中部地区主要是人口稠密的地区，接受产业转移程度也不及西部地区，导致在全员劳动生产率方面不及西部地区（刘向东，2017）。朱益超（2016）对中国 1980~2014 年劳动生产率增长的源泉进行的分析表明，在整体劳动生产率年均增长中，第三产业贡献度为 48.4%，第二产业贡献度为 43.5%，第一产业贡献度为 8.1%；就业人员人均设备资本贡献度为 85.7%，劳动力质量贡献度为 28.3%，并指出，中国劳动生产率的动能转换与机制创新的主要方向在于强势推进产能转型升级、居民增收扩消、劳动力扩量提质、资本深化量质并举、工业经济“强身健体”、新型城镇化改革和要素配置优化调整。

以全员劳动生产率作为劳动生产率的代理指标，尽管较为粗糙，但便于国际比较（图 2-4）。国际劳工组织根据世界银行数据的测算表明，中国单位劳动产出持续上升，从 1991 年的 2897 国际元（按 2011 年不变价格计算）提高到 2018 年的 29 499 国际元，28 年间增加了近 10 倍。但和欧盟、美国、日本、韩国、新加坡等高收入经济体相比［国际劳工组织测算的这些经济体 2018 年的劳动生产率分别是 84 237 国际元、114 990 国际元、76 419 国际元、70 802 国际元、152 418 国际元（按 2011 年不变价格计算）］，我国的劳动生产率的水平仍然较低，2018 年仅相当于这些高收入经济体平均水平的 29.6%，也仅相当于世界平均水平的 80.5%。

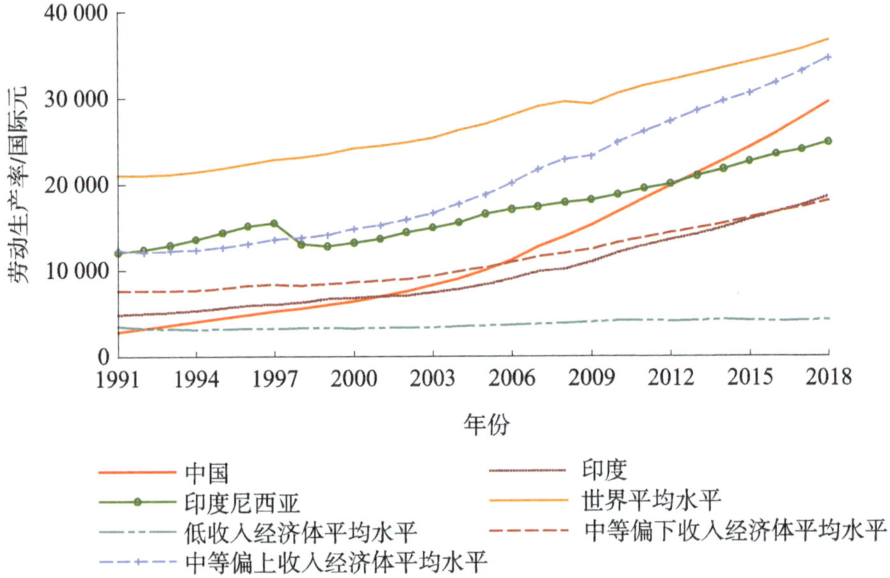

图 2-4　部分经济体劳动生产率

资料来源：根据国际劳工组织 2018 年数据绘制

2007 年以来，我国劳动生产率的增长速度出现了下滑。从世界整体水平和其他经济体的情况来看，自 2010 年前后开始，都出现了新一轮的劳动生产率增速的下降。与其他经济体相比，尤其是与发达经济体相比，我国劳动生产率的增速仍然明显较高，例如，以欧洲 28 国、日本、美国等为代表的高收入经济体，20 世纪 90 年代以来的劳动生产率增速一直处于 3% 以下的水平，欧洲 28 国和日本个别年份还出现了负增长（图 2-5）。印度是发展中经济体当中具有较快经济增长速度的国家，其劳动生产率也保持着较快的增速，特别是 2006 年前后经历了一波迅速的提速之后，较为稳健地保持在高速水平。目前我国劳动生产率的增长仍然高于印度等新兴经济体，但增速的下降趋势应当引起重视，从劳动生产率与高收入经济体的水平比较来看，我国仍然需要在较长时期确保劳动生产率的较高增速。

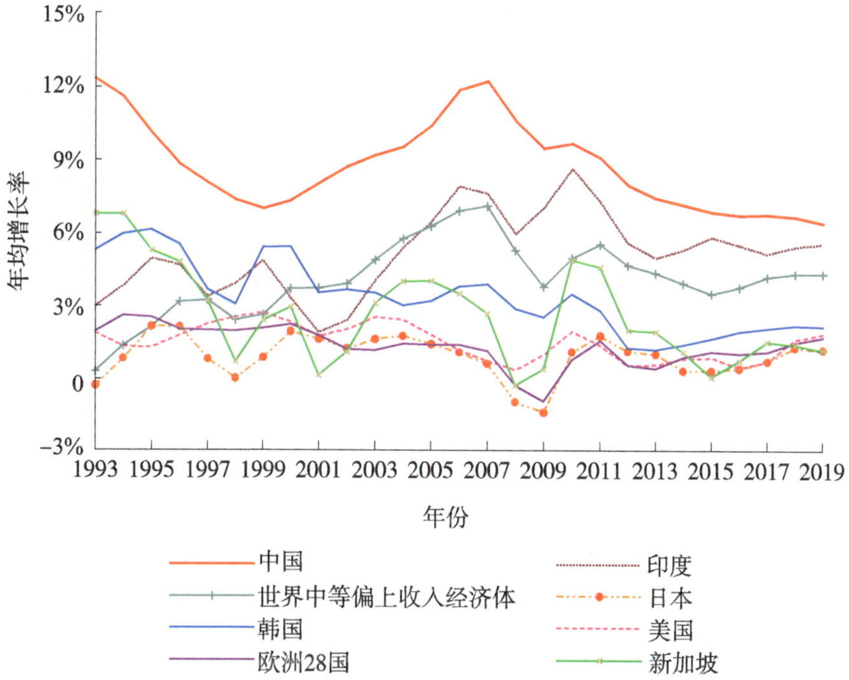

图 2-5 部分经济体劳动生产率增长率

资料来源：根据国际劳工组织数据绘制

当前我国提高劳动生产率仍然面临人口老龄化、跨部门提升作用减弱、创新成果转化不足、劳动力技能结构性失衡、产能过剩、企业赢利能力下降等一系列挑战，但也出现了经济结构优化、人才红利显现、创新作用增强、劳动力市场逐步完善等方面的支撑因素，可以从调整生育政策、提高劳动力资源配置效率、加快创新成果转化、提高劳动者素质、推进企业优胜劣汰、减轻企业负担上下功夫，促进劳动生产率的提高（陈彬，2018）。

（五）高质量就业能够顺应技术变迁和结构调整

技术进步、绿色生产顺应了发展潮流，稳定就业岗位不是阻碍这些进步趋势从而使生产方式妥协于粗放的岗位数量供给，更为科学的要求是，已就业劳动者能够适应技术进步和新的生产组织形式，并起到一定的引领作用，新成长劳动力能够抓住技术革新、产业结构优化升级所创造的新的就业机会。因此，高质量就业是创新发展和绿色发展友好型的就业，就业机会与技术进步、产业升级、生态环境和谐共生，劳动者具有合理的就业梯度和良好的终身学习机会。

此外，高质量就业能够促进形成全国统一、竞争有序、灵活高效的劳动力大市场。求职者在劳动力市场充分搜寻，厂商根据岗位说明书充分筛选潜在进入者，实现人岗的最佳匹配状态，以劳动力市场具有较好的竞争性、灵活性为前提。更高质量的就业要求市场按照劳动者技能水平付酬、按人岗契合度付酬，劳动者报酬与其边际产出相匹配，于是，同等人力资本禀赋的劳动者，无论就业于何种行业，都能够获得大致相当的实际报偿。劳动者可以根据自身偏好，较顺利地在行业之间、地区之间、不同经济性质的企业之间自由流动，除技能结构是否吻合岗位要求之外，不存在制度性、垄断性壁垒。劳动者能够根据自身的人力资本特征和偏好，实现地区之间、行业之间的顺利流动，这在很大程度上也能够带来效率的改进，体现了提高就业质量的要求，根据蔡昉（2017）的估计，1978~2015 年劳动力从低效率部门到高效率部门的重新配置贡献了劳动生产率增长的 45%。

二、我国劳动就业的新特征

（一）服务业成为吸纳就业最多的部门

产业结构调整会带来就业结构的变化。近年来，我国劳动力市场的一个典型特征是，服务业成为吸纳就业最多的部门，并且其吸纳就业的份额呈现逐年上升的态势（图 2-6）。从图 2-6 中可以看出，1978~2018 年农业部门（第一产业）就业人员占全社会就业人员的比重迅速下降，从 1978 年的 70.5% 下降到 1995 年的 52.2%，在经历了 20 世纪 90 年代后期及 21 世纪初期的一个稳定阶段之后，从 2003 年开始加快了下降速度，从 2003 年的 49.1% 下降到 2018 年的 26.1%。从 2014 年开始，农业部门的就业份额下降到工业部门（第二产业）以下，成为吸纳就业最少的部门。

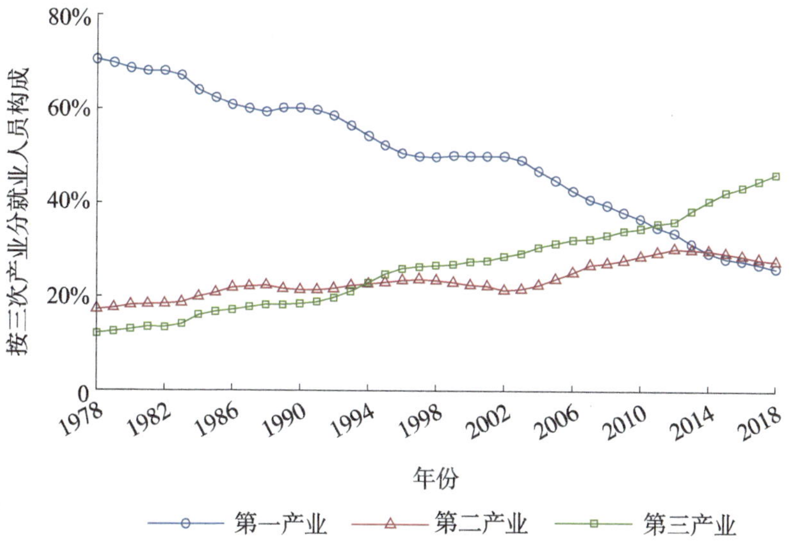

图 2-6　按三次产业分历年就业人员的构成

资料来源：根据《中国统计年鉴》（历年）就业数据绘制

以制造业、建筑业、采矿业为主要代表的第二产业在改革开放以后呈现波浪式的小幅上升，第二产业就业人员占全部就业人员的比重从 1978 年的 17.3% 上升到 2018 年的 27.6%，在此期间的 2012 年是第二产业就业人员占比最高的年份（占全部就业人员的 30.3%），此后又出现小幅的稳步下降趋势。服务业部门（第三产业）在全部就业人员中历年所占份额在改革开放以后整体上呈现稳步上升态势。图 2-6 显示出，服务业就业份额表现出两轮提速增长阶段：第一轮加速上升期为 1992~1996 年，在此期间的 1994 年服务业部门吸纳就业人数超过工业部门；然后稳步上升，在 2011 年吸纳就业规模超过农业部门，成为就业规模最大的产业，之后自 2012 年开始又出现第二轮加速上升期。统计数据表明，从就业的产业构成上看，我国已经不再是农业大国，服务业部门已成为吸纳就业最多的部门。随着服务业的发展，部门内部会形成更加专门化的分工，部门内部的技术结构也会随之发生变化，从而对劳动就业形成动态调整，同时会对就业人员的人力资本积累提出新的要求（张彬斌，2008）。

（二）劳动力市场对劳动者的技能要求不断提高

随着我国劳动年龄人口总量的下降，以及劳动者平均工资水平的上升，经济社会对劳动力需求的技能结构也发生了变化。第一，高技能、应用型知识储备丰富的劳动力需求持续旺盛。根据中国人力资源市场信息监测中心对全国部分城市公共就业服务机构的监测，“高级技师”“高级技能人才”需求近年来上升速度明显加快；对具有高级专业技能的人才需求旺盛、支付高额工资报酬的报道近年来屡见报端。例如，2017 年 10 月一份关于 2018 年应届毕业生需求的报道显示，微软、腾讯、华为、百度等知名互联网企业的算法工程师、研发工程师、软件工程师等技术性较强的岗位，大多为应届毕业硕士研究生开出了每年 30 万 ~50 万元的起薪，并指出这些岗位的人才需求十分旺盛，供不应求。再如，2019 年初国内某知名共享出行互联网企业，宣称年内裁员 2000 人但同时新招 2500 人，而另一家 18 万名员工规模的互联网零售企业则宣称预计裁员 10% 的副总裁级高管，说明技术型企业对员工技能素养的要求在快速提升。第二，资本、技术替代一般劳动力的趋势逐渐出现，厂商出于节省人工成本的考虑，对于机械性重复的操作性工作岗位，一部分由机器人替代，或者通过改进生产方式，减少对一般劳动力的需求。不过，当前能够由机器人所替代的生产岗位大多是流程化、标准化较强的岗位，需要充分发挥人的主观能动性的岗位对于非熟练劳动力的需求仍然较为旺盛。

数字经济对就业的贡献度越来越高，其在整体上要求劳动者具备更高的技能。数字经济拉动就业作用显著，既能推动就业升级，也能带来新增就业。

根据中国信息通信研究院的测算，2018 年我国数字经济领域就业岗位达到 1.91 亿个，占全年总就业人数的 24.6%。在全国总就业人数同比下降 0.07% 的背景下，数字经济领域就业岗位实现了两位数的高速增长，同比增长 11.5%。其中，数字产业化部分就业岗位达到 1220 万个，同比增长 9.4%，产业数字化部分就业岗位达到 1.78 亿个，同比增长 11.6%，传统产业数字化转型吸纳就业岗位多、增长快，已成为我国稳就业的重要渠道（中国信息通信研究院，2019）。互联网和实体经济深度融合为加快传统产业数字化、智能化，拓展经济发展新空间提供了新可能，也为创新创业提供了新机遇、新渠道。近年来，随着经济发展动能转换，高能耗、低效率的产业逐渐被淘汰，数字信息技术向生活性服务业全面渗透，推动了养老医疗、体育健康、旅游文化、教育培训等高端生活性服务业的兴起，服务需求的大幅上升拉动了就业需求的显著增加。

（三）就业形态多元化，去劳动关系职业显现

随着互联网的广泛应用，新的就业形态不断出现，一些劳动者可能同时供职于多个雇主，可以灵活选择就业方式，自主创业不断涌现，传统的劳动关系难以规范新形态下的就业。

新经济的涌现拓展了就业空间。“新经济”本身是一个较为模糊的概念，它所代表的是与过去相比新的生产组织方式、分配方式、消费方式，“知识资本”在其中发挥巨大作用。2016 年中国政府工作报告首次出现“新经济”词汇，李克强总理在会见十二届全国人大四次会议的中外记者时指出，“‘新经济’的覆盖面和内涵是很广泛的，它涉及一、二、三产业，不仅仅是指三产中的‘互联网 +’、物联网、云计算、电子商务等新兴产业和业态，也包括工业制造当中的智能制造、大规模的定制化生产等，还涉及到一产当中像有利于推进适

度规模经营的家庭农场、股份合作制，农村一、二、三产融合发展等等”[①]。由于新经济是新的生产方式、新技术、新的市场思维对现有经济的渗透和融合，难以确切地将新经济对经济增长及就业的贡献做出统计。根据国家统计局的一项调查估算，2016 年增加的全部就业中，新经济的贡献率达到 70% 左右（张车伟，2017）。

在创业浪潮的带动下，新的就业机会和就业方式涌现。十八大以后，鼓励创新创业的政策频出，催生了一波又一波的创业浪潮。对于任何一个具有劳动能力的人来说，投身创业本身就是一种就业行为，并且创业的过程中会产生新的就业岗位。2012~2016 年，当年全国新登记市场主体从 945.8 万户增加到 1651 万户，增长 74.6%；当年新登记企业数从 250 万户增加到 553 万户，增加了约 1.2 倍。从体量上看，创业带动就业的能力巨大。在“大众创业”背景下，创业带来的就业机会具有较为典型的特征。第一，创业者具有较强的捕获市场信息的能力，所提供产品或服务能够很好地适应市场需求。第二，创业行为越来越“大众化”，社会对创业的过程越来越包容。在创业者队伍中，既有具有多年工作经验的“职场老手”，也有刚刚走出校园的毕业生，既有高学历者又有受教育年限较少的人，既有高资本起步者又有“白手起家”的人。同时，创业方向极具多元化，有的直接走在全球技术的最前沿，也不乏便利居民日常生活的劳动密集型个性化服务，但更多的是将互联网和信息通信广泛运用。第三，创业带动就业的岗位具有较强灵活性。在即时通信技术下，每一个人都可能在某种程度上是一个创业者、雇主或者为他人提供劳务的人，从而就对一般意义上的劳动条件、休假、工资支付方式等产生了区分。第四，新业态下的创业回报与市场紧密联系，创业成员的所有回报高度依赖于市场认可度，从而也就增加了风险和不确定性。

---

①《李克强：发展“新经济”是要培育新动能，促进中国经济转型》，http://www.xinhuanet.com/politics/2016lh/2016-03/16/c_128804392.htm[2020-01-05]。

三、当前我国劳动就业领域的主要矛盾

当前，尽管我国每年需要实现就业的数量规模仍然庞大，但是劳动力市场上的主要矛盾已经逐渐从数量方面转移到结构方面。

第一，扩大就业与经济发展不平衡不充分之间的矛盾。就业来自劳动力市场需求，劳动力市场需求派生于商品和服务市场的需求，归根结底来自经济发展水平。但是，一方面，当前中国经济发展的城乡差距、地区差距仍然较大，就业机会主要集中在经济较为发达的东部地区及中、西部主要大型城市，经济较为落后的中、西部地区，特别是贫困农村地区，就业机会较少。另一方面，经济发展水平的差异背后，劳动环境、劳动报酬等与劳动者最直接、最关心的利益也相差巨大，进一步加深了就业机会的不平衡。

就业机会的增加要求经济保持增长，东北地区经济增长乏力，新就业岗位的创造能力不足，阻碍着新成长劳动力搜寻到合意的工作机会，消化失业人员再就业、就业困难群体再就业的负担较重。西部地区部分省区市 2018 年经济增速抢眼，经济增速前十名中有五个在西部，且增长最快的三个均出自西部，就业岗位的供给能力不断增强，但由于西部地区的劳动力市场发展基础相对落后，工资水平、劳动者社会保护、公共服务水平等方面的短板仍然较多，导致了劳动力市场上出现双方都不满意的情况，西部地区一贯被认为劳动力资源丰富，但近年来岗位空缺数与求职人数缺口最大的却是西部地区。

第二，劳动力需求和供给的技能结构匹配度欠缺。劳动者技能结构不能较好地适应产业调整和技术进步，劳动力市场搜寻时间延长，加重结构性失业风险。产业结构调整过程溢出的产业工人，大多技能结构单一而且年龄偏大，难以快速寻找到新的就业岗位。例如，在煤炭和钢铁这两个去产能主要行业中，2017 年前后在职职工年龄在 40 岁及以上者的占比分别为 48.9% 和 41.4%，受

教育程度不超过初中及相当水平的职工的占比分别为69.4%和55.9%。目前的技术进步呈现出劳动力节约型趋势，随着人工智能的发展，越来越多的流程性劳动密集型岗位被机器人替代，冗员退出岗位之后，由于人力资本储备不足，重新获得满意岗位具有难度。就全社会的劳动技能供给而言，专业结构不够优化，专业医养护理、专业学前教育、新材料、微电子、人工智能等领域的人才缺口巨大，而另一些领域则存在求职者拥堵。

第三，劳动力市场制度障碍与扩大就业和实现更高质量就业之间的矛盾。劳动力市场制度障碍阻碍了劳动力按市场的效率原则进行配置的过程，使得冗员与失业、低效率高工资与高效率低工资的现象同时存在，也使得一部分劳动者过早退出劳动力市场，进而带来福利和效率的双重损失。目前，我国劳动力市场上最大的制度障碍仍然是长期存续的户籍制度。尽管户籍制度改革在有序推进之中，但户籍背后所形成的对不同来源的劳动力的差别化对待，对城市外来劳动力稳定就业、通过人力资本投资提高就业质量构成了巨大阻碍。

第四，就业机会与就业质量之间的矛盾。党的十九大报告在强调建设现代化经济体系时指出“必须坚持质量第一、效益优先，以供给侧结构性改革为主线，推动经济发展质量变革、效率变革、动力变革”，同时在加快生态文明体制改革方面强调，要“推进绿色发展”“着力解决突出环境问题”（习近平，2017）。在这一系列的改革过程中，将会要求劳动者提高就业能力以适应经济结构变化的新要求，在劳动生产率提高的同时，劳动者报酬增加，并促进就业岗位的“绿色化”，带来就业质量的整体提升。但问题的另一面在于，对落后生产方式的摈弃，势必会伴随大量就业机会的丧失。特别是过去适合低技能人员的就业岗位将会在产业结构调整过程中减少，增加就业困难人员规模。

第五，就业方式多样化与社会保障覆盖面之间的矛盾。一方面，新经济所催生的新的就业方式、劳动关系具有较强的灵活性，同时具有很强的“新陈代谢”能力，有的岗位可能仅能存续较为短暂的一个时期，继而被新的更高级的生产方式取代，其中不适应这种变迁的劳动者将面临重新寻找工作。

当社会保障（如失业保险等）未能将其中的低技能劳动者纳入，而这些失业者又不能快速寻找到新的工作时，则将陷入贫困。另一方面，在“大众创业”的浪潮下，出现了一部分“非正规”就业的劳动者，他们没有“正式”的工作单位，未被现有的社会保障体系所覆盖，如何妥善解决这些人的医疗、养老等保障问题也是一个较大的难题。

第六，劳动力供给更趋短缺与人力资本投资之间的矛盾。劳动力短缺背景下，工资加快上涨，一方面增加了劳动者收入，有利于改善收入分配格局；但另一方面也意味着接受更多学校教育、参加离职培训等人力资本投资的机会成本上升。在价格信号的指引下，可能会重新产生某种形式的“教育无用论”，从而减少接受教育等人力资本投资的时间，过早进入劳动力市场，特别是对于中等收入以下群体的家庭。而人力资本投资不足，将难以适应未来的技术变迁和产业结构升级，还可能在未来出现新的失业问题，对就业质量的持续提升形成阻碍。

四、提高就业质量的发展路径展望

（一）通过稳增长确保就业机会充足

经济增长与实现更高质量的就业之间存在着紧密联系，岗位数量和岗位能够给劳动者提供的平均报酬都来自经济系统的健康有序运行。因此，需要进一步深化供给侧结构性改革，着力发展实体经济，促进传统产业优化升级，加快发展现代服务业，提高国民经济的整体质量。大力实施区域协调发展战略、乡村振兴战略，促进区域之间、城乡之间协调发展。

在经济下行压力较大的情况下，充分发挥宏观经济政策逆周期调节作用，突出就业目标的导向作用，财政政策更加积极精准，稳健货币政策松紧适度，增进市场活力，促进区域协调和就业形势稳定。经济增速的合理区间并非经久不变，它取决于潜在增长率这一中长期指标，区间的上下限实际上是含带宽的潜在增长率。只有经济增长稳，就业才能稳。一旦经济增速迅速滑落至合理区间下限之外，就业就会受到明显冲击，导致规模性的失业。而潜在增长率的变化由产业结构整体效能、人力资本、生产技术、生产组织形式等供给侧因素所决定，因此也不能为了暂时性的促增长、促就业而施强刺激。如果增速迅速超出潜在增长率决定的合理区间，很大程度上说明出现了经济泡沫，给防范和化解风险带来更大难度，为稳就业的持续性增加了挑战。因此，稳就业和提高就业质量需要确保经济运行总体平稳，加大对困难地区的财政金融支持力度，提升区域经济协调发展能力，使宏观经济对岗位数量的支撑力度稳中有进。与此同时，持续深化供给侧结构性改革和重点领域改革，提升要素配置的整体效能，提高就业岗位的供给质量。此外，以稳岗为直接目标的宏观政策，更加注重对各类重点就业人群的关注和支持。

（二）提振民营经济就业创造能力和岗位供给质量

在全国范围内，超过 80% 的就业由民营企业所创造，民营经济是吸纳就业的主要场所，全局层面经济的高质量发展同样离不开民营经济。当前，一些中小型民营企业出现经营困难，制约了其自身发展及其就业创造能力。2018 年 11 月，习近平总书记在民营企业座谈会上，从减轻企业税费负担、解决民营企业融资难融资贵问题、营造公平竞争环境、完善政策执行方式等六个大的方面阐述了今后一段时期国家大力支持民营企业发展的举措（习近平，2018），这些举措已经分解为具体行动方案由各部门、各地区加以落实。实际上，过去相当长的一段时间，国家出台的有关支持民营经济发展的政策措施很多，但政策越往基层执行度越欠缺，很多地方对中小型民营企业支持乏力，效果不彰；另外也有一些政策，执行时有欠周密的前期调研，在执行的过程中一刀切，误伤民营经济。例如，前两年的去杠杆，很多地方“一刀切”地执行，让不少中小企业举步维艰。为了稳定就业，2019 年国家专门出台了一揽子举措，其中就包括为临时经营困难的企业排忧纾困，例如，对不裁员或少裁员的困难企业，可返还其上年度实际缴纳失业保险费的 50%，将小微企业可申请贷款数额与其提供就业岗位数量挂钩等，涉及的主要是民营企业。中小型民营企业有其自身的脆弱性，加之内外部发展环境的制约，更需要切切实实地为这些企业减负担、增活力，为进一步发挥民营企业的稳岗就业功能提供良好的政策条件和发展环境。

近年来，国家对创新创业给予大力支持，创业型企业绝大多数也是民营经济，支持民营企业发展本身就包括对创业群体的支持。中央对创业活动给予了政策、资金、税收等方面的专门扶持，不少地方近几年出台了不少鼓励毕业大学生到基层地方就业创业的举措、鼓励返乡的原外出务工人员留在本地创业、扶持失业人员或就业困难人员自主创业，这对于创业人员本身实现就业并在此基础上带动就业起到了一定的作用。2019 年的政府工作报告明确表达了中央将继续支持创业带动就业的举措。在下一步落实中，中央或省一级政府应当对于产业结构转型困难、失业较多等重点地区给予倾斜性的就业创业扶持，如帮助建设创业孵化载体、提供必要的资金、给予一定的技术支持等；地方政府相关部门为创业主体提供便利、公平、公正的服务，营造创业友好型经济发展环境，条件更好的地方可以根据相关制度规定，适当加大对创业创新、带动就业的支持力度，从而促进创业活动竞相迸发。

（三）促进劳动者技能结构与市场需求相契合

有人无岗、有岗无人是劳动力市场上最为突出的结构性矛盾，既有高级技能人才普遍缺乏的问题，更有一般工人的技能不对口问题，还有部分劳动力无一技之长的问题。

解决技能培训问题，应坚持支持培训和技能提升的既定方案，将针对困难企业开展员工在职培训的教育经费或就业资金、保障并提升失业参训人员培训补贴、技能资格提升补贴等落到实处。更重要的是，强化“政府人社部门—

劳动者—就业企业—培训机构”四方合力，鼓励劳动者在企业需求的导向下自主选择培训项目和培训机构，培训鼓励性资金更多直接瞄向劳动者并参照就业等待期长短设定差异化补助或奖励标准，形成学有所用的培训鼓励机制，提高就业相关资金的使用效率。优化运用职工教育经费等资金，鼓励企业探索推广新型学徒制，提高培训的针对性。

解决高级技能人才培育问题，应具有长远视角，把加快推进职业院校改革作为最主要路径，在扩大高等职业院校招生规模的同时，重在深化课程设计和培养方式改革，让毕业生既懂操作技能，又能较好地理解专业技能背后的理论逻辑，洞悉并适应行业发展规律和前景。从实训场地等硬件更新、师资开发和配置、引领社会转变职业院校逊色于普通高校的认知、促进更多的优秀人才和优秀学子汇集职业院校等多个角度改革对职业院校的支持方式。促进职业院校与普通院校在专业上深度沟通，提高产教融合、校企合作、工学结合的人才产出效率，从根本上解决技能人才不足制约相关产业发展的难题，从而不断释放产业就业创造潜能，并在此过程中实现更高质量就业。

解决创新型高级人才不足的问题的根本是优化人才成长软环境。形成鼓励原创、鼓励自主创新的人才培养计划支持体系，促进高等教育内涵式发展，提高高等教育质量。以壮大战略性新兴产业为重点，深入实施各类高端人才计划，关注并解决青年科技人才发展中的烦恼，不断造就具有国际水平的战略科技人才和科技领军人才。促进形成领军型人才推动高端产业发展，高端产业创造更多高质量就业岗位并孕育更多新的高级人才的良性发展生态。

（四）持续推进户籍制度改革，提升城镇化水平

如果户籍制度对劳动力市场灵活性的约束不消除，扩大就业、优化“人—岗”匹配结构、提高就业质量等目标的实现效果可能大打折扣。长期以来，在户口背后附着的隐形公共福利在地区之间差异巨大，致使北京、上海等特大型城市难以在短期内实质性放开落户限制，因此采取了积分落户等缓冲方

式。但就目前看来，户籍改革的步伐需要继续加快，户籍制度对劳动力市场、基本公共服务等方面的捆绑尚未得到大规模的松动。逐步消除本地居民与外来居民、城市居民与农村居民在教育、医疗、就业、社会保障、住房、土地等方面的机会差异是户籍制度改革的方向。确保城市外来人口能够在养老、医疗、子女教育、住房等方面逐步得到与本地城镇居民同等的待遇，有利于增强这些劳动者的职业稳定感，他们才愿意做出进一步的人力资本投资，从而提高就业质量和增进劳动生产率。

社会保障制度与户籍制度密切相关。我国当前社会保障体系大多由本地财政提供支撑并独立运转，以服务本地户籍居民为主，这不利于劳动力的充分、合理流动，进而也就不利于扩大就业和提高就业质量。城镇单位就业人员养老保险个人账户中的单位缴纳部分尚未实现随劳动者跨地区携带，极大地阻碍了普通劳动者跨地区流动。在下一步的改革中，有必要进一步巩固城镇职工基本养老保险省级统筹的成果，加快试行基金中央调剂制度，为实现基本养老保险全国统筹夯实基础。同时，系统推进社会保障其他方面的改革，逐步实现全国社会保障一体化。

（五）深化“放管服”改革和提供全方位就业服务

深化“放管服”改革，助力高质量创业就业。“放管服”改革成效直接地体现为营商环境是否显著改善，企业和百姓办事是否更加便捷，目前不少地方已逐步收获到本轮“放管服”改革的益处。优化营商环境始终是提升经济活力、创造就业机会的基本要求，地方政府应当不遗余力将“最多跑一次”“三级十同”“一网通办”等新的服务理念深入落实，尤其是进一步优化行政审批（备案）流程，增强行政相对方的便利性和获得感。让更优的营商环境能够留得住现有企业，并增强对劳动者创业和潜在转来企业的吸引力。

为企业提供具有针对性的服务或精准帮扶，稳定就业根基。企业的发展本身是市场性行为，应当充分发挥市场在资源配置中的决定性作用。但政府或行业协会可以在合理的限度内，在不干预市场竞争的前提下，为企业获得某些资源提供针对性的服务，核心是为企业提供便利。尤其是在企业经营困难时期，采取具有针对性的差异化举措，帮助其渡过难关。另外，对于经营困难的民营企业，政府在落实援企稳岗相关政策时，应当基于充分的调研基础，识别出困难的根源，分类施策。将稳岗纾困资金主要用于产业发展前景较好，目前处于暂时经营困难时期，政府轻轻助推便能摆脱困境的企业；同时要顺应高质量发展要求，允许创造性毁灭，对于那些已经处于夕阳阶段、生产技术和生产组织方式已经不适应时代要求的困难企业，精准帮扶的重心则在于助力其转型发展。

重视对务工返乡就业创业人员、军转人员、产业结构调整溢出人员、失业人员、就业困难人员及贫困家庭劳动力等重点群体的就业扶持。中央和省级政府增强对经济转型乏力、去产能和污染防控就业安置任务重、外贸冲击大等重点地区的政策扶持针对性，加大减负担力度，基层一级应当用好用活各类就业扶助资金，有条件的地方可以适当加大对扩大就业的支持。劳动就业服务部门发挥好劳动力和用人需求方之间的桥梁连接功能，完善劳动就业、创新创业信息集散机制，降低由信息不对称带来的市场摩擦，助力压缩空缺岗位和求职者的等待期。此外，政府部门要更有效地进行劳动力市场监督，引导形成和谐劳动关系，确保劳动者合法权益得到保障。

整体上看，由于就业领域结构性矛盾不单来自劳动力市场自身，经济增长、产业调整、产品市场及劳动者偏好变化等多方面因素都会对就业提出新的要求，提高就业质量是一项系统工程。稳增长、扩大就业，促改革、提高就业质量，不可偏废。当前和今后一段时期，宏观上要确保经济运行总体稳定，就业机会稳中有增，注重产业政策和区域政策的精准性，更加聚焦结构性就业压力，微观上要继续为企业减负担、增活力，增强市场主体岗位供给能力。坚持将劳动力市场制度建设及相关领域改革推向深入，充分发挥社会政策的民生托底功能，破除阻碍产业升级和结构优化的障碍，在更加充分就业基础上不断提高就业质量。

参 考 文 献

蔡昉 . 2017. 中国经济改革效应分析——劳动力重新配置的视角 . 经济研究，(7)：4-17.

陈彬 . 2018. 高质量发展阶段提升我国劳动生产率的思考 . 中国物价，(5)：6-9.

董嘉明，庞亚君，王琳 . 2008. 准确把握新型城市化的内涵与特征——浙江省新型城市化评价指标体系研究 . 浙江经济，(3)：62-63.

都阳 . 2014. 劳动力市场变化与经济增长新源泉 . 开放导报，(3)：31-35.

傅琼 . 2004. 试论我国西部城镇化进程中地方政府的作用 . 农村经济，(4)：83-85.

蒋满元 . 2005. 城市化与经济结构演变互动机制的逻辑模型及分析 . 现代经济探讨，(12)：34-37.

赖德胜 . 2017. 高质量就业的逻辑 . 劳动经济研究，(6)：6-9.

刘向东 . 2017. 加快提高中国劳动生产率的政策建议 . 全球化，(2)：85-102，136.

沈南生 . 2007. 构建大都市区——中国城市化道路的最佳选择 . 商场现代化，(33)：204-205.

汪红驹 . 2015. 中国中高速增长的区间、条件和政策选择 . 全球化，(6)：38-52，131-132.

汪克亮，杨力，查甫更 . 2009. 区域城市化水平的可变模糊识别评价方法研究 . 统计教育，(8)：3-6，17.

习近平 . 2017-10-18. 决胜全面建成小康社会 夺取新时代中国特色社会主义伟大胜利——在中国共产党第十九次全国代表大会上的报告（2017 年 10 月 18 日）. 人民日报，(1).

习近平 . 2018-11-02. 在民营企业座谈会上的讲话 . 人民日报，（2）.

原新，唐晓平 . 2008. 都市圈化：日本经验的借鉴和中国三大都市圈的发展 . 求是学刊，(2)：64-69.

张彬斌 . 2018. 持续扩大就业和实现更高质量的就业 // 何德旭，杜志雄，夏杰长，等 . 新时代中国财经发展战略 . 北京：社会科学文献出版社：202-221.

张彬斌 . 2019. 有效破解结构性矛盾是提高就业质量的关键 . 中国发展观察，（10）：33-36.

张车伟 . 2017. 十八大以来我国就业新特点和就业优先战略新内涵 . 人才资源开发，（19）：33-35.

中国社会科学院中国经济增长前沿课题组 . 2018. 迈向中高端与增长可持续 . 中国经济报告，（1）46-49.

中国信息通信研究院 . 2019. 中国数字经济发展与就业白皮书（2019 年）. 研究报告 .

朱益超 . 2016. 中国劳动生产率增长动能转换与机制创新研究 . 数量经济技术经济研究，（9）：58-75.

Bertinelli L，Black D. 2004. Urbanization and growth. Journal of Urban Economics，56（1）：80-96.

Black D，Henderson V. 1999. A theory of urban growth. Journal of Political Economy，107（2）：252-284.

Chenery H B，Syrquin M，Elkington H. 1975. Patterns of Development，1950-1970. London：Oxford University Press.

ILO. 2016. Key Indicators of the Labour Market—Ninth edition. Geneva：International Labor Office.

本章系子课题“我国经济高质量发展的内涵、趋势和特点研究”的研究成果，课题主持人是中国社会科学院财经战略研究院汪红驹研究员，课题组成员有汪川、王振霞、刘诚、张彬斌。

本章执笔人：汪川、张彬斌、汪红驹。

第三章 我国经济高质量发展与推进创新驱动发展研究

创新是引领发展的第一动力，自主创新是推动高质量发展、动能转换的迫切要求和重要支撑。基于此，从中观产业的角度剖析我国自主创新的条件、特征、路径和绩效，具有重要的学术价值和政策意义。本章选取集成电路（高复杂度产业）、数字经济（新兴产业）和化工（传统流程型产业）三类具有不同技术范式的产业作为研究对象，基于调查研究对我国制造业的技术赶超和创新发展进行系统的分析，并在此基础上提出具有针对性和创新性的政策建议。

我国经济高质量发展与推进创新驱动发展研究

第一节

集成电路：复杂产品系统的技术追赶

集成电路制造技术代表着当今世界微细制造的最高水平，涉及学科技术范围广，从原材料到终端产品，共涉及半导体物理、化学、精密加工、精密光学、计算机、自动化、材料等40多个学科的最顶尖技术，是目前为止涉及学科最多的产业，因此，集成电路产业是一个国家高端制造能力的综合体现，是全球高科技国力竞争的战略必争制高点。一方面，集成电路是新一轮国家间科技和产业竞争的制高点，是决定我国国防安全和综合竞争力的战略性产业。另一方面，集成电路产业的发展遵循“摩尔定律”，因而具有技术前沿面持续外推、技术周期短、技术替代频繁的技术经济特点，从而大大提高了后发国家技术赶超的难度。

2008~2020年，我国集成电路产业体系实现了“从无到有”的重要突破，未来10~15年是我国集成电路产业乘势发展、实现“由弱到强”跨越的关键时期。针对快速的技术变化和更加严峻的竞争环境，当前亟须按照习近平提出的重大科技项目“形成梯次接续的系统布局”的要求[①]，加快部署和落实新一轮重大科技专项，更大力度、更高水平、更高效率地发挥重大科技专项对我国集成电路产业的支持、引导和协调作用，坚定不移地推进集成电路强国建设。

---

①《习近平：关于〈中共中央关于制定国民经济和社会发展第十三个五年规划的建议〉的说明》，http://www.gov.cn/xinwen/2015-11/03/content_2959560.htm[2020-01-05]。

一、我国集成电路产业“从无到有”的关键跨越

在全球集成电路市场结构垄断化和集中化趋势不断加强、跨国公司技术积累和市场部署能力进一步增强的背景下，中国集成电路产业逆势异军突起，在短短十年时间里，逐步构建起较为完整的产业链和创新体系，技术和产品开发基本实现与全球同步发展，为保障国防和产业安全提供了有力支撑。

（一）当前我国集成电路产业体系初步形成

目前，我国集成电路产业摆脱了十几年前“没有一台国产设备、没有一种国产材料、几乎没有工艺知识产权”的技术模仿和产业依附状态，形成了从集成电路设计、工艺、封测到装备和材料的完整产业链，进口替代稳步推进，创新能力持续提升：①高端芯片设计能力大幅提高，手机芯片等部分产品达到世界先进水平。②制造工艺自主权显著提高，实现由“引进消化吸收再创新”到“自主研发加国际合作”的重要跨越，2008 年以前，我国集成电路制造最先进的量产工艺为 130 纳米，处于研发的工艺也仅为 90 纳米。国家科技重大专项（02 专项）“极大规模集成电路制造装备及成套工艺”实施后，我国的主流工艺水平提升了 5 代，其中 55 纳米、40 纳米、28 纳米三代成套工艺已研发成功并实现量产，而更先进的 22 纳米、14 纳米先导技术在研发上也取得突破，形成了自主知识产权。③集成电路封测从中低端进入高端，封测技术覆盖率达到 90%，封测销售产品中先进封装技术占比由 2008 年的不足 5% 提高到 2018 年的超过 20%，国际竞争力大幅提升。④国产刻蚀机、磁控溅射、离子注入机等 30 多种关键设备都已研制成功，并通过了大生产线的考核，实现了批量供货，主要配套零部件配套体系初步形成，我国在特种气体、靶材、部分化学品（研磨液、电镀液等）等关键材料方面完成研发并通过大生产线考核认证后大批量使用，部分产品进入了海外市场，目前我国关键装备和材料

整体水平已经达到28纳米，部分产品进入14至7纳米，20种芯片制造关键装备、17种先进封装设备和103种关键材料产品通过大生产线验证进入海内外销售，芯片制造关键装备品种覆盖率达到31.1%，新建生产线国产化率达到13%，先进封装关键装备品种覆盖率和国产化率均达到80%。⑤知识产权创造、保护和运用能力不断提升。02专项高度重视创新技术研究，提出了“专利导向下的研发战略”，从战略高度布局核心技术的知识产权。专项实施期间，我国集成电路企业累计申请发明专利43 292项，其中依托02专项申请的发明专利达到25 138项，占企业新增专利量的50%。中国企业开始探索基于自主知识产权的原始创新，首次提出了重要的新架构Xtacking。

经过2008年以来的快速发展，我国集成电路产业在模仿创新的基础上，逐步形成正向设计能力，核心技术受制于人的局面显著改观。2015年美国商务部工业与安全局宣布：中国已经掌握与美国ECCN3B001.c性能相当的刻蚀设备技术能力。因此，基于这项编码的美国国家安全出口管制失效。

（二）我国集成电路产业技术赶超的驱动因素

在我国集成电路赶超发展、创新发展和协同发展过程中，02专项起到了不可替代的关键作用。根据《国家中长期科学和技术发展规划纲要（2006—2020年）》，02专项于2008年启动实施。02专项紧紧围绕服务国家重大科技成果产业化的战略目标，在项目的组织、管理、实施和评估等方面开展了一系列大胆的探索和创新，为新时期更好地发挥新型举国体制优势积累了宝贵的经验。

首先，有效的组织和管理体制是02专项成功的基础。02专项是一项技术和市场竞争环境高度不确定、涉及庞大创新主体和多个行政部门协调的复杂工程，没有任何现成的模式可循。具有强烈的责任意识、创新抱负和专业能力的人员胜任关键岗位，在专项实施过程中根据实际问题及时进行调整优化，并将成功的做法和经验不断固化为规章和惯例，是02专项成功的根本原因。

明确的产业化应用导向是02专项成功的重要保障。02专项一改以往科技计划只注重科技攻关的做法，提炼总结出“下游考核上游，整机考核部件，市场考核产品，应用考核技术”的评估体制，大大提高了科技成果的转移转化效率和科研项目的产业化效率，形成了市场应用有效拉动技术创新的良好格局。

其次，新的创新主体不断涌现使得产业创新体系呈现出极高的动态性和多样性。为摆脱受制于人的被动局面，“863计划”先进制造与自动化技术领域决定把超大规模集成电路装备研制列为“十五”重点研究内容。为了解决过去科研院所主导的科研项目与产业化脱钩的问题，该项目首次采取“业主负责制”的方式，提出了“以企业为主体、以市场为导向、以实现产业化为目标、产学研相结合”的研发思路。在政府的推动和协调下，2001年，由北京电子控股有限责任公司联合北京七星华电科技集团有限责任公司、清华大学、北京大学、中国科学院微电子研究所和中国科学院光电技术研究所共同出资成立北京北方微电子基地设备工艺研究中心有限责任公司，负责“863计划”刻蚀机项目的具体实施。又如，随着我国封装产业技术能力的提升和寡头垄断市场结构的形成，为了解决前沿技术和共性技术研发的问题，2012年中国科学院微电子研究所联合我国集成电路封测产业龙头企业江苏长电科技股份有限公司、通富微电子股份有限公司、天水华天科技股份有限公司、深南电路有限公司等四家企业，在江苏省和无锡市政府、02专项、集成电路封测产业链技术创新战略联盟的共同支持下，主要由中国科学院微电子研究所投入技术和研发团队，与企业共同投资设立了华进半导体封装先导技术研发中心有限公司，极大促进了我国半导体封测先导技术的发展。对于中国科学院微电子研究所投入资金和团队来支持看似与中国科学院微电子研究所具有竞争关系的研发机构的发展，中国科学院微电子研究所叶甜春的解释是：“如果我们不参与的话，等那个研发中心发展起来，我们自己也就该消亡了，起码要大幅度萎缩，我们现在作为领头羊的影响力就会逐渐被取代。与其那样，我们还不如参与进去，强强联合，共同进步”（黄晓艳，2012）。

再次，产业链、创新链和金融链高效协同。2011 年发布的《进一步鼓励软件产业和集成电路产业发展的若干政策》在资金、政策、融资、人才等方面为集成电路企业提供了重大支持，产业链建设加速；而 2014 年发布的《国家集成电路产业发展推进纲要》中提出建立国家级的集成电路产业投资基金，同时鼓励社会资本投入，激活了集成电路产业的金融链。产业投资基金的建立不仅解决了我国集成电路产业发展初期激励不足的市场失败问题，而且推进了我国集成电路行业并购与企业间的资源整合，促进了产业链的优化。Booster A630 单片退火系统是我国产业链协同创新的典型案例之一。由北方华创科技集团股份有限公司（简称北方华创）与中芯国际集成电路制造（上海）有限公司（简称中芯国际）联合开发的国内首台 40 至 28 纳米工艺后段制程 Booster A630 单片退火系统，实现了我国高端集成电路装备的技术跨越，该设备核心技术和工艺参数与国际最先进的竞争对手在客户端的表现一致，到 2017 年其机台置换率已接近 1.2（机台实际产能为竞争对手的 1.2 倍），性能得到国际先进圆晶厂商的认可，有效填补了国内半导体产业后段退火工序的需求。2015 年，北方华创硬掩模 PVD（physical vapor deposition，物理气相沉积）设备在客户端验证时，中芯国际的工程师提出是否可以利用北方华创的技术开发一款专用于 40 至 28 纳米退火工艺的设备。双方经过深入讨论于 2015 年 3 月决定联合开发先进的退火设备，中芯国际作为设备用户为北方华创提供了大量有价值的设计案例。2015 年 9 月，首台 Booster A630 机台进入中芯国际。机台到达客户现场很顺利地通过了工艺测试，并进入试量产阶段。在试量产阶段，遇到的一个非常棘手的问题就是颗粒表现不稳定，经常出现超过要求的情况。集成电路行业对颗粒控制的要求非常高，严苛到每片硅片过机台增加的尺寸为 0.06 微米（头发丝的 1/1300 大小）的颗粒不能超过 8 颗，国外机台经过多年与终端客户的磨合，在颗粒控制方面积累了大量的经验，而对于我们国产机台来说，这是巨大的挑战。经过长达三个月不间断的试验和问题排查，终于发现两处产生颗粒的重要来源。产品经理组织项目组成员和部门专家头脑风暴，在现场、会议室、微信群里对机台设计问题不断地进行深入的交流和讨论，包括短期的维护方案、长期的监控措施与最佳操作流程、未来的设计改进。最后项目组花了近一个月的时间完成了机台的升级，彻底地解决了颗粒问题，Booster A630 单片退火系统的性能和稳定性大幅提升，并逐步进入中芯国际的稳定量产线。

最后，政产学研积极互动合作。02 专项管理范围远远超越了一般产业政策和科技项目的资金分配功能，政府不仅通过资金支持激发和催化企业创新，更通过与企业、科研院所和高校的频繁交流和深度互动，统筹解决企业发展过程中面临的人才、技术、市场和体制瓶颈，甚至基于资源聚合培育了一批新型研发机构和企业主体。研究所与企业各司其职但又紧密衔接。作为我国集成电路产业最重要的共性技术研发机构，中国科学院微电子研究所非常明确自己的共性技术研发边界，其不直接参与科技成果的产业化。除了最前沿的研究外，中国科学院微电子研究所的科研项目都是与企业合作，或者直接把实验室设在企业，帮助企业开发产品，或者与企业的研发人员共同参与研究所的科研项目。这样，一方面企业科研人员的科研项目都具有明确的产业化目标，另一方面研究所又不会因为过度商业化而影响基础研究，或者同企业形成直接的竞争。研究所聚焦于应用导向的基础研究，以及面向未来十年以上的前瞻性研究，科研成果技术成熟度达到一定程度的时候通过技术许可、合作研发、辅导创业团队等方式向企业转移转化。

二、新时期我国集成电路产业技术创新面临的问题与挑战

当前全球集成电路产业加速整合，国际竞争环境趋于恶化，我国集成电路产业如不能抓住技术范式转换的机遇乘势追赶，实现由模仿到创新的关键跨越，则技术和市场差距有可能被进一步拉大。不进则退是集成电路产业发

展的基本规律，加快接续布局 02 专项时不我待。

（一）我国集成电路产业创新发展存在的问题

与保障国家国防和产业安全的战略任务相比，与推动我国通信设备、计算机、家电等一大批制造业在全球价值链占据更主动地位的要求相比，我国集成电路“卡脖子”的状态尚未完全扭转，产业发展仍然任重道远。首先，当前我国集成电路关键领域技术能力较发达国家还存在显著差距，高端芯片、先进装备和基础材料仍严重依赖进口，半导体工艺与国际领先水平的差距甚至被拉大，最重要的是，在面向应用的技术解决方案和产品定义等方面还不具备综合创新能力。中国集成电路企业的要素投入能力和自生发展能力仍然较弱，甚至一些关键领域的龙头企业尚未具备在市场竞争中自生的能力，系统性的政策支持仍然是我国集成电路发展的必要条件。与国际竞争对手相比，中国企业的研发投入、人才吸引和市场拓展能力仍然较弱，部分龙头企业仍然处于微利状态。以研发为例，2017 年美国半导体产业研发强度高达 18.7%，比欧洲高 4.6 个百分点，比日本高 10.1 个百分点，比韩国高 10.7 个百分点。从企业看，2018 年全球研发支出前十大半导体公司合计支出 396 亿美元，其中英特尔公司和高通公司的研发强度均超过 20%。其次，虽然我国初步构建起了比较完整的集成电路产业链，但整体产业规模仍然很小，芯片制造关键装备品种覆盖率达到 31.1%，新建生产线国产化率仅有 13%，国产装备和材料的市场占有率仍然很低，关键设备和材料仍然主要依靠进口。作为后发追赶者，中国企业无论是技术能力还是产业规模都还有大幅提升的空间。

（二）国际环境深刻变化与竞争挑战

全球集成电路竞争环境正在发生深刻变化，我国集成电路产业外部环境变得更加严峻。美国旗帜鲜明地将抑制中国集成电路发展作为国家战略。2017 年 1 月美国总统科学技术咨询委员会发表了名为《确保美国半导体的领导地位》的报告，明确提出中国半导体崛起已对美国构成威胁，建议对中国集成电路产业加以限制。事实上，中美贸易摩擦以来，美国动用一系列正式和非正式的贸易和投资规定，特别是通过采用美国外资投资委员会（The Committee on Foreign Investment in the United States，CFIUS）单边审查工具来限制中国企业在美国收购，大大压缩了中国企业通过逆向收购快速提升技术能力的空间。美国政府在技术层面全面压制和重点打击中国半导体企业的同时，美国企业也在市场层面通过限制性定价、捆绑销售、收购等一系列策略抑制中国企业由产业链中低端向产业链高端的攀升。面对中国集成电路产业的崛起，日本、韩国等先后出台了针对中国企业并购其企业的限制性政策。日本企业则加快对上下游集成电路企业的并购和整合，试图重夺日本半导体产业的优势。这些外部挑战部分已经超越了中国企业既有的应对能力范畴，需要政府以专项的形式加强对国内外资源和市场的统筹调动，帮助中国企业跨越能力提升的鸿沟。

集成电路技术发展与变革为中国企业后发赶超打开了机会窗口，中国集成电路发展战略和政策应根据新的技术范式及时进行调整。由于物理性质限制，集成电路技术总体的进步速度放缓，将芯片晶体管数量提升两倍的周期已经延长到 30 个月，未来这个周期预计将进一步延长。与此同时，在经历了 PC（personal computer，个人计算机）时代、智能手机时代后，人工智能、无人驾驶、物联网等成为集成电路新的重点应用领域。集成电路技术更迭频率下降可以降低后发企业技术学习的难度，而技术路线转换则为中国企业从本土市场的独特需求出发形成定义产品的能力提供了宝贵的机会。今天，中国集成电路产业体系和创新体系基本完整，企业人才体系、研发体系、市场渠道及上下游协力合作的格局初步形成，企业和科研院所的技术开发模式和路径基本成熟，把握当前技术范式转换形成的战略机会，以专项引导全行业更高强度、更高效率的技术学习和创新，既具有可行性、必要性，更具有紧迫性。

三、政策建议

正如美国总统科学技术咨询委员会发布的《确保美国半导体的领导地位》报告所言，全球半导体市场从来不是一个完全竞争的市场，它需要政府的支持、引导和投资。作为后发赶超国家，通过改革完善以更大力度、更高水平、更高效率推进02专项的接续布局，以02专项为核心平台构建更有效的产业发展推动引导政策体系，尤为必要。

（一）强化产品定义能力和开放发展的战略导向

一是政策导向更多地鼓励自主知识产权导向的原始创新，充分利用中国市场需求和新兴产业市场需求的独特性提高我国集成电路企业的产品定义能力。经过我国集成电路产业几十年的能力积累，特别是2008年后02专项牵引下技术能力的快速提升，我国在全球集成电路产业体系中的竞争地位已经由纯粹的模仿者成为模仿性创新者或快速跟随者，未来中国将基于更多的再创新、集成创新和原始创新而成为并跑者，甚至领跑者。随着中国集成电路技术和产品向中高端和高端市场升级，中国本土企业将面临更加直接的国际竞争，及早进行知识产权布局，提升原始创新能力，是中国集成电路产业走向国际市场的前提。新的市场需求是突破性技术创新的重要市场机会。应当充分利用车联网、智能制造、虚拟现实等新的应用场景的出现，鼓励中国企业在开拓新的市场应用的过程中形成独特的技术能力。鼓励上下游企业加强技术和产品合作，在提出创新性产品解决方案的过程中提高企业的自主创新能力，强化知识产权布局。例如，苏州晶方半导体科技股份有限公司建立了全球第一条12英寸[①] 接触式图像传感器（contact image sensor，CIS）封装生

① 1英寸≈0.0254米。

产线，采用了80%的国产设备。虽然国产装备的单台性能总体上劣于国外装备，但国产装备集成在一起形成的解决方案却是世界一流的水平，而且国产装备厂商的服务响应速度和服务效果优于国外竞争对手（叶甜春，2018）。

二是推动形成“完整产业链＋开放生态”的产业发展生态。集成电路是一个高度国际化的产业，所以中国在发展集成电路产业时必须走开放、合作、联盟的路径。中国企业需要在自主创新与国际合作中，找到一种共赢的模式，摆脱过去单纯的兼并或“引进—消化吸收—再创新”的发展思路。在构建安全、有竞争力的产业链的总体战略的指导下，加快我国产业链与国外，特别是欧洲、日本产业链的开放融合，促进形成“你中有我，我中有你”的合作模式。保证产业链安全并不是什么技术和产品都要自己做，而是要在产业链培育和市场竞争的过程中逐步形成“非对称的技术优势”，并基于这种优势与国外厂商形成基于竞合关系的开放性产业生态。

（二）进一步提升创新体系的动态性

一是通过鼓励学术创业和企业内、外创业，保持我国集成电路产业创新体系的动态性和创新主体的涌现性。针对我国集成电路技术突破和产业发展面临的制约，集合政府政策资源、高校和科研院所的研究资源和人才资源、企业的产业化资源，以资本为纽带形成新的创新主体，是我国集成电路产业通过资源整合实现技术突破和赶超的重要机制。例如，华进半导体封装先导技术研发中心有限公司就是江苏省政府、无锡市政府、02专项与集成电路封测产业链技术创新战略联盟于2012年9月共同推动成立的新型研发组织。该公司是整合中国科学院微电子研究所和集成电路封测产业龙头企业江苏长电科技股份有限公司、通富微电子股份有限公司、天水华天科技股份有限公司、深南电路有限公司四家单位各自的资源优势共同投资建立的。作为一种新型的研发组织形态，以及国家级封测、系统集成先导技术研发中心，该公司通过以企业为创新主体的产学研用结合新模式，开展系统级封装、集成先导技术研究，为产业界提供系统解决方案。随着我国集成电路产业技术发展，根据科技进步和中国集成电路产业参与国际竞争的需要，促进科学、技术、资本基于市场化机制的有效结合，从而不断催生新的创新主体，是未来我国集成电路产业持续发展的重要机制。

二是改革高校和科研院所的科研评价体制，在确保高校和科研院所保持基础研究和共性技术研发边界的基础上，不断支持高校和科研院所科技成果向企业的转移转化。在科技成果转移转化政策大幅松绑的条件下，未来应进一步明确科研人员的科研绩效考核和评价激励机制，确保基础研究激励和商业化激励之间的平衡，使科研院所和科研人员在基础研究本位的同时，强化研究的应用导向，但又不过度参与商业化活动。例如，在鼓励高校教授学术创业的同时，对于教授在创业公司的工作时间、任职等进行约束和规定，确保强化学术创业活力的同时，保证我国集成电路产业基础研究能力的不断提升。

（三）进一步提高 02 专项的引领作用和管理效率

一是进一步加大对集成电路产业的资源投入和政策扶持力度，强化产业赶超势能。资金投入和政府补贴是决定各国集成电路产业发展绩效的关键因素。美国早期对于集成电路的财政投入占集成电路行业投资的比重高达 43%；1985 年广场协议以后，日本大幅降低集成电路产业投资是日本集成电路产业衰落的重要原因。随着中国集成电路企业与领先企业技术水平的接近，企业技术学习的难度加大，更前沿技术的开发需要更高强度的研发投入和更高水平的人才支撑。基于此，建议进一步扩大 02 专项和国家集成电路产业投资基金的规模，引导地方进一步扩大 02 专项的配套资金规模和落实力度，加大集成电路重点领域人才引进的政策力度和服务保障力度。与此同时，根据新的国际贸易投资秩序，灵活运用多种手段，使 02 专项补贴更加符合 WTO 有关补贴和反补贴协议等国际惯例和规范，包括：突出研发补贴，在形式上避免对企业生产和销售环节的补贴；尽量减少政府对企业的直接补贴，更多通过科研院所间接补贴企业；借鉴美国国防部高级研究计划局（Defense Advanced Research Projects Agency，DARPA）模式，通过国防部门支持企业研发等。

二是加强统一管理和部门协调，形成金字塔形的垂直管理体系。突出02专项在支持、引导集成电路产业发展中的核心平台作用，充分发挥国家领导人和领导小组的部际协调作用，避免各部委在集成电路领域的多头管理和重复建设。加强02专项与学科建设、基础科学研究、产业化等各类产业政策、科技政策的衔接和配合，在强化绩效评估的前提下减少财政、审计等部门对02专项的过程管理，有序推进集成电路产业发展，促进形成国家、各部委、地方政府各尽其能、各司其职协力推动我国集成电路产业发展的格局。加强国家与地方政府招商引资政策之间的协调，规范地方政府对基础电路产业的招商引资和补贴政策，防止形成新兴产业的产能过剩，避免恶性竞争对企业创新利润和创新动力的侵蚀。

三是及时总结02专项的经验和不足，进一步优化02专项的组织管理模式。①完善垂直管理体制：突出02专项对各类集成电路产业政策的核心引导和协调作用；减少02专项的管理层级，提高02专项管理效率。②明确责任主体：在明确行政责任单位和行政责任人义务的前提下，确保责任人的连续性；推进总师专职化，总师依托实体性的技术责任单位开展工作；明确总师的技术责任主体地位及相应的技术最终决策权。③强化个体激励：明确总师和02专项管理部门主要负责人的权利，包括经济利益和行政晋升。④优化经费结构：大幅增加02专项经费中的项目管理经费和软课题经费的规模和比例，用于02专项管理部门、技术责任单位、专家费及软课题研究。⑤完善监督考核：减少过程监督考核，强化绩效结果考核；保持战略绩效考核的稳定性和连续性，提升任务考核的灵活性和动态性。

第二节

数字经济：新兴技术部门的创新发展

虽然新一轮科技革命和产业变革的关键技术存在差异，但是技术经济特征存在诸多相通之处。在技术层面，相比于“传统”产业，这些新兴产业都是以数据为核心要素，围绕数据要素的生产、交易、配置和收益分配，发展新业态、新模式。在经济层面，不同于“传统”要素，无形的数据要素涉及与数据产权相关的一系列治理问题，进而影响到与数据相关的契约结构和投资激励问题，在微观层面上决定了新技术潜力的实现程度。在制度层面，我国要素市场还处于深化改革当中，支撑数据要素市场的相关制度还处于起步阶段。

本节将经济数字化转型相关的新技术、新业态和新模式等称为数字经济，希望在经济学的理论体系下，围绕与数据要素相关的生产什么、怎么生产和为谁生产等基本问题，从数字经济相关企业利用数据要素创新发展的实践中，归纳主要创新特征和面临的共性挑战，结合其他国家促进数字经济发展的战略部署，提出促进我国数字经济创新的思路和建议。

一、数字经济的创新特征：来自三个企业案例的分析

“十二五”时期以来，在国家大力培育和发展战略性新兴产业的政策导向下，关于新兴产业的创新特点的研究形成了较多文献（李晓华和吕铁，2010；郑江淮，2010；贺俊和吕铁，2012；吕铁和贺俊，2013）。但是，不同于长期以来，特别是 2010 年以来战略性新兴产业创新以装备升级为重点，数字经济

创新以数据要素的生成、传送、分析和使用所衍生出的服务与模式创新为重点。本部分将通过三个企业的案例，从提炼数据要素的特征入手，研究企业围绕数据要素的获取和利用创造新的价值，以及在此过程中通过数据交易发展新的商业模式，在此基础上归纳数字经济创新的基本特征。

（一）数据作为生产要素与数字经济创新：淘宝网

1999 年被业界视为中国电子商务的元年。这一年，易趣网和阿里巴巴（中国）网络技术有限公司（简称阿里巴巴）创立，分别定位于 C2C [①]和 B2B [②]市场，二者并无直接竞争。2003 年，美国电商大企业 eBay 通过两轮收购，获得了易趣网的全部股权，将易趣网更名为 eBay 易趣。2003 年 5 月和 10 月，阿里巴巴创办面向 C2C 市场的淘宝网和推出支付宝服务，从此中国 C2C 市场逐渐进入“双寡”结构。但是，在不到两年的时间里，淘宝网迅速成为中国最大的 C2C 网站，具有先发优势的 eBay 易趣丧失了大部分的市场份额。如何解释淘宝网及后续支付宝的成功？由于淘宝网和 eBay 易趣处于同一国家、同一时期、同一细分市场，两家企业成长绩效的差异主要是由企业的策略差异造成的。

经比较研究发现，两家企业的策略差异的关键在于对待和利用数据要素的差异。在新兴的 C2C 市场，两家企业面临的挑战是：在当时中国信用体系远不完备的环境下，如何解决陌生人之间在线交易时面临的信息不对称问题？主要的信息问题包括但不限于：买家并不充分掌握商品质量、性能、包装和配送等方面的信息，存在经典的“柠檬市场”与逆向选择（Akerlof，1970）；卖家不确定买家收到商品后是否满意、是否如期付款的道德风险；还可能出现双方在达成交易前都无法考虑到且责任难以由第三方

① 即 customer to customer，顾客对顾客电子商务。
② 即 business to business，企业对企业电子商务。

认定的或然（contingency）事件。虽然这些信息不对称问题在传统市场也存在，但是在非面对面、低频率交易的新兴电子商务市场表现得尤为突出。为了解决信息不对称造成的在线交易契约不完全问题，企业增进买卖双方之间的信任度对于企业的成长乃至电子商务市场的健康发展至关重要。经过探索，C2C 平台“配套”建立资金第三方托管服务被认为是降低交易不确定性的有效手段（如易趣网和 PayPal、淘宝网和支付宝）。在电子商务起步更早的欧美国家，借助相对成熟的个人征信系统、信用卡体系和第三方保险服务，在解决电子商务市场的信任度问题上具备较好的基础条件。但是，在各体系都不完善的中国，信息和信任问题在电子商务发展的早期尤为严重。

在淘宝网成立之前，易趣网（即后来的 eBay 易趣）探索了一套增进信任度的机制，并且将企业的盈利模式“绑定”在这套机制之上。在用户身份验证环节，易趣网不断升级认证程序：从使用电子邮件确认注册升级为电话号码（或手机号）认证，2002 年 8 月起又采用身份证实名认证。在第三方托管和支付环节，用户可以选择易趣网所属的“安付通”系统托管交易金额，易趣网还设立了“安付通保障基金”提供交易担保服务。eBay 收购易趣网后，导入了全球统一模式：买家通过 PayPal 直接付款至卖家的 PayPal 账户，无须第三方平台托管。在盈利模式方面，eBay 易趣从平台交易额中按比例抽取佣金，为了防止佣金流失，eBay 易趣禁止并处罚买卖双方绕开平台的“私下”交易活动，实施“隐私权保护规则”，即易趣网收集、使用和存储的用户信息仅限于平台使用，且不允许用户公开发布联系方式。从数据要素的生产和利用视角看，易趣网的上述举措抑制了数据要素的生产、积累和再开发：缺乏对用户身份认证信息的有效审核，数据质量不高；信息数据和资金数据之间并未构建起有效防火墙，数据整合不充分；限制了买卖双方直接沟通，抑制了与交易相关的其他数据的生成。相比之下，淘宝网更为重视本土制度与市场环境的差异，把数据要素的采集和开发作为企业策略的核心，在解决电子商务市场中的信任问题方面更具效率。一是在易趣网认证条款的基础上，淘宝网要求注册卖家提供包括个人身份证和银行信用等信息，得以快速接入和利用这两个国内最主要、最可靠的信用系统，数据质量明显高于其他 C2C 网站。二是不沿用从平台交易中抽取佣金的盈利模式，吸引了大量的卖家转入以拓展平台，也不限制交易双方直接沟通，而且允许买家为卖家的商品、服务和物流等打分，在一段时间内追加评论，供其他买家参考。这些内容经数据化处理后用于评定卖家的信用等级，有效约束了卖家实施机会主义行为。三是将支付宝从淘宝网分拆设立独立公司，从而成为真正意义上的第三方支付系统，而且创新性推出“全额赔付”等担保服务，降低了在线交易的不确定性。这些策略都指向更有效地收集信息并转化为数据，用于构建更可信的信用体系，而信用体系的完善又促进了平台的开放和拓展，从而形成了“数据增长—信任完善—平台成长”的良性循环。之后，支付宝先后推出了手机支付业务、公共事业缴费服务（通过支付宝缴纳水、电、煤气、通信等费用）、信用卡还款、转账、理财、线下支付等与消费者日常密切相关的业务，远远超出了其他第三方托管支付平台业务，在支付数据的积累和利用方面不断创新和开放。阿里巴巴将各类平台的消费数据、支付数据、物流数据、评价数据、金融数据等汇总至统一的数据平台，构成了一个不断强化的生态体系，得以持续低成本地推广新服务、新业务（Saranga and Huang，2018）。

（二）数据要素治理与商业模式创新：百度无人车

电子商务是数字经济在下游消费领域的表现，而未来数字经济发展的重点领域将是在生产领域。在关于 AI（artificial intelligence，人工智能）和 5G[①]的应用场景的讨论中，无人驾驶占有十分重要的地位。此处从数据要素的治理对全球无人车市场的创新发展提供新的分析，以便在经济层面把握数字经济创新的表现。

① 即 the fifth generation wireless systems，第五代移动通信系统。

近年来，在数字化技术史无前例的发展背景下，无人驾驶这一由来已久的设想正在逐步走向现实。目前，主导的无人驾驶解决方案是在汽车上加载数据生成和交互装备（如车载雷达、激光测距仪、视频摄像头、微型传感器和电脑资料库等），实时获取和存储各类车辆、路况、导航、驾驶等方面的数据，通过与远程（云端）服务器进行实时数据交互，再反馈为车辆驾驶动作，部分乃至完全替代驾驶员。如果将车辆视为“小平台”，远程服务器视为“大平台”，那么无人车是典型的“平台 + 数据”架构。

调研发现，在给定应用技术前景下，车辆“平台”之间的差异对“平台 + 数据”架构的影响较小，数据要素的治理问题更为复杂，直接影响到无人车能否从一种技术可能变成成熟的商业化模式。在这一架构中，AI 和 5G 网络等数字化技术的关键功能，都统一到为该架构提供必要的数据服务。具体而言，5G 网络提供高速率、低时延的数据传输服务，容量海量、实时更新、格式多样的数据集成大数据，是降低数据要素成本的必要设施；AI 则是借助算力和算法，改善数据的采集和存储方式，而且对大数据进行分析生产新的服务，是提高数据要素价值的重要技术。在数据要素的视角下，无人车面临的主要问题是：不同的专业数据之间具有互补性，如何将不同来源的数据整合成大数据？数据与平台之间也具有互补性，如何推动数据与平台的“一体化”？“小平台”（车）和“大平台”（云）如何更为有效地积累和开发数据？无人车的愿景能否得以实现，以及在多远的未来得到实现，这不仅是技术问题，而且是经济治理问题。

全球代表性无人车商业模式的差异的本质是针对上述问题的不同解决方案，不同企业搭建“平台 + 数据”架构的方式代表着不同的商业模式创新形式。与前文阿里巴巴案例类似，在无人车的数据治理中，数据要素的基本特点有三个。一是数据具有报酬递增性（外部性）。在给定算法的情况下，数据越多，越有利于“训练”无人车，由此引发了业内企业的“数据锦标赛”。二是不同数据要素之间构成互补性资产，比如，车辆数据、路况数据、导航数据、驾驶数据等在无人驾驶达到关键指标方面缺一不可，一种数据的价值同时取决于自身的投资和互补性数据的投资。三是数据资源的利用需要必要的基础设施。无人车的数据必须与远程（云端）服务器的数据实时交互和优化，以及整个架构都处于泛在的高速无线网络当中。在经济学的视角下，上述三个特点提出了数据要素治理的关键问题。第一，数据的外部性意味着数据的私人成本和社会成本存在不一致之处，因而存在数据“搭便车”行为。比如，对于数据生产和利用至关重要的网络基础设施建设（如 5G 网络），就存在用网者（下游行业用户）出于降低数据成本考虑而强烈呼吁尽快开通网络服务，但建网者（网络运营商）因 5G 网络的盈利模式不明朗而投资建网的积极性不高，围绕 5G 网络的各项应用场景仍处于万事俱备只欠东风的尴尬境地。第二，数据之间存在互补性意味着某一数据可能被锁定于特定交易当中而成为专用性数据，因数据投资沉没成本的存在，数据所有者面临着“敲竹杠”的风险，导致数据投资和分享的激励不足（Grossman and Hart，1986；Hart and Moore，1990）。比如，车辆数据、路况数据、导航数据、驾驶数据等对无人驾驶不可或缺的非平台数据所有者既想接入和利用平台数据，又担心被平台数据整合而失去独立性。第三，数据要素的利用需要必要的基础设施，数据要素具有“公共池资源”的特点，面临着利用数据所必需的公共产品供给问题。比如，如果企业可以免费利用平台所提供的数据，但数据不接入平台，那么平台没有激励提供数据服务。

可见，以无人车为代表的商用领域数字经济发展的关键问题是数据这一种新要素或资产催生的新模式带来了治理问题，但是抽象到经济理论层面，现有关于外部性、资产专用性和公共资源治理的经典经济理论（Coase，1960；Williamson，1985；Ostrom，2005），仍可以为我们提供一个分析框架。根据物品使用的可分性和排除他人使用的难度，可以分为公共池物品、公共物品、私人物品和收费物品四个基本类型。本部分借该分类法，对全球无人车市场的代表性企业的商业模式加以分类（表 3-1），可见目前全球无人车市场尚没有形成主导性的无人车数据资源治理模式。更进一步的分析发现，企业在选择不同商业模式时，主要依据的是企业在获取和利用数据寻找优势。在互联网公司方面，发展思路是利用数据优化无人车平台：谷歌公司（简称谷歌）无人车起步早，在数据积累方面具有先发优势，无人驾驶平台也被训练得更为成熟，采取对接入平台的无人车提供收费服务的模式；我国的北京百度网迅科技有限公司（简称百度）进入无人车市场较晚，在数据积累方面存在明显的劣势，如果采取谷歌类似的数据和平台发展模式，则将长期处于追赶地位，因而选择对行业开放平台，通过拓宽数据来源、加快数据积累速度，相应地采取将平台作为公共物品的模式[①]。在车企方面，以福特汽车公司（简称福特）为代表的传统车企不断提高车辆的智能化水平，数据主要用于车辆自身的自适应水平，使其更好地与驾驶习惯匹配，成为车主的“私人物品”；而以特斯拉为代表的新型车企，则将数据用于完善企业自有无人车系统，用于服务企业的全部用户。

表 3-1 数据的四种类型与代表性无人驾驶商业模式

排除他人使用的难度	使用的可分性	
	私用	公用
难排他	公共池物品（如地下水、湖泊、灌溉系统、浴场、森林） 新型车企：特斯拉	公共物品（如和平与安全、国防、知识、防火、天气预报） 开放的互联网企业平台：百度
易排他	私人物品（如食物、衣服、汽车） 传统车企：福特	收费物品（如剧院、私人俱乐部、日托中心） 封闭的互联网企业平台：谷歌

资料来源：根据 Ostrom（2005）整理

① 在数字经济产业，开放平台并不表示不赢利，可以通过双边市场、广告、竞价排名等方式赢利。

（三）数据产权与交易契约：M 企业

以上两个案例都是服务业领域数字经济发展的案例分析，我国要从工业大国向工业强国转变，加快数字化技术与实体经济融合，是我国制造业智能化转型的重要方式。经过过去几年对制造业智能化发展方向和实现方式的讨论和推广，我国越来越多的制造业企业尝试利用数据要素实现生产、业务和企业管理的转型升级。从目前的主导方式看，远程运维和个性化定制是制造业领域两种代表性的数字经济创新模式。企业的数字化转型面临着制度和政策约束。

M 鼓风机企业（简称 M 企业）的主要业务是为石化、煤化工、冶金、液化天然气等行业提供鼓风机等专用性装置和售后运营维护服务，是典型的装备制造业企业。其中，装置的售后运营维护服务效率直接关系到客户的生产和经营效率，也是 M 企业提升市场竞争力的重点。M 企业面临的问题是：如何在售后运营维护服务团队不扩张的情况下，更有效地提高服务机组数量，提高故障诊断和运营维护效率，缩短服务响应时间，以及更为有效地提高服务系统的智能化水平。M 企业所提供的装置在运营中能够为 M 企业反馈的数据越多，M 企业改进装置和服务的概率越大。由于 M 企业是典型的“制造 + 服务”型企业，利用数据更好地融合制造、产品和服务等环节，提高数据要素的积累和配置能力，实现纵向价值链整合，是当前工业智能化的代表性模式（如美国通用电气公司的工业互联网）。

调研发现，虽然 M 企业的数字化转型方向符合智能化趋势，但实践中数据要素的积累和配置面临着较大挑战。一是如何提高数据要素的质量。M 企业所提供的装置是根据用户企业所在行业、企业的特定需求而设计制作的，定制化程度高，装置所产生的数据格式不一，数据采集、整理成本较高。虽然企业掌握的数据大量增加，但是可用数据数量和质量还有待提高，新模式对企业效率提升的潜在效应还没有得到充分实现，投入产出比不高。二是如何降低数据要素流动的成本。M 企业需要从其用户企业采集数据，而当用户企业开放企业内部数据的收益难以有效补偿与数据开放相伴的潜在风险时，数据开放的积极性不高，提高了M企业的数据及服务成本。特别是M企业的下游用户行业对安全生产要求较高[①]，对数据安全和网络安全的要求也更高，放大了M企业的数据采集成本。三是装置所采集的数据仅是用户企业的一类数据，提高装置数据的附加值还需要与之互补的企业其他数据，这超出了装置售卖交易的范围，使得双方的交易结构变得更复杂。四是如何从数据要素的配置中获利。M企业和用户企业面临的棘手问题是：如果双方都预期数据能够带来新的价值，那么M企业利用从已出售给用户企业的装置上所采集的数据“加工”成新服务，用户企业是否需要为新服务付费？如果将通过数据创新所创造的价值视为数据的剩余索取权，那么这一问题的本质是产权问题：如果数据要素归用户企业所有，那么用户企业应该掌握索取剩余，但这可能降低M企业的创新激励；如果数据要素归M企业所有，则用户企业没有足够的激励支持M企业利用数据资源进行创新[②]。对此，目前在正式的法律和非正式的惯例上都缺乏处理的依据。理论上讲，如果交易成本足够低，双方可以通过谈判解决。但是在现实中，由于利用数据创新具有不确定性，双方难以在交易契约中对此做出成文的规定。这正是M企业数字化转型面临的困境。

（四）数字经济创新的特点

通过以上三个典型案例的分析，可以看出数字经济创新与传统经济创新最大的不同，不是传统生产要素的重新组合，而是利用数据要素再配置，推

① 其实其他行业对安全生产都有要求，只是程度有差异。此处对M企业的分析同样适用于其他装备行业。

② 在前文的电子商务案例中，同样存在数据要素的归属权问题。相比而言，不断涌现的（移动）互联网新服务带来的便利，让个人消费者有一种被补偿的感觉，仅关注较低限度的隐私问题。但企业用户对数据信息的关注度更高，该问题更为突出。

动服务、模式等创新。

第一，数据要素作为一种新的生产要素进入企业产品和服务创新过程，发挥着传统生产要素不可替代的作用。数字经济企业的竞争策略围绕数据要素的生成和配置而展开，企业的竞争力取决于如何降低数据的边际成本和提高数据要素的边际生产率。阿里巴巴在提高数据质量、拓宽数据来源、增加数据容量等方面进行了一系列业务与流程的创新，实现了从进入者到主导者的转变。从政策的角度看，数字经济创新取决于配套基础设施的完善。数字经济的商业前景取决于数据要素的边际收益与边际成本的比较。鉴于数据要素存在外部性，治理外部性对数字经济创新至关重要，数字经济创新比传统经济创新更依赖于新型基础设施的配套，从而降低全社会的数据要素成本。历次技术经济范式的转变表明，核心投入与基础设施的动态匹配是促进先导产业快速发展的必要条件，核心投入“可以廉价获得”是基础设施快速完善的产业基础，基础设施建设的巨大需求为核心投入产业的发展提供初始市场，从而形成正反馈效应。例如，与铁、煤相匹配的基础设施是运河和铁路，与钢相匹配的基础设施是钢轨和钢船，与石油、天然气相匹配的基础设施是高速公路、机场等，与集成电路相匹配的基础设施是互联网。随着数据要素成为数字经济创新的核心投入，以 5G 和 F5G[①] 网络为代表的新型通信基础设施对数字经济的发展至关重要。更为重要的是，基础设施建设是政府公共政策的重要领域，导致主要国家纷纷以 5G 网络作为未来数字经济的重要手段。

第二，不同于传统生产要素在生产过程中被消耗，数据要素在生产过程中不仅不会被消耗，反而能够再生产出更多的数据，这种“滚雪球”效应导致数据要素的边际成本函数一阶导数为负、二阶导数为正。数据要素具有规模报酬递增性。数据越多，利用数据要素创新服务的概率越大，这意味着数

① 即 the fifth generation fixed network，第五代固定宽带。

据要素可能违背了“标准的”要素边际生产力递减规律，而可能遵从相反的边际生产力递增规律，导致外部性。淘宝网以电商交易数据为基础，不断衍生出与之互补的支付数据、物流数据等，从中构建起用户信用数据，创新性地提出科技金融服务，企业从电子商务公司转型为数据科技公司。因此，数字经济的创新更依赖于互补性平台，二者存在相互强化的机制，使得其中一方的价值不仅取决于自身的投入，还取决于与互补性资产的匹配度。从政策角度看，促进数字经济创新不仅要完善数据市场的制度建设，也要同步对平台组织的监管政策加以完善。

第三，数字经济创新还通常取决于与行业融合后的经济治理方式。数字经济创新不仅是数字化技术本身的商业化，更为重要的是经济社会不同领域（制造业、农业、交通、医疗、教育、能源等）利用数字化技术后实现转型升级的数字化红利。正如 M 企业案例所显示的那样，数字经济的供给方和需求方之间关于数据要素产权（剩余索取权）、交易契约、价值分配等的制度安排，对数字经济潜力的实现至关重要。从政策角度看，这不仅取决于供求双方的谈判与交易，还取决于制度基础设施的建设与完善。

二、我国数字经济创新发展面临的挑战

虽然得益于超大规模、需求多样的国内市场，近年来电子商务率先取得跨越式发展，但是新经济的先导产业不是电子商务，而是以智能制造为核心的先进制造业。

（一）内部融合发展挑战

从经济学的意义上讲，成功实现商业化是创新的必要条件。数字经济创新取得成功的关键在于与其他行业融合后创造新的价值，这是当前数字经济发展面临的最大挑战。例如，社会多方面在探讨 AI、5G、云计算等数字化技

术的应用前景时，往往都会提出在制造业、农业、交通、医疗、教育、能源等领域广泛运用数字化技术，一些研究报告纷纷预测未来数字经济的市场规模，各类展会、研讨会、报告会等活动层出不穷。但是，乐观的探讨和预测背后却是数字化技术与行业融合方面还没有实现重大的突破，致使数字经济的潜能难以有效地体现。“赚钱效应”一直得不到突破，造成各利益相关方投资与合作的意愿不高。

以制造业为例，当前在推动数字化与制造业深度融合、加快发展先进制造业的过程中，主要面临以下几个方面的问题与挑战。第一，重视“硬”装备，忽视“软”系统，对数据要素的重视不够。我国在发展先进制造业时，重视发展重大复杂装备领域，但是长期低估了数据要素在制造业智能化中的核心地位。对数据要素的重视不够，不仅是我国高端装备产业发展相对滞后的原因之一，也是影响我国高端装备产品品质（如产品稳定性）提升的重要因素，更为重要的是，不符合制造业智能化的发展趋势。第二，信息通信基础设施尚不能满足智能制造发展的需求。信息通信基础设施升级是数据要素廉价且大量供给的必要条件，是制造业智能化的基础。当前，我国信息通信基础设施距离满足数字化技术向各领域融合的需求仍有较大差距，在提升网络传输速度、降低网络能耗方面亟待加强。第三，数字化技术与制造业深度融合发展面临的突出问题。一是数据要素的产权安排不明确。数据要素的配置涉及的社会关系、权利内容等都更为复杂多样。目前，利用大数据发展制造业新业态普遍面临数据要素所有权和剩余索取权归属模糊的问题，抑制了制造业新业态发展投资的激励。二是基础设施的供给方式不清晰。大数据与制造业深度融合依赖于技术基础设施和制度基础设施的配套升级，但是基础设施投资不仅规模大，而且存在外部性问题，难以依赖市场机制解决。三是企业投资的收益性不确定。目前，企业对利用大数据促进实体经济发展的积极性也在增强，但普遍认为投资规模太大、周期太长、风险高，导致投资回报低，影响企业的综合盈利水平，特别是广大中小企业利用大数据促进制造业转型升级的激励不足。第四，推动 AI 与制造业深度融合仍存在障碍，并带来新的挑战：AI 技术及其在各领域的应用仍不成熟；AI，特别是最具前景的机器学习和深度学习技术，需要快速地进行大量数据计算，需要具备较高的数据处理能力；AI 技术的应用还面临伦理、法律等方面障碍；AI 在制造业中的应用，会对就业结构产生深远影响，这对我国中高端人才和普通劳动者教育、培训改革提出了紧迫的需求。

（二）全球竞争的挑战

第一，AI 领域。随着 AI 加速向生产生活渗透，2016 年 5 月白宫策划了一系列的活动，推动借助 AI 提升智能水平和应付 AI 风险与收益的公共讨论。美国国家科学技术委员会（National Science and Technology Council，NSTC）于 2016 年形成了《国家人工智能研究与发展战略规划》，提出优先由联邦政府出资设立 AI 研究基金，前瞻性地探讨 AI 对社会和世界带来的长期革命性影响。AI 研究基金将资助政府内部和外部（学术界）的研究，目标是最大化利用 AI 的收益和最小化 AI 的负面冲击，促进经济繁荣，创造教育机会和提高生活质量，强化国家和本土安全。AI 研究基金优先设立了如下战略目标：长期资助 AI 研究，发展有效的人与 AI 协作机制，认识并解决 AI 的伦理、社会和社会应用问题，加强 AI 系统的安全与保障，为 AI 培训和测试开发共享的公共数据库和环境，通过标准和基准度量和评估 AI 技术。2017 年美国总统科学技术咨询委员会向美国总统提交了《确保美国半导体的领导地位》，强调半导体的发展为诸多设备、服务、企业和产业的创新创造了空间，不仅事关美国工人和消费者的切身利益，而且对国家安全和军事实力至关重要。虽然美国半导体产业保持着全球领先优势，但是正面临着来自中国通过产业政策支持半导体赶超的威胁。对此，该报告建议美国政府必须支持半导体产业更快速创新和遏制中国产业政策双管齐下，甚至以危害国家安全之名对中国的产业政策施压，制裁中国的半导体产业[①]。2019 年，美国先后通过总统行政令和更新《国家人工智能研发战略计划》的形式，确定了加强长期投资、促进联合研发、确保 AI 安全、加强 AI 培训、完善 AI 标准等八个方面的重点战略。

第二，5G 领域。鉴于 5G 技术具有重要的战略意义，美国政府和企业为重塑其在 5G 领域的领导力，试图以开源、开放、白盒化的技术路线，在 5G 时代重构全球 ICT（information and communications technology，信息与通信技术）产业生态，体现了美国的大国博弈战略意图，即促进 CT（communications technology，通信技术）价值向 IT（information technology，信息技术）价值转移，利用其底层硬件芯片（x86 架构）和基础操作系统（Linux）的雄厚优势，重新夺回失去的通信产业领袖地位，必将对我国基于 5G 技术的网络强国建设和国家安全体系建设构成严重的威胁。具体来说，特朗普政府的 5G 技术战略的核心内容包括：①推翻了奥巴马政府时期制定的电信业“网络中立”管制政策，松绑基础运营商，优化市场结构，刺激新一轮 ICT 投资和经济增长，提前布局 5G 产业。②积极推动 5G 技术路线及相应的技术标准朝着开源、开放、白盒化的方向发展，促进全球 5G 价值链的核心由中国具有优势的 CT 领域向美国具有优势的 IT 领域转移，从而对目前主流的、以设备供应商的一体化解决方案为主导的商业模式造成严重冲击。③以 Linux 基金会为基础构建开放的产业生态，整合包括中国企业在内的运营商和装备企业，形成以美国为主导的 5G 产业生态。

第三，安全领域。自中美经贸摩擦以来，美国针对我国高科技领域的遏制措施不断升级，我国产业和领军企业在 5G 应用技术和市场竞争力方面具有一定领先优势，已经是美国打击的重点。2019 年以来，美国利用网络安全大做文章，其核心是加速 5G 技术军事化和情报化，以“莫须有”之名行遏制之实，

① 正是在这样的背景下，以美国商务部为首的机构，于 2017 年 3 月和 2018 年 4 月升级了对中国中兴通讯股份有限公司实施包括“禁运”在内的严厉制裁。

迟滞我国5G网络商用计划，限制华为等我国优势企业开展全球业务。一是在国内“寓军于民”，把军方对5G网络安全的担忧无限放大至商用领域，为美国在全球范围内围堵中国5G企业提供了新的“理由”。二是在全球“拉帮结派”。美国动用各种力量，按“朋友圈”的亲疏远近，在全球范围布局围堵中国5G企业的“包围圈”。

三、促进我国数字经济创新发展的思路与对策

（一）加快新型基础设施建设

新型基础设施的主要经济功能并不是通过直接扩大总需求拉动国民经济增长，而是通过带动和激活其他部门的发展间接拉动国民经济增长，作为激发和释放潜在经济动力和活力的关键投入，以高质量的新型供给引领国民经济结构调整和高质量发展。以信息技术为核心的新型基础设施具有技术高度不确定、商业模式不确定和投资回报不确定的特征，政府在新型基础设施建设中的作用和新型基础设施的投资体制，会从根本上不同于传统基础设施。

一是政府角色由融资和投资者向体制改革推动者与协调者转换，通过完善运营商考核机制、强化测速机制等，促进运营商之间的提速提质竞争，形成中国全光网络加快发展的内在机制，以及如何消除制约云虚拟现实（could virtual reality）、智能制造等发展的知识产权保护和技术标准等问题，促进下游应用和通信网络的互动发展。

二是以“网络泛在”为基本原则，实现面向连接的融合建设，围绕全光网络基础设施，融合部署交通、能源、城市等各类设施的建设规划与细则。在规划建设初期即建立紧密的工作衔接机制，有效解决部门协调问题，促进各类新型基础设施建设与网络基础设施建设协同推进，既要统筹利用资源，提高建设效率，更要前瞻性地统一各类基础设施的网络标准，并注意为未来

的网络应用扩张预留充足的接口和空间。

三是强化前瞻性布局意识，加快形成新型基础设施建设标准和融合标准，构建国内统一市场，避免出现特定设施扩展受限（如交通和建筑设施未预留足够的网络设施铺设空间），甚至是各地设施难以标准对接的不利局面。

四是基础设施投资应首先投向乘数效应最高的新型基础设施（如信息基础设施、新型国家实验室等新型研发设施、新型城际交通设施等），加快新型基础设施的投资，尽快将新型基础设施转化为社会经济发展的内生动力。

（二）推动数字经济与应用场景融合发展

第一，加快智能制造技术相关基础设施建设，建立高效能运算研发中心和高效能运算服务中心。信息存储、传输和处理能力成为决定先进制造技术和制造系统的创新能力、技术成熟度和应用效果的关键因素。加快推进行业工程数据库的建设。数据要素在制造业智能化发展中居于核心地位，我国迫切需要加强数据要素的积累和开发利用。还应加快先进信息基础设施建设。在实施第 6 版互联网协议（Internet protocol version 6，IPv6）的转换过程中，加快宽带网络演进升级，建设低成本、高效快捷和安全可靠的工业互联网。建立信息物理系统网络，丰富工具和运用软件、传感和通信系统协议，实现人、制造设备与产品的实时连通、相互识别和有效交流。

第二，逐步清除障碍，促进我国 AI 等数字化技术与制造业深度融合。政府加大对数字化技术基础技术研发的投入，鼓励并支持互联网和制造业部门企业对数字化技术研发、应用保持持续投资，重点支持制造业人机协作有效方式探索的研发和试点工程；构建机器学习所需的工业大数据库，逐步形成自主标准体系，提高数字化技术的安全性和稳定性；调整学校教育与职业培训专业和课程，应对数字化技术对就业结构的冲击；提前研究制造业与 AI 使用的伦理、法律和社会影响问题，保障数字化技术绝对受人控制和使用安全。

第三，重视基础制度建设，促进数据这一核心要素市场的培育。一是在立法上明确数据要素的产权属性，以便于鼓励发展有利于降低数据要素开发风险的新型服务业。二是继续加大科技公共服务平台建设，包括智能制造共性技术研究平台、智能制造技术转移平台（网络）。三是重视制度基础的建设。核心的领域包括：建设智能制造相关数据的标准化体系，降低企业收集、分析和应用数据的成本，提高新业态发展的商业价值；构建起类似于金融信息监管体系的数据安全监管体系，提高全社会的数据安全系数，降低企业投资数据安全的成本，提高企业和用户之间的信息交换效率。加强技术和制度基础设施建设应作为发展智能制造的优先行动。

（三）有效应对全球竞争

针对美国的 5G 技术路线调整，为进一步夯实我国在 5G 领域已经形成的技术优势和产业优势，实现产业引领、体验引领、技术引领和创新引领的战略目标，迫切需要政府、企业、科研机构等各方主体形成相互协调、共同推进的机制。

第一，协调行业管理部门、国家高端智库、基础电信运营商、互联网公司、电信装备企业、行业性科研院所等机构，协同制订“中国 5G 产业发展规划”，明确我国 5G 产业的战略部署、技术路线和应用模式，并将长期发展规划分解为年度行动计划（任务和事件里程碑），引导我国 5G 产业相关主体形成明确的投资预期，为各类创新主体按照中国标准和技术路线开展协同创新提供路线图。

第二，加快我国 5G 行业标准与国家标准的研究制定工作，抢占 5G 技术标准竞争的先机。美国 5G 技术的开源、开放、白盒化路线，虽然长期来看具有成本优势，但与我国电信装备的封闭架构技术路线相比，（至少在初期）存在可靠性、稳定性差等缺陷。鉴于此，我国应当紧紧把握目前美国 5G 技术路线不成熟的机会窗口，加快制定并发布我国的 5G 装备和应用标准体系，并在推广应用的迭代过程中持续完善改进，形成和夯实我国在 5G 领域的先行优势。

第三，由政府协调，我国运营商、互联网公司、装备企业、各类5G应用企业、科研院所、高校、协会主导，同时争取爱立信公司、诺基亚公司等部分国外装备企业和运营商参与，组建“中国5G创新生态基金会”，培育由中国主导的5G产业生态，促使中国标准在大范围应用成为实际主导标准，形成与美国相互竞合的产业生态。

第四，在我国网络资费总体已经进入合理区间且运营商存在较为充分市场竞争行为的条件下，将政府电信监管的工作重心逐步由“提速降费”向“提速提质”转变，防止过度价格战扼杀运营商和设备厂商投资5G设备和技术的能力和积极性，以网络提速提质倒逼我国网络基础设施的持续升级，为我国5G产业发展提供基础设施保证。

第五，加快国内关于中美5G战略、产业生态和技术标准的学术研究，特别是鼓励工业和信息化部等行业管理部门、行业协会及华为等5G创新主体，为第三方研究机构开展全球5G技术和产业竞争研究提供调研支持，形成高质量的、系统的、基于深度调研的研究成果，为相关政策制定提供扎实可靠的决策依据。

第三节

化工：传统产业的技术进步

化工产业是全球最早出现的技术密集型产业，是开创企业自主研发模式的产业，也是研发强度最高的制造业部门之一（Arora et al.，1998）。由于化工产业几乎是所有其他制造业部门的供应商（Das and Icart，2015），该产业的供给结构、产品质量和创新水平对制造业整体的高质量发展具有重要的带动作用。进入21世纪后，中国化工产业保持了十余年的高速增长，在2011

年进入金融危机恢复期后更是快速反弹，化工产品产量保持全球第一。随着“十三五”期间供给侧改革的推进，中国化工产业经历了一轮全方位的产能压缩，盈利状况有所改善，产业调整重点逐渐从产能规模转移到产能结构上。未来，化工产业要进一步提高发展质量，应解决高端产品和新兴产品创新不足、终端市场开发和创新供给能力欠缺、原料供应结构变化影响工艺路线、园区集聚发展效率不高、数字化智能化发展需要加速等关键问题。

一、化工产业的发展历史与技术创新现状

改革开放以来，全球化工产业逐渐向中国迁移，中国境内的化工产业也经历了内部迁移。在经历三个阶段的发展后，化工产业的地域发展态势从东、西部总量不均衡转变为东、西部分工发展：①改革开放到 20 世纪 90 年代末，东部沿海地区的化工产业率先崛起。当地化工企业利用沿海地区的对外开放优势和上海、天津等地大型国有企业的知识技术基础，率先加快发展；同时，一些中、西部地区的化工企业跨区域转移，迁入东部地区发展。② 21 世纪初期至 2016 年，高环境负荷的化工产业大规模向中、西部迁移。随着东部地区环保压力加大，劳动力成本上升，中、西部地区承接了大量从东部地区转移而来的粗放型化工企业。③ 2016 年后，东、中、西部总量相对均衡，分工发展。中、西部地区着力发展基础化工，东部地区则着力发展化工新材料、专用化学品等精细化工产品。

进入 21 世纪后，中国成长为全球最大的化工产品消费国和生产国，产品销售额占全球总额的比重从 2003 年的 8.7%（The European Chemical Industry Council，2016）提高到 2017 年的近 40%（Hong et al.，2019）。尽管 2008 年国际金融危机对全球化工产业造成了严重冲击，但中国化工企业是全球同行中最快恢复增长势头的群体。2018 年受中美贸易战、宏观经济增速放缓等影响，

化工产业的各项指标有所下降，但除了企业亏损面扩大外，整体保持在较高水平。2013~2018 年规模以上化工企业的营业收入与利润有所波动，但主营业务收入基本稳定在 70 000 亿元人民币以上，利润总额从 4113 亿元增加到 5146 亿元（表 3-2），赢利能力趋于稳定。与此同时，全行业亏损总额也得到了控制，从 2016 年 1002.2 亿元的最高点下降到 2018 年的 586.4 亿元，但企业亏损面有所扩大（表 3-3）。2013 年行业亏损面仅为 11.67%，2018 年亏损面已经达到 15.66%。

表 3-2　规模以上化工企业营业收入与利润数据（2013~2018 年）

年度	主营业务收入/亿元	利润总额/亿元	毛利率	销售利润率
2013	76 330	4 113	13.7%	5.4%
2014	82 780	4 147	13.1%	5.0%
2015	83 901	4 559	13.9%	5.4%
2016	87 707	4 983	14.2%	5.7%
2017	87 109	6 046	15.3%	6.9%
2018	70 148	5 146	16.9%	7.3%

资料来源：根据国家统计局数据整理

表 3-3　化工企业数量与亏损总额（2013~2018 年）

年度	企业数量/家	亏损企业数量/家	企业亏损面	亏损总额/亿元
2013	24 211	2 826	11.67%	728.3
2014	24 522	2 878	11.74%	962.8
2015	24 968	3 271	13.10%	903.3
2016	24 941	3 155	12.65%	1002.2
2017	24 869	2 988	12.01%	629.9
2018	23 513	3 682	15.66%	586.4

资料来源：根据国家统计局数据整理

2015 年以来，中国化工产业的市场需求和产业结构变化表现出如下趋势。从市场需求来看：①市场增长速度放缓。国内制造业规模决定了在未来较长时期内，中国仍将是全球最大的化工产品消费国。不过，随着中国经济增长速度放缓，化工产品市场的增速持续走低，已从 2005 年接近 20% 降至 2017 年的接近 7%，预计 2020 年将进一步降至 GDP 增速以下（图 3-1）。②特种化学品需求增加。国家经济政策从投资驱动转向消费拉动，特种化学品市场，特别是终端产品市场扩大。例如，高端个人护理产品和高档香水市场扩大将拉升对复杂的特种表面活性剂和添加剂的需求，网络购物和快递量增加将拉升对生物降解聚合物等产品包装用化学品的需求，电动汽车和高速列车产品增加将拉升对特种涂料等一系列高端特种化学品的需求。

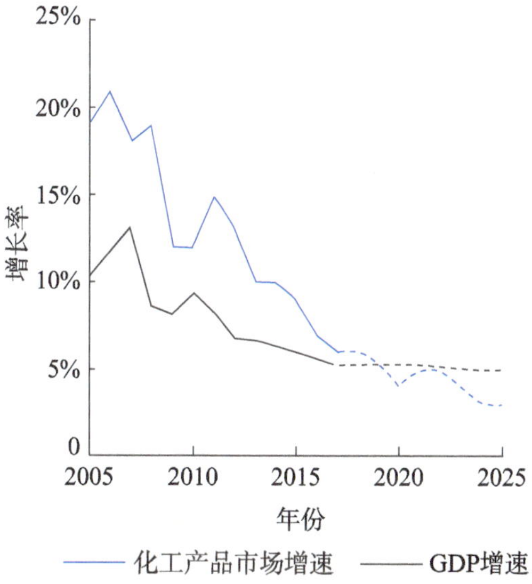

图 3-1　中国化工产品市场增速（2005~2025 年）

实线代表实际增长率，虚线代表预测增长率

从产业结构来看：①外来投资者增加，本土竞争加剧。2015 年前，石油加工、石脑油裂解等化工部门被列为国家战略性部门，外商占股不得超过合资企业的 50%。近年来，石油加工等上游石化部门对跨国企业和国内民营企业开放，不少下游化工企业和跨国企业纷纷向上游环节投资。②新的环保要求给小型特种化学品生产企业带来重大压力。2016 年《"十三五" 生态环境保护规划》出台，环保上升为国家战略，更加严格的污染控制标准给化工企业带来了差异化的影响。石油化工、化学中间品、聚合物生产等部门的上游大型企业因规模较大，排放达标，受影响较小。产业链下游企业以生产染料、农药、食品添加剂、表面活性剂等特种化学品的民营企业为主，且多为分散的中小企业。这些企业在环保要求下或是"退城入园"，面临着很高的搬迁成本；或是改造生产设施，添置排污设施，面临新的固定投资要求；或是因难以合规被政府要求关停。③环保要求对部分特种化学品的供给造成严重影响。环保要求收紧后，中小企业关停对化工产品的总产量影响不大。例如，2018 年山东关停了约 25% 的化工企业，但这些企业的总产量仅占山东化工产品总量的 5%。与此同时，不少特种化学品的供给因中小企业关停而明显下降，产品价格上涨。例如，2017~2018 年，国内约有 30% 以上的味精生产企业、染料生产企业和农药生产企业关停，三类产品的价格快速上涨，仅分散染料和草甘膦农药的价格就上涨了 50%。

二、化工产业创新发展存在的主要问题和障碍

在前述的市场需求和产业结构变化趋势下，中国化工产业的高质量发展应在发展高附加值产品和产业技术、扩大特种化学品（尤其是高端特种化学品）供给、平衡环保合规要求与产业赢利能力等方面实现重大改善。而要实现上述目标，化工产业还面临着不少结构性问题，其中最关键的问题如下。

（一）高附加值大宗化学品的工艺创新能力不足

中国化工产业产值规模庞大，但近 20 年来的规模增长主要集中在基础原

材料领域。2016 年中国石油和化学工业联合会会长李寿生访美，陶氏化学公司董事长兼 CEO（chief executive officer，首席执行官）Andrew Liveris 当时如此评价：“中国的石油和化学工业基本上就是一个基础原材料工业。”（李寿生，2017）尽管中国化工企业近年来加速投资扩大特种化学品产量，但整体供给仍然不足，在高附加值的特种化学品领域缺少竞争力。如图 3-2 所示，在经过一段时间的去产能之后，中国企业在聚氯乙烯、甲醇、精对苯二甲酸、丙烯酸等领域仍然存在严重的产能过剩，但在氢化二聚酸、氢氧化钾、聚醚醚酮等领域则存在严重的产能不足，国内消费大量依靠欧盟、美国、日本进口。对比各类产品的供需情况可见，供需平衡产品和过剩产品多属于技术含量较低的基础化学原材料（如纯碱、维生素 C、甲醇）和相对传统的塑料产品原材料（如聚氯乙烯、丙烯酸），而产能严重短缺的产品则多属于高档特种化学品（如聚醚醚酮属于特种工程塑料，氢化二聚酸是合成印刷电路板、火箭发动机必需的特种材料）。

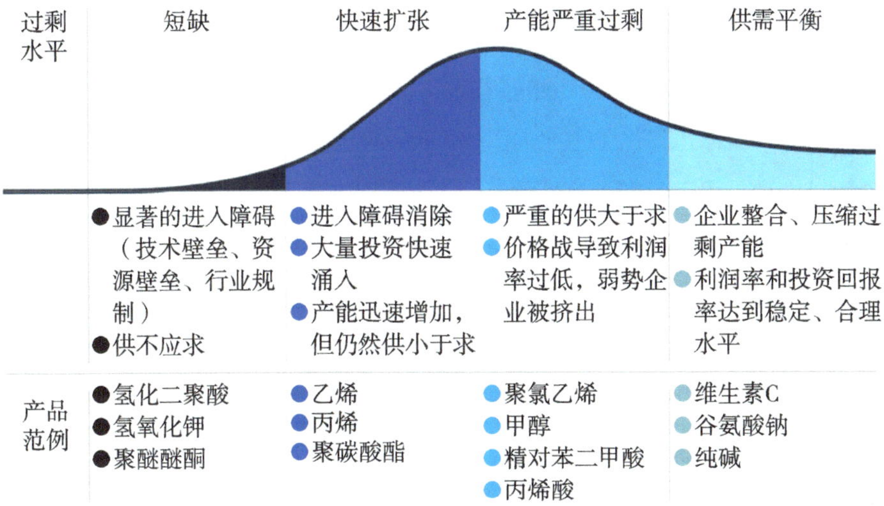

图 3-2　中国化工产品供需现状

资料来源：Hong 等（2019）

高附加值特种化学品供给不足，部分是由于行业规制限制了投资，更大一部分则是由于国内企业向新产品领域的扩张受到国外企业专利技术壁垒的限制。为了打破国外企业的工艺垄断，少数研发能力较强的中国化工企业专注于特定领域的自主工艺开发，但主要集中于销量较大的化学原材料领域，也成功扭转了一些国内供给不足的状况。二苯基甲烷二异氰酸酯（methylene diphenyl diisocyanate，MDI）即为一例。在很长一段时间内，国内 MDI 消费都严重依赖进口。2002 年，万华化学集团股份有限公司（简称万华）自主研发出 MDI 生产工艺，尽管当时的产能仅有 2 万吨，成本和质量都难以与国外对手匹敌，但经过十余年的改善与发展，2016 年万华的 MDI 产能达到 180 万吨，位居全球第一，成本控制和工艺也达到全球最高水平。与销量极大的化学原材料领域相比，高附加值特种化学品，特别是新兴领域特种化学品（如医药化工、日用化工等）的工艺创新难度更大，中国化工企业尚且难以实现工艺突破，无法快速扩大产能，在某些高规格尼龙中间品、异氰酸酯领域即是如此。

（二）面向新兴终端市场的解决方案创新能力不足

当前，全球顶尖化工企业的创新方向已不再局限于通过产品创新和工艺创新扩大产品组合、提高产品质量、压缩产品成本，直面终端用户、提供一揽子解决方案成为在化工产业确立竞争优势、获取更高利润率的新支点，而中国化工企业在这方面的战略意识和面向终端市场的创新能力都远远落后于国外对手，还停留在“固体液体搬运工”的传统角色上。无论是从利润率还是从增长率来看，2008 年国际金融危机后，化工终端市场的结构都经历了巨大变化，某些市场并未复苏，而利润最丰厚的领域莫过于新兴产业板块和贴近消费者的板块，生命科学（个人护理、医疗保健、营养品）、能源、电子、机械等终端领域的毛利率远高于化工企业的平均水平。当低成本竞争和同质化商品不断侵蚀化工企业的定价权时，许多终端市场的化学品仍然属于高值、低量的差异化产品。

系统性地面向终端市场开展创新是化工企业摆脱低价竞争的良好途径。虽然中国本土化工产品市场规模很大，终端制造业发达，但在终端市场变革带来全新机会的大背景下，中国化工企业对新兴化学品的终端需求挖掘还非常不够，大量产品属于化学原材料和中间体，终端化工产品创新和解决方案创新十分少见。究其原因，在于终端产品和解决方案创新要求化工企业对其客户群体和市场有透彻了解，侧重化学中间体和原材料的中国化工企业要在短时间内掌握这些市场知识十分困难。相比之下，国外先进化工企业则非常注重探索和解决那些尚未被满足的终端客户新兴需求，释放并攫取终端市场的潜在价值。不少综合性的化工企业在低成本的一体化供应链模式之上，利用价值销售能力将供应链的各参与方联系在一起，推动供应链延伸到特定的终端市场。例如，美国陶氏化学公司仅聚乙烯的终端产品就达几百种，功能各异，特色鲜明。三菱化学控股株式会社将终端延伸的重点放在化工新材料和化学制药两大领域，将产品链条延伸到 LED（light emitting diode，发光二极管）、汽车轻量化材料、食品包装、饮用水过滤等特色终端市场。还有一些企业更加贴近终端客户，与客户协作进行开放式创新，为客户定制设计创新的化工产品与解决方案（Thomas，2018）。

（三）低油价和原料结构变化挑战本土工艺路线

中国化工产业体系以石油化工为主，以新型煤化工为辅；近年来，中国企业在煤化工领域加大研发力度，试图利用本土丰富的煤炭资源对冲石油资源不足的缺陷，煤化工工艺水平和产品质量达到国际先进水平，但新兴工艺的竞争力却受到了国际低油价的不利影响。由于中国本土石油资源不足，原油产量无法满足下游石化企业生产需求，化工产业（以石油化工为主）规模扩大导致原油对外依存度不断上升，2018 年已高达 71%（叶茂等，2019）。为了弥补石油化工的不足，中国自 20 世纪 90 年代中期起大力发展新型煤化工，在煤制烯烃、煤制油、煤制芳烃、煤制乙二醇等领域达到了全球领先水平①。但是，中国自主研发的煤化工工艺的竞争力和经济性却受到国际油价影响。以普遍作为衡量一国化工水平的乙烯产品为例，目前中国生产乙烯的工艺还是以石脑油原料裂解为主，煤（甲醇）制烯烃的占比在不断提升。但是，只有当油价超过 65 美元 / 桶时，煤制烯烃产能才具备相对成本优势（表 3-4）。由于煤化工的固定投资强度远高于石油化工路线，从投资回报角度考虑，当油价超过 80 美元 / 桶时，煤化工路线才有明显优势。然而，2017 年后多数时间，国际油价一直在 50~70 美元 / 桶徘徊。

表 3-4　煤制烯烃相对石油制烯烃的成本优势门槛

油价	煤制烯烃	石油制烯烃
35~55美元/桶	烯烃价格相当，但设备投资大，加工费用高，较难实现盈亏平衡	烯烃价格相当，成本优势明显、盈利空间较大
65美元/桶	能产生正现金流，赢利能力较好，但设备投资大，投资回报率不高	
80美元/桶	具有较好的盈利水平	

资料来源：根据公开资料整理

在低油价背景下，中国传统的炼化一体石油化工企业近年来盈利丰厚，但其可持续性又受到了全球化工原料结构轻度化（从石油转向天然气）和低碳化的冲击，尤其是受到中东天然气和北美页岩气发展的冲击。其中，中东天然气冲击的主要产品是天然气甲醇，成本相对传统甲醇制备工艺而言可谓极低。北美页岩气冲击的主要产品是乙烷。个别页岩气田伴生乙烷达到 20% 左右，产量很大，乙烷制乙烯的成本远低于石油制乙烯。为了应对化工原料结构的变化，北美和欧洲化工企业正在改造或新增产能，以使用轻质裂解原料（天然气）的裂化生产能力渐进替代传统的、使用重质裂解原料（石脑油或

① 煤制天然气工艺仍然有待改善。

石油）的裂化生产能力（KPMG，2013）。与传统工艺相比，轻质原料裂化工艺效率高、设备投资低、原料成本低，给仍然以重质原料裂化工艺为主（占全部裂化产能的 75%）的中国化工产业带来严重的成本威胁和原料依存度威胁（KPMG，2013）。

当欧美地区渐进推行裂化产能的工艺转型时，中国化工企业的工艺转型则有坚持炼化一体路线或受制于国外单一供应链的危险。一方面，不少中国化工企业（特别是东部地区石化基地的化工企业）坚持炼化一体化路线，在 2012~2017 年仍在投资扩大使用重质裂解原料的传统裂化产能，恒力石化（大连）炼化有限公司、浙江石油化工有限公司、浙江恒逸集团有限公司等民营企业的石脑油制乙烯项目也在 2019 年前后陆续投产。可以预见的是，在全球化工原料结构转型的大背景下，上述项目的投资收益存疑。另一方面，沿海港口地区化工企业利用运输管道优势，利用美国进口乙烷，实施乙烷制乙烯路线。据美国能源信息署（Energy Information Administration，EIA）统计，2017 年美国乙烷过剩约 31.1%，接近 1284 万吨 / 年，只能回注到天然气管道。随着页岩油、气的进一步开发，美国页岩乙烷仍将保持快速增长，预计 2021 年仍将有 24.5% 的乙烷过剩。为了消化和高效利用页岩气革命带来的丰富廉价的乙烷资源，近年美国基于乙烷或混合轻烃为原料的乙烯生产装置显著增多，同时加大乙烷出口。尽管当前美国乙烷价格暂处于低位，但如果采取乙烷裂解路线的中国化工企业不注重供应链系统性风险，那么随着美国乙烷由热值定价向供需定价转变，有可能面临单一供应链带来的原料压力。

（四）数字化与智能化发展水平落后于全球转型

化工产业对控制要求极高，最早响应了以数字化、智能化为特征的新工业革命的趋势，进入了 4.0 发展的新阶段（Deloitte，2017）。“化工 4.0”是相对于化工产业发展的前三个阶段而言的：“化工 1.0”时代是第一次工业革命开启的、以煤化工为主的发展阶段；“化工 2.0”时代是石油化工为主的发展阶段；

“化工 3.0”时代是化工企业全球化、专业化发展的阶段；“化工 4.0”时代是数字化、智能化技术推动循环经济和可持续发展的阶段（表 3-5）。

表 3-5 “化工 3.0”与“化工 4.0”

项目	“化工3.0” 全球化与专业化	“化工4.0” 数字化与循环经济
转型驱动力	天然气化工对石油化工的挑战 金融市场对企业全球化战略的影响 终端市场的化学品商业化	数字革命 可持续发展 物质流动闭环
原材料	对可再生材料和天然气的利用增加	收集、利用含二氧化碳废气
技术	利用生物科技和基因技术的新合成方法和生产工艺	生产流程数字化
研发	高校基础科学研究与企业应用导向研究的紧密合作	对数据资源的利用 用户市场的分散研发 利用用户的大数据共同研发
产品	扩大产品系列 开发面向特定用户的特种化学品 用新的化学品替代传统材料	扩大价值创造范围 成为面向终端用户的解决方案供应商

资料来源：Deloitte（2017）

进入“化工 4.0”时代，先进化工企业的生产方式、研发方式和价值创造方式都在发生重大变化。第一，对化工生产流程进行数字化、智能化改造。由于化工过程的连续性和装置的大型化，化工产业是自动化生产落实最早、最为普及的制造业部门之一，在建设物联工厂和智能工厂方面具有天然的行业优势，众多先进化工企业也积极引入工业物联网解决方案，建设智能工厂、智能安全系统等。中国智能制造试点示范项目中的化工类项目多属于此类，这也是当前中国化工企业追随数字化、智能化浪潮的主要发力点。2018 年智能制造试点示范项目中，共有 9 个石油、石化、化工类项目，均属于智能工厂示范。

第二，数据资源成为化工企业研发的重要资源。与很多离散型制造业部门不同，化工生产过程严格受控，生产平稳，数据量大但分布较窄，不适合通过大数据方法提取规律。但是，在研发阶段，加强数据采集手段、扩大数据资源规模、提高数据分析效率却已经成为化工企业提高研发水平的核心之一。例如，陶氏集团研发中心有专门的机器人部门，与各个实验室沟通合作，共同制作、改装试验机械臂等自动化设备。在陶氏集团研发中心的高通量实验室中，机器人与实验室仪器和设备完美匹配，不仅提高了安全系数，而且可以 24 小时连续工作，完成药剂配制、测量称重、结构分析等操作；科研人员可以集中精力进行技术研究。

第三，利用数字仿真技术提高研究检测能力、面向终端市场研发。这是跨国公司领先的一个重要领域。例如，德国弗劳恩霍夫化学技术研究所可以将大型化工反应器设计生产成为一个微型反应器，将微型反应器按照不同工艺要求组装成模块化装置，形成集装箱式工厂，进而运用微型反应器深入开展分子结构研究、触媒全生命周期研究和系统集成测试研究。这些微型反应器同计算机软件开发紧密结合成一体，可以在−270~1100℃的温度条件下，迅速完成上万个配方、配比的优化选择，不仅加快了化学反应效率，而且提升了化学反应的可靠性和优化方案的多样性。更重要的是，微型仿真技术可以调整应用到航空工业、化学工业、医药工业和消费品工业中，其低成本意味着化工企业可以针对不同终端用户的需求、利用终端用户的数据进行分散研发，从根本上改变了化工研发模式。

第四，面向终端市场，提供解决方案。借助数字技术，综合性的化工企业有机会与分散的用户开展协同创新，成为真正面向终端市场的新材料与解决方案供应商。例如，有能力的化工企业在用户的生产现场安装传感器，跟踪自身生产的化学品在用户（甚至是用户的用户）生产过程中的表现。基于传感器数据，化工企业得以与用户的终端业务建立直接联系，根据现场需求持续改善化学品质量和生产工艺。由此，化工企业的产品研发已经深度嵌入了汽车、航天、电子硬件、个人护理、保健设备、数字化农业、增材制造（3D[①] 打印）等终端领域。与此同时，面向利基市场的中小化工企业在数字化发展和解决方案供给上也已经起步。根据德勤咨询公司的调查数据，2017 年德国有 30% 的中小化工企业已有部分收入来自数字化商业模式（收入占比 5% 以上）（Deloitte，2017）。

综上可见，中国化工企业虽然顺应产业发展趋势，推进数字化与智能化转型，但转型的主要领域集中于数字化、智能化应用相对简单的仓储、物流和制造环节，在研发、采购、商业模式与解决方案创新等先进领域则与发达国家差距甚远。

数字化、智能化转型对化工产业不同部门、不同产业链环节的影响如图 3-3 所示。

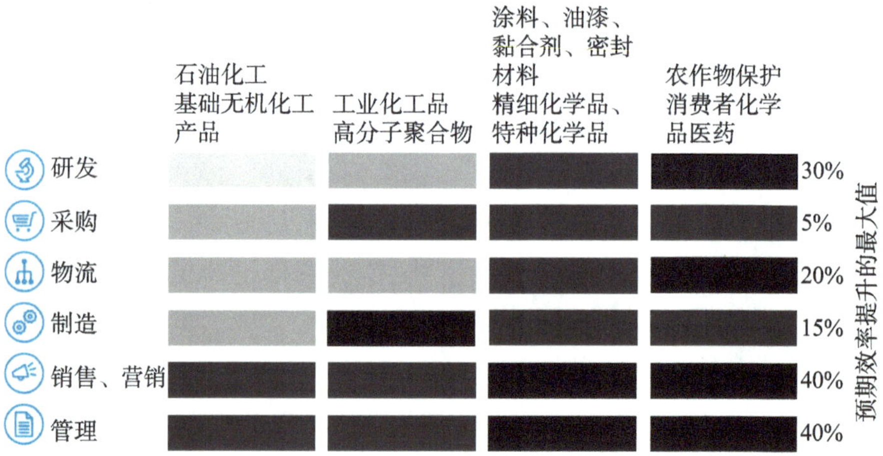

图 3-3 数字化、智能化转型对化工产业不同部门、不同产业链环节的影响

资料来源：Deloitte（2017）

图中长方形框内颜色越深，代表影响越大

① 即 3-dimension，三维。

（五）环保要求下的“退城入园”实施效率仍需提高

化工园区是当前世界化工产业集聚发展的重要方向。美国休斯敦-加尔维斯顿地区、比利时安特卫普、荷兰鹿特丹港、德国莱茵工业区和鲁尔工业区、新加坡裕廊工业园等都是以化工园区为基础形成的世界级石化产业集群。园区化、一体化既可以有效破解邻避效应，也能够实现集约高效管理和污染集中整治，还可以帮助企业嵌入产业链。中国化工园区建设起步于20世纪90年代，涌现出了以上海化学工业经济技术开发区、惠州大亚湾经济技术开发区、宁波石化经济技术开发区、珠海高栏港经济区等为代表的一批现代化工园区。“十三五”规划实施以来，化工园区在行业供给侧结构性改革中发挥了重要作用，推动淘汰了一批无效产能，改造了一批低端和落后产能，引进建设了一批先进产能。但整体来看，中国化工企业的入园率还不高，建成园区存在规划不合理、盲目发展、建设规范缺失、管理体制不健全、集约管理效率不高等问题。

第一，园区规模与世界级集群存在很大差距，企业入园率不高。就园区规模而言，截至2017年底，全国重点化工园区或以石油和化工为主导产业的工业园区共有601家，其中超过千亿元产值的园区仅有13家。就企业入园率而言，以化工产业最发达的江苏省为例，截至2018年底，全省共有化工企业4280家，其中规模以上2642家，规模以下1638家；沿江建有31家化工园区或集中区，但全省仍有55%的化工企业散布在园区（集中区）之外，其中沿江地区未入园企业占比达68.2%，苏北地区未入园企业占比为39.2%，沿海地区未入园企业占比为38.1%。

第二，园区数量快速增加，规划不合理，有盲目发展的势头。部分地区化工园区布点过多，一些地区在几十千米的狭小范围内布局了若干个化工园区。有的地区为了应对国家危化品企业搬迁入园政策，为需要搬迁的企业量身定做设立新区。同一区域内的化工园区规划雷同，重复建设、浪费资源，发展没有持续性。部分园区由于对自身条件认识不清，缺乏清晰定位，招商方向不明确，只看数量，忽视质量。一些园区甚至急于求成，对于一些产能严重过剩的产品项目、面临淘汰的落后工艺，未加筛选，盲目引入，为日后发展埋下了隐患。

第三，园区建设规范和评价标准体系缺失。各级政府主管部门由于工作侧重不同，对园区的管理要求也不尽相同，多头分管现象严重，在整体规划、产业联结、循环经济、基础配套、安全环保等多方面，尚未形成统一的、专业性的化工园区建设管理规范与标准。同时，缺少科学的园区评价体系，没有建立起符合市场经济要求的动态的化工园区准入与退出机制。

第四，园区管理专业性不足，服务附加值较低。化工园区是行业相对集中、专业性较强的产业集聚区，既需要赋予园区管理机构独立健全的管理权力，又需要配备一支具有专业化素养的人才队伍。许多化工园区管理机构作为政府派出机构，在部门设置上普遍存在多部门合署办公的情况，安全、环保等方面的审批权、执法权不健全，存在"有权无责""多责少权"的现象。同时，化工园区缺少具备化工行业专业知识的管理人员，而且管理人员变动比较频繁，不利于园区的规划定位、招商选资等工作，难以形成长期的、连贯性的园区专业化管理机制。大部分化工园区的管理方式比较粗放，对于企业的管理大多局限于安全、环境等方面，没有覆盖到节能管理、空间管理、运营管理等领域。在管理方式上处于被动状态，不能针对园区内各类情况快速调整管理策略。

第五，园区的集约管理效率不高。一方面，部分化工园区尚处于建设初期，由于建设资金不足、入驻企业数量不多等，基础设施和公用工程建设薄弱，没有发挥出资源循环利用、产业链配套互补等集约集聚优势。另一方面，化工园区对信息化、智能化的认识有待进一步提高，园区内企业对"两化"融合的整体投入强度不够，企业信息资源比较分散，信息孤岛、信息鸿沟等现象较为普遍，资源得不到充分整合，严重影响了集约化经营效率和管理效益。

三、推动化工产业创新发展的政策建议

针对化工产业在工艺创新、终端市场开发、原料结构、智能发展、园区集聚发展等方面表现出的重要问题，建议政府以改善传统产能效率、实施新产品和终端市场重点突破、推动企业“特色分化”的兼并重组、深化智能技术渗透、提高园区监管与服务水平为战略重点，做出政策调整或加强政策实施力度。

（一）调整产能改造、技术创新与兼并重组的战略思路

1. 鼓励企业维修投入、改善传统产能运行效率

中国化工产业产值规模庞大，不可能在短期内全部升级为最先进产能和产品；虽然政府采取多种措施推动落后和低效产能退出，但传统产能还将在一段时期内维持相当比重。近期化工事故多，是因为很多化工投资项目在2007年、2008年奥林匹克运动会时期上马，设备进入维护维修期，但企业偏好新建，不喜欢补旧，维护投入一直偏低。在这种情况下，提高传统产能的工艺安全、运行效率和环保水平具有重要意义。政府需要改变当前单一强调先进产能置换传统产能的思路，研究制定“非新建”传统产能的质量提升方案，充分利用安全、环保、价格、研发资助等措施，帮助企业实现传统产能的安全、环保运行。以企业最关心的设备维修问题为例，在一些早期兴建的发达国家化工园区或化工基地内，企业设备都已经老旧，但企业的精心维护维持了设备的安全运行。政府应当在评估合规企业维修投入规模和必要性的基础上，采取研发补贴、新设备购置免税的类似方式，鼓励化工企业加大维修投入。

2. 重点突破具有相对优势的新兴产品和终端市场

综合考虑国内外企业实力对比和中国企业发展阶段，中国化工产业在五

年内很难全面扭转在高附加值大宗化学（特别是特种化学品）和新兴终端产品领域的劣势。不过，如果政府主管部门运用《产业结构调整指导目录》及配套政策手段，促使技术能力较高的化工企业集中于有限目标，则仍有可能在新能源、化工新材料、专用化学品领域开创一批具有相对优势的产业技术。从现实出发，在新能源领域，页岩气、可燃冰和生物质能源等方面可能取得突破性技术进展；在化工新材料领域，聚氨酯（万华化学集团股份有限公司）、合成橡胶（软控股份有限公司）、膜材料（山东东岳化工有限公司）、超高分子量聚乙烯（上海化工研究院有限公司）、甲醇蛋白和生物基化工新材料（南京工业大学、河南能源化工集团有限公司）等方面可能达到世界领先水平；在专用化学品领域，农药新产品、染料、新技术涂料、新技术催化剂等方面可能获得市场竞争优势。

在集中突破优势产业技术的同时，政府还应转变以突破技术瓶颈为主的战略发展思路（重点示范工程以技术突破为主），利用本土市场的规模优势，推动化工企业将优势技术开发与本土优势终端需求对接，精准定位并开拓兼具技术优势和终端优势的高附加值产品。在市场规模增长速度放缓的大趋势下，开拓本土终端市场将成为中国化工企业实现高效益成长的重要途径。化工产品作为制造业的基础投入品，终端市场极多，但各类市场的差异很大。根据德勤咨询公司的分析，金融危机之后，八个终端市场的化学品销售额就占了全球化工业 2009 年收入的 93%（表 3-6）。从战略角度出发，建议政府从规模与增速两个角度，深入分析当前化工产品主要的本土终端市场和具有较高增长潜力的本土终端市场，在此基础上锁定中国化工企业最有可能同时实现技术突破和市场突破的领域（如用于电动汽车的特种化学品），修订完善产业政策，以研发补贴、推动跨行业整合等政策利好，引导化工企业进入具备这类终端产品领域，在短期内建立起可持续的、独特的竞争优势。

表 3-6　2009 年终端市场的状况和销售额

终端市场	状况				终端市场规模及该市场化学品销售额	
	北美	欧洲	亚太	拉美	化学品销售额/亿美元	终端市场规模/亿美元
建筑	重置	重置	稳定	稳定	6 950	80 160
电子	反弹	反弹	稳定	稳定	3 710	24 580
家庭用品	稳定	反弹	稳定	稳定	1 590	8 000
农业	稳定	稳定	稳定	反弹	1 420	17 720
造纸和包装	重置	重置	稳定	重置	1 300	7 020
汽车	重置	重置	稳定	稳定	1 280	19 320
医疗保健	稳定	稳定	稳定	稳定	1 130	13 680
能源	反弹	反弹	反弹	反弹	1 130	38 330
交通运输	反弹	反弹	稳定	稳定	610	10 230
营养品	稳定	稳定	稳定	稳定	290	40 220
个人护理	稳定	稳定	稳定	稳定	200	2 250
机械	重置	重置	稳定	稳定	150	4 570
服装和纺织品	重置	反弹	稳定	重置	110	10 970
采矿和金属	重置	重置	稳定	反弹	40	13 330

3. 推动“规模整合”与“特色分化”并重的兼并调整

兼并重组是全球化工产业结构调整的重要趋势，但近几年来，发达国家先进化工企业的兼并重组往往并不是金融危机压迫下的被动重组，而是具有战略眼光的主动重组。例如，陶氏化学公司和道康宁的重组，是为了将道康宁有机硅的优势技术和陶氏化学公司的新材料技术有机对接，提升陶氏化学公司新材料在电子领域的长期竞争力。值得注意的是，一些化工企业合并重组并非为了简单的优势对接或行业整合，而是为了在整合后形成更加协同的产品组合（Sarathy et al., 2017），分化形成领域更集中、特色更突出的优势企业。例如，杜邦公司和陶氏化学公司合并后，将重组为三家专业更为突出、优势更为显著、竞争力更为强大的世界级化工公司：①以杜邦公司优势技术为主，组建一家农化、生物公司；②以陶氏化学公司优势技术为主，组建一家化工新材料公司；③以两家优势技术结合，组建一家专用化学品公司。部分企业甚至为了形成特色优势进行跨行业兼并重组。例如，Honeywell（属于工业控制行业）和UOP（原属陶氏化学公司）的合并重组就实现了跨行业的优势重塑。Honeywell将自身网络、大数据、智能控制的顶尖优势，同UOP领先的工艺技术研发优势结合，使UOP的研发能力更加强大。

中国政府虽然一直强调“推动传统化工企业兼并重组，优化资金、技术、人才等要素配置”，但中国化工企业兼并重组的主题往往是化解过剩产能、提高行业集中度，对“特色分化”乃至“跨行业优势对接”考虑较少。对此，政府应一方面落实财税、金融、土地、职工安置等支持政策，一方面破除跨地区、跨所有制、跨行业兼并重组的体制机制障碍，积极创造本土化工的优势终端空间，引导国内化工企业兼并重组从“规模整合”转向“规模整合”与“特色分化”并重。

（二）改善创新体系、提高智能技术的应用广度和深度

为了挖掘智能技术对化工产业高质量发展的支持潜力，政府需要在以下方面做出努力：①改善技术基础设施，改善数据安全保护。流程型制造业的智能化发展对信息检测和数据传输要求更高，需要国家在5G等新型信息基础设施方面做出投资。同时，更加充分的数据收集与共享也要求政府对数据安全做出合理安排。②推动跨行业合作与技术平台发展。化工产业智能化的深入要求智能解决方案供应商对化工流程和相关需求有更加深入、准确的理解，前述的Honeywell和UOP合并重组也是出于这一需要。政府应当帮助化工产业与信息技术等智能化相关产业建立联系，促进知识分享与整合。③扩大对化工企业智能化发展的创新支持范围。化工产业作为自动化程度很高、装置严格受控的流程型制造业，其智能化发展方向与基于人工智能的离散型制造业有很大差异。政府应在深入调研化工智能化发展特点的基础上，将创新支

持范围从智能制造（仓储、物流和生产环节）扩大到研发、商业模式创新等领域。

（三）调整创新政策，提高化工集群的规划与服务水平

化工园区是当前世界石化产业集聚发展的重要方向，对于土地和资源的集约利用、环境集中治理、安全统一监管，以及事故应急响应和上下游产业协同发展，特别是对推动企业技术进步、管理创新、产品结构调整以及促进区域经济绿色、协调发展具有十分重要的意义。要解决当前国内化工园区发展存在的诸多问题，政府需要在以下方面做出调整，加大政策落实力度。

①制定园区建设标准和管理运营标准。明确标准应用的对象是企业，多从企业实际需求出发制定标准。发挥中国石油和化学工业联合会等各化工行业协会的沟通渠道作用，和相关的国家环保部门、安监部门共同参与园区标准的制定。②提高园区政策的持续性、可预见性。应在提高标准、严格要求的同时，强调园区发展，保证投资政策和安全监管标准稳定。通过事前控制和监管，确保园区的稳定、合规，避免响水“3 · 21”特别重大爆炸事故等类似事件造成无辜企业关停。③提高园区规划水平和产业链集聚效率。例如，建议运输方式（铁路、海运、管道、公路）进入预先规划，从根本上提升化工园区的安全水平。建议园区引入多家废水处理公司，形成竞争，提升废水处理质量和数量。需要注意的是，园区规划不仅是内部规划，还要考虑整个区域集群的发展。例如，空气化工产品公司在美国墨西哥湾拥有 20 多个氢气厂，1000 多千米的管道，均处于整个园区一体化气体配套规划中，这需要企业和园区共同推动。④改善园区管理水平。目前，中国不少主流化工园区的管理停留在“严格监督 + 应急救援”上。中国化工园区管理要向专业化方向发展，可以考虑引入一些具备丰富经验或专业知识的专业化的管理团队或者化工园区内的主导企业来协助管理。例如，惠州大亚湾经济技术开发区成立了企业业主委员会，使企业可以更多地参与政策制定。⑤使用数字化工具，建设智慧园区。明确园区所处阶段，因地制宜地进行智慧园区的顶层设计。中小型

园区可以从建立一体化平台、大数据中心、行政服务和培训等信息化模块起步，逐步向大数据分析及化工园区安全环保运行的预知预判和综合整合方向发展。

参考文献

曹静，周亚林．2018. 人工智能对经济的影响研究进展．经济学动态，(1)：103-115.

陈明生．2019. 人工智能发展、劳动分类与结构性失业研究．经济学家，(10)：66-74.

杜传忠，陈维宣．2019. 全球新一代信息技术标准竞争态势及中国的应对战略．社会科学战线，(6)：89-100，282.

杜传忠，杨志坤．2015. 德国工业 4.0 战略对中国制造业转型升级的借鉴．经济与管理研究，36(7)：82-87.

贺俊，吕铁．2012. 战略性新兴产业：从政策概念到理论问题．财贸经济，(5)：106-113.

黄群慧，贺俊．2013. "第三次工业革命"与中国经济发展战略调整——技术经济范式转变的视角．中国工业经济，(1)：5-18.

黄群慧，黄阳华，贺俊，等．2017. 面向中上等收入阶段的中国工业化战略研究．中国社会科学，(12)：94-116，207.

黄晓艳．2012. 从"追赶"向"跨越"转型——访中国科学院微电子所所长叶甜春．高科技与产业化，(12)：46-49.

黄旭，董志强．2019. 人工智能如何促进经济增长和社会福利提升？. 中央财经大学学报，(11)：76-85，128.

黄阳华．2015. 德国"工业 4.0"计划及其对我国产业创新的启示．经济社会体制比较，(2)：1-10.

黄阳华．2016. 工业革命中生产组织方式变革的历史考察与展望——基于康德拉季耶夫长波的分析．中国人民大学学报，30(3)：66-77.

黄阳华．2018. 从美国学派看后全球金融危机时代的美国产业政策．学习与探索，(10)：

141-148.

惠志斌 . 2019. 5G 与数字经济 . 探索与争鸣，(9)：50-53.

贾根良 . 2013. 第三次工业革命与新型工业化道路的新思维——来自演化经济学和经济史的视角 . 中国人民大学学报，27(2)：43-52.

李寿生 . 2017. 用化学创造美好生活——美日跨国公司创新发展考察报告 . 化工管理，(22)：4-8.

李晓华，吕铁 . 2010. 战略性新兴产业的特征与政策导向研究 . 宏观经济研究，(9)：20-26.

刘涛雄，刘骏 . 2018. 人工智能、机器人与经济发展研究进展综述 . 经济社会体制比较，(6)：172-178.

刘湘丽 . 2015. 日本促进制造业发展的动因、措施及启示 . 中国经贸导刊，(4)：10-12.

吕铁，贺俊 . 2013. 技术经济范式协同转变与战略性新兴产业政策重构 . 学术月刊，45(7)：78-89.

吕铁，贺俊，黄阳华 . 2012-07-26. 如何应对第三次工业革命的影响 . 中国经济时报，(5).

马荣，郭立宏，李梦欣 . 2019. 新时代我国新型基础设施建设模式及路径研究 . 经济学家，(10)：58-65.

逄健，朱欣民 . 2013. 国外数字经济发展趋势与数字经济国家发展战略 . 科技进步与对策，30(8)：124-128.

裴长洪，倪江飞，李越 . 2018. 数字经济的政治经济学分析 . 财贸经济，39(9)：5-22.

田丽 . 2017. 各国数字经济概念比较研究 . 经济研究参考，(40)：101-106，112.

王忠宏，李扬帆，张曼茵 . 2013. 中国 3D 打印产业的现状及发展思路 . 经济纵横，(1)：90-93.

叶茂，朱文良，徐庶亮，等 . 2019. 关于煤化工与石油化工的协调发展 . 中国科学院院刊，34(4)：417-425.

叶甜春 . 2018. 对国产半导体设备厂商发展的建议 . 集成电路应用，35(4)：1-2.

詹晓宁，欧阳永福 . 2018. 数字经济下全球投资的新趋势与中国利用外资的新战略 . 管理世界，34（3）：78-86.

张鑫，王明辉 . 2019. 中国人工智能发展态势及其促进策略 . 改革，（9）：31-44.

郑江淮 . 2010. 理解战略性新兴产业的发展——概念、可能的市场失灵与发展定位 . 上海金融学院学报，（4）：5-10.

中国社会科学院工业经济研究所课题组 . 2012. 第三次工业革命与北京制造业战略转型 . 中国社会科学（内部文稿），（5）.

Acemoglu D，Restrepo P. 2017. Secular stagnation? The effect of aging on economic growth in the age of automation. The American Economic Review，107（5）：174-179.

Acemoglu D，Restrepo P. 2018. Artificial intelligence，automation and work. NBER Working Paper.

Aghion P，Jones B F，Jones C I. 2017. Artificial intelligence and economic growth. SIEPR Working Paper.

Akerlof G A. 1970. The market for "lemons"：quality uncertainty and the market mechanism. The Quarterly Journal of Economics，84（3）：488-500.

Arora A，Landau R，Rosenberg N. 1998. Chemicals and Long-Term Economic Growth：Insights from the Chemical Industry. New York：John Wiley & Sons.

Brynjolfsson E，Rock D，Syverson C. 2017. Artificial intelligence and the modern productivity paradox：a clash of expectations and statistics. NBER Working Paper.

Coase R H. 1960. The problem of social cost. Journal of Law and Economics，3：1-44.

Cockburn I，Henderson R，Stern S. 2017. The impact of artificial intelligence on innovation. NBER Working Paper.

Das S，Icart I B. 2015. Innovation policy of European chemical companies with special focus on large companies. Revista Internacional de Organizaciones，（14）：123-157.

Deloitte. 2017. Chemistry 4.0：growth through innovation in a transforming world.

Freeman C，Louçã F. 2001. As Time Goes by：the Information Revolution and the Industrial Revolutions in Historical Perspective. New York：Oxford University Press.

Furman J. 2019. Should we be reassured if automation in the future looks like automation in the past?//Agrawal A，Gans J，Goldfarb A. The Economics of Artificial Intelligence：an Agenda. Chicago：University of Chicago Press：317-328.

Goldfarb A，Trefler D. 2017. AI and international trade. NBER Working Paper.

Goolsbee A. 2018. Public policy in an ai economy. NBER Working Paper .

Grossman S J，Hart O D. 1986. The costs and benefits of ownership：a theory of vertical and lateral integration. Journal of Political Economy，94(4)：691-719.

Hart O，Moore J. 1990. Property rights and the nature of firm. Journal of Political Economy，98(6)：1119-1158.

Hong S，Jie Y F，Li X S，et al. 2019. China's chemical industry：new strategies for a new era. https://www.mckinsey.com/industries/chemicals/our-insights/chinas-chemical-industry-new-strategies-for-a-new-era[2020-01-15].

KPMG. 2013. China's chemical industry：the emergence of local champions. https://assets.kpmg/content/dam/kpmg/pdf/2013/10/China-Chemical-Industry-201310.pdf[2019-12-17].

Ostrom E. 2005. Understanding Insitutional Diversity. New Jersey：Princeton University Press.

Sach J D. 2019. R & D，Structural transformation，and the distribution of income//Agrawal A，Gans J，Goldfarb A. The Economics of Artificial Intelligence：An Agenda. Chicago：University of Chicago Press：329-348.

Saranga H，Huang Y H. 2018. Alibaba building a social sustainability ecosystem for ecommerce. Havard Business School Teaching Case IMB 687.

Sarathy V，Gotpagar J，Morawietz M. 2017. The next wave of innovation in the chemicals industry. https://www.strategy-business.com/article/The-Next-Wave-of-Innovation-in-the-Chemicals-Industry?gko=25f38[2019-12-17].

Shapiro C，Varian H. 1999. Information Rules：A Strategic Guide to the Network Economy. Boston：Harvard Business School Press.

The European Chemical Industry Council. 2016. Cefic views on market economy status (MES) for China. https://cefic.org/app/uploads/2019/02/Market-economy_View2016.pdf[2020-01-15].

Thomas E. 2018. From closed to open innovation in emerging economies: evidence from the chemical industry in Brazil. Technology Innovation Management Review, 8(3): 26-37.

Trajtenberg M. 2018. AI as the next GTP: a political-economy perspective. NBER Working Paper.

Williamson O. 1985. The Economic Institutions of Capitalism: Firms, Markets, Relational Contracting. New York: Free Press.

本章系子课题“我国经济高质量发展与推进创新驱动发展研究”的研究成果，课题主持人是中国社会科学院工业经济研究所贺俊研究员，课题组成员有黄阳华、江鸿。

本章执笔人：贺俊、江鸿、黄阳华。

第四章 我国经济高质量发展与产业结构调整升级研究

产业结构与经济发展水平密切相关，经济发展水平的提升必然带动产业结构的变化，同时，产业结构也是经济发展水平和竞争力的重要体现。因此，促进产业结构按照合意的方向演进是推进经济发展的重要政策手段，但在不同的发展阶段，结构调整的重点与方向会有很大差异，这也是产业结构问题总是常谈常新的原因所在。改革开放以来，我国经济保持了长期的高速增长，同时我国三次产业结构与三次产业结构内部都发生了显著变化。产业结构的显著变化既是经济高速增长结果的体现，也会影响经济增长的速度和质量。深入探究中国经济高质量发展与产业结构调整升级的关系正是本章研究的重点。

我国经济高质量发展与产业结构调整升级研究

第一节

经济高质量发展与产业结构调整升级的关系探讨

一、研究背景和意义

改革开放以来，中国实现了经济的高速增长。1978~2011 年中国 GDP 年均增长率达到 10%，2012~2017 年 GDP 年均增长率达到 7.23%。与发达国家同期增长率相比，中国的经济增长速度几乎超过发达国家 1 倍以上。中国经济的快速增长不仅实现了从农业国到工业国、从低收入国家到中等收入国家的转变，还在产业结构调整升级的过程中完成了制造业大国的崛起，中国正在重塑世界经济新格局。然而，随着中国经济步入新常态，对增长速度、规模的追求不再迫切，具体体现在两个方面。

第一，经济高速增长与经济高质量增长并不等价。经济增长不仅有量的提高，也有质的要求。经过多年的发展，中国经济出现了一些新的问题，如结构失衡、环境污染严重、部分产业产能过剩、贫富差距拉大等，这意味着不能单纯地以 GDP 的提高作为经济发展的目标，还需要考虑经济增长的代价和社会福利需要（钞小静和任保平，2011），“创新、协调、绿色、开放、共享”五大发展理念是对经济高质量增长内涵的科学回应。

第二，粗放型的产业发展模式已不适合中国现阶段的发展要求。某些行业粗放型的经济增长给中国产业结构、资源环境带来了一些问题，在一些高能耗、高污染行业，需求与供给不匹配的问题相当严重。比如，2015 年中国煤炭行业出现25%~30%的过剩产能，多家钢铁企业亏损，严重影响了中国宏观经济的稳定性。从产业发展状况来看，中国人口红利正在消失，劳动密集型、资源密集型行业的比较优势也在逐步缩小，产业结构亟须升级；从消费结构来看，中国消费者的消费结构正在升级，对产品质量、多样性的需求无法被现有的生产满足。党的十九大报告指出，“我国社会主要矛盾已经转化为人民日益增长的美好生活需要和不平衡不充分的发展之间的矛盾”（习近平，2017）。粗放式的产业发展模式显然不适应时代和人民的要求。经济增长的质量反映了产业发展的质量，需要从产业结构的角度重新审视中国的经济发展，在产业结构调整过程中实现经济高质量发展。

探讨经济高质量发展与产业结构调整升级需要回答两个主要问题：一是经济高质量发展与产业结构调整升级的内生演化机制是什么；二是经济高速增长向高质量发展转换的典型特征事实该如何判断？对这两个主要问题的回答是本章研究的原动力。从发达国家的发展经验来看，经济高质量发展与产业结构调整升级存在一定的相关性。作为“后发优势”的国家，日本的高质量发展与产业结构调整升级具有一定的同步性，同时期的工业化水平、贸易结构、人口结构都出现了相应的变化和调整；韩国的高质量发展与某些产业的领先优势相关，生产效率大幅提升（Lim et al.，2017）。从美国和西欧发达国家的经济发展历程来看，其“黄金时代”的高质量发展都伴随着生产率提高、通货膨胀与失业得到控制和价格水平下降。科技进步对经济增长和产业结构调整升级的作用十分显著，其不仅改变了国家之间的竞争实力，还对社会、经济生活的方方面面产生影响，通过人力资本、新产业、新产品、新业态促进福利水平的提高。通过比较发达国家的产业发展历史和中国的现实需求，本章发现，经济高质量发展与产业结构调整升级的关键在于从效率、结构等多个维度探寻二者相互发展的关系。从效率维度来看，对现代经济增长的衡量指标主要来源于知识、技术基础上的全要素生产率指标。一般来说，全要素生产率与产业结构调整升级是互为影响的关系，创新是提升企业全要素生产率和促进产业结构调整升级的关键。如何激发创新活力成为提升经济效率的首要问题。从结构维度来看，消费结构、投资结构、出口结构、贸易结构、资源结构、人口结构等都会随着经济发展发生动态变化，进而引起产业结构的调整。经济增长与产业结构调整是一个复杂、动态的过程，如果能得出符合历史经验和现实检验的结论，将为促进中国未来经济高质量发展和产业结构调整升级提供宝贵的理论支持。

二、国内外研究现状述评

（一）经济高质量发展与产业结构变动

经济增长与产业结构变动的机制是产业经济学研究的重要内容，与本章相关的研究大致可以分为两类。

1. 关于经济增长与产业结构变动的研究

随着中国经济进入新常态，对经济增长不再追求单纯数量上的上升，逐渐转变为对环境、居民福利等问题的关注（杨丹辉，2016）；我国的工业化进程也进入尾声，“后工业化”时代对增长动力机制转换的要求尤为迫切（黄群慧，2013；齐建国等，2015）。在此背景下，重新审视经济增长与产业结构的关系是顺利实现经济可持续增长与产业结构升级转换的核心。从已有的研究来看，我国经济增长与产业结构变化的关系有以下两个特点：一是验证了库兹涅茨事实，即第一产业的经济比重和就业人口不断下降（马晓河和赵淑芳，2008）；二是产业结构的变动对生产率增长存在“结构红利”（干春晖和郑若谷，2009）。从作用机理来看，产业结构变化对经济增长主要有两种作用机制：一种是由技术增长带来的生产率不平衡性产生的产业间结构的变化，进而通过要素配置影响经济效率（刘伟和张辉，2008；陆明涛等，2016；Mcmillan et al.，2017）；另一种是由收入增长引致的市场需求、消费结构、贸易结构的变化，进而引起产业结构的变动（Matsuyama，1992；Acemoglu and Guerrieri，2008；郭凯明等，2017）。三次产业内部结构也存在优化调整的空间，如果三次产业结构变化偏离了一般规律，会对经济增长产生负面影响（刘伟和李绍荣，2002）。

2. 关于经济增长质量的研究

有关经济增长的研究一直是宏观经济学研究的热点：从最初对经济增长数量上的追求，到现代增长理论将知识和人力资本的作用内生化（Solow，1956）；从经济增长对消除贫困的影响到经济增长对环境的作用（Lewis，1954；Barro，2002）。经济增长的效率是经济增长领域最为关注的问题，但仅从效率出发无法涵盖经济质量的全貌（卡马耶夫，1983）。从已有的文献来看，对经济高质量内涵的把握主要有以下三点：①将人类发展的相关指标纳入经济增长体系，包括贫困程度、收入不平等程度、居民受教育水平、预期寿命等，主要从福利经济学的角度考察经济增长的衡量体系（托马斯，2001；Barro，2002）；②考虑经济增长的稳定性，一般而言，经济波动性较小的时期增长质量较高，结构性矛盾也不突出；③从环境资源的角度考察经济增长的影响，从20世纪70年代开始联合国等国际组织就大力推广“绿色GDP”的核算制度，以引起各国对经济增长过程中资源环境问题的关注，有关这方面的研究最为丰富（廖明球，2000；杨丹辉，2016）。针对以上思路，越来越多的研究将经济增长质量的内涵扩大，尽量包含以上三种维度的指标，以求能客观、全面地反映经济质量增长的特征事实（钞小静和任保平，2011）。

3. 关于产业结构一般性分析的研究

产业结构是一个国家或地区在一定时期内的国民经济各部门间的比例关系，一般来说，是指三次产业之间的比例关系。从世界各国的发展经验看，很多国家都符合配第-克拉克定律，即随着人均收入的增长，产业结构向着更为进步的方向发展，经济活动的重心从第一产业转移到第二产业，进而转向第三产业（速水佑次郎和神门善久，2005）。从比较优势的角度看，后发国家的产业变迁与比较优势变化相关，一般沿着资源禀赋驱动阶段（如纺织业）、规模经济驱动阶段（如钢铁、化学行业）、流水线驱动阶段（如汽车行业）、研发驱动阶段（如芯片、计算机行业）、互联网驱动阶段（如信息业）进化演进。目前对产业结构的分析更多地与就业、科技、全要素生产率相关，为理解产业结构的机制提供了丰富的文献资料（朱轶和熊思敏，2009；余泳泽和杜晓芬，2011）。

综上所述，已有文献已经从多角度分析了产业结构对经济增长效率的影响，对经济增长质量的理论测算文献也比较完备，但现有研究还有以下三点不足：一是从经济质量的角度考察产业结构与经济增长影响的文献还比较缺乏；二是缺乏对产业最优结构问题的探讨；三是产业结构变动对经济增长影响程度的研究结果并不统一，不同发展阶段影响的因素、特征事实并不相同，无法给出统一的理论区分。针对以上三个方面的解答，是本章研究的重点。

（二）世界主要国家的产业政策与产业结构变化研究

从世界主要国家的经济发展历程来看，合理的产业政策对产业结构变化、经济增长的影响非常重要。尤其对后发国家或地区来说，合理的产业政策可以使其产业结构顺利升级，人均居民收入持续提高。我国目前处于经济由高速增长转为中高速增长的新常态，劳动力结构、贸易结构、消费结构都处于剧烈变动时期。为了防止落入中等收入陷阱，顺利实现经济增长质量与产业结构升级，世界主要国家已有的产业政策和产业结构变动为我国现阶段的发展提供了可借鉴的经验（伍业君和张其仔，2012）。与本章相关的文献可以分为以下三类。

1. 关于发达国家产业政策和产业结构变化的经验总结

从主要国家的发展经验来看，日本对产业政策的总结最为系统全面，其文献主要包括三个方面：一是对不同经济发展阶段产业结构变化和产业政策进行梳理、总结，对不同作用的产业政策功能加以具体分析，如产业扶植政策、产业调整援助政策等，并将主要产业的选择原则加以标准化。二是对产业结构变化进行理论框架的搭建，最为著名的“雁阵模式”即对日本产业结构升级的理论探索（Akamatsu，1962）。三是对产业结构变动进行实证分析，特别强调外商直接投资对出口增长的影响（Ginzburg and Simonazzi，2005）。韩国的产业政策经验多集中于某些或某个产业，如造船、电子等有竞争优势的产业，相关的文献多从竞争优势、后发优势的角度刻画企业、政府的作用（Lee and Malerba，2017；Landini et al.，2017；Lim et al.，2017）。虽然日本、韩国强调产业政策的重要性，但也有学者从理论和实证的角度证明日本、韩国等国家促进出口的产业政策对经济增长并无影响，在新古典框架下开放和进口才是促进经济增长的动因（Edwards，1992）。美国和德国的产业政策相较日本、韩国而言形式上更为简单，比较偏重市场机制的作用（刘永焕，2014）。从产业结构发展的实证分析来看，有的文献认为发达国家产业结构的合理性、产业部门之间的替代作用是实现经济稳定增长的重要因素，中国的产业结构调整升级可以从中学习相关经验（邓柏盛，2013）。

2. 关于后发国家产业政策与产业结构变动的理论研究

有关后发国家的产业政策与产业结构的理论研究可以追溯到20世纪四五十年代的结构主义发展理论，该理论主要从经济发展的非平衡性出发，提出以进口替代和贸易保护的产业政策以快速实现工业化，但20世纪六七十年代在非洲和拉丁美洲的实践以失败而告终（Lewis，1954）。有的研究者认为，失败的原因在于后发国家没有选择发展具有比较优势的产业，实现产业结构升级的前提是实现要素禀赋的升级（林毅夫等，1999；林毅夫和李永军，2003）；还有的研究者从后发优势的角度出发，认为实现一个国家的产业升级，需要利用好窗口机会，从有竞争优势的能力培养入手，具有前瞻性地选择发展新兴产业（Landini et al.，2017；Lim et al.，2017）。相关的实证分析也沿着以上两种思路展开：从比较优势的角度，研究者利用显示性比较优势指数的变化分析出口行业的变动，强调了外商直接投资对出口贸易和地区经济增长的作用（Dowlinga and Cheang，2000），更多的研究者利用产品空间方法，从出口商品的角度研究不同国家的贸易结构、产业能力和未来潜在产业的演化路径（Hausmann and Klinger，2006；张其仔，2008；贺灿飞等，2016）；从竞争优势的角度，研究者研究了企业竞争能力培育、产业集群对技术外溢性和地区经济增长的影响（阮建青等，2010；Delgado et al.，2014）。这些理论和方法对我国具有十分有益的启示。

3. 关于中国产业政策的研究

结合国际发达国家的产业政策经验，我国有关产业政策的研究可以分为主导产业选择和产业政策合理性、有效性研究两个方面。从主导产业选择方面来看，满足经济增长方式转变要求的主导产业选择基准与满足经济增长要求的主导产业选择基准是不一样的，不同的研究者根据我国不同阶段经济发展的实际需要，采用不同的基准方法选择我国主导产业（刘勇，2006；张其仔等，2009）。从产业政策合理性、有效性方面来看，现有文献从实证和理论比较的角度论证了政府直接干预的产业政策的不合理性、无效性，应重视市场机制的作用（江飞涛和李晓萍，2010），但也要避免从政府主导转向市场主导的简单二分法，重视政府和企业的紧密合作（吕铁和贺俊，2018）。

综上所述，已有文献较为系统地总结了发达国家的产业政策变化、产业政策对经济结构的影响和产业结构的相应变化，为本章提供了较完备的文献支持。但现有文献仍有两点不足：一是缺少对经济高质量发展应采取的相配套的产业政策的一般性总结；二是产业政策对产业结构影响的实证研究结果并不统一。本章将从发达国家的产业结构的一般性变化入手，研究产业政策与产业结构变化的互动，以期补充现有文献的不足。

第二节

主要发达国家产业调整升级的一般经验

经济增长与经济结构转换一直是经济学中的重要研究领域，也是世界各国寻求发展、摆脱贫困的唯一途径。从发达国家的发展经验来看，经济增长速度变化与经济结构变化具有一定的相关性。无论是卡尔多特征事实，还是配第-克拉克定理、库兹涅茨事实（Kuznets，1973），均从不同角度对发达国家和发展中国家的经济发展现象进行了经验总结，试图找到经济发展与经济结构变化的共性。但世界经济发展的非平衡性和复杂性，也使得实践中很多后发国家未能顺利迈入发达国家行列，深受中等收入陷阱的制约；即便是发达国家，也有长期陷入经济低迷的现象。为了更好地把握高质量发展的内涵，找准我国未来产业结构升级的方向，需要对世界主要发达国家在经济转型期的特征事实和经验进行重新梳理、总结，与这些国家经济发展经验的比较，对中国未来经济发展的速度和质量有一定的预判性。

一、中国与世界主要发达国家结构转型时期的特征事实比较

（一）主要发达国家的工业化进程及其特征

按照全球的工业化进程，发达国家已进入“后工业化”时代。第二次世界大战后西方发达国家经历了长期的经济增长，一些后发国家也凭借积极参与国际分工、适时地改变产业结构成功地成为高收入国家。本部分通过介绍美国、日本、韩国的工业化历史，以期为中国的结构转型提供借鉴和参考。

1. 美国的工业化进程及经济特征

美国的“工业化”在 19 世纪初就已开始，在 20 世纪 50 年代，美国的工业化进程基本完成。图 4-1 显示了美国 1947~1987 年 40 年间三次产业的增加值占比情况，可以看到，1947~1987 年美国第二产业的增加值占比出现了先上升后下降的情况，在 20 世纪 50 年代达到了最大值；第一产业占比不断下降，第三产业占比自 20 世纪 50 年代后期较大幅度上升。

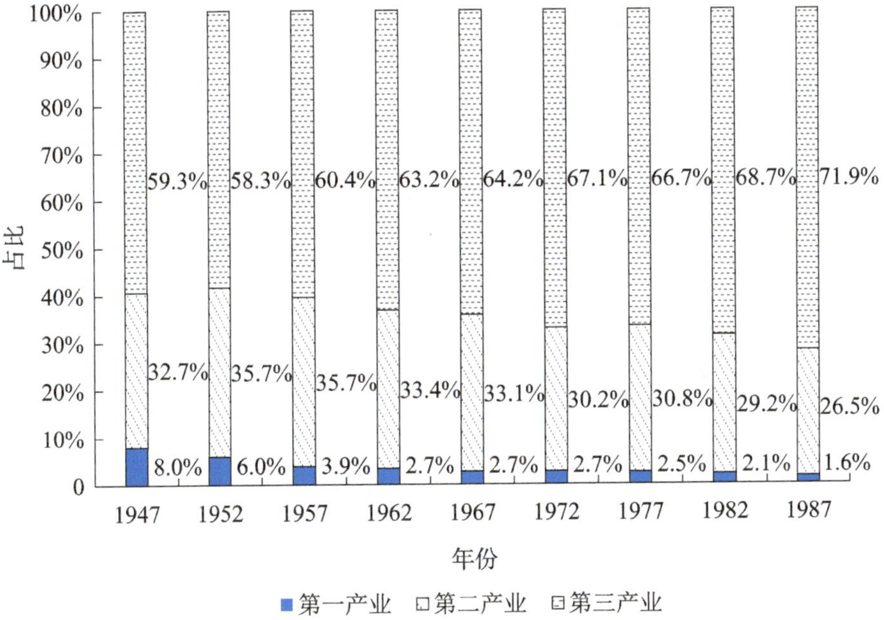

图 4-1　1947~1987 年美国三次产业的增加值占比变化

资料来源：美国经济分析局网站

美国的三次产业的增加值占比变化与第二次世界大战后新的国际贸易模式变化有关。第二次世界大战后随着跨国企业的兴起，不同型号的产品、相同产品的不同部件、同一产品不同生产流程在世界各国开始分工。第二次世界大战后美国的进出口结构发生了变化：SITC0 食品和活动物[①]、SITC2 非食用

① SITC 即 standard international trade classification，国际贸易标准分类。

原料（不包括燃料）的进出口占比逐步降低，SITC7 机械及运输设备的进口比例大幅度上升。虽然美国现在是大豆等农产品的出口大国，但其在机械设备领域的进出口仍然占据了相当大的比例（图 4-2）。

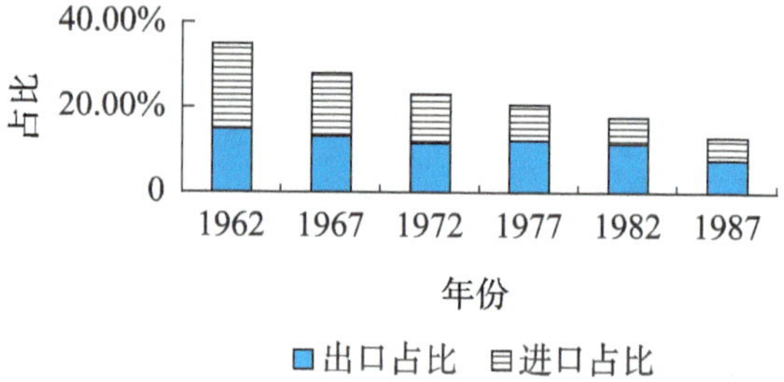

（1）SITC0食品和活动物

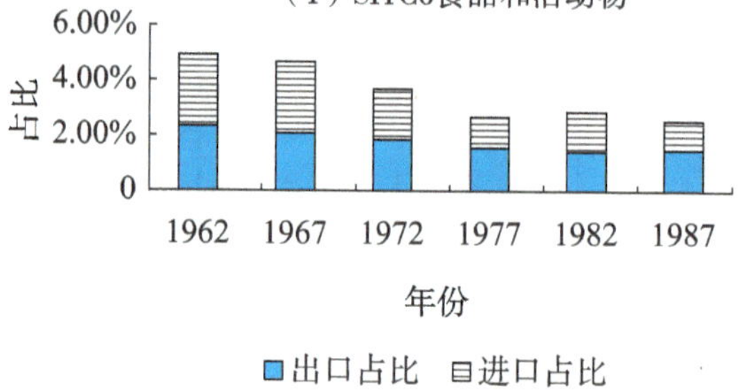

（2）SITC1饮料及烟草

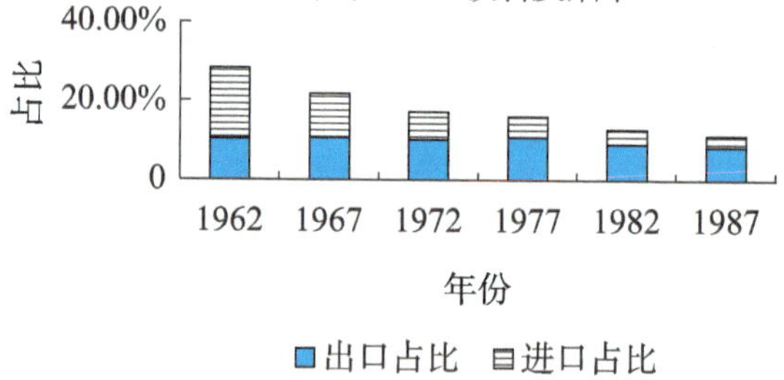

（3）SITC2非食用原料（不包括燃料）

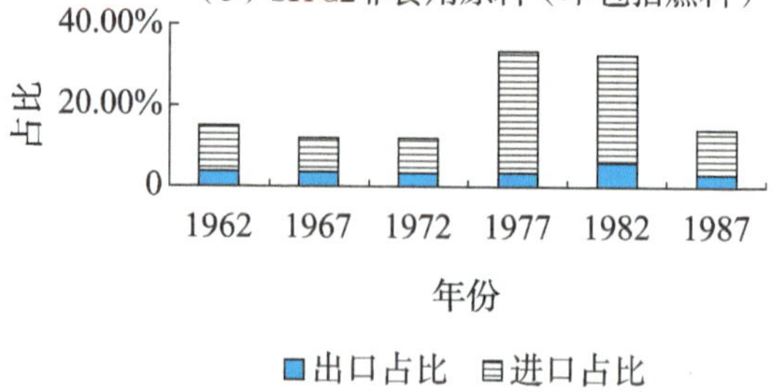

（4）SITC3矿物燃料、润滑油及有关燃料

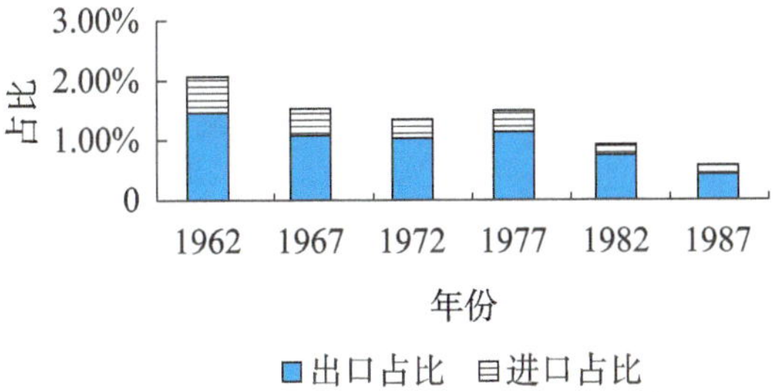

（5）SITC4动植物油、脂和蜡

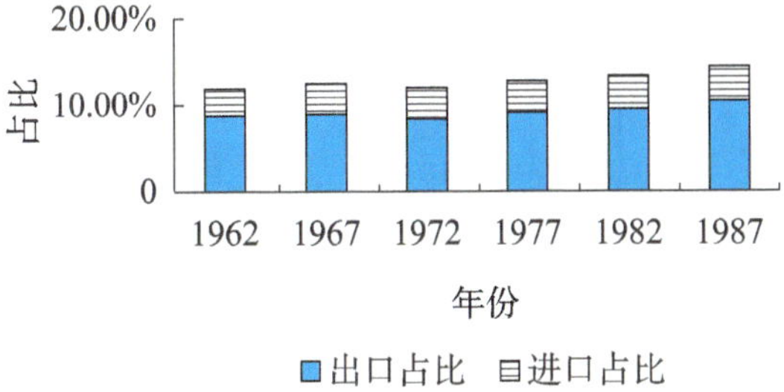

（6）SITC5化学产品及相关产品

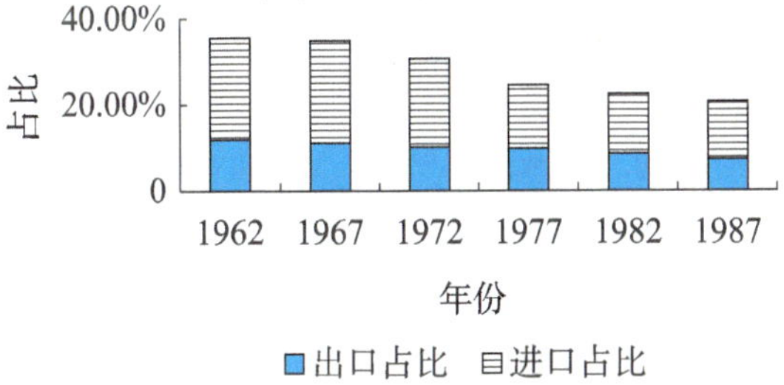

（7）SITC6按原料分类的制成品

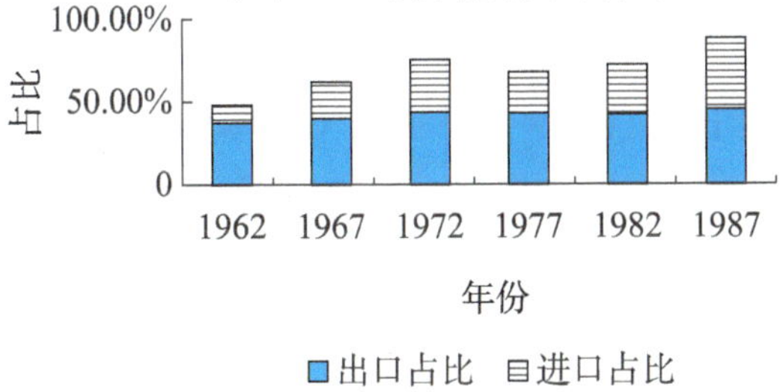

（8）SITC7机械及运输设备

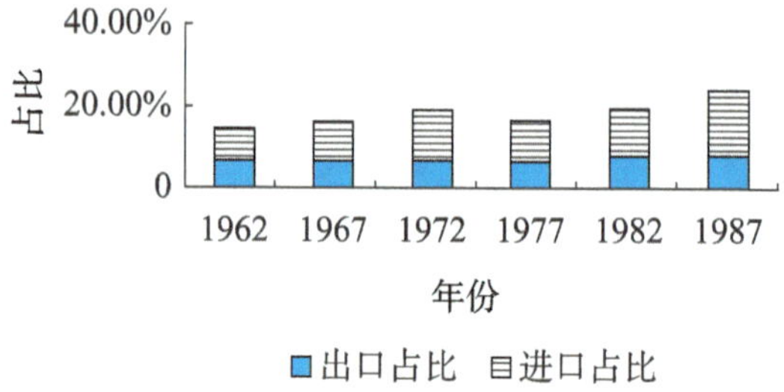

（9）SITC8杂项制品

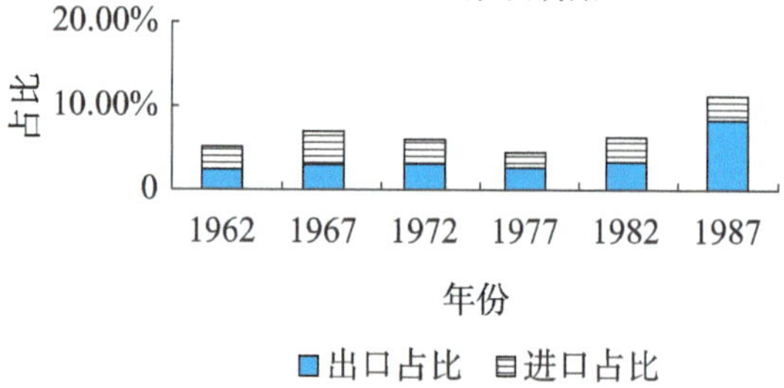

（10）SITC9未分类商品

图 4-2　1962~1987 年美国进出口产品金额占比

资料来源：联合国商品贸易统计数据库

美国的就业人口结构也随着产业结构发生了巨大的变化。图 4-3 显示了 1929~1987 年美国三次产业就业人口的比例变化情况，可以看到美国第三产业从业人数在 20 世纪 30 年代就超过了总就业人数的 50%，进入 20 世纪 80 年代后期更是超过了 70% ①。制造业就业人口占比的变化趋势与第二产业就业人口占比变化趋势非常一致（图 4-4），20 世纪 20~40 年代制造业就业人数的比例存在小幅度上升，自 20 世纪 50 年代就整体呈下降态势。进入 21 世纪之后，美国的制造业就业人口占比由 14% 逐步下降到 10% 以下，就业人口占比反映了美国“去工业化”过程。

① 按照美国经济分析局网站有关就业人数的数据，其在 1948 年、1987 年、2000 年对统计口径做出了调整，2000 年后增加了公共事业（utilities），即电力、热力、燃气及水生产和供应业部分，这一部分应划归第二产业。并且每次口径调整之后的细分行业数目均有变动，1987 年之前的第二产业存在一定程度的低估，但幅度不超过 1%。

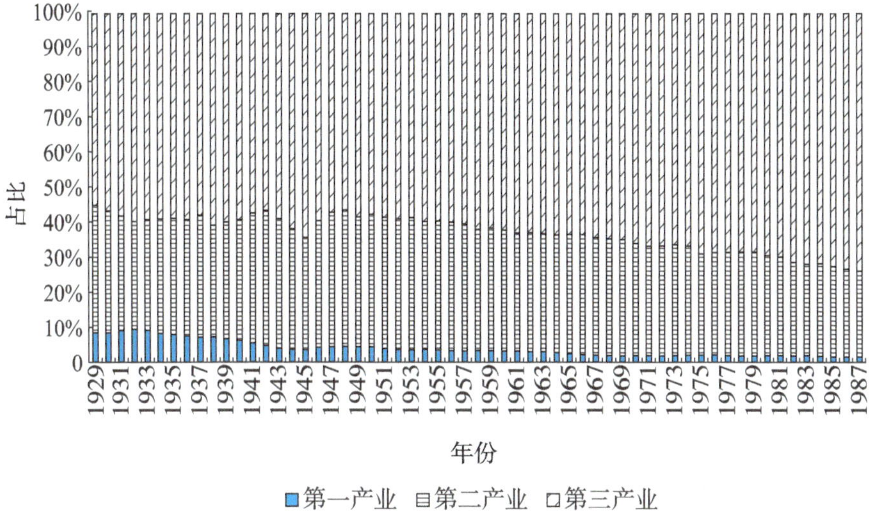

图 4-3 美国 1929~1987 年三次产业就业人口占比变化

资料来源：美国经济分析局网站

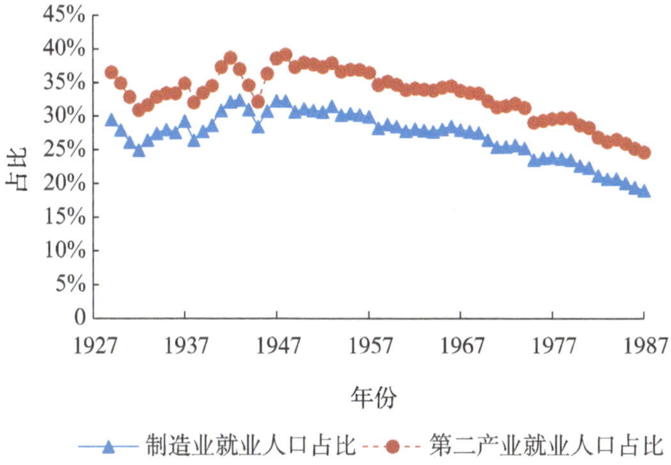

图 4-4 美国 1929~1987 年制造业就业人口占比变化

资料来源：美国经济分析局网站

美国的工业化进程对世界产生了巨大的影响，尤其在产业升级和“去工业化”过程中，美国不断把国内失去比较优势的产业转向世界其他国家，促进了世界其他国家的发展。作为世界上最大的商品进口国，美国为其他国家提供了产品出口的市场，促进了后发国家建立健全工业体系、嵌入全球价值链。美国在商品贸易和服务贸易等很多领域保持着优势地位，离不开自身对科学研究的投入、对移民的吸收和竞争性的劳动力市场政策。

2. 日本的工业化进程及经济特征

日本的工业化进程开始于明治维新，西方国家的坚船利炮使得日本成为亚洲地区最早完成工业化的国家，并在第一次世界大战前成为亚洲工业强国。在工业化早期，日本作为后发国家也采用了多增加资本积累、进口替代等产业政策来培育国内的工业体系。与美国这种线性工业化国家相比，日本在工业化前期对资本积累的依赖很高，这也成为日本能够在短期内走上工业化道路的重要原因。

日本真正的产业结构调整与经济起飞是在第二次世界大战以后，20 世纪 60 年代日本名义 GDP 增长率超过 10% 的年份有 6 年（图 4-5）。这不仅得益于美国对日本的经济支援和第二次世界大战后新技术的发展，也与日本适时地调整产业政策相关。日本在第二次世界大战后到 20 世纪 60 年代末采取了发展重工业的产业政策，建立了较为完备的产业体系。该时期日本不断加大对机械行业的投入，同时将失去比较优势的劳动密集型产业向韩国、新加坡、中国香港、中国台湾等国家和地区转移，在亚洲地区逐步形成了以日本为“头雁”，“亚洲四小龙”次之，其他亚洲国家及地区再次之的产业转移体系。

图 4-6 显示的是 1953~1987 年日本三次产业就业人口占比变化，日本的第一产业与第二产业就业人口占比之和高于美国同期，与美国不同之处在于日本用了更短的时间提高了第三产业就业人口占比。日本制造业就业人口占比与第二产业就业人口占比变化趋势也十分一致，这与美国的情况类似（图 4-7），但与美国自 20 世纪 50 年代之后的下降趋势不同，日本有一个明显的上升趋势，说明日本在工业化道路上晚于美国。

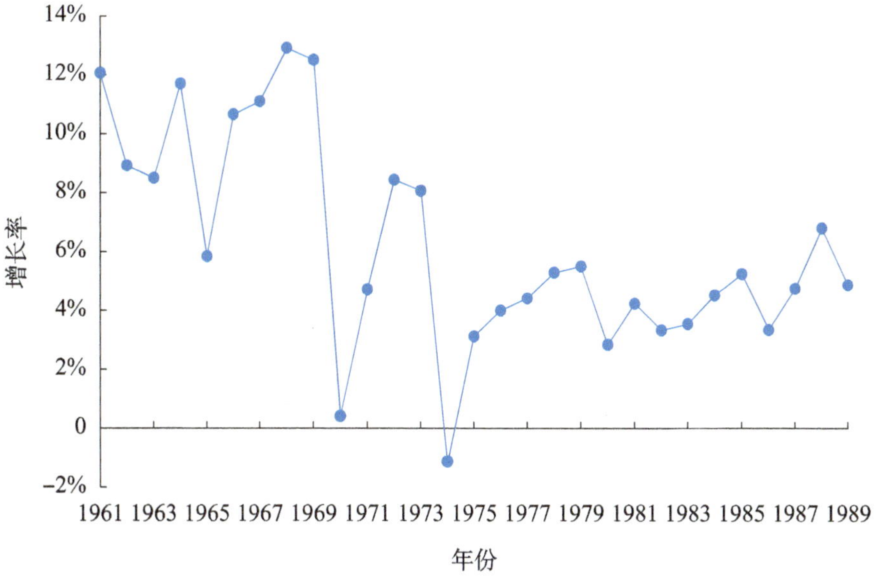

图 4-5　日本 1961~1989 年名义 GDP 增长率

资料来源：世界银行数据库

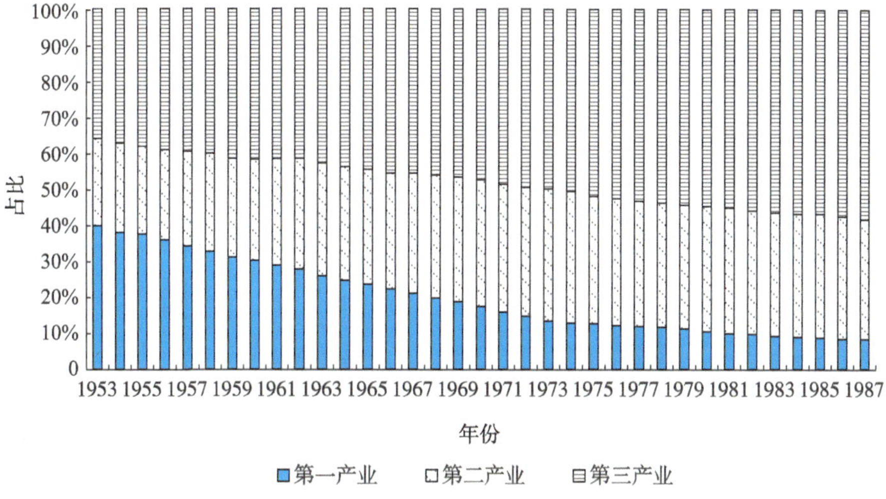

图 4-6　日本 1953~1987 年三次产业就业人口占比变化

资料来源：日本统计局

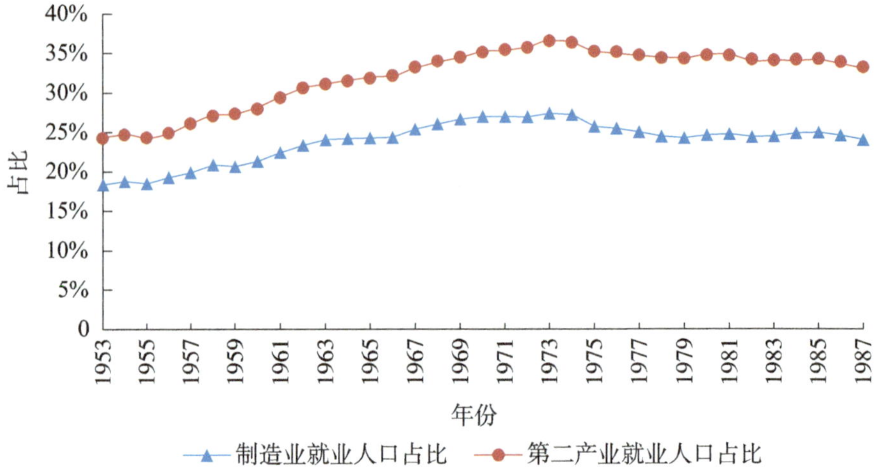

图 4-7　日本 1953~1987 年制造业就业人口占比变化

资料来源：日本统计局

日本在向重工业转型过程中存在着对环境问题的忽视，引发了各种环境问题。在高速发展期过后，日本各界对环境公害和提升国民生活质量的关注促使日本政府出台了一系列环境保护法律法规（吴真和李天相，2018），多年的努力使得环境保护的观念深入企业、民间，客观上促进了日本产业结构升级。

从 20 世纪 70 年代开始，日本的产业政策从政府直接干预、扶持大企业的“行政指导”逐步转到由“信息展望”引导，更加关注中小企业的问题，还为中小企业向海外转移提供平台。纵观日本的工业化进程，其在约 100 年的时间取得了西方发达国家 300~400 年的成就，即使在低速增长阶段其国家创新实力也一直保持在世界前列。日本在低速增长中如何保持创新优势和人均收入不断增长，对我国经济转型有很重要的参考意义。

3. 韩国的工业化进程及经济特征

与日本相比，韩国的工业化开始的时间更晚，为 20 世纪 60 年代。从韩国的工业化进程来看，有两次非常重要的转型时期：一次是 20 世纪 70 年代由轻工业转向重工业，另一次是 20 世纪 90 年代由重工业转向电子产品、机械加工产业（洪元构，2018）。韩国的对外出口结构也可以说明这一变化趋势，图 4-8 显示了韩国 1962~1987 年五类出口商品的占比变化情况，这些商品的占比总量超过了 90%。在 20 世纪 60 年代前期以 SITC0 食品和活动物、SITC2 非食用原料（不包括燃料）等为代表的初等商品出口是韩国出口的主力，而后呈快速下降趋势，到 20 世纪 80 年代末这两类商品出口占比仅约 5%；SITC6 按原料分类的制成品的出口占比则在 20 世纪 60~80 年代中期快速扩大，一度占据了韩国商品出口总额的 30%，20 世纪 80 年代后期出口占比才缩小，与韩国将劳动密集型制造业向国外转移的时间基本一致；SITC7 机械及运输设备的出口占比在 20 世纪 60 年代和 70 年代初期都很低，70 年代后期逐步上升，也从侧面反映了韩国自 20 世纪 70 年代起发展重工业化的成果。

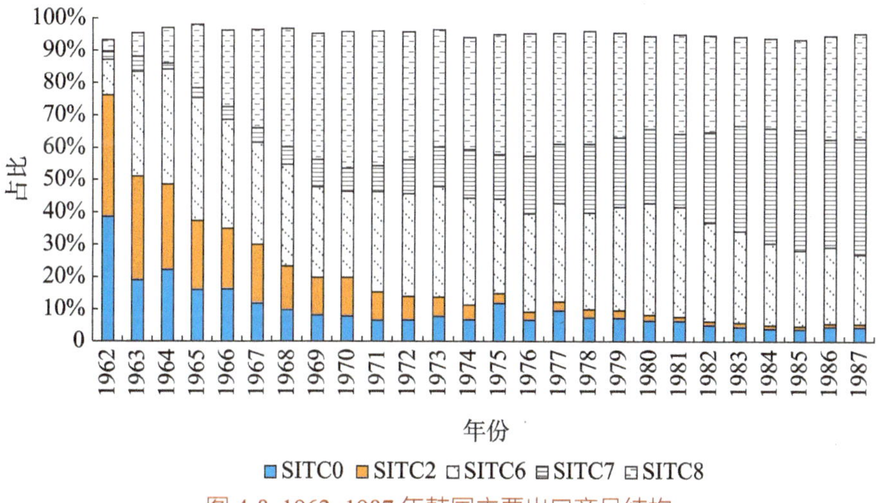

图 4-8 1962~1987 年韩国主要出口商品结构

资料来源：联合国商品贸易统计数据库

韩国的工业化离不开国际产业转移的影响，以及美国、日本对韩国产业发展的帮助。与拉丁美洲国家等其他发展中国家不同，韩国在 20 世纪 60 年代前期把进口替代战略适时地调整为出口导向性战略，对韩国的工业化起到了促进作用。在产业政策和企业组织建设方面，韩国学习了日本的产业政策和组织政策，培养了一批财团企业，韩国在20世纪60年代之后的经济腾飞与财团企业的发展密不可分。20世纪90年代的金融危机使韩国金融系统及企业财团受到严重打击，韩国也开始重新审视多年的产业政策，并将产业发展的重点转移到汽车、非存储半导体、新材料等领域，抓住了制造业发展的趋势。

与美国、日本相比，韩国的工业化历史更短，所以结构转型的幅度更大。图4-9显示了韩国1970~2016年的三次产业从业人口占比变化，在短短40多年间完成了发达国家从业人员由第一产业向第二产业、第三产业转移的进程；但韩国的第二产业从业人员占比2008~2016年一直保持在24%左右，客观上保证了韩国在工业领域的优势。

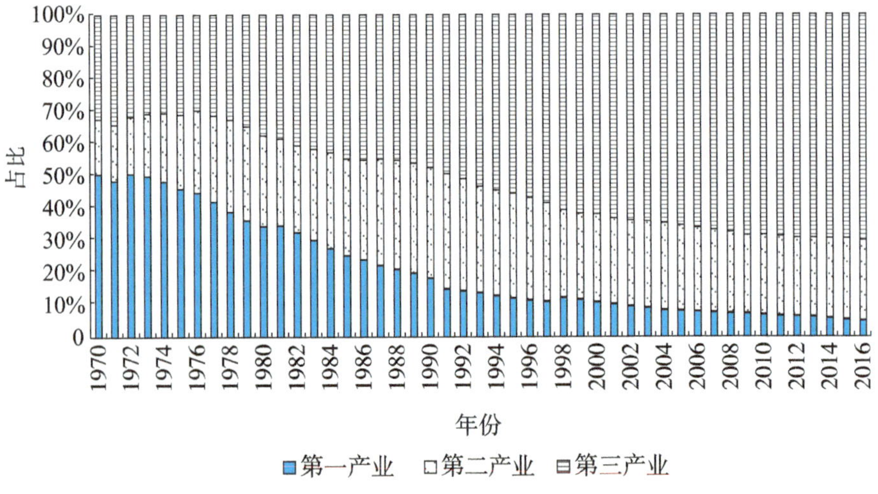

图4-9 韩国1970~2016年三次产业从业人口占比变化

资料来源：亚洲生产力组织网站

（二）主要发达国家转型期的经济结构分析及与中国的比较

对中国这样一个工业化较晚的国家而言，除了参考后发经济体的成功经验，也需要参考西方发达国家的转型经验。工业化过程并不是线性的，由于“鲍莫尔成本病”和人口结构的改变，无论是西方发达国家还是后发国家都容易经历“结构性减速”过程（袁富华，2012；蔡昉，2006）。为了防止结构性减速给中国产业转型造成冲击，有必要在发达经济体不同的结构转型中寻求共同之处。本部分选取美国、德国、英国、法国、日本、韩国和新加坡进行比较分析。在结构分析中，参考钱纳里的结构分析方法，选择对经济增长有重要影响的贸易结构、固定资本投资、就业结构进行对比分析。

1. 对外贸易规模和结构的变化

1）贸易进出口变化情况

图 4-10 总结了主要发达国家与中国自 1960 年以来商品贸易出口占 GDP 的比重，不同的国家有不同的特点。一是各国对出口的依存度不同，新加坡由于是东南亚地区重要的转口贸易国，商品贸易出口占 GDP 比重超过了 100%，故未在图中列示；美国的商品贸易出口占 GDP 比重较低，而德国的商品贸易出口占 GDP 比重较高；中国、日本、韩国三国中，韩国对商品贸易出口的依存度最大，中国的商品贸易出口占比则在改革开放之后呈上升态势，直至 2006 年达到高点之后下降。二是世界经济形势对各国的出口影响显著。亚洲金融危机和国际金融危机均对世界各国的贸易形势产生了影响，尤其对外贸依存度较高的国家影响较大，韩国、德国的商品贸易出口占 GDP 比重在当时显著下滑。三是不同国家的商品贸易出口占比变化趋势有所不同，美国、日本、法国、英国、中国的商品贸易出口占比小于世界平均水平，但各国小于世界平均水平的年份并不一样，美国、日本较早，法国、英国、中国较晚。

图 4-11 显示了各国的服务贸易出口占比变化情况，可以看到服务贸易出口占比远小于商品贸易出口占比，这是由服务贸易的特性所决定的，很多商品服务只能在本土完成，可以进行贸易的只是小部分。2015~2017 年服务贸易出口占比上升主要存在于英国、法国、德国等发达国家，中国的服务贸易出口占比却有下降。

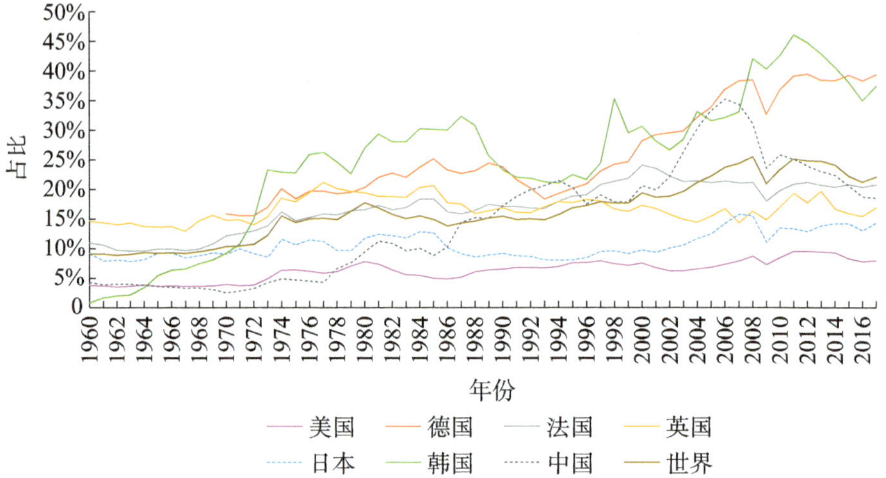

图 4-10　主要发达国家与中国商品贸易出口占 GDP 比重变化

资料来源：世界银行数据库

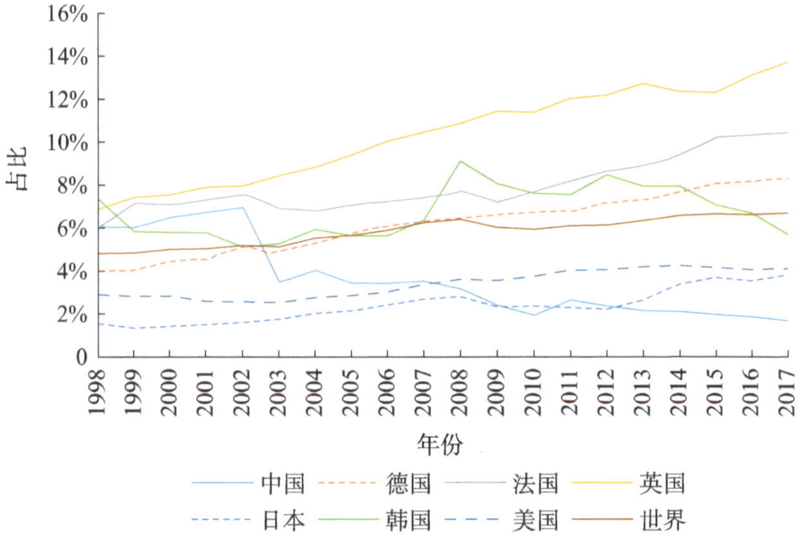

图 4-11　主要国家服务贸易出口占 GDP 比重变化

资料来源：世界银行数据库

2）贸易结构的变化

贸易出口占 GDP 比重反映了不同国家对外贸的依存度，通过贸易结构可以看出不同国家的比较优势，进而对各国的生产体系也有所了解。

本章使用了广义经济商品分类（broad economic categories，BEC）标准来分析各国的消费品、资本品、中间品、汽车和摩托车及其他商品的进出口情况，其中，中间品分为初级产品、半成品和零部件。图 4-12 为德国、法国、英国、美国按照 BEC 标准计算的进口份额情况，图 4-13 为日本、韩国、中国按照 BEC 标准计算的进出口份额情况。发达国家的商品进出口结构有一定的一致性：整体来看，消费品的出口少于进口，资本品的出口多于进口。同时，不同国家也有各自的特点：比如，德国的汽车和摩托车的出口多于进口，而美国在该领域的进口则多于出口；东亚地区的日本、韩国也具有与欧美发达国家一样的特点，但在中间品中初级产品进口远多于出口，尤其是日本的零部件出口份额远超过进口份额；韩国在消费品领域的进口份额远小于其他发达国家，显示了其在中间品方面生产加工的能力。在中国与这些国家的对比中可以看到中国与发达国家的差距：中国中间品尤其是初级产品的进口份额占比较大，零部件进口比例也高于日本、韩国同期，但转化为中间品出口的能力不高；消费品出口比例较高；中国在汽车和摩托车领域的出口比例也小于同期的日本、韩国出口。可以看出，2010 年后各主要发达国家间的比较优势结构较为稳定。

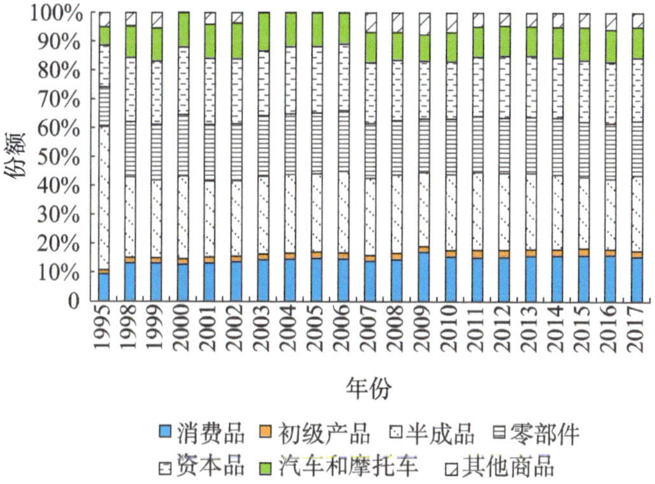

（1）德国出口

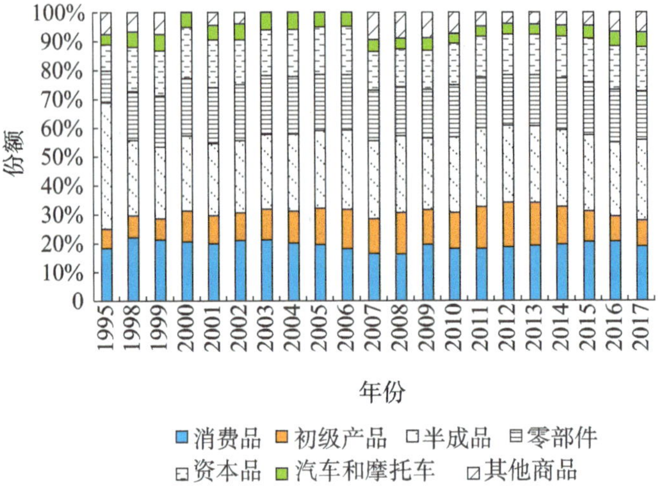
100%
90%
80%
70%
60%
50%
40%
30%
20%
10%
0
份额
1995
1998
1999
2000
2001
2002
2003
2004
2005
2006
2007
2008
2009
2010
2011
2012
2013
2014
2015
2016
2017
年份
消费品
初级产品
半成品
零部件
资本品
汽车和摩托车
其他商品

（2）德国进口

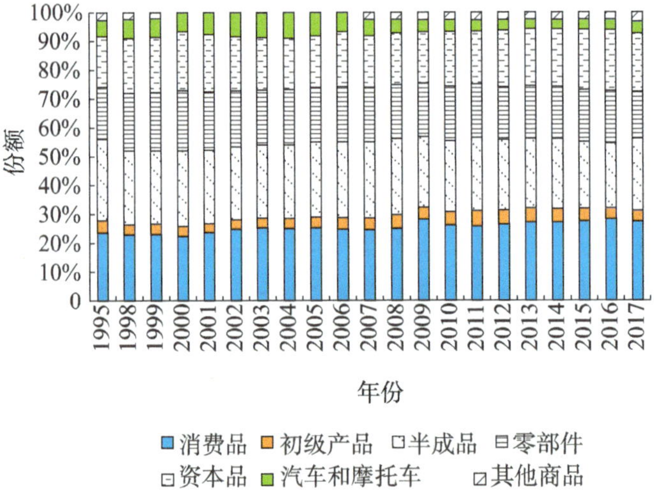
100%
90%
80%
70%
60%
50%
40%
30%
20%
10%
0
份额
1995
1998
1999
2000
2001
2002
2003
2004
2005
2006
2007
2008
2009
2010
2011
2012
2013
2014
2015
2016
2017
年份
消费品
初级产品
半成品
零部件
资本品
汽车和摩托车
其他商品

（3）法国出口

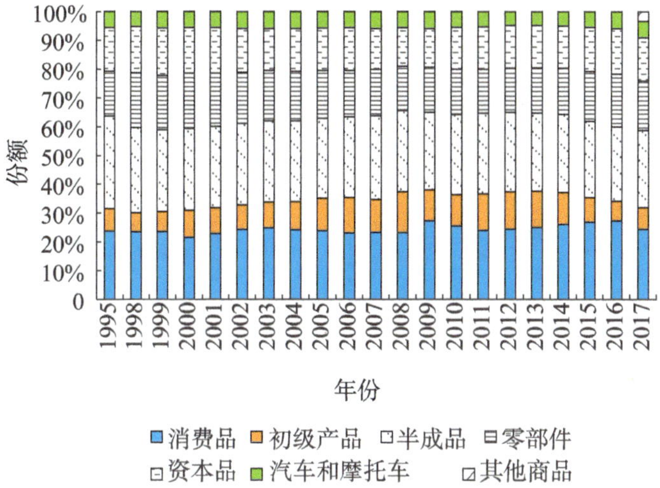
100%
90%
80%
70%
60%
50%
40%
30%
20%
10%
0
份额
1995
1998
1999
2000
2001
2002
2003
2004
2005
2006
2007
2008
2009
2010
2011
2012
2013
2014
2015
2016
2017
年份
消费品 初级产品 半成品 零部件
资本品 汽车和摩托车 其他商品

（4）法国进口

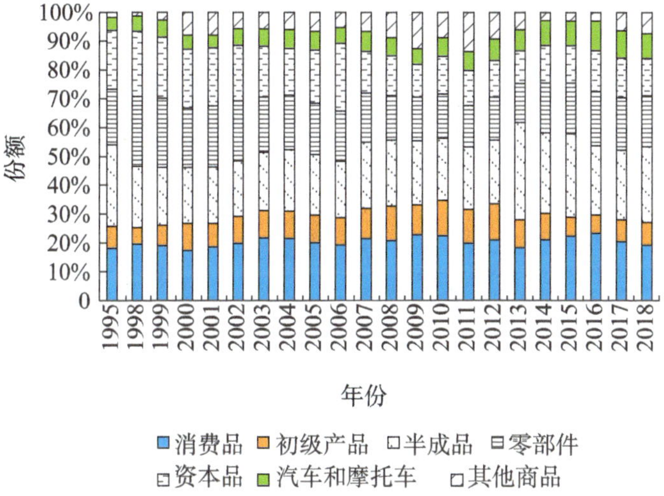
100%
90%
80%
70%
60%
50%
40%
30%
20%
10%
0
份额
1995
1998
1999
2000
2001
2002
2003
2004
2005
2006
2007
2008
2009
2010
2011
2012
2013
2014
2015
2016
2017
2018
年份
消费品 初级产品 半成品 零部件
资本品 汽车和摩托车 其他商品

（5）英国出口

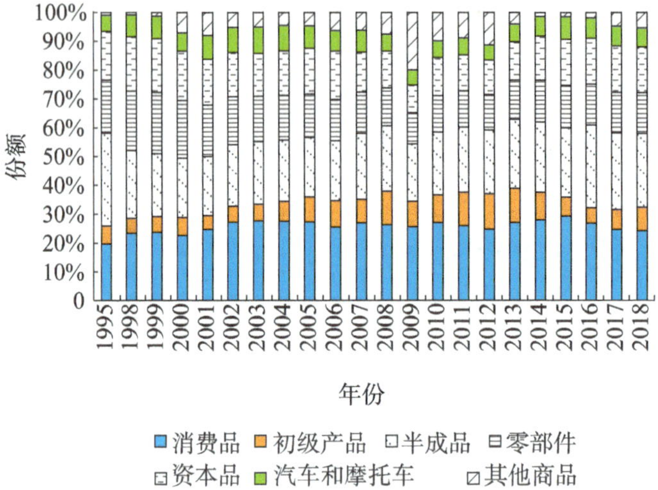
100%
90%
80%
70%
60%
50%
40%
30%
20%
10%
0
份额
1995
1998
1999
2000
2001
2002
2003
2004
2005
2006
2007
2008
2009
2010
2011
2012
2013
2014
2015
2016
2017
2018
年份
消费品
初级产品
半成品
零部件
资本品
汽车和摩托车
其他商品

（6）英国进口

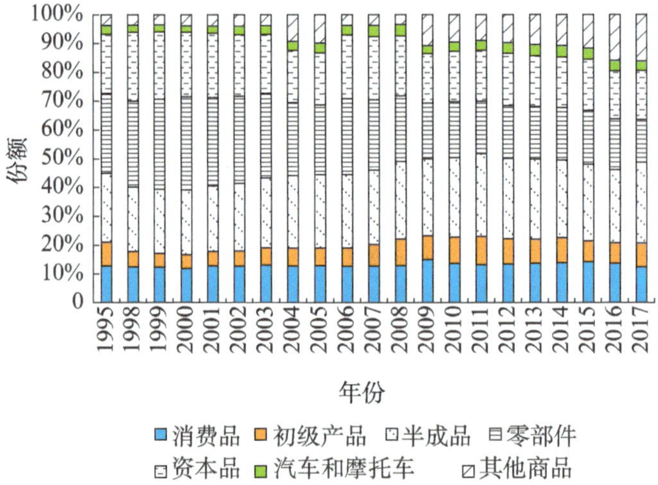
100%
90%
80%
70%
60%
50%
40%
30%
20%
10%
0
份额
1995
1998
1999
2000
2001
2002
2003
2004
2005
2006
2007
2008
2009
2010
2011
2012
2013
2014
2015
2016
2017
年份
消费品
初级产品
半成品
零部件
资本品
汽车和摩托车
其他商品

（7）美国出口

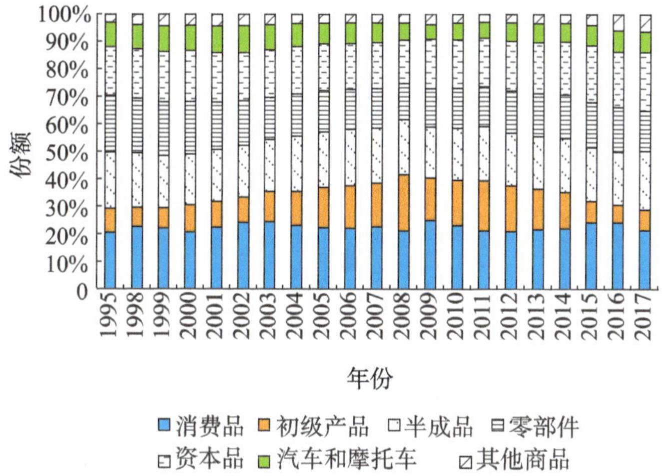

（8）美国进口

图 4-12　德国、法国、英国、美国 BEC 分类下的进出口情况

资料来源：联合国商品贸易统计数据库

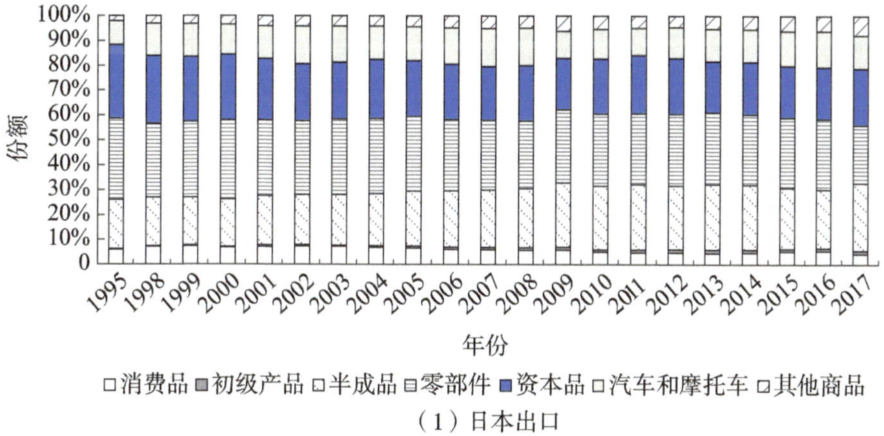

（1）日本出口

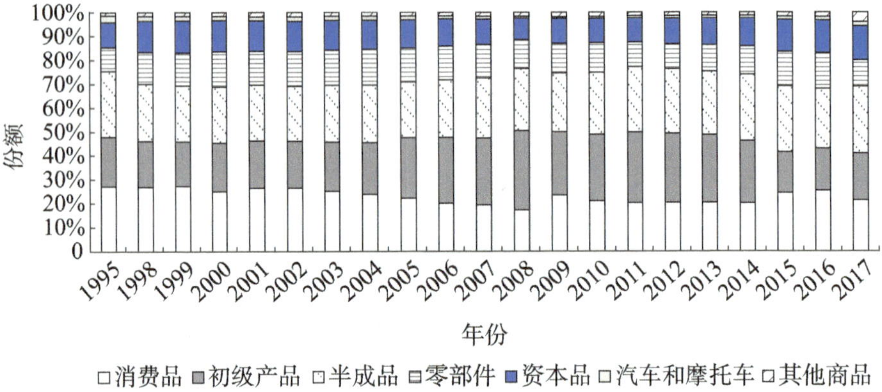

（2）日本进口

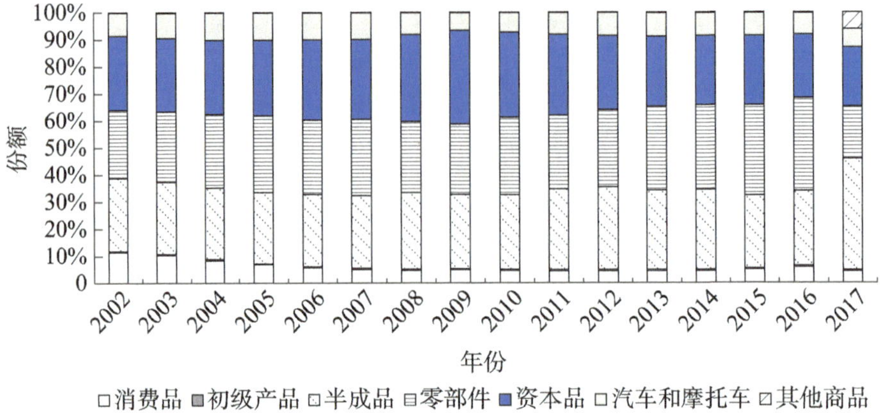

（3）韩国出口

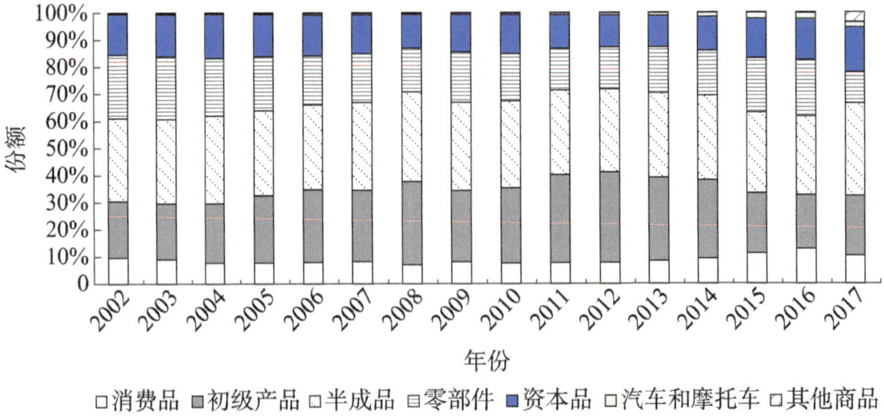

（4）韩国进口

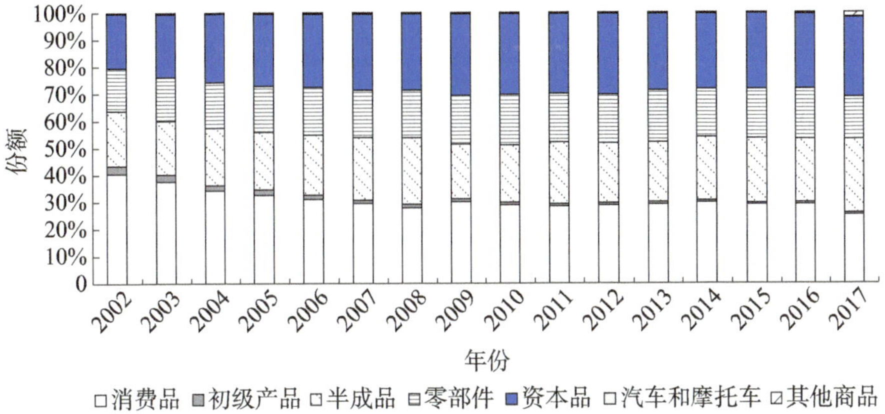

（5）中国出口

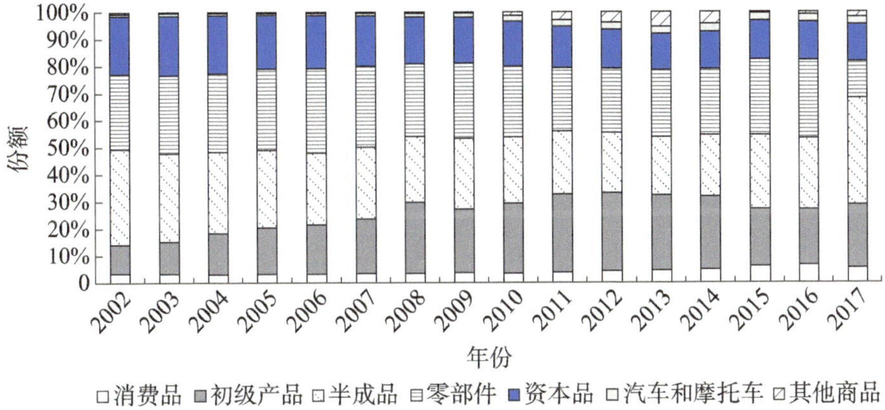

（6）中国进口

图 4-13 日本、韩国、中国 BEC 分类下的进出口情况

资料来源：联合国商品贸易统计数据库

2. 固定资本形成总额与经济增长的相关性

固定资本形成总额是经济增长重要的推动力。图 4-14 为西方发达国家与亚洲国家的固定资本形成总额占 GDP 比重的变化情况。可以看到，西方发达国家的固定资本形成总额占比在 1990 之后基本收敛于 15%~25% 的区间，20 世纪 90 年代之后的波动性小于 20 世纪 90 年代之前的波动性。亚洲国家也具有与西方发达国家类似的趋势，但波动性放缓的时间在 1998 年之后，晚于西

方发达国家。并且亚洲国家有明显的倒“U”形趋势，波峰也具有时间上的继起性，即日本在20世纪70年代的固定资本形成总额占比位于波峰，新加坡在20世纪80年代初位于波峰，韩国在20世纪90年代位于波峰，中国则在2008~2012年位于波峰。中国与这些国家相比，现阶段的固定资本形成总额占比远高于发达国家。

3. 就业人口结构变化

在后发国家成功的发展经验中，除了资本积累，人口对经济增长也有一定的促进作用。从供给角度来说，人口及就业人口不仅在增长率上对一国的经济增长有影响，其结构也会对经济增长产生影响。为了研究不同产业的就业人口在发达国家产业结构变化中的作用，本节先考察各国三次产业就业人口的比例变化，然后采用偏离份额法（shift-share method）计算每一产业内部的结构变化。

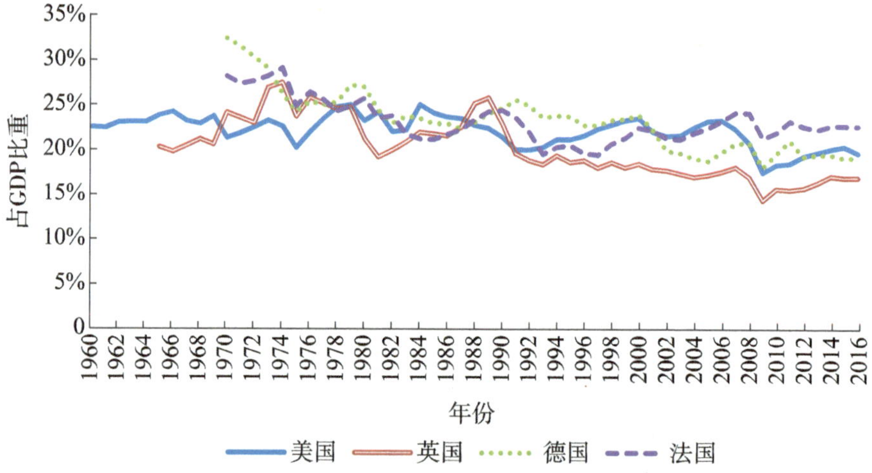

（1）美国、英国、德国、法国固定资本形成总额占GDP比重

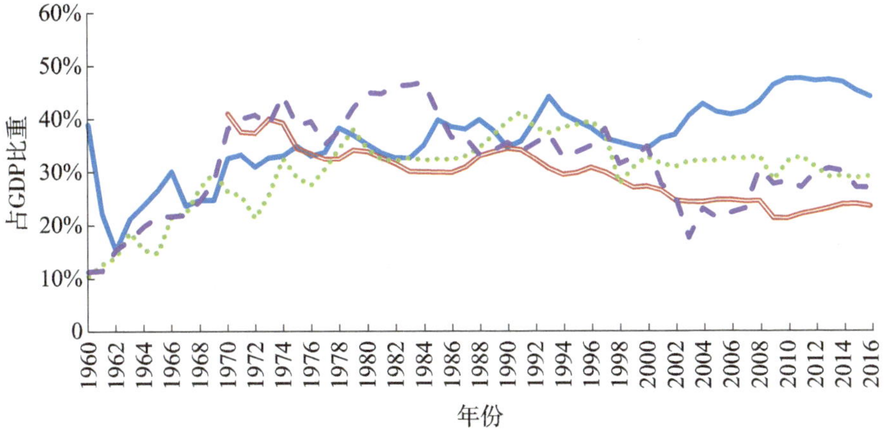

（2）中国、日本、韩国、新加坡固定资本形成总额占GDP比重

图 4-14　各国固定资本形成总额占 GDP 比重

资料来源：世界银行

1）三次产业就业人口的比例变化

图 4-15 与图 4-16 分别显示了 1991~2018 年欧美发达国家与亚洲成功的后发国家的农业、工业、服务业就业人口的比例变化情况。欧美发达国家的农业就业人口比例很低，均低于 10%；就业人口不断从工业转向服务业，但速度并不快；亚洲的日本、韩国农业就业人口比例则高于欧美发达国家。所有发达国家的服务业就业人口比例 2018 年已超过 70%，英国、新加坡达到了 80%；制造业出口顺差较大的德国、日本、韩国工业的就业人口比例超过 24%，德国 2018 年工业的就业人口比例达到 27.02%；而美国、英国、新加坡的工业就业人口占比 2011 年后已降到 20% 以下。为了对比，图 4-16 显示了同时期中国的三次产业就业人口的结构变化，作为改革开放后经济才开始飞速发展的国家，中国的农业就业人口比例更高，1991 年超过了 55%，2018 年则降至 16.45%；与此同时，中国的工业就业人口比例经历了一个由上升到下降的过程，就占比而言变化幅度不大，最高占比为 30.15%，最低占比为 26.31%；服务业占比则处于不断增长的态势。

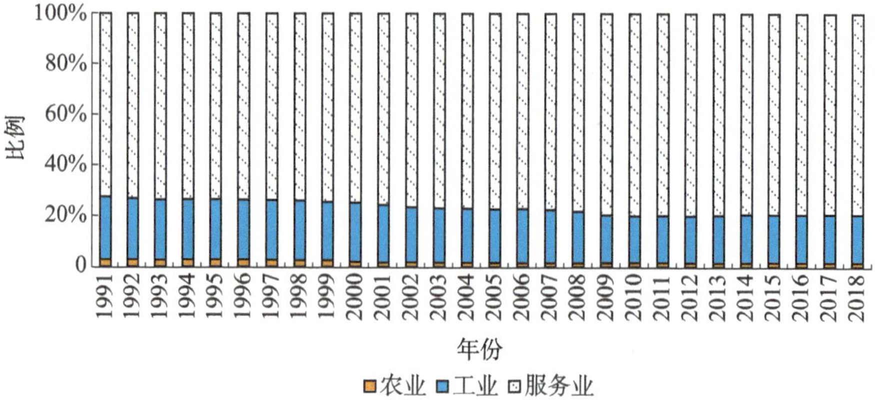
100%
80%
60%
40%
20%
0
比例
1991 1992 1993 1994 1995 1996 1997 1998 1999 2000 2001 2002 2003 2004 2005 2006 2007 2008 2009 2010 2011 2012 2013 2014 2015 2016 2017 2018
年份
农业 工业 服务业
（1）美国

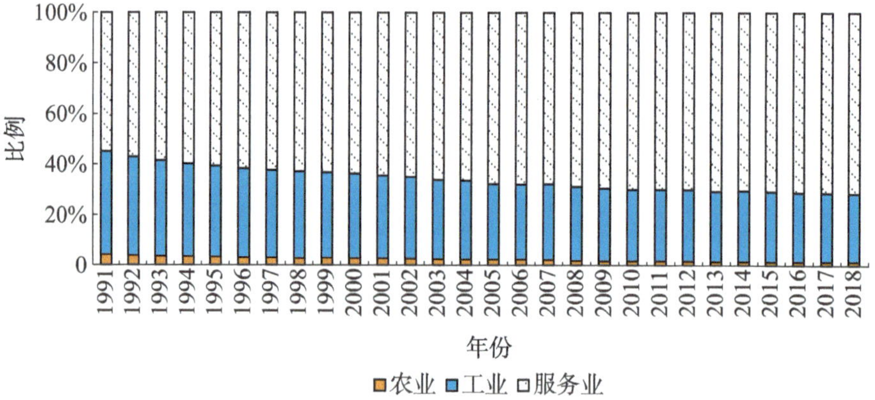
100%
80%
60%
40%
20%
0
比例
1991 1992 1993 1994 1995 1996 1997 1998 1999 2000 2001 2002 2003 2004 2005 2006 2007 2008 2009 2010 2011 2012 2013 2014 2015 2016 2017 2018
年份
农业 工业 服务业
（2）德国

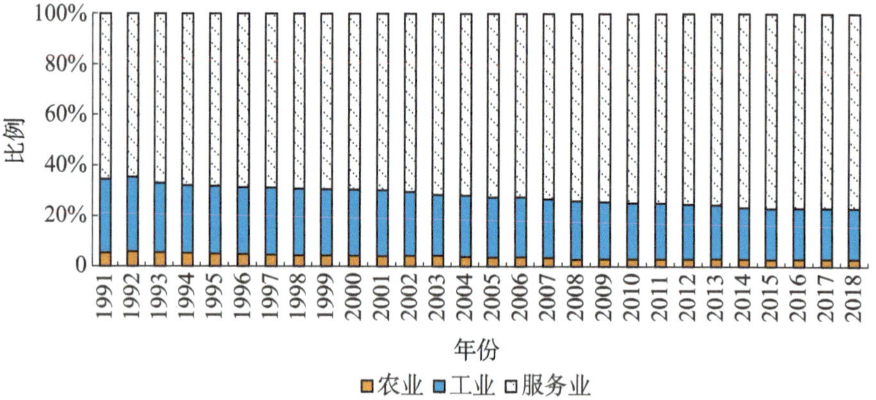
100%
80%
60%
40%
20%
0
比例
1991 1992 1993 1994 1995 1996 1997 1998 1999 2000 2001 2002 2003 2004 2005 2006 2007 2008 2009 2010 2011 2012 2013 2014 2015 2016 2017 2018
年份
农业 工业 服务业
（3）法国

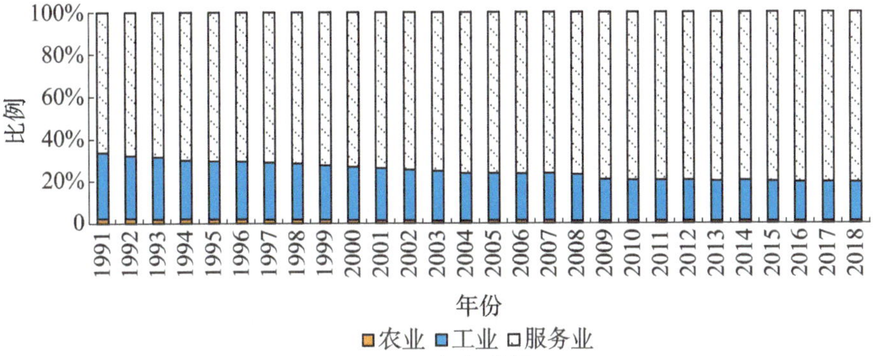

（4）英国

图 4-15 美国、德国、法国、英国三次产业就业人口比例变化

资料来源：世界银行

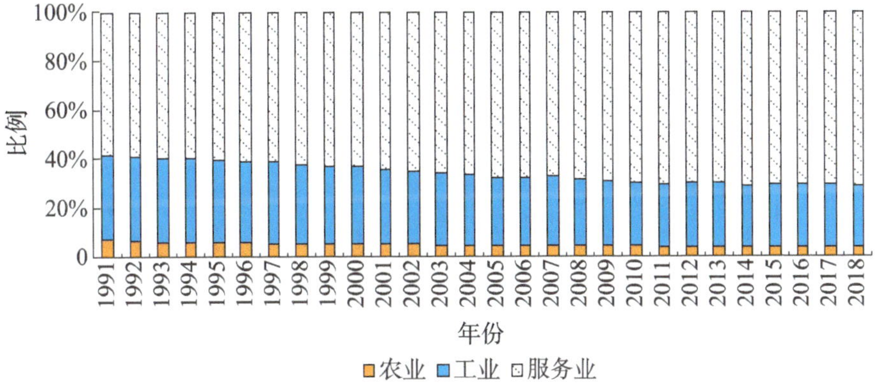

（1）日本

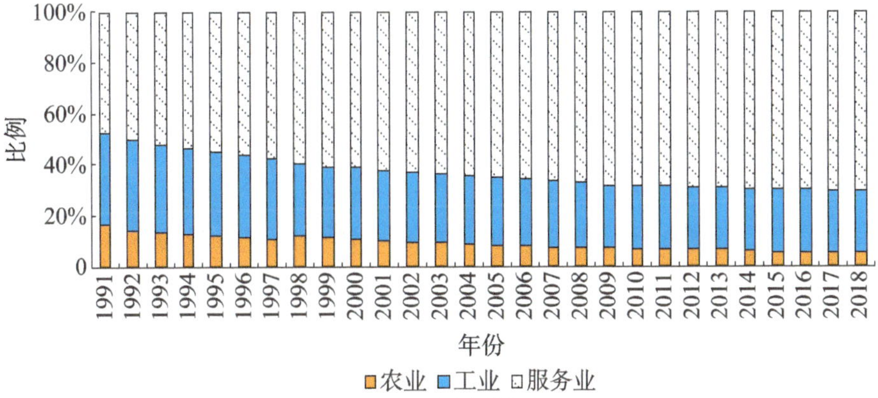

（2）韩国

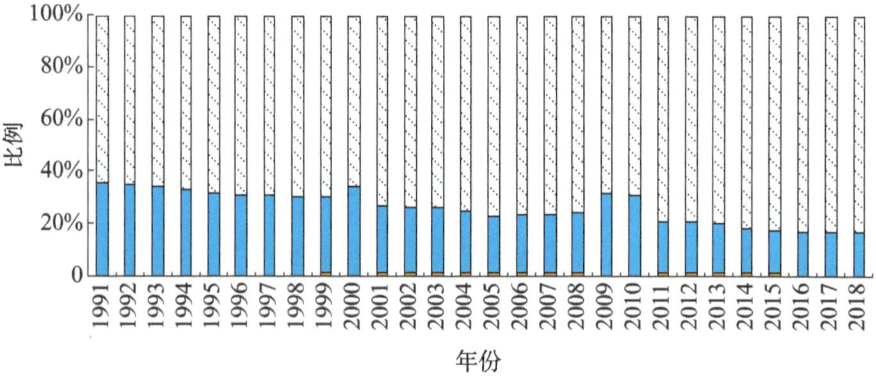

（3）新加坡

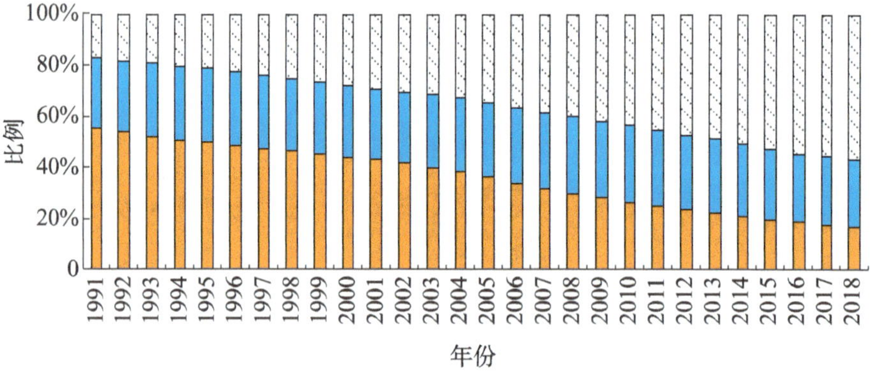

（4）中国

图 4-16　日本、韩国、新加坡、中国三次产业就业人口比例变化

资料来源：世界银行

2）三次产业就业人口结构变化的增长因素分解

为了更好地研究三次产业就业人口的变化对生产率的影响，本部分采用偏离份额法研究各国在 20 世纪 90 年代后三次产业的劳动生产率和增长率的差异，间接验证“鲍莫尔成本病”是否在发达国家发生。

比较各国三次产业以增加值衡量的劳动生产率，用 2010 年不变价美元计算的三次产业增加值与该产业就业人数之比计算获得。可以发现：同期相比，无论哪个国家，农业的劳动生产率都明显小于工业、服务业的劳动生产率，美国的农业劳动生产率与其他两个行业的差距最小；发达国家中，除了法国的工业劳动生产率明显低于服务业劳动生产率外，其他发达国家的工业劳动生产率均经历了对服务业劳动生产率的“赶超”；在考察期内，从劳动生产率的提高幅度来看，农业的提高幅度最大，工业次之，服务业提高幅度最小；仅就劳动生产率而言，美国在三次产业中保持着较为领先的地位。中国三次产业的劳动生产率提速明显，但与发达国家相比仍有比较大的差距。工业劳动生产率对服务业劳动生产率的“赶超”，在一定程度上解释了“鲍莫尔成本病”：大量就业人口被生产率增速较慢的服务业所吸纳，使得经济增速放缓成为必然。

为了进一步说明就业结构变化对产出结构的影响，本部分通过偏离份额法计算劳动要素对劳动生产率的贡献，其表达式为

$$\frac{\Delta P}{P_0}=\sum_{i=1}^{n}\frac{S_{i0}\Delta P_i}{P_0}+\sum_{i=1}^{n}\frac{P_{i0}\Delta S_i}{P_0}+\sum_{i=1}^{n}\frac{\Delta S_i\Delta P_i}{P_0}$$

其中，i 为产业；n 为三次产业数，$n=1,2,3$；P 为用增加值计算的劳动生产率；S 为就业人数占比；0 为初始值；Δ 为在时间段 $[0,\ T]$ 的变化。表达式左边为劳动生产率的增长率；右边为三部分，分别为组内结构效应或技术进步效应、静态转移效应和动态转移效应，第二部分与第三部分之和为结构效应。

表 4-1 为各国按照偏离份额法计算的劳动生产率的增长因素分解情况，按照 1991 年之后影响世界经济的主要经济事件将时间段分为三段：1991~1998 年、1999~2009 年、2010~2017 年，计算结果如表 4-1 所示[①]。

① 鉴于数据可得性，表 4-1 中美国、日本的数据并不完全，故而时间段与其他国家不同。

表 4-1 各国劳动生产率的增长因素分解情况

国家	时间段	总增长率	各种效应的贡献						
			结构效应	其中		内部增长效应	其中		
				静态转移效应	动态转移效应		农业	工业	服务业
美国	1997~1998年	2.37%	0.05%	0.05%	0	2.32%	−0.01%	0.69%	1.64%
	1999~2009年	15.10%	−0.18%	0.69%	−0.86%	15.28%	1.21%	5.52%	8.55%
	2010~2016年	2.87%	0.02%	0.03%	−0.01%	2.86%	0.15%	−0.20%	2.90%
	1997~2016年	28.25%	−0.21%	0.98%	−1.19%	28.46%	1.70%	9.39%	17.36%
德国	1991~1998年	16.10%	2.51%	2.64%	−0.14%	13.60%	0.03%	6.83%	6.73%
	1999~2009年	4.29%	0.93%	1.76%	−0.82%	3.36%	0.87%	2.86%	−0.38%
	2010~2017年	5.49%	−0.02%	0.12%	−0.13%	5.50%	0.09%	3.90%	1.51%
	1991~2017年	32.17%	−1.49%	5.58%	−7.07%	33.66%	1.12%	25.36%	7.18%
法国	1991~1998年	13.26%	1.65%	1.77%	−0.12%	11.62%	0.89%	3.76%	6.97%
	1999~2009年	1.98%	1.16%	1.89%	−0.73%	0.82%	0.77%	2.35%	-2.30%
	2010~2017年	6.92%	0.22%	0.31%	−0.09%	6.70%	0.04%	2.38%	4.28%
	1991~2017年	28.13%	2.55%	5.17%	−2.63%	25.58%	2.20%	11.90%	11.49%
英国	1991~1998年	17.60%	0.65%	1.14%	−0.49%	16.95%	0.25%	7.66%	9.04%
	1999~2009年	9.84%	0.26%	0.46%	−0.20%	9.58%	0.26%	2.94%	6.38%
	2010~2017年	4.17%	0.03%	0	0.03%	4.14%	0.07%	0.29%	3.78%
	1991~2017年	39.54%	0.38%	2.98%	−2.60%	39.16%	0.90%	16.39%	21.86%
日本	1994~1998年	5.11%	0.78%	0.88%	−0.10%	4.33%	0.12%	2.64%	1.57%
	1999~2009年	5.57%	0.94%	1.69%	−0.76%	4.63%	0.14%	4.27%	0.22%
	2010~2016年	2.92%	0.44%	0.42%	0.02%	2.47%	−0.07%	1.16%	1.39%
	1994~2016年	20.07%	0.74%	3.90%	−3.16%	19.33%	0.15%	15.22%	3.96%
韩国	1991~1998年	38.21%	3.02%	6.31%	−3.29%	35.19%	2.17%	23.43%	9.59%
	1999~2009年	38.42%	0.27%	2.43%	−2.16%	38.15%	2.55%	23.62%	11.98%
	2010~2017年	10.80%	0.64%	0.72%	−0.07%	10.15%	0.56%	5.54%	4.05%
	1991~2017年	139.91%	−8.61%	13.99%	−22.60%	148.52%	11.45%	101.41%	35.66%
新加坡	1991~1998年	29.55%	0.40%	1.72%	−1.33%	29.16%	−0.16%	15.05%	14.26%
	1999~2009年	23.23%	−0.26%	0.31%	−0.57%	23.49%	0.14%	1.10%	22.25%
	2010~2017年	12.11%	−10.81%	1.86%	−12.67%	22.92%	0	26.01%	-3.09%
	1991~2017年	108.49%	−26.74%	6.41%	−33.15%	135.23%	−0.09%	87.95%	47.37%

续表

国家	时间段	总增长率	各种效应的贡献						
			结构效应	其中		内部增长效应	其中		
				静态转移效应	动态转移效应		农业	工业	服务业
中国	1991~1998年	82.20%	18.31%	14.82%	3.50%	63.89%	12.70%	41.61%	9.58%
	1999~2009年	144.51%	32.03%	19.02%	13.00%	112.48%	21.88%	61.42%	29.18%
	2010~2017年	65.77%	0.32%	3.78%	-3.47%	65.45%	9.12%	40.84%	15.49%
	1991~2017年	766.35%	123.70%	67.31%	56.39%	642.66%	176.75%	381.55%	84.36%

资料来源：世界银行

注：本表数据因进行了四舍五入，可能存在运算不等的情况

研究发现，各国的劳动生产率增长因素主要来自其内部增长效应，但三次产业的贡献程度各不相同。在总的统计年份中，对德国、法国、日本、韩国和新加坡而言，工业的劳动生产率增长贡献程度最大，服务业次之；而对美国、英国而言，则是服务业的劳动生产率增长贡献程度最大，工业次之；中国作为转型经济体，虽然工业的劳动生产率增长贡献程度也是最大，但农业的贡献程度要远高于服务业的贡献程度。

值得注意的是其他发达国家长时间段的动态转移效应均出现了负值，中国也在2010~2017年时间段内出现了动态转移效应为负值的现象，合理的推论是就业人口向规模扩张的服务业转移，但服务业的平均劳动生产率低于工业的平均劳动生产率，说明“鲍莫尔成本病”的负效应开始显现，拉低了劳动生产率。可以推论，如果将时间段的区间划分为一年，则近年来动态转移效应的负值可以解释发达国家增长率偏低的现象。

二、总结发达国家产业转型的典型事实及其对中国的启示

（一）高速增长放缓的经验界定

通过分析日本、韩国的转型经验，可以看出经济高速增长时期也为其工

业化高速发展时期，尤其由轻工业转向重工业时期是发展最为快速的时期。这一时期，外贸结构开始升级，劳动密集型产品的比较优势逐步丧失，机械类、交通运输类的重工业产品的比较优势逐步建立。随着在新领域的比较优势的建立，外贸对经济增长的拉动作用开始放缓，外贸结构也趋于稳定，高端制造业出口占外贸出口比重较高。在投资领域，固定资本形成总额对经济的拉动作用逐步减缓，占 GDP 的比重也逐步降低直至趋于稳定。就业人口开始从第二产业向第三产业转移，短期内的动态转移效应趋于 0 甚至为负值，这也意味着“鲍莫尔成本病”的负向影响开始显现。

（二）高质量增长的典型事实

1. 外贸领域高端制造业产品出口结构稳定，外贸出口的恢复能力较强

发达国家的高端制造业产品出口结构很稳定，机械设备及 BEC 标准下的零部件、半成品出口是发达国家主要出口商品类别。除了出口中各部分的比例较为稳定外，还有重要的一点，即在不利的国际经济环境下能够快速恢复出口的能力。德国在优势产品出口方面虽然也受到国际经济环境影响，但其恢复能力是各国中最好的，这与德国一直将高端制造业作为其优势产业培养的政策密切相关。

2. 服务贸易出口大于进口，在 ICT、金融、知识产权领域占据绝对优势

美国、英国、法国虽然在高端制造业出口方面不及德国，但在服务贸易领域有较大的比较优势，其 ICT 服务、保险和金融服务、知识产权费用出口使其获得了巨大的贸易顺差。随着服务贸易占世界贸易的比重越来越高、WTO 越来越注重对知识产权的保护，服务贸易领域将为这些国家带来更大的收益，服务贸易对这些国家的经济拉动作用也将越来越显现。

3. 制造业就业结构保持相对稳定，劳动生产率总体处于上升态势

在增速放缓且高质量增长时期，制造业就业结构能够保持稳定，2018 年德国、日本、韩国的制造业就业人口占比均在 20% 左右。将制造业就业人口

维持在一个较高的水平，不仅说明该国在制造业领域具有较强的比较优势，也能缓解“鲍莫尔成本病”对增长的负影响。与此同时，在第一产业就业结构稳定的前提下，劳动生产率总体处于上升态势，则意味着工业进步效率对经济增长的促进作用可以抵消部分服务业对经济增长的拖后作用。

4. 开始关注环境、资源的影响

结合日本、韩国的发展经验，对环境、资源的关注意味着主动采取高质量发展的技术路径。日本、韩国分别于20世纪五六十年代进入重工业发展时期，高污染、高能耗对两国的环境造成了破坏。两国分别自20世纪70年代、20世纪90年代起密集立法，并逐步淘汰污染较高的生产设备、生产流程，这种对环境问题的关注成为促进后发国家产业升级的动力，也是高质量发展的体现。

（三）世界主要发达国家的发展经验对中国的启示

1. 后发国家的工业化进程压缩

从日本、韩国、新加坡的发展经验来看，成功迈入发达国家行列的后发国家的工业化进程大大加快。日本大约用了100年的时间完成工业化，韩国用了三四十年的时间。借助于国际贸易体系和技术的溢出效应，后发国家的工业化进程大大缩短，这同时带来了一些问题，后发国家的工业化进程中各种矛盾的爆发较为集中，如中国不仅面临就业人口在三次产业的结构调整问题，也面临着就业人口“老龄化”问题，这种矛盾的叠加也对后发国家的工业化进程造成了阻碍。

2. 制造业与服务业的比例还需要优化，严防“制造业空心化”

德国、日本的制造业占比相对较高，高于美国、英国，而美国、英国则成为“制造业空心化”的代表。虽然美国政府一直在出台各种政策吸引高端制造业“回流”美国，但收效甚微；即便是日本，也曾由于海外投资高涨引发学界对其“制造业空心化”的探讨。制造业体系建设是一个系统的工程，一些产业向海外转移势必会带走相应的配套产业。作为全球制造业最完备的国家，中国在引导企业“走出去”的同时也需要预判“制造业空心化”现象，在向“一带一路”国家转移过剩产能时注意国内制造业体系的建设和维护。

3. 加强技术创新，提高劳动生产率

虽然中国经济增速放缓，但与发达国家相比仍处于中高速增长。现阶段中国还是应该强调技术的重要性，同时需要重视科学管理，学习发达国家的技术经验、管理经验。虽然中国老龄人口的比例在不断上升，但只要有效劳动的增速较快，中国现有的劳动人口仍可以满足高质量发展的需要。

第三节 中国经济高质量发展评价

本节以五大发展理念——“创新、协调、绿色、开放、共享”为指引，构建了高质量发展综合评价指标体系，并对中国经济发展质量进行全面评价。在此基础上，就相关指标与典型发达国家进行横向比较，以期发现阻碍我国经济高质量发展的薄弱环节，从而为实现我国高质量发展相关政策的制定提供参考。

一、研究现状

经济发展质量是对经济增长品质优劣程度进行的规范性价值判断。目前关于经济增长质量的研究文献较多，对其内涵的界定尚未形成完整的理论。

狭义视角的经济发展质量表现为从单一指标入手，例如，从人均 GDP、价格指数、生产效率、节能减排指标等展开研究。然而，卡马耶夫（1983）认为仅从单一视角来解读经济发展是不够的，还需结合经济发展的代价。从广义的视角出发，托马斯（2001）从福利、教育机会、自然环境、资本市场抵御全球金融风险的能力及腐败等角度对各国的经济发展质量进行了比较。Barro（2002）则从人们的预期寿命、生育率、环境、收入的公平性、宗教信仰及政治制度等方面对经济发展的质量进行了实证分析。国内学者刘树成（2007）认为经济增长质量涵盖经济增长态势的稳定性、经济增长方式的可持续性、经济增长结构的协调性、经济增长效益的和谐性四个方面。

从经济发展质量的测度上看，以往的研究主要沿用全要素生产率和综合评价指标体系。Chow 和 Li（2002）以全要素生产率作为经济发展质量的测度指标，研究结果表明全要素生产率对我国经济增长的贡献为正。郭庆旺和贾俊雪（2005）比较了全要素生产率的四种估算方法。但郑玉歆（2007）认为以全要素生产率来测度经济发展质量存在局限性，原因在于没有考虑要素的长期影响；另外，全要素生产率的增长并不能保证实现资源的有效配置。

若从广义的视角来理解经济发展质量，应当通过构建一个综合评价指标体系来实现。郭克莎（1996）认为，经济发展质量主要表现在经济增长的效率、国际竞争力、通货膨胀程度及环境污染状况四个方面。肖红叶和李腊生（1998）从经济的稳定性、协调性、持续性和增长潜能四个方面对我国的经济发展质量进行了统计测度。随着经济快速发展，经济发展质量指标的衡量日益宽泛。钞小静和任保平（2011）将经济发展质量外延的内涵界定为经济增长的结构、经济增长的稳定性、经济增长的福利变化与成果分配，以及资源利用和生态环境代价四个维度。任保平和李梦欣（2017）进一步拓展了该指标体系。以党的十九大报告精神为指引，詹新宇和崔培培（2016）以五大发展理念为分析框架来构建指标评价体系。魏敏和李书昊（2018）则从动力机制转变、经济结构优化、开放稳定共享、生态环境和谐和人民生活幸福五个方面测度了经济发展质量。

综上所述，国内外学者从不同视角对经济发展质量进行了丰富的研究。归纳起来，从经济发展的过程来看，经济发展质量表现为结构优化和经济运行稳定；从最终目的来看，经济发展质量应当涵盖收入分配改善和资源利用效率提升。然而，已有研究在构建综合评价体系时，并不能够全面反映我国在经济转型时期提质增效的新要求。此外，我国的市场化改革方兴未艾，而上述文献均未能够从更广泛、深入的视角来反映我国进入经济新常态的新要求。鉴于此，本节立足于现有文献，在生态文明建设、创新驱动战略和能源绿色转型的背景下，以五大发展理念为总方向，构建出更为详细的经济高质量发展衡量指标，以适应新常态下中国经济增长提质增效的新要求。

二、高质量发展的衡量指标体系

（一）高质量发展的衡量维度

1. 创新驱动

创新是引领一个国家或地区经济发展的根本动力，是提升综合国力的重要途径。当前，我国正处于转变经济发展方式、新旧动能转换的关键时期，需要在经济中注入创新活力来推动高质量增长。新工业革命浪潮中，人工智能、大数据、区块链等新科技不断涌现。面对新的战略机遇，必须加强科技创新对高质量发展的引领作用，加快动力转换，实现动力变革。

从指标来看，生产率水平体现了各生产要素投入转化为产出的有效性，能够反映创新水平。通常而言，在经济起步阶段，经济增长主要依托传统生产要素的粗放式投入，而在经济发达阶段，增长效率的提升会成为经济高质量发展的主推力。除了效率外，创新水平还应包括创新投入与创新产出两个层面。

2. 协调发展

我国城乡、区域、产业发展不平衡已成为不争的事实。城乡发展不平衡源于历史形成的城乡二元分割体制没有得到根本消除。区域发展不平衡主要表现在东部与中、西部经济发展的不均衡。协调发展不仅有助于解决区域发展不平衡不充分的问题，还可以带动产业结构协调及城乡发展的协调等。此外，协调发展要求重视消费供需匹配，满足居民对高品质产品的消费需求。综上，发展不平衡不充分的问题必须通过协调发展来加以解决。

经济体系内部的协调发展不仅包含区域协调，还包括产业结构之间的协调、城乡协调及投资消费结构的协调等。如从产业结构看，产业结构的优化反映了经济系统中各部门间比例关系的变化，以及各部门之间融合程度的加深。从全球视野看，加快制造业高质量发展能够提升我国产品的附加值和国际竞争力，提升我国在全球的产业分工链条，推动我国向制造强国转变。

3. 绿色生态

按在未来经济发展的过程中，必须坚持“绿水青山就是金山银山、冰天雪地也是金山银山”的理念，加大生态系统保护力度，不断探索走出一条以生态优先、以绿色发展推动高质量发展的新路。未来生态环境质量的改善不仅需要依靠技术进步改变要素投入结构，也要充分发挥市场配置作用，依靠市场机制提高能源和资源的利用效率，减少经济活动对生态环境的不利影响。绿色生态包括资源消耗、污染排放、生态环境及环境治理四个方面。

4. 开放稳定

开放是国家通往繁荣发展的必由之路。改革开放以来，我国经济得以快速发展，其中一条极为重要的经验便是坚持改革开放的基本国策。同时应注意到，面对中美经贸摩擦等不确定性因素，需要我国继续坚守改革开放的基本国策，继续增强参与国际竞争和合作的实力，促进经济高质量发展。

经济稳定是指经济增长过程中没有出现过度的经济波动，或者偏离均衡状态的幅度较小。稳定的经济增长有利于资源有效配置和充分利用，熨平经济的周期性波动，减少不确定性。同时，经济高质量发展以经济安全为前提。此外，实现经济向高质量发展的转变还需要良好的金融环境。

5. 共享和谐

共享和谐从福利分配、人民生活及基础设施建设三个方面来体现。经济发展的最终目的是增加社会福利和提高居民的生活水平。有效的经济发展会提高居民的整体福利，表现为居民的财富分配更加合理，公共服务供给更加健全，城乡居民收入差距不断缩小。经济高质量发展需要以高质量的基础设施作为支撑。基础设施建设包括交通运输、机场、港口、能源基础设施建设等，是各经济主体从事生产经营和生活的基础条件，对经济社会发展具有基础性、战略性、先导性作用。

（二）高质量发展的衡量指标

1. 指标的选取

根据经济发展衡量的不同维度，选取并构建三级（包括一级指标、二级指标和具体指标）衡量指标体系，如表 4-2~ 表 4-6 所示。

表 4-2　创新驱动的衡量指标

一级指标	二级指标	具体指标	计量单位	指标属性
创新驱动	宏观效率	绿色全要素生产率	—	正指标
		资本生产率	—	正指标
		劳动生产率	—	正指标
	微观效率	规模以上工业企业主营业务收入利润率	—	正指标
		资产负债率	—	逆指标
		成本费用利润率	—	正指标
	创新投入	研发投入强度	—	正指标
		人均教育经费	元/人	正指标
		万人研究与试验发展人员全时当量	（人·年）/万人	正指标
	创新产出	人均专利申请授权数	件/万人	正指标
		人均技术市场成交额	元/万人	正指标
		高科技出口占制成品出口比重	—	正指标
		人均科技论文数	篇/万人	正指标

表 4-3　协调发展的衡量指标

一级指标	二级指标	具体指标	计量单位	指标属性
协调发展	产业结构	制造业比重	—	正指标
		第三产业比重	—	正指标
		产业结构高级化	—	正指标
		非国有企业增加值比重	—	正指标
	城乡协调	二元对比系数	—	正指标
		二元反差系数	—	逆指标
	城镇化	城镇化率	—	正指标
	投资消费结构	投资结构	—	适度指标
		消费结构	—	适度指标
	金融结构	金融服务业增加值/GDP	—	正指标
		股票交易总额/GDP	—	正指标
	区域协调	区域发展差异系数	—	逆指标

表 4-4　绿色生态的衡量指标

一级指标	二级指标	具体指标	计量单位	指标属性
绿色生态	资源消耗	单位GDP能源消费量	吨标准煤/万元	逆指标
		二氧化碳排放强度	吨/万元	逆指标
		万元GDP电耗	10^3千瓦时/万元	逆指标
	污染排放	万元GDP二氧化硫排放量	吨/万元	逆指标
		万元GDP工业固体废弃物产生量	吨/万元	逆指标
		万元GDP工业烟粉尘排放量	吨/万元	逆指标
	生态环境	森林覆盖率	米^2/人	正指标
		自然保护区占辖区面积比重	—	正指标
		生活垃圾无害化处理率	—	正指标
	环境治理	一般工业固体废物综合利用率	—	正指标
		建设项目“三同时”环保投资总额/GDP	—	正指标
		环境污染治理投资占GDP比重	—	正指标

表 4-5 开放稳定的衡量指标

一级指标	二级指标	具体指标	计量单位	指标属性
开放稳定	开放	外贸依存度	—	正指标
		外资依存度	—	正指标
		在外劳务人数占总人口比重	—	正指标
		人均对外经济合作新签合同额	美元/人	正指标
		市场化程度	—	正指标
	稳定	实际产出波动率	—	逆指标
		CPI波动率	—	逆指标
		PPI波动率	—	逆指标
		失业率	—	逆指标
	安全	政府负债水平（外债负债率）	—	逆指标
		商业银行不良贷款比	—	逆指标
		每万人交通事故发生数	起/万人	逆指标
		矿难百万吨死亡率	人/10^6吨煤	逆指标

注：CPI 即 consumer price index，消费价格指数；PPI 即 producer price index，生产价格指数

表 4-6 共享和谐的衡量指标

一级指标	二级指标	具体指标	计量单位	指标属性
共享和谐	福利分配	泰尔指数（城乡）	—	逆指标
		劳动者报酬占比	—	正指标
		基尼系数	—	逆指标
	人民生活	人均可支配收入	元/人	正指标
		万人拥有医院床位数	位/万人	正指标
		人均图书馆藏书量	册/人	正指标
		人均住房面积	米^2/人	正指标
		城镇基本养老保险覆盖率	—	正指标
	基础设施建设	人均铁路里程	千米/万人	正指标
		人均航线航班里程	千米/万人	正指标
		燃气普及率	—	正指标
		互联网普及率（包括移动电话）	—	正指标

2. 指标的综合评价方法

本部分采用了主成分分析法。与因子分析法相比，主成分分析法可以更

充分地反映各维度对综合性指数的贡献程度。现有研究在合成经济发展质量指数时也多采用主成分分析法，如钞小静和任保平（2011）、彭宇文和田珂源（2018）、陈昌云等（2016）的研究。

3. 各指标数据来源与处理

本节研究的时间范围为2000~2017年。对一些指标的测算需要做进一步说明。在计算绿色全要素生产率、技术进步、技术效率及资本生产率时，对于资本存量的计算参考了张军等（2004）的研究。使用MaxDEA 6.9测算了省级层面的绿色全要素生产率①，以GDP总量为权重合成全国层面的绿色全要素生产率，对技术效率与技术进步的处理亦是如此。

对于所有逆指标，均采用取倒数的形式进行处理，使其正向化；对于适度指标，参考现有研究对适度指标的处理方式［适度指标=1/（原始数据−适度值）］，将投资率和消费率的适度率分别设为38%和60%；对于外贸依存度的处理方法，参考顾海兵和王甲（2018）的研究。

本部分研究所使用的数据主要来源于《世界发展指标》《中国统计年鉴》《中国区域经济统计年鉴》《中国能源统计年鉴》《中国环境统计年鉴》，以及各省区市统计年鉴、各省区市统计公报等。

三、中国高质量发展评价

（一）中国高质量发展指数分析

如图4-17所示，2000~2017年我国的经济发展质量综合指数呈稳步上升

① 要素投入为资本、劳动力及能源；产出分为期望产出与非期望产出，期望产出为GDP，非期望产出包括二氧化碳排放量、二氧化硫排放量、工业固体废弃物排放量、工业烟粉尘排放量、废水排放量。

态势，表明经济发展质量整体提升，但在2017年增速明显放缓。创新驱动、协调发展、绿色生态、开放稳定、共享和谐五个子维度指数总体上均呈稳增态势，但存在差异。其中，2002~2011年开放稳定与协调发展的波动幅度较大。2012年之后，所有子维度指数增长均趋于平稳，且权重为正，反映了创新驱动、协调发展、绿色生态、开放稳定、共享和谐的进步均有利于我国经济发展质量的提高。

从贡献水平来看，共享和谐的权重最高，开放稳定和绿色生态次之，而创新驱动和协调发展的权重较低（图4-18）。这说明共享和谐、开放稳定及绿色生态是我国经济发展质量的主要贡献因素，而创新驱动和协调发展的贡献相对不足。

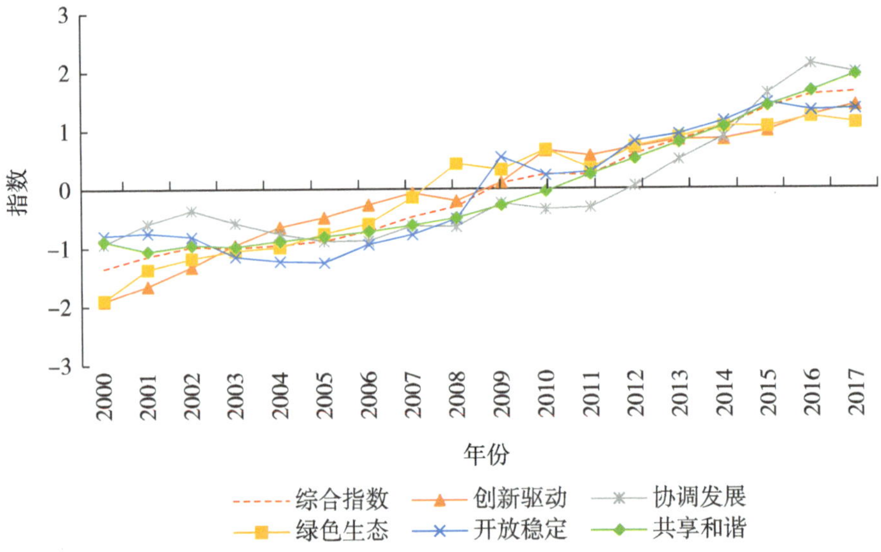

图4-17　2000~2017年我国经济发展质量指数及各维度变动情况

（二）子维度指标分析

1. 创新驱动

创新驱动权重排名第四，凸显创新对经济发展质量的贡献仍然不足。分

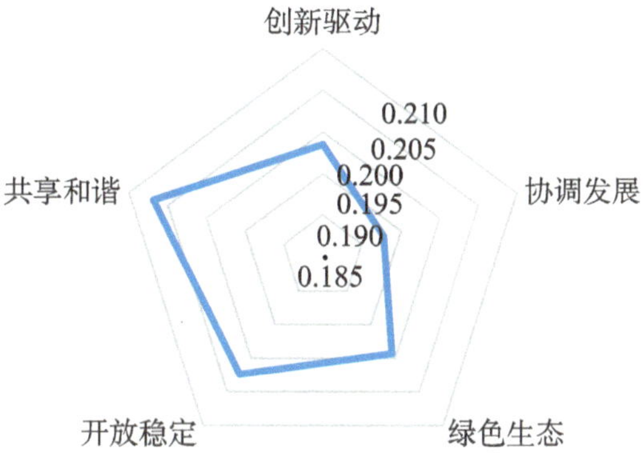

图 4-18　2000~2017 年各子维度指标对经济发展质量的权重

具体指标来看，对于宏观效率，劳动生产率的权重最高，资本生产率最低；尽管绿色全要素生产率的权重为正，但不足 0.03（图 4-19），这说明我国劳动生产率和绿色全要素生产率的提高有利于经济高质量发展，但后者的贡献明显较低，反映了当前我国绿色全要素生产率仍然偏低，对经济发展质量的拉动作用不足。测算结果显示，绿色全要素生产率和技术进步在大多数年份高于 1，而技术效率在相应的多数年份低于 1，说明绿色全要素生产率的提升主要是由技术进步推动的（图 4-20）。技术效率的贡献较低则反映了企业未在最优的规模上进行生产，仍然受到制度性约束，市场竞争不充分。此外，资本生产率仍在不断下降，表明目前可能存在过度投资。

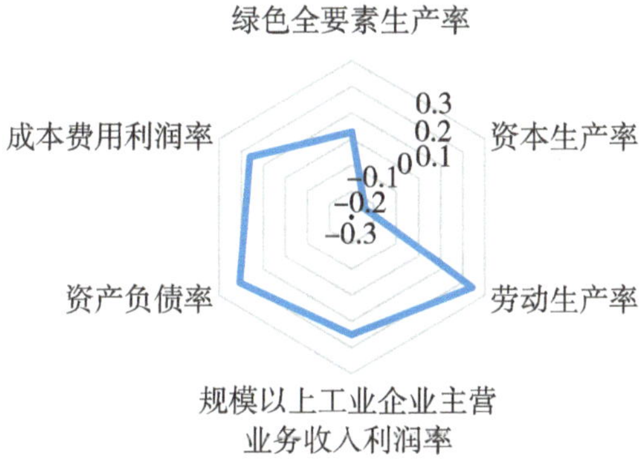

图 4-19　2000~2017 年宏观效率和微观效率指标对创新驱动的权重

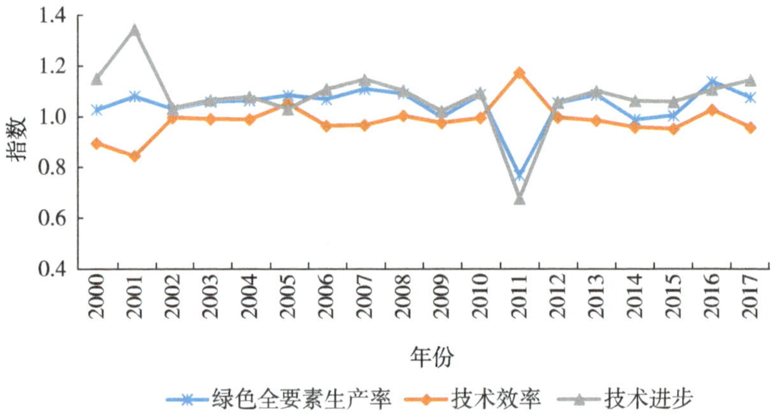

图 4-20　绿色全要素生产率变动趋势

从微观层面来看，资产负债率、成本费用利用率及规模以上工业企业主营业务收入利润率对经济发展质量的贡献相对较大。具体来看，考察期内我国规模以上工业企业主营业务收入利润率与成本费用利润率整体上均有所上升，表明企业的收益能力不断增强。同时，资产负债率下降了接近5个百分点，意味着债权人发放贷款的安全程度不断上升，微观杠杆率不断下降。

创新投入的所有指标的权重为正且数值较大，表明创新投入对经济发展质量的贡献相对较高。从其具体指标看，研发投入强度的权重最大（图 4-21），万人研究与试验发展人员全时当量次之，人均教育经费的贡献较低。从创新产出来看，人均科技论文数、人均专利申请授权数、人均技术市场成交额的权重较高。同时，高科技出口占制成品出口比重的权重相对较低，不足 0.05，表明其对经济发展质量的拉动效应不明显，反映了我国的高科技出口产品附加值不高，国际竞争优势不明显。

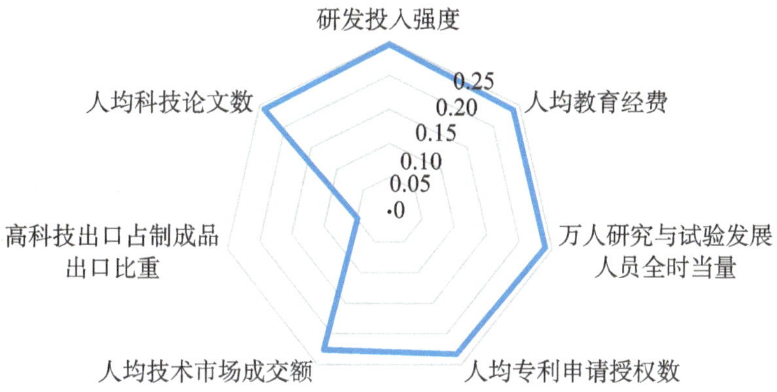

图 4-21　2000~2017 年创新投入和创新产出指标对创新驱动的权重

2. 协调发展

首先，从产业结构来看，产业结构高级化的权重最大，第三产业比重次之，表明服务业对经济高质量发展的推动作用日益突出（图 4-22）。但是，制造业比重的权重为负，意味着制造业内部存在着不合理因素，仅仅依靠规模提升已经不能适应高质量增长的要求。其次，从城乡协调来看，二元对比系数、二元反差系数对经济发展质量提升的作用明显。最后，对于其他指标，城镇化率、金融服务业增加值 /GDP 及区域发展差异系数的权重较大。此外，投资结构的权重为负，表明当前投资结构不尽合理，投资效率较低；消费结构对协调发展指标的权重也为负，表明消费率不足对经济高质量发展也造成了负向压力。

3. 绿色生态

从资源消耗和污染排放的指标来看，资源消耗相关指标的权重普遍较高。具体来看，单位 GDP 能源消费量、二氧化碳排放强度、万元 GDP 电耗对绿色生态指数的贡献均超过 0.21（图 4-23）。相比而言，污染排放相关指标对绿色生态指数的贡献相对较低。

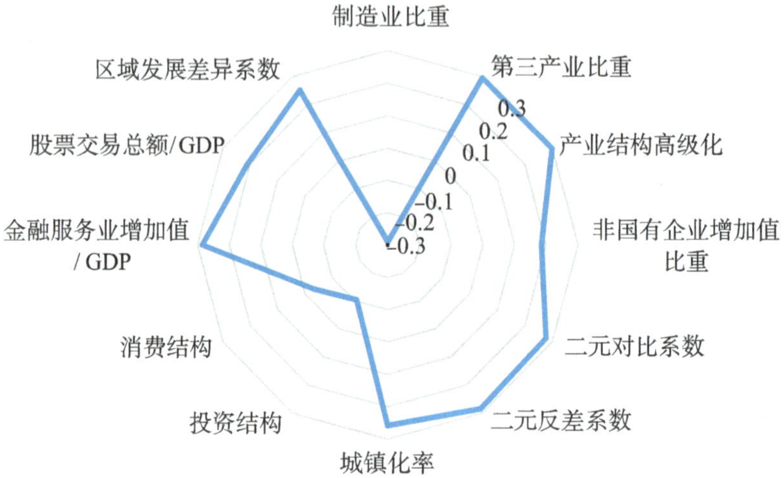

图 4-22　协调发展各子指标的权重

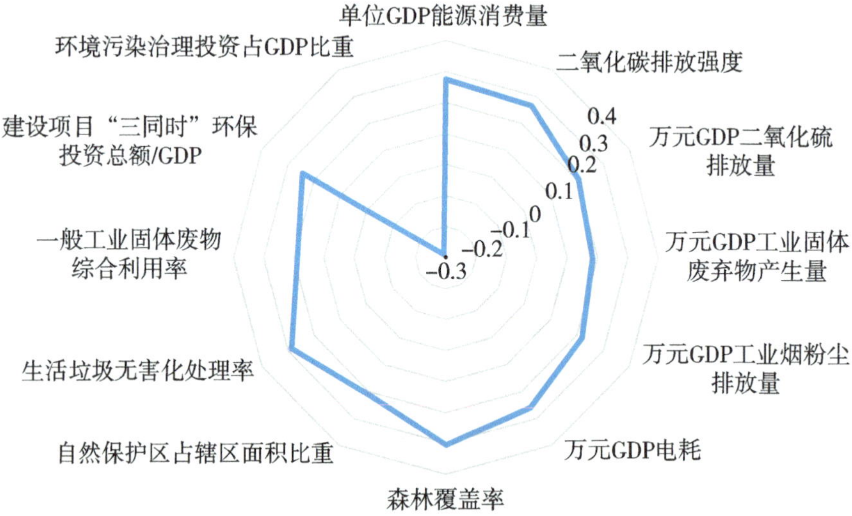

图 4-23　绿色生态各子指标的权重

从生态环境来看，森林覆盖率的权重最大，生活垃圾无害化处理率次之，自然保护区占辖区面积比重的贡献相对较小。考察期内，我国森林覆盖率由 18.85% 提升至 21.6%；生活垃圾无害化处理率由 52.38% 提高至 97.74%。

从环境治理来看，一般工业固体废物综合利用率和建设项目“三同时”环保投资总额/GDP的权重较大，环境污染治理投资占GDP比重的权重相对较小。从变动趋势来看，环境污染治理投资占GDP比重基本保持在1%~2%的区间，总体上表现为先升后降。可以认为，环境污染治理投资投入相对不足。另外，工业污染治理投资在环境污染治理投资中的份额持续下降，由23.13%逐渐降为7.14%（图4-24）。综上，为了提升我国绿色生态发展水平，需要增加环境污染治理投资尤其是工业污染治理投资，进而促进经济高质量发展。

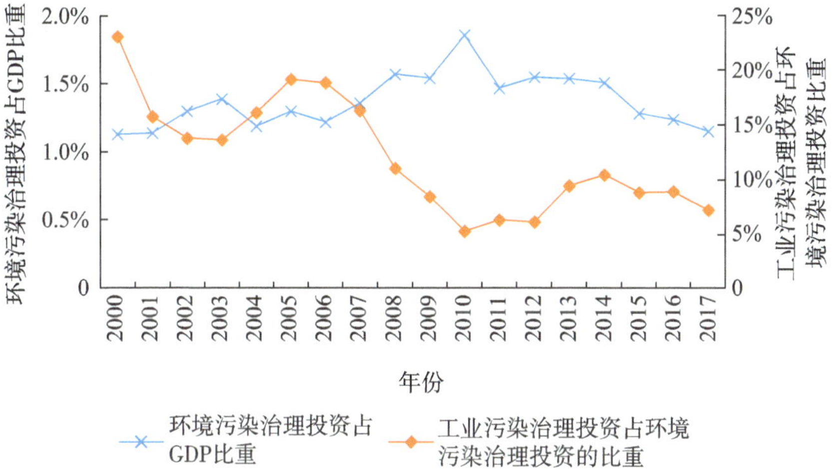

图4-24　环境污染治理投入

4. 开放稳定

开放稳定指标在整个考察期内的波动相对频繁。从具体指标来看，人均对外经济合作新签合同额与在外劳务人数占总人口比重的权重相对较高（图4-25）。市场化程度[①]的权重也为正。我国市场化指数稳步提高，由2000年的5.067提升至2017年的7.973。这说明我国市场化改革取得了明显进展，市场资源配置基础作用得到增强。

① 市场化程度指标出自王小鲁等（2019）发布的《中国分省份市场化指数报告（2018）》。

PPI 波动率、CPI 波动率、失业率的权重均为正。然而，实际产出波动率指标对经济稳定的权重为负。根据测算结果，2000~2017 年，实际产出波动率表现为明显的周期性特征，2017 年呈现出持续下行趋势，表明经济下行的压力加大。

从经济安全来看，矿难百万吨死亡率与每万人交通事故发生数的权重相对较大。表征经济运行安全的商业银行不良贷款比与政府负债水平（外债负债率）两个指标的权重也为正。统计数据显示，2008~2017 年，我国的商业银行不良贷款率处于 3% 以下，表明商业银行的资产质量是上升的。但政府债务率在 2015~2017 年有所提高，对经济发展质量造成了负向压力。

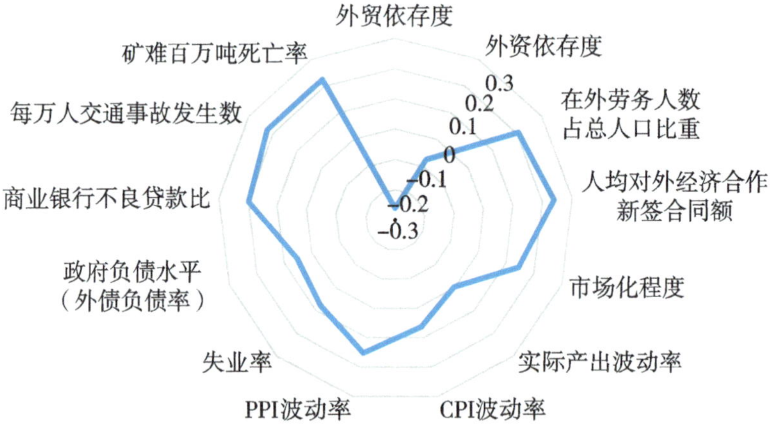

图 4-25　开放稳定各子指标的权重

5. 共享和谐

共享和谐指标对我国经济发展质量的权重最大。分指标来看，如图 4-26 所示，在福利分配方面，泰尔指数（城乡）的权重最大，而劳动者报酬占比与基尼系数的权重相对较小。2014~2017 年我国城乡收入比下降明显。相反地，考察期内劳动者报酬占比呈现先降后升的变动趋势。总体而言，该三个指标整体上反映了我国城乡收入差距正在缩小，收入分配日趋合理，但劳动者报酬占比与基尼系数的权重相对较低表明在收入分配方面仍存在着不合理因素。

从人民生活指标来看，万人拥有医院床位数和人均可支配收入的权重较大，人均住房面积对共享和谐的贡献相对较小。

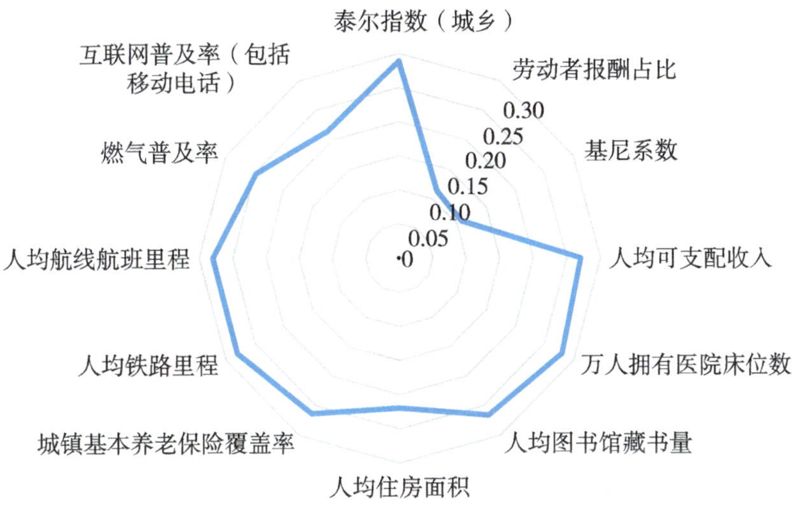

图 4-26 共享和谐各子指标的权重

从基础设施建设指标来看，人均铁路里程、人均航线航班里程、燃气普及率的权重较大，表明交通运输、机场、能源设施对经济发展质量的贡献较大。互联网普及率（包括移动电话）的权重为正，表明其对经济发展质量存在正向溢出效应。2000~2017年我国互联网普及率由不足2%提高至54.3%。然而，互联网普及率（包括移动电话）的权重相对于其他基础设施指标稍显不足。

综上，测度结果与分析表明，协调发展与创新驱动对经济发展质量的引领作用需要进一步增强，在一些层面仍存在突出短板，如经济稳定性不高、收入分配差距不尽合理、工业污染治理投资不足等，但总体而言，我国已经具备了实现高质量跨越发展的基础和条件。

四、经济高质量发展的国际比较

本部分参考构建的高质量发展指标体系，结合数据的可得性，选取了美国、英国、法国、德国、日本、韩国六个发达国家，并与我国对应指标进行比较。

（一）劳动生产率较低，创新投入相对不足

图 4-27 显示，各国的劳动生产率（用劳动人均产出表示）整体呈上升趋势，但存在显著差异。其中，发达国家中美国的劳动生产率最高，法国与日本紧随其后，韩国相对较低。以美国为参考基准，我国与其劳动生产率的差距缩小，但上升空间仍然较大。此外，发达国家的平均产能利用水平相对较高。

从创新投入来看，韩国的研发支出强度增长最快，于 2009 年超过日本（图 4-28）。我国研发支出强度也呈快速增长趋势，与发达国家的差距快速缩小，我国于 2010 年超过英国，2015 年与法国的研发支出强度接近。但总体而言，现阶段我国的研发支出强度与 OECD 国家 2.4% 的平均水平仍存在差距。

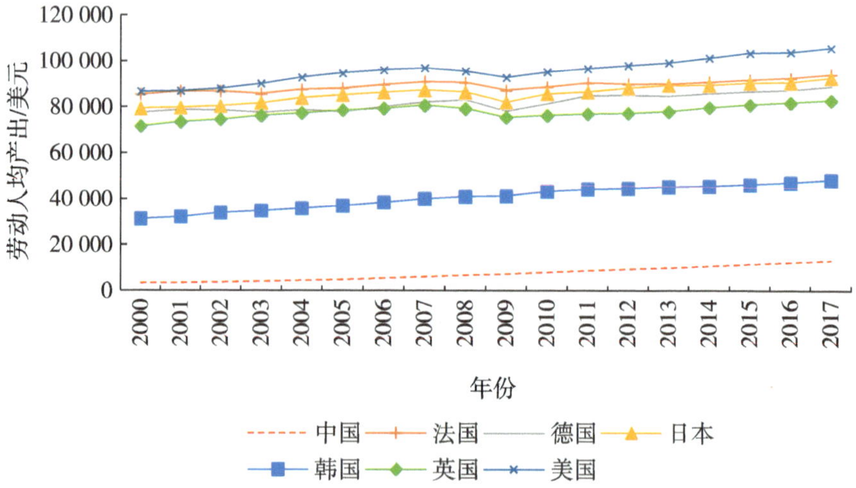

图 4-27 劳动人均产出
资料来源：世界银行《世界发展指标》

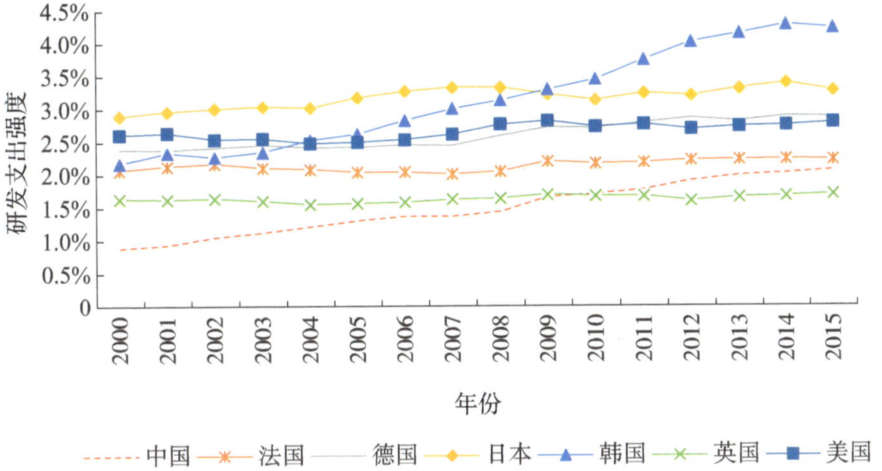

图 4-28 研发支出强度

资料来源：世界银行《世界发展指标》

高等教育毛入学率是衡量人力资本储备力量的重要指标。当前，韩国的高等教育毛入学率最高。其余发达国家呈稳步上升态势。与此同时，我国的高等教育毛入学率提升明显，2015 年相当于日本 2000 年的水平。另外，我国的每百万人科技人员数相对偏低。

从创新产出看，我国的专利申请总量增长较快，目前是世界上专利申请量最多的国家，并继续保持快速增长势头。但我国的人均专利申请量 2016 年时仅为 9.71 件 / 万人，低于发达国家水平（表 4-7）。类似的差距还表现在人均科技论文数方面。

表 4-7 人均专利申请量（单位：件 / 万人）

年份	中国	法国	德国	日本	韩国	英国	美国
2000	0.41	2.85	7.56	33.08	21.70	5.56	10.49
2005	1.33	2.73	7.30	33.42	33.40	4.63	13.22
2010	2.92	2.55	7.24	26.91	34.33	3.49	15.85
2015	8.04	2.45	8.19	25.07	41.89	3.50	18.36
2016	9.71	2.43	8.25	25.07	40.75	3.36	18.72

资料来源：世界银行《世界发展指标》

根据康奈尔大学、欧洲工商管理学院和世界知识产权组织联合发布的2018年全球创新指数排名[①]，我国的创新水平与其他发达国家的差距明显缩小，总体排名第17位。但从分项指标看，我国的创新投入排名第27位，与排名相对靠前的创新总指数地位不相称；我国的创新产出排名位列第10位，超过了韩国、法国、日本。因此，提升我国的创新投入水平是当务之急。

（二）产业结构仍待优化，消费率偏低

美国、英国、法国等国的产业结构服务化趋势较为明显。近年来，我国的产业结构高级化指数呈现上升趋势，追赶效应显著，目前已趋近韩国，但上升空间仍然较大（图4-29）。

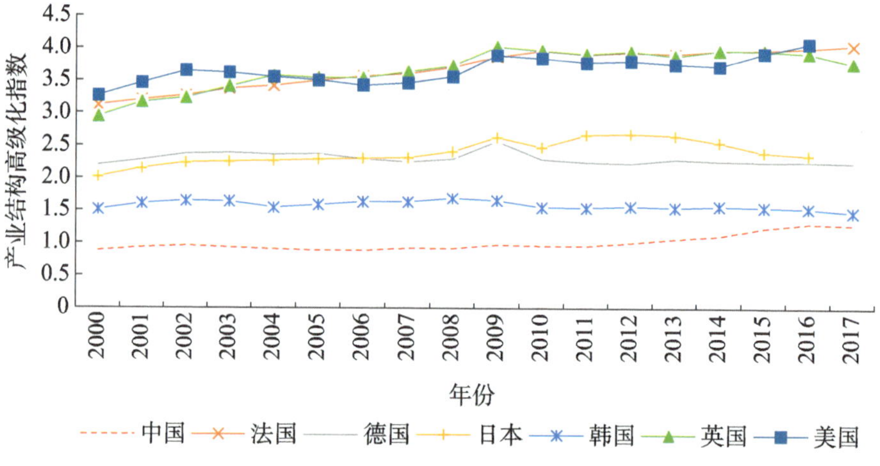

图4-29　产业结构高级化指数

资料来源：世界银行《世界发展指标》

我国城镇化水平提升较快，但与发达国家相比，仍有数十年的差距。总体而言，我国当前的人口城镇化率仍然处于城镇化的发展阶段；而发达国家均已处于成熟阶段（表4-8）。

① 具体可参考 https://www.wipo.int/edocs/pubdocs/en/wipo_pub_gii_2018-intro5.pdf。

表 4-8 城镇化水平

年份	中国	法国	德国	日本	韩国	英国	美国
2000	35.88%	75.87%	74.97%	78.65%	79.62%	78.65%	79.06%
2005	42.52%	77.13%	75.98%	85.98%	81.35%	79.92%	79.93%
2010	49.23%	78.37%	76.97%	90.81%	81.94%	81.30%	80.77%
2015	55.50%	79.66%	77.20%	91.38%	81.63%	82.63%	81.67%
2016	56.74%	79.92%	77.22%	91.46%	81.56%	82.89%	81.86%
2017	57.96%	80.18%	77.26%	91.54%	81.50%	83.14%	82.06%

资料来源：世界银行《世界发展指标》

我国的投资率高于发达国家，并呈现出良好的上升态势。从消费结构来看，当前我国的消费率远低于发达国家，如美国、英国两国的消费率超过 80%。

（三）粗放式增长仍然明显，生态环境需进一步改善

能源强度在发达国家间表现出分化趋势，英国、德国、日本、法国较低，而美国、韩国较高（图 4-30）。目前，我国的能源强度已接近韩国。2000~2015 年我国的能源强度下降了接近 30%，表明我国的节能工作取得了良好成效。发达国家的碳排放强度基本表现出缓慢的下降态势。其中法国的碳排放强度最低。多数发达国家的碳排放强度趋同于 2.2~2.5 千克 / 千克油当量的区间。整体而言，我国的碳排放强度和能源强度仍显著高于发达国家，节能减排工作需进一步加强。

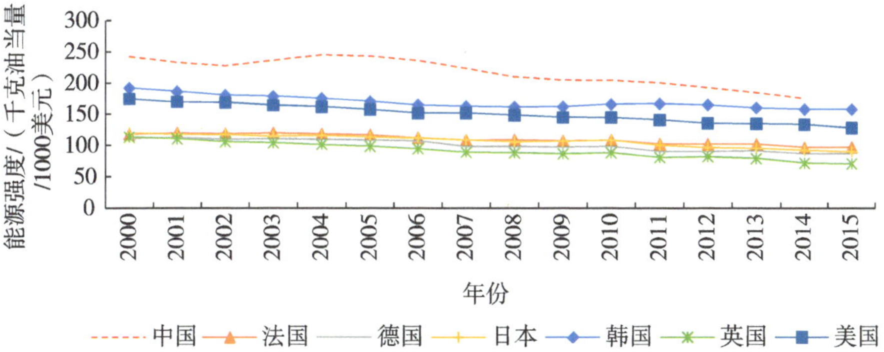

图 4-30 能源强度

资料来源：世界银行《世界发展指标》

从生态环境情况来看，发达国家各异，其中日本和韩国的森林覆盖率最高，其次是美国和德国，英国较低，2015 年仅为 13%。我国的森林覆盖率呈现上升趋势。然而，从环境污染物来看，如表 4-9 所示，发达国家的 $PM_{2.5}$ 浓度大多低于 20 微克 / 米^3，而我国的 $PM_{2.5}$ 浓度仍处于较高区间，空气质量改善空间较大。

表 4-9　$PM_{2.5}$ 浓度（单位：微克 / 米^3）

年份	中国	法国	德国	日本	韩国	英国	美国
2000	51.57	12.61	14.08	12.44	25.75	12.69	10.70
2005	56.85	12.26	13.39	13.21	25.94	12.04	10.43
2010	58.17	12.24	13.70	12.34	25.16	11.81	8.62
2011	57.11	12.21	13.68	11.79	23.8	11.84	8.65
2015	56.40	11.89	13.48	13.15	28.68	11.55	9.17
2016	56.33	11.87	13.46	13.16	28.68	11.52	9.20

资料来源：世界银行《世界发展指标》

（四）经济运行的稳定性有待提升，经济安全不容忽视

根据测算结果，如图 4-31 所示，我国的实际产出波动幅度相对较大，2008~2013 年为正向波动，高于发达国家，但在 2000~2004 年与 2015~2017 年均表现为负向波动，低于大多数发达国家，表明我国经济运行的安全性与稳定性有待加强。CPI 也表现出波动相对较大的特征。

从经济运行的安全上看，日本、韩国两国的能源对外依存度较高。随着经济快速发展，目前我国石油对外依存度已超过 70%，能源供给安全问题不容忽视。

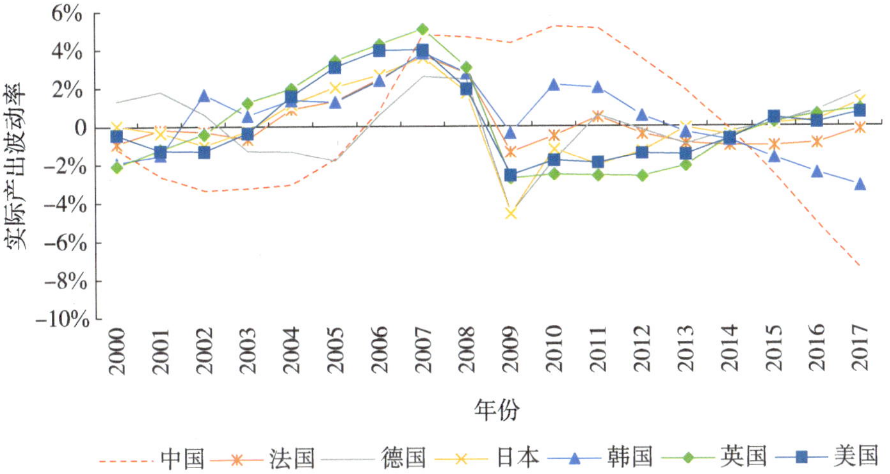

图 4-31　实际产出波动

资料来源：世界银行《世界发展指标》，采用 HP 滤波法计算

（五）收入分配需更加合理，基础设施有待完善

基尼系数通常将 0.4 作为收入分配差距的“警戒线”。以 2015 年为例，我国的基尼系数仅次于美国，均超过 0.45，其他发达国家不高于 0.35。因此，制定公平合理的收入分配制度，积极缩小城乡收入分配差距是防止我国落入中等收入陷阱的必要选择。

经过多年快速发展，我国的基础设施得以根本改善，许多指标已位居世界前列，但基础设施质量需要进一步提升。表 4-10 与表 4-11 显示，发达国家港口基础设施质量的得分普遍较高。我国港口基础设施的质量及物流绩效一直处于稳步上升趋势，但得分仍不理想，这反映了我国在互联互通质量方面仍有改进空间。

表 4-10　港口基础设施质量得分

年份	中国	法国	德国	日本	韩国	英国	美国
2007	3.98	5.87	6.53	5.55	5.51	5.43	5.81
2010	4.32	5.87	6.39	5.15	5.46	5.49	5.54
2015	4.55	5.28	5.61	5.40	5.23	5.67	5.73
2016	4.50	5.30	5.60	5.40	5.20	5.70	5.70
2017	4.60	5.10	5.50	5.30	5.20	5.50	5.80

资料来源：世界银行《世界发展指标》

表 4-11　物流绩效得分

年份	中国	法国	德国	日本	韩国	英国	美国
2007	3.32	3.76	4.10	4.02	3.52	3.99	3.84
2010	3.49	3.84	4.11	3.97	3.64	3.95	3.86
2012	3.52	3.85	4.03	3.93	3.70	3.90	3.93
2014	3.53	3.85	4.12	3.91	3.67	4.01	3.92
2016	3.66	3.90	4.23	3.97	3.72	4.07	3.99

资料来源：世界银行《世界发展指标》

第四节

中国产业结构调整升级与经济高质量发展

产业结构转型升级被认为是推动我国经济实现高质量发展的重要引擎。上文已从高质量发展视角将中国与发达国家进行比较，本节致力于深入中国各区域，考察产业结构变动与高质量发展水平的关系。为了研究产业结构转型升级对我国经济高质量发展的影响，本节利用 2000~2017 年 30 个省区市（不包含西藏和港澳台）的面板数据，通过构建产业结构变动指标与经济高质量发展指数，实证研究产业结构变动对我国经济高质量发展的影响。结果表明，产业结构变动整体上有利于推动我国实现经济高质量发展。产业结构转型升级对我国的经济增长存在“结构性红利”，有助于提升绿色全要素生产率增长率，但在一定程度上会导致我国区域经济发展分化。根据研究结论，并结合实际，本节在最后给出了相应的对策建议。

一、研究现状

产业结构变迁与经济增长关系的相关研究是经济学中的重要问题。产业结构变迁的相关研究最早出现在配第、克拉克、库兹涅茨及钱纳里的相关研究中。这些学者利用不同的统计方法给出了产业结构变迁与经济增长的一般规律。产业结构变迁会通过“结构性红利”来影响经济增长，同时，经济增长会反过来影响产业结构。因此在研究中，准确识别产业结构与经济增长的因果关系是必要的。

通过梳理发现，多数研究倾向于认为产业结构升级有利于经济增长，但影响效应差异较大。在因果关系识别方面，纪玉山和吴勇民（2006）利用1978~2003年的时间序列数据，发现产业结构与经济增长两者之间存在长期协整关系，格兰杰因果关系检验表明产业结构是推动经济增长的原因。李春生和张连城（2015）将时间节点延长至2013年，通过建立向量自回归模型研究发现产业结构与经济增长在长期存在协整关系。在具体指标方面，干春晖等（2011）具体将产业结构变迁分为产业结构合理化与高级化两种指标，实证考察了产业结构演进对经济增长的影响，结果表明两个指标均有利于我国的经济增长。陶桂芬和方晶（2016）也选取了该两种指标，通过使用15个省区市的面板数据研究发现，产业结构合理化与高级化表现为明显的区域异质性特征，东部地区要优于中、西部地区。陈曦和穆怀中（2014）、于斌斌（2015）也利用类似的指标研究了结构变动对经济增长的影响。在具体的贡献度测算方面，樊胜根等

（2002）利用我国 1978~1995 年的时间序列数据，发现结构变动对经济增长的贡献为 17%。刘伟和张辉（2008）利用偏离份额法，发现尽管结构变迁对经济增长的贡献大于 50%，但随着市场化程度不断提高，该正向效应逐渐减弱。严成樑（2016）发现产业结构变动对经济增长的贡献约为 21%。刘伟和李绍荣（2002）实证研究了我国三次产业结构与经济增长的关系，发现我国的经济增长主要由第三产业拉动，但其对经济规模的效应却为负，认为第三产业存在促进经济增长的最优结构。另有研究表明产业结构变动抑制了经济增长（高更和和李小建，2006）。此外，有研究表明产业结构升级对全要素生产率的影响可能是非线性的（于斌斌，2015）。可以认为，产业结构变迁对经济增长的影响因样本选择、模型设定的不同而不同，尚未形成一致性的结论。

上述研究从不同视角揭示了我国产业结构变迁与经济增长的关系，取得了丰硕的研究成果，为后续研究的展开提供了参考。然而，现有文献在衡量高质量发展方面尚未形成统一的指标体系，大多文献对经济高质量指标体系的构建较为粗糙，不能尽可能反映经济增长质量的全貌。鲜有文献专门研究产业结构变迁与我国经济高质量发展的关系。本节力求在上述几点不足取得突破，进一步检验我国经济增长中特别是在高质量发展条件下是否存在“结构性红利”。

二、产业结构变动指数与高质量发展指数构建

（一）产业结构变动指数

本节利用偏离份额法测算的指数和绝对值范数（norm of absolute values，NAV）作为产业结构变迁的度量指标。偏离份额法最早由 Fabricant（1942）提出，Fagerberg（2000）利用该方法测算了各产业部门就业变动对劳动生产率的影响。在此分析框架下，可推导出三次产业结构变动对经济增长的贡献。李武军和黄炳南（2010）与王蒙和刘刚（2017）分别使用该方法来衡量产业结构变动。根据

Fagerberg（2000）的研究，第 0 期至第 T 期劳动生产率变动的具体分解步骤如下。

$$\frac{\Delta L}{L_0}=\sum_{i=1}^{n}\frac{S_{i0}\Delta L_i}{L_0}+\sum_{i=1}^{n}\frac{\Delta S_i L_{i0}}{L_0}+\sum_{i=1}^{n}\frac{\Delta S_i \Delta L_i}{L_0} \tag{4-1}$$

其中，下标 0 与 i 分别为第 0 期和第 i 个产业部门；L 与 S 分别为劳动生产率和三次产业的劳动力份额，劳动生产率为各部门的增加值与相应的劳动力的比值；L_0 为第 0 期的劳动生产率；ΔL 与 ΔS 分别为 $[0, T]$ 的劳动生产率和劳动份额的变动。式（4-1）右边将劳动生产率的增长率分解为三个部分：$\sum_{i=1}^{n}\frac{S_{i0}\Delta L_i}{L_0}$ 为组内生产率的提升，反映了技术进步效应；$\sum_{i=1}^{n}\frac{\Delta S_i L_{i0}}{L_0}$ 为组间生产率的变化，反映了静态结构效应；$\sum_{i=1}^{n}\frac{\Delta S_i \Delta L_i}{L_0}$ 为劳动力配置与生产率增长的联合效应，反映了动态结构效应。

尽管偏离份额法能够方便地刻画结构变迁对经济增长的贡献，然而该方法存在一个明显缺陷，即假定组间和组内的变动独立于劳动生产率，并未考虑产业部门间结构变动对经济增长的积极影响。而 NAV 法能够同时捕捉某个产业部门引发的结构变动对生产率的影响。根据 Dietrich（2012）的研究，NAV 法的核算方法为

$$\mathrm{NAV}=0.5\times\sum_{k=1}^{n}\left|S_{iT}-S_{i0}\right| \tag{4-2}$$

其中，S_{iT} 和 S_{i0} 与上述指标的含义一样；0.5 为调整系数（Dietrich，2012）。

（二）高质量发展指标体系构建

科学界定经济高质量发展指标是评价我国及各地区经济发展质量的关键。根据上节的高质量发展测度方法，本节构建了省级层面的高质量发展指标体系，具体包括 5 个维度 50 个基础指标[①]。采用主成分分析法来进行指数合成，选择累计贡献率大于 85% 的主成分来确定基础指标权重。

① 考虑到数据的可得性，本节构建的地区高质量发展指标体系与本章第三节稍有不同。

（三）数据来源与说明

本节构建的高质量发展指标所采用的数据主要来源于历年的《中国统计年鉴》《中国能源统计年鉴》《中国环境统计年鉴》《中国科技统计年鉴》《中国城乡建设统计年鉴》《中国城市统计年鉴》《新中国六十年统计资料汇编》，以及各省区市统计年鉴和统计公报等。

区域发展差异系数采用变异系数法：CV= $\sqrt{(X_i-\overline{X})/N}\Big/\overline{X}$ 。该值越大，表明各地区经济发展差异越大。需要说明的是，全国层面的区域发展差异系数采用各省区市的人均实际地区生产总值的差异来计算，而各省区市的区域发展差异系数采用各地级市层面的人均实际地区生产总值的差异来计算（四大直辖市使用区级数据）。对于产出波动率指标，本节分别利用全国的实际GDP数据和各省区市的实际地区生产总值数据（1999年为基年），采用HP滤波法来进行测算。

三、模型构建与结果分析

（一）模型构建

为了检验以上构建的产业结构变动指数对高质量发展指数是否存在影响，本节构建如下面板模型进行验证：

$$\mathrm{Index\_hq}_{it}=\beta_0+\beta_1\mathrm{struc}_{it}+\sum_{i=2}^{n}\beta_i X_{it}+\mu_i+\delta_t+\varepsilon_{i,t} \tag{4-3}$$

其中，$\mathrm{Index\_hq}_{it}$ 为第 i 个地区第 t 期的高质量发展指数；struc_{it} 为产业结构变动指数，是本部分所关注的核心解释变量；X_{it} 为控制变量，加入此项是考虑到我国仍处于经济转型时期，影响经济高质量发展的方面很多，除了产业结构变动外，还包括地方政府的财政能力（fingdp）、研发投入（rd）、市场化水平（mark_in）、金融发展程度（credgdp）、城镇化率（urb）及基础设施建设

（roadp）等方面。同时，加入这些变量也是为了考察产业结构变动对高质量发展指数的结果是否稳健。其中，地方政府的财政能力采用财政支出与GDP的比值来表示；研发投入使用各省区市的研发经费支出占GDP的比重来表示；市场化水平来源于王小鲁等（2019）《中国分省份市场化指数报告（2018）》中的各地区市场化指数；金融发展程度使用各金融机构存款与GDP的比重来表示；城镇化率采用城镇人口占总人口的比重来表示；基础设施建设采用人均公路面积来表征。考虑到解释变量与被解释变量之间可能存在内生性，也就是经济发展质量较高的地区，其产业结构变动可能也较多，为了尽可能消除内生性，本部分尝试在式（4-1）的基础上构建动态面板模型，同时引入被解释变量的滞后一期项来检验高质量增长是否存在一定的路径依赖：

$$\text{Index\_hq}_{it} = \beta_0 + Z_1\text{Index\_hq}_{it-1} + \beta_1\text{struc}_{it} + \sum_{i=2}^{n}\beta_i X_{it} + \mu_i + \delta_t + \varepsilon_{i,t} \qquad (4\text{-}4)$$

其中，Index_hq_{it-1} 为第 i 个地区第 $t-1$ 期的高质量发展指数。

（二）实证结果

根据2000~2017年我国30个省区市面板数据，本节使用三种不同的方法进行了估计，分别为偏差校正LSDV（least square dummy variables，最小二乘虚拟变量）法、系统GMM（generalized method of moments，广义矩阵估计）及差分GMM。LSDV的优势在于能够有效地控制时间和个体固定效应。然而，这种方法仍然无法克服变量之间存在的内生性带来的估计偏差。在样本量为大 N 小 T（N 为样本的个体数，T 为时间）的情况下，利用基于GMM的工具变量估计法往往更加有效。

表4-12中（1）~（3）列分别给出了LSDV、系统GMM及差分GMM的估计结果。其中，LSDV法使用了Blundell-Bond估计量来进行估计，利用Bootstrap法自助抽样1000次。从偏离份额法的回归结果来看，高质量发展指数的一阶滞后项在1%的统计水平上显著，说明我国各区域的高质量发展存

在较强的动态连续性，即以往的高质量发展也会影响当前的高质量发展水平。从核心解释变量的系数来看，在三种回归方法下以偏离份额法衡量的产业结构变动对高质量发展指数的影响均为负，且在系统 GMM 的结果中是显著的。正如 Timmer 和 Vries（2009）所指出的，偏离份额法假定每个产业部门的结构变动独立于生产率，因此其核算结果可能存在问题，会导致估计结果发生较大偏差。

表 4-12　以偏离份额法核算的产业结构变动指标的回归结果

变量	Index_hq		
	（1）LSDV	（2）系统GMM	（3）差分GMM
l.Index_hq	0.872***	0.731***	0.654***
	（0.029）	（0.031）	（0.022）
struc_shift	−0.125	−0.221**	−0.231
	（0.196）	（0.104）	（0.184）
fingdp	0.014***	0.042***	0.039***
	（0.005）	（0.004）	（0.005）
rd	0.079*	0.018	0.134***
	（0.048）	（0.028）	（0.028）
mark_in	0.028	0.090***	0.070***
	（0.017）	（0.007）	（0.004）
credgdp	−0.024	−0.114***	−0.033
	（0.087）	（0.044）	（0.052）
urb	0.009**	0.009***	0.019***
	（0.004）	（0.003）	（0.004）
roadp	0.0003	−0.0004	−0.0003
	（0.002）	（0.001）	（0.001）
常数项		−1.566***	-2.034***
		（0.157）	（0.150）
AR（1）-*P*值		0.089	0.085
AR（2）-*P*值		0.601	0.568
Sargan检验		1.000	1.000
观察值	510	510	480

注：括号内为标准误差

***、**、* 分别表示 1%、5%、10% 的显著性水平

接下来重点关注 NAV 法的回归结果（表 4-13）。总体来看，三种方法下产业结构变动对高质量发展指数的影响方向均一致，但在 LSDV 估计下统计上并没有通过显著性检验。LSDV 法存在对于小 *N* 大 *T* 的样本估计的偏差，因此仅将其作为对照。表 4-13 给出了 GMM 的回归结果，在 10% 的显著水平下，拒绝了差分方程残差序列的一阶自相关系数为 0 的原假设，但无法拒绝其二阶自相关系数为 0 的原假设，表明模型通过了自相关检验。另外，Sargan 检验的 *P* 值为 1，表明本部分选取的工具变量是有效的。从具体回归结果来看，系统 GMM 与差分 GMM 的估计结果显示 NAV 产业结构变动指数的系数在 1% 的统计水平上均显著为正，这表明 2000 年以来的结构变动在整体上有助于提高我国经济的高质量发展水平。以系统 GMM 为例，NAV 产业结构变动指数每提升一个百分点，高质量发展指数上升 0.043%。换言之，继续推动产业结构优化升级，将对我国的高质量发展产生显著的积极影响。产业结构升级对经济增长存在“结构性红利”，可通过促进经济系统资源的合理配置进而推动经济高质量发展。

表 4-13　以 NAV 法核算的产业结构变动指标的回归结果

变量	Index_hq		
	（1）LSDV	（2）系统GMM	（3）差分GMM
l.Index_hq	0.878***	0.776***	0.651***
	（0.029）	（0.032）	（0.046）
struc_nav	0.007	0.043***	0.018***
	（0.010）	（0.011）	（0.007）
fingdp	0.014***	0.033***	0.043***
	（0.005）	（0.003）	（0.006）
rd	0.080*	0.106*	0.159
	（0.048）	（0.062）	（0.121）
mark_in	0.027	0.074***	0.064***
	（0.018）	（0.011）	（0.007）

续表

变量	Index_hq		
	(1) LSDV	(2) 系统GMM	(3) 差分GMM
credgdp	−0.0001	−0.013	0.018
	(0.084)	(0.056)	(0.049)
urb	0.008*	0.0001	0.011
	(0.004)	(0.004)	(0.008)
roadp	0.0004	0.003**	0.002***
	(0.002)	(0.001)	(0.001)
常数项		−1.231***	−1.891***
		(0.163)	(0.330)
AR(1)-*P*值		0.071	0.086
AR(2)-*P*值		0.642	0.581
Sargan检验		1.000	1.000
观察值	510	510	480

注：括号内为标准误差

***、**、* 分别表示 1%、5%、10% 的显著性水平

为了深入理解产业结构变动对高质量发展可能存在的影响途径，本节进一步考察了产业结构变动对绿色全要素生产率增长率（gtfp）与区域发展差异（gap）程度的影响。根据回归结果（表 4-14），产业结构变动对绿色全要素生产率增长率的系数为正，但在统计上并不显著，这说明尽管我国存在“结构性红利”，但一旦将能源投入与环境污染成本考虑在内，产业结构变动对生产率的促进效应便会降低，这从侧面反映了我国能源效率不高的事实。另外，系统 GMM 结果显示，产业结构变动对区域发展差异的回归系数显著为正，表明 2000 年以来的产业结构变迁扩大了我国的区域经济差距，与严成樑（2016）的研究结果一致。

表 4-14　结构变动对绿色全要素生产率增长率和区域发展差异的影响

变量	gtfp		gap	
	（1）系统GMM	（2）差分GMM	（3）系统GMM	（4）差分GMM
l.Index_hq	1.012*** （0.013）	1.007*** （0.005）	0.939*** （0.025）	0.489*** （0.062）
struc_nav	0.004 （0.009）	0.002 （0.005）	0.003*** （0.001）	0.0003 （0.001）
fingdp	0.012*** （0.003）	−0.006** （0.002）	−0.001*** （0.0001）	−0.002*** （0.0003）
rd	0.352*** （0.037）	0.536*** （0.041）	0.001 （0.002）	0.011* （0.007）
mark_in	0.046*** （0.006）	0.017*** （0.003）	−0.002*** （0.001）	−0.002 （0.001）
credgdp	−0.076** （0.036）	−0.088*** （0.024）	0.006* （0.003）	−0.012** （0.005）
urb	−0.016*** （0.003）	−0.004** （0.002）	−0.000304 （0.0002）	−0.001 （0.0004）
roadp	−0.002*** （0.001）	−0.004*** （0.001）	0.0004*** （0.00005）	0.0003*** （0.0001）
常数项	0.014 （0.082）	−0.136 （0.064）	0.027*** （0.008）	0.147*** （0.023）
AR（1）-*P*值	0.087	0.086	0.033	0.035
AR（2）-*P*值	0.213	0.247	0.188	0.169
Sargan检验	1.000	1.000	1.000	1.000
观察值	510	480	510	480

注：括号内为标准误差

***、**、* 分别表示 1%、5%、10% 的显著性水平

四、研究结论

本节首先通过回顾发现，我国产业结构变迁大致符合配第–克拉克定律。随后，基于 2000~2017 年 30 个省区市的面板数据，引入偏离份额法与 NAV

法来分别表征产业结构变动，并以“创新、协调、绿色、开放、共享”五大发展理念为指引来构建高质量发展指标评价体系，进而考察我国产业结构变迁对我国经济发展质量的影响。动态面板 GMM 回归结果表明，2000 年以来的产业结构变动整体上有利于我国经济发展质量的提升。产业结构升级对我国的经济发展质量存在“结构性红利”，能够通过促进经济系统资源的合理配置进而推动经济高质量发展。研究还发现，产业结构变动促进了我国绿色全要素生产率增长率的提升，尽管统计上并不显著，这也暗含着我国粗放型的发展模式仍然占有一席之地。此外，产业结构变迁在一定程度上导致了我国区域经济发展分化。

第五节

以产业结构调整升级助推经济高质量发展的对策建议

本节重点以理论分析和经验评估结果为基础，分析产业结构升级推动经济高质量发展的重点、方向和政策。

一、基于国际产业发展新趋势的开放型产业结构政策重塑

国际金融危机以后，全球经济复苏缓慢，世界经济格局“东升西降”，需求结构深刻调整，贸易投资保护主义有所抬头，美国、德国、日本、俄罗斯等国家推出各自版本的“再工业化战略”，全球优势要素的争夺日趋加剧，尤其是中国开始进入新常态和强调经济高质量发展阶段。在此背景下，中国要实现产业结构调整升级，建议从以下方面推动经济高质量发展。

（一）把握国际产业转移新趋势特征，提升国际产业分工地位

提升科技创新能力，将科研成果尽快转化成新产业。这涉及两个维度问题，一是科技创新，二是产业创新。科技创新方面主要是应该确立以企业主导、市场配置资源、政产学研用联动的科研模式。长期以来，中国的科研院所集中了大多数科研资源，但是这种模式存在产业化能力较弱、市场化能力不足等问题，应该鼓励应用创新向企业转移。支持企业建设独立或者联合科技创新实验室，将出口企业多年积累的技术和人力资本优势转化成研发能力，以科技创新提升出口企业的竞争力水平。除此之外，根据熊彼特的创新理论，应该将创新成果尽快实施产业化运用，这主要是要提升企业资源配置和优化能力，本质上需要政府提供更好的制度供给和更优的营商环境。

实施渐进式全球价值链攀升，将复杂的升级过程细分化。企业通过“引进来”“走出去”等多种渠道,实施市场多元化战略,创造更为有利的升级条件。通过各种财税政策鼓励企业不断向全球价值链的两端延伸，主要包含上游环节的研发和设计，以及下游环节的物流配送等，提升在售后维修和检测等增值活动中的竞争能力，扩大企业的盈利空间。

更加重视发展服务贸易出口，顺应我国服务业发展趋势。我国在货物贸易领域取得了一定的发展，特别是在数量上居于世界前列，但是相比而言服务贸易的发展水平较低。一方面，总体上我国服务业竞争力不足；另一方面，相比于货物贸易，服务业的开放程度相对较低，极大制约我国服务贸易发展。当前，应在信息产业、物流产业等生产性服务业部门实施服务贸易升级战略。加快发展服务出口，促进服务业与制造业的深度融合，重点加快文化、旅游、教育等相关出口。依托大量的技术和人力资本积累，承接境外服务外包，积极拓展服务贸易的范围，实施积极的服务业“引进来”和“走出去”战略，依托国外先进的管理技术和人力资本提升我国的服务业发展水平，乃至整体服务的市场竞争力。

（二）依靠中国大国大市场优势实现产业梯度转移，推动区域协调发展

破除省际发展壁垒，尽快建立高水平的全国统一大市场。破除省际发展的隐性和显性壁垒具有极强的必要性。对于转移地区应给予一定税收返还，提高东部地区转移新兴产业、加工贸易类产业的积极性。另外，中、西部地区提升产业承接能力，完善营商环境，使得转移至中、西部的企业尽快融入当地生产，降低其转移成本。

降低新兴产业向中、西部地区转移的市场准入门槛，避免落后产能和污染行业的跨域流动。我国幅员辽阔，即使是中、西部地区内部也是差异明显，如何承接产业转移、承接何种产业的转移事实上是具有一定选择性的。学理上，新结构经济学指出符合当地比较优势的产业是资源配置最优的，因此应根据当地的产业基础和现实条件进行针对性转移。要发挥市场在资源配置中的决定性作用，在此基础上，应辅之以政府的有为引导，对符合当地比较优势的产业建立相关配套措施，实施积极的功能性产业政策，降低当地生产的固定成本。对于东部地区的落后产能和污染企业应一票否决，避免上述产业流入中、西部地区。

（三）依靠新兴市场要素资源优势开展产能合作，推动中国出口企业走出去

充分发挥好“一带一路”建设的战略性作用，增强与沿线国家产业合作。“一带一路”倡议是中国领导人基于周边国际环境的正确判断，所构建的区域一体化建设方案。“一带一路”沿线国家大多为发展中国家，部分国家的发展水平低于中国，但是在劳动力成本和资源禀赋等诸多方面具有一定比较优势。可以充分发挥上述国家的特定比较优势，实施加工贸易任务化生产模式，将总部和研发设计环节主要留在国内，将部分生产制造环节转移至上述沿线国家，积极探索在重点开发开放试验区、边境城市、边境经济合作区、跨境经

济合作区承接加工贸易梯度转移。

加快推动边境开发开放，进一步向周边地区转移产能。边境开发开放是实现我国区域平衡发展和产能转移的重要举措之一，目前沿边重点开发开放试验区已经成为我国边境开发的重要抓手之一。上述地区可以较好地发挥我国与周边国家的地缘优势，通过建设边境经济合作区和跨境经济合作区等形式实现积极的产能合作和转移。我国的周边国家如越南、朝鲜和蒙古国等均具有劳动力成本低、土地成本低的特点，将一部分生产制造环节转移至上述国家，一方面降低了出口贸易企业生产成本，另一方面由于地缘相近、人缘相亲，可以更好地组织生产，降低跨国经营的沉没成本和固定成本。

二、中国产业结构调整升级的重点和方向

中国以发展高质量制造业为重点的产业结构升级方向应当是在经济高质量发展的要求下，不断提高高科技产业和新兴产业在制造业中的比重，制造业高质量发展的产业结构体系特征是创新能力强、工艺先进、数字化智能化水平高、产品质量好、能耗和物耗低、污染物排放少、处于全球价值链中高端、整体竞争力居于世界前列，能够与人民日益增长的美好生活需要相适应，能够对建设富强民主文明和谐美丽的社会主义现代化强国的伟大目标形成有力支撑。中国产业结构升级的重点方向主要包括以下几个方面。

（一）加快推动先进制造业和现代服务业深度融合发展

继续推动供给侧结构性改革，加快推进产业结构升级，要加快推动先进制造业和现代服务业深度融合发展。对比发达国家，德国、日本的制造业占比一直很高，高于美国、英国。而美国、英国则成为“制造业空心化”的代表，虽然美国政府一直在出台各种政策吸引高端制造业“回流”美国，但收效甚微。即便是日本，也曾由于海外投资高涨引发学界对其“制造业空心化”

的探讨，产业升级并不意味着必然推动“去工业化”，而是要在大力发展现代生产性服务业的同时，实现我国制造业结构升级。在保持制造业稳定比例的基础上，鼓励技术创新和新技术的广泛应用，积极推进“互联网 +”行动计划，要将制造环节向研发、设计、物流等新业态转化，在生产性服务业中充分运用大数据、物联网、云计算、移动互联网等信息技术和手段，培育平台经济、分享经济等新业态。通过创新发展，推动生产性服务业向专业化、价值链高端转化，进一步促进制造业向高端化、智能化、绿色化发展，不断提升制造业的产品附加值。

（二）大力抢占数字经济制高点

数字经济是以新技术、新产业为支撑的经济。习近平（2018）指出，“世界经济数字化转型是大势所趋，新的工业革命将深刻重塑人类社会。我们既要鼓励创新，促进数字经济和实体经济深度融合，也要关注新技术应用带来的风险挑战，加强制度和法律体系建设，重视教育和就业培训。我们既要立足自身发展，充分发掘创新潜力，也要敞开大门，鼓励新技术、新知识传播，让创新造福更多国家和人民”。当前，全球经济发展正处于新旧动能转换期，转换的主要方向之一是不断提升数字经济在经济发展中的地位与作用，发挥其对传统经济的引领、带动和改造作用。一是要利用大数据实现创新驱动。经济发展的核心是提高全要素生产率，创新已经成为新时代中国高质量发展的第一动力。一方面，企业要借助大数据、云计算、物联网等数字技术加快发展，实现自主创新能力；另一方面，要利用“一带一路”契机，加强与世界发达国家的合作，向沿线国家输出先进产品，提高国际影响力。二是要加快先进信息基础设施建设，加快宽带网络演进升级，建设低成本、高效快捷和安全可靠的工业互联网。三是加强云计算的基础设施建设，建立高性能运算研发中心和高性能运算服务中心。四是加快 5G 信息通信技术与实体经济的融合进程，鼓励和支持相关产业的研发活动，有序推进我国 5G 发展和网络强国建设。

（三）加快出口加工型产业提质增效

加工贸易是我国制造业的重要组成部分，未来要以提高供给能力和供给水平为目标，推动产业发展方式转变，促进各产业提质增效升级。产业结构的调整升级除了要提升科技创新能力和价值链升级能力外，还要进一步创新产业发展业态和模式，走出具有中国特色的产业升级路径。比如，应该重点在“互联网＋加工贸易”方面进行尝试性探索，互联网具有接入成本低、传播范围广的特点，这可以较好地弥补中国加工贸易企业，尤其是中小民营企业普遍存在的营销能力和国外市场经营能力较弱的不足，降低出口段的固定成本和可变成本，提升企业自主运营的盈利水平，进而会有更多加工贸易企业有意愿实施 OEM → ODM → OBM [①]的升级路径。在跨境电子商务综合试验区的经验基础上，可以尝试实施“跨境电商＋加工贸易”的方式，一方面加工贸易企业所需的进口中间品可以通过跨境电商入境，另一方面国外的出口商、运营商等可以跨境电商的形式实施精确匹配、高效发货，提升加工贸易企业对于生产自主权的把握程度，增加其获利能力。在此基础上，深入实施“服务＋加工贸易”的升级模式，重点在于发挥服务业各种形式在提升加工贸易赢利能力、技术水平和需求适应能力上的作用。综合发挥金融、信息、物流、电商等多种服务媒介增强出口企业的竞争力的作用。

（四）大力推动新兴科技产业创新发展

未来要以推动 5G、人工智能等新兴产业创新发展为着力点，坚实制造业基础和创新能力作为支撑，大力推动新兴产业和生产性服务业融合发展，强

① OEM 即 original equipment manufacturer，原始设备制造商；ODM 即 original design manufacturer，原始设计制造商；OBM 即 original brand manufacture，代工厂经营自有品牌。

化内生动力，最大限度激发企业和市场活力。面对新一轮科技革命正在全球范围内兴起的历史机遇，充分利用移动物联网、大数据、云计算等新技术，并出台相关政策带动新技术的发展和创新，创造出更多具有“创造性破坏”功能的新要素，促进产业结构转型升级和高质量发展。一是支持企业加大技术创新投入，整合资源，集中突破关键领域“卡脖子”技术。二是加快制造业与互联网融合，推动大中小型企业协同创新能力提升，提升企业赢利能力。三是鼓励企业生产向研发、设计、标准、品牌、营销网络等高价值链区块转移，提高生产性服务环节在制造业中的比重，创新商业模式。四是鼓励社会资本以多种方式发展高技术产业和生产性服务业，政府设立相应的产业投资基金，吸引社会资本投资高技术产业，引导外资企业来华设立功能性总部和分支机构、研发中心、生产基地等。

三、产业结构调整升级促进经济高质量发展的对策建议

党的十九大报告对我国经济社会发展情况做出了两个重大判断：“我国社会主要矛盾已经转化为人民日益增长的美好生活需要和不平衡不充分的发展之间的矛盾”“我国经济已由高速增长阶段转向高质量发展阶段”（习近平，2017）。这两个判断深刻地揭示出了我国现在制约经济发展的症结所在，即单纯依靠生产要素数量上的投入不仅无法满足社会多样化的需要，而且不利于经济的长期可持续发展，而经济高质量发展则是解决不平衡不充分问题的重要途径。促进制造业高质量发展、提高制造业产品质量是深化改革开放的必然要求，在新一轮科技和产业革命背景下，我国要以此为契机，加快制造业的粗放型发展模式向创新驱动的高质量发展模式转变，以提高制造业产品质量为重要抓手，大力提高制造业发展质量，加快建设制造业强国。具体建议如下。

（一）形成公平竞争的市场环境

完善公平竞争的市场环境，打破行政垄断，防止市场垄断，促进中小企业营商环境的完善，是推动经济高质量发展的重要基础条件。一是要加强中小企业的产权保护。针对目前我国中小企业因知识产权保护不力而丧失创新动力与创新收益的问题，加强知识产权保护和知识产权援助服务，降低知识产权诉讼成本，规制技术密集型产业中大企业的不正当竞争行为，为中小企业创新发展营造良好的商业生态环境。建议各级政府一方面严格规范大企业的捆绑销售、忠诚折扣、限制接入等行为，预防大企业利用模仿创新和市场势力掠夺中小企业创新收益；另一方面在公共服务平台建设中充分考虑中小企业知识产权维权需求，提供知识产权援助等法律事务服务，切实降低中小企业知识产权维权成本。同时，加强建设知识产权信托、质押等知识产权资本化新渠道，做大、做活技术市场，使产业化能力较弱的中小企业能够通过直接的技术交易而非产品交易实现创新收益。二是加快产业政策转型。适应新形势下需求升级快、产业技术路线变化频繁的特点，减少政府对产业发展的直接干预，推进产业政策从选择性向功能性转变，公平支持各类竞争主体的发展。三是完善市场监督机制。建立高层级的反垄断执法机构，增强独立性和权威性，加强公平竞争审查，出台和完善公平类法律法规。四是深化“放管服”改革，进一步放宽行业准入，降低制度性交易成本。

（二）加快化解产能过剩

近年来，我国部分行业的产业过剩现象突出，消费者的多元化消费需求与无效、单一的产品供给出现错配，导致产能出现结构性过剩，最终制约了经济发展质量的提升。为解决这一难题，中央提出了“三去一降一补”五大任务，其中去产能居于首位。为了有效去产能，要对钢铁、煤炭等行业加快处置“僵尸企业”，运用市场化、法治化手段调整优化库存，但需要注意的是，在去产能政策实施过程中，也要完善产能退出的补偿机制，避免企业大面积退出引发的社会问题；大力推动以智能机器人、芯片产业、高铁制造等为代表的新兴产业，通过这些产业的带动作用倒逼传统产业转变生产经营方式，从而达到淘汰落后产能的目的。而且，为了提高资源利用效率，政府还应通过降低关税等优惠政策鼓励企业“走出去”，进一步深化改革开放，促使企业依托“一带一路”倡议开拓国际市场，带动“一带一路”国家共荣发展。从长期视角来看，应该加速推进市场化改革进程，在制度层面消除滋生产能过剩问题的土壤。政府应该进一步简政放权，减少对辖区内企业的行政干预，通过土地改革、金融市场化改革等举措强化市场机制对要素资源配置的决定性作用，从而遏制企业盲目投资、重复投资等无效率行为。

（三）提高技术创新能力

改革开放以来，我国企业通过模仿国外低端产品的生产推动了经济快速增长，但对基础研发的重视程度不够，企业的人力资本、智力资本难以支撑具有高技术含量、高附加值产品的生产，导致消费者的有效需求难以得到满足。因而，政府应该为企业营造良好的创新环境，使企业能够为消费者提供高质量、差异性的商品，从而推动消费结构升级，提高有效供给与有效需求的匹配程度。以创新驱动发展战略为重要引领，为绿色全要素生产率释放更大的增长空间，进而实现新旧动能转换，推动经济高质量发展。从事前对企业创新的激励角度看，应该完善政府对科研资金的管理体制，提高政府补助资金的使用效率，降低有创新需求企业的外部融资约束。同时要减少对科研机构、科研人员的直接干预，对科研人员采取灵活的薪酬制度和经费使用制度，赋予其对经费更灵活的支配权。从事后对企业创新的保障角度看，不仅要加强知识产权重要性的宣传和引导工作，提高市场主体对知识产权的重视程度，而且要加大对侵权违法者的惩罚力度，完善知识产权法院制度，提高侵权成本，降低维权成本，优化企业创新的司法环境。

（四）为经济高质量发展提供金融支持

金融发展是实体经济的重要支撑，为了更好地实施供给侧结构性改革，各金融部门应该围绕“三去一降一补”这一主要任务，对不同类型企业实行差异化政策，引导资金从低效率企业向高效率企业流动。从直接融资角度看，要完善股权融资、债券融资等直接融资渠道，进一步提高直接融资比重，避免银行业风险波及整个金融体系，加强金融稳定性。同时要拓宽企业融资渠道，发展多层次资本市场，完善金融结构，降低企业融资成本和杠杆率。从间接融资角度看，要培育和发展中小银行，利用中小银行的信息获取优势降低银企间的信息不对称程度，提高企业信贷可得性。而且，各商业银行应该基于所有制、行业等特征实施差异化信贷政策，例如，对于产能过剩企业和“僵尸企业”等资本配置效率较低的企业，应该适当压缩其信贷额度，实现结构性去杠杆；而对于高新技术企业、环保企业等一些有利于提高经济发展质量的行业，则应该加强对它们的信贷支持力度，促使这些企业实现良好的投资机会，从而提高资源配置效率，加快产业转型升级进程。

（五）促进地区间的产业转型升级

产业转型升级必然伴随着产业转移，应充分考虑我国各区域所处的发展阶段的差异，需进一步制定合理的差异化产业政策，帮助中、西部地区根据自身优势实现产业选择，培育优势主导产业，在产业转移过程中实现欠发达地区的产业升级，以实现对发达地区的追赶。一是中央政府要通过战略实施和体制机制设计，协调各区域产业生产要素配置，促进产业生产要素跨区域的有效合理流动，化解产业资源配置在地区间不平衡、不协调的结构性矛盾，提高产业生产要素空间上的配置效率，拓展产业发展空间。二是设立全国性的产业转型基金助推区域产业转型。三是积极调动地方经济发展的积极性，把提高供给体系质量作为主攻方向，扩大优质增量供给，使各个地区结合自身的具体情况，创造出不同的经济发展模式，实现地区产业错配发展。

（六）构建产品高质量的标准化体系

当前我国的质量认证机构多数是国有事业单位，带有鲜明的政府干预色彩，这在一定程度上阻碍了质量信息的传递，不利于我国质量检验市场的培育。因而应该大力发展市场化的质量中介机构，打破质量服务市场的进入壁垒，促进质量服务市场竞争。从微观企业层面看，要运用互联网、大数据等技术升级已有的质量认证模式，提高质量认证效率；而且在质量认证过程中，要针对不同行业的企业实行差异性策略，对铁路运输业、航空业和建筑业等战略支柱产业，以及食品加工业、医药制造业等关系到国计民生的行业要施加重点关注。从产业层面来看，要整合已有的质量认证资源，在国家或地区层面建立若干大型的质量服务集团，由政府对其进行统一监督管理。标准是国家质量基础设施的重要组成部分，也是质量提升的前提条件，在供给侧结构性改革中发挥着引领性作用。从企业管理层面看，标准化的管理方式有助于缩短产品生产周期，降低企业运营成本。因而，企业应该在产品生产、监督管理及绩效评价等方面建立全方位的标准化管理体系，以提高企业运营效率。从法律保障层面看，应该贯彻落实《中华人民共和国标准化法》等标准化法律中的相关举措，明确统一管理和分工管理的管理体制，确立国家标准、行业标准、团体标准的制定主体，同时应加强对标准化工作的监督管理，建立解决标准化争议的协调机制。

参 考 文 献

白俊红，刘宇英 . 2018. 对外直接投资能否改善中国的资源错配 . 中国工业经济，（1）：60-78.

蔡昉 . 2006. 人口红利终将成往事 . 中国社会保障，（3）：22-23.

钞小静，任保平 . 2011. 中国经济增长质量的时序变化与地区差异分析 . 经济研究，（4）：

26-40.
陈昌云，荀守奎，牟勇 . 2016. 基于主成分分析法的安徽省经济发展质量评价 . 安徽理工大学学报（哲学社会科学版），(3)：41-45.
陈曦，穆怀中 . 2014. 中国产业结构合理化及其与经济增长关系研究 . 经济研究参考，(46)：20-29.
邓柏盛 . 2013. 大国产业结构变化对经济增长的影响：1990—2010 中国和美国的比较分析 . 湘潭大学学报（社会科学版），(5)：43-47.
樊胜根，张晓波，Robinson S. 2002. 中国经济增长和结构调整 . 经济学（季刊），(4)：181-198.
干春晖，郑若谷，余典范 . 2011. 中国产业结构变迁对经济增长和波动的影响 . 经济研究，(5)：4-16.
干春晖，郑若谷 . 2009. 改革开放以来产业结构演进与生产率增长研究——对中国 1978—2007 年“结构红利假说”的检验 . 中国工业经济，(2)：55-65.
高更和，李小建 . 2006. 产业结构变动对区域经济增长贡献的空间分析——以河南省为例 . 经济地理，(2)：270-273.
顾海兵，王甲 . 2018. 国家经济安全指标体系的确定与修正——专家文献法探讨 . 山东社会科学，(2)：110-116.
郭凯明，杭静，颜色 . 2017. 中国改革开放以来产业结构转型的影响因素 . 经济研究，(3)：34-46.
郭克莎 . 1996. 论经济增长的速度与质量 . 经济研究，(1)：36-42.
郭庆旺，贾俊雪 . 2005. 中国全要素生产率的估算：1979—2004. 经济研究，(6)：51-60.
贺灿飞，董瑶，周沂 . 2016. 中国对外贸易产品空间路径演化 . 地理学报，(6)：970-983.
洪元构 . 2018. 韩国赶超战略回顾：经济增长与技术创新 . 经济论坛，(7)：19-23.
黄景贵 . 2000. 罗斯托经济起飞理论述评 . 中国石油大学学报（社会科学版），(2)：27-31.

黄群慧 . 2013. 中国的工业化进程：阶段、特征与前景 . 经济与管理，(7)：5-11.

纪玉山，吴勇民 . 2006. 我国产业结构与经济增长关系之协整模型的建立与实现 . 当代经济研究，(6)：47-51，73.

江飞涛，李晓萍 . 2010. 直接干预市场与限制竞争：中国产业政策的取向与根本缺陷 . 中国工业经济，(9)：26-36.

卡马耶夫 B D. 1983. 经济增长的速度和质量 . 陈华山，左东官，何剑，等译 . 武汉：湖北人民出版社 .

李春生，张连城 . 2015. 我国经济增长与产业结构的互动关系研究——基于 VAR 模型的实证分析 . 工业技术经济，(6)：28-35.

李武军，黄炳南 . 2010. 基于偏离—份额分析法的中部地区产业结构研究 . 经济经纬，(6)：25-29.

廖明球 . 2000. 国民经济核算中绿色 GDP 测算探讨 . 统计研究，(6)：16-21.

林毅夫，蔡昉，李周 . 1999. 比较优势与发展战略——对“东亚奇迹”的再解释 . 中国社会科学，(5)：4-20，204.

林毅夫，李永军 . 2003. 比较优势、竞争优势与发展中国家的经济发展 . 管理世界，(7)：21-28，66-155.

刘树成 . 2007. 论又好又快发展 . 经济研究，(6)：4-13.

刘伟，李绍荣 . 2002. 产业结构与经济增长 . 中国工业经济，(5)：14-21.

刘伟，张辉 . 2008. 中国经济增长中的产业结构变迁和技术进步 . 经济研究，(11)：4-15.

刘永焕 . 2014. 德国产业结构调整及其经验借鉴 . 对外经贸实务，(1)：32-34.

刘勇 . 2006. 区域经济发展与地区主导产业 . 北京：商务印书馆 .

陆明涛，袁富华，张平 . 2016. 经济增长的结构性冲击与增长效率：国际比较的启示 . 世界经济，(1)：24-51.

罗斯托 W W. 2001. 经济增长的阶段：非共产党宣言 . 郭熙保，王松茂译 . 北京：中国社会科学出版社 .

吕铁，贺俊 . 2018. 从中国高铁经验看产业政策和部门创新体系的动态有效性 . 学习与探索，(1)：86-92.

马晓河，赵淑芳 . 2008. 中国改革开放 30 年来产业结构转换、政策演进及其评价 . 改革，(6)：5-22.

彭宇文，田珂源 . 2018. 基于全局主成分分析的湖南省各地级市经济增长质量评价 . 湖南工业大学学报(社会科学版)，(4)：14-18，50.

齐建国，王红，彭绪庶，等 . 2015. 中国经济新常态的内涵和形成机制 . 经济纵横，(3)：7-17.

任保平，李梦欣 . 2017. 我国主要城市经济增长质量的状态、特征和比较 . 中共中央党校学报，(6)：107-118.

阮建青，张晓波，卫龙宝 . 2010. 危机与制造业产业集群的质量升级——基于浙江产业集群的研究 . 管理世界，(2)：69-79.

速水佑次郎，神门善久 . 2005. 发展经济学：从贫困到富裕 . 李周译 . 北京：社会科学文献出版社 .

陶桂芬，方晶 . 2016. 区域产业结构变迁对经济增长的影响——基于 1978—2013 年 15 个省份的实证研究 . 经济理论与经济管理，(11)：88-100.

田卫民 . 2017. 金融发展缘何抑制了经济增长——来自中国省际面板数据的经验证据 . 经济问题，(1)：27-32，120.

托马斯 V. 2001. 增长的质量 .《增长的质量》翻译组译 . 北京：中国财政经济出版社 .

王蒙，刘刚 . 2017. 中国产业结构与经济增长研究：一个经济增长分解框架 . 社会科学辑刊，(4)：65-73.

王小鲁，樊纲，胡李鹏 . 2019. 中国分省份市场化指数报告(2018). 北京：社会科学文献出版社 .

魏敏，李书昊 . 2018. 新常态下中国经济增长质量的评价体系构建与测度 . 经济学家，(4)：19-26.

吴真，李天相 . 2018. 日本循环经济立法借鉴 . 现代日本经济，(4)：59-68.

伍业君，张其仔 . 2012. 比较优势演化与经济增长——基于阿根廷的实证分析 . 中国工业经济，(2)：37-46.

习近平 . 2017-10-18. 决胜全面建成小康社会　夺取新时代中国特色社会主义伟大胜利——在中国共产党第十九次全国代表大会上的报告（2017 年 10 月 18 日）. 人民日报，(1).

习近平. 2018. 登高望远，牢牢把握世界经济正确方向——在二十国集团领导人峰会第一阶段会议上的发言（二〇一八年十一月三十日，布宜诺斯艾利斯）. http://cpc.people.com.cn/n1/2018/1201/c64094-30435825.html[2020-01-05].

肖红叶，李腊生 . 1998. 我国经济增长质量的实证分析 . 统计研究，(4)：8-14.

严成樑 . 2016. 产业结构变迁、经济增长与区域发展差距 . 经济社会体制比较，(4)：40-53.

杨丹辉 . 2016. 新常态下经济增长与环境治理：基于后发国家 EKC 的思考 . 当代经济管理，(1)：1-6.

于斌斌 . 2015. 产业结构调整与生产率提升的经济增长效应——基于中国城市动态空间面板模型的分析 . 中国工业经济，(12)：83-98.

余泳泽，杜晓芬 . 2011. 技术进步、产业结构与能源效率——基于省域数据的空间面板计量分析 . 产业经济评论，(4)：36-68.

袁富华 . 2012. 长期增长过程的“结构性加速”与“结构性减速”：一种解释 . 经济研究，(3)：127-140.

詹新宇，崔培培 . 2016. 中国省际经济增长质量的测度与评价——基于“五大发展理念”的实证分析 . 财政研究，(8)：39，40-53.

张军，吴桂英，张吉鹏 . 2004. 中国省际物质资本存量估算：1952—2000. 经济研究，(10)：35-44.

张其仔 . 2008. 比较优势的演化与中国产业升级路径的选择 . 中国工业经济，(9)：58-68.

张其仔，郭朝先，白玫 . 2009. 协调保增长与转变经济增长方式关系的产业政策研究 . 中国工业经济，(3)：29-39.

张庆君，李雨霏，毛雪 . 2016. 所有制结构、金融错配与全要素生产率 . 财贸研究，(4)：9-15，23.

郑玉歆 . 2007. 全要素生产率的再认识——用 TFP 分析经济增长质量存在的若干局限 . 数量经济技术经济研究，(9)：3-11.

朱轶，熊思敏 . 2009. 技术进步、产业结构变动对我国就业效应的经验研究 . 数量经济技术经济研究，(5)：107-119.

Acemoglu D，Guerrieri V. 2008. Capital deepening and nonbalanced economic growth. Journal of Political Economy，116：467-498.

Akamatsu K. 1962. A historical pattern of economic growth in developing countries. Developing Economies，1：3-25.

Barro R J. 2002. Quantity and quality of economic growth. Working Papers Central Bank of Chile，5：17-36.

Chow G C，Li K W. 2002. China's economic growth：1952-2010. Economic Development and Cultural Change，51：247-256.

Delgado M，Porter M E，Stern S. 2014. Clusters，convergence，and economic performance. Research Policy，43：1785-1799.

Dietrich A. 2012. Does growth cause structural change，or is it the other way around? A dynamic panel data analysis for seven OECD countries. Empirical Economics，43：915-944.

Dowlinga M，Cheang C T. 2000. Shifting comparative advantage in Asia：new tests of the "flying geese" model. Journal of Asian Economics，11：443-463.

Edwards S. 1992. Trade orientation，distortions and growth in developing countries. Journal of Development Economics，39：31-57.

Fabricant S. 1942. Employment in manufacturing，1899–1939. NBER Working Paper.

Fagerberg J. 2000. Technological progress，structural change and productivity growth：a comparative study. Structural Change and Economic Dynamics，11：393-411.

Ginzburg A，Simonazzi A. 2005. Patterns of industrialization and the flying geese model：the case of electronics in East Asia. Journal of Asian Economics，15：1051-1078.

Hausmann R，Klinger B. 2006. Structural transformation and patterns of comparative advantage in the product space. CID Working Paper.

Kuznets S. 1957. Quantitative aspects of the economic growth of nations：II. industrial distribution of national product and labor force. Economic Development and Cultural Change，5：1-111.

Kuznets S. 1966. Modern Economic Growth：Rate，Structure，and Spread. New Haven：Yale University Press.

Kuznets S. 1973. Modern economic growth：findings and reflections. The American Economic Review，63（3）：247-258.

Landini F，Lee K，Malerba F. 2017. A history-friendly model of the successive changes in industrial leadership and the catch-up by latecomers. Research Policy，46：431-446.

Lee K，Malerba F. 2017. Catch-up cycles and changes in industrial leadership：windows of opportunity and responses of firms and countries in the evolution of sectoral systems. Research Policy，46：338-351.

Lewis W A. 1954. Economic development with unlimited supplies of labour. The Manchester School，22：139-191.

Lim C，Kim Y，Lee K. 2017. Changes in industrial leadership and catch-up by latecomers in shipbuilding industry. Asian Journal of Technology Innovation，25：61-78.

Managi S，Kaneko S. 2006. Economic growth and the environment in China：an empirical analysis of productivity. International Journal of Global Environmental Issues，6：89-133.

Matsuyama K. 1992. Agricultural productivity，comparative advantage，and economic growth. Journal of Economic Theory，58：317-334.

Mcmillan M S，Rodrik D，Sepúlveda C. 2017. Structural change，fundamentals，and growth. World Bank Publications.

Solow R M. 1956. A contribution to the theory of economic growth. Quarterly Journal of Economics，70：65-94.

Timmer M P，de Vries G J. 2009. Structural change and growth accelerations in Asia and Latin America：a new sectoral data set. Cliometrica，3：165-190.

本章系子课题“我国经济高质量发展与产业结构调整升级研究”的研究成果，课题主持人是中国社会科学院工业经济研究所史丹研究员，课题组成员有杨丹辉、李晓华、李鹏飞、江飞涛、叶振宇、许明、刘佳骏、李鹏、李雯轩。

本章执笔人：史丹、许明、李鹏、李雯轩。

第五章

我国经济高质量发展与加强生态环境保护研究

我国生态环境保护与经济高质量发展密不可分。生态环境保护不仅是经济高质量发展的重要战略方向，也是经济高质量发展的重要手段。本章认为有必要客观评价经济高质量发展和生态环境保护的协同机制，形成更系统、兼容的内涵指标和政策评价体系。研究包括：第一，以习近平新时代中国特色社会主义思想为理论基点，归纳科学规律，并演绎主要观点，形成经济高质量发展与生态环境保护交融的理论构念。第二，以经济高质量发展主要指标——生产效率为基础，开发内含生态环境保护的经济高质量发展指标——环境生产效率，分析主要核心指标演进趋势，具体思路是：将环境因素纳入超越对数生产函数构建随机前沿函数模型，测算2000~2015年中国29个省区市（不包含西藏和港澳台，另外重庆合并到四川）的环境生产效率，并与传统生产效率进行协同分析，以客观衡量我国经济的绿色高质量发展状态。第三，进一步构建半参数平滑系数模型（semiparametric smooth coefficient model，SPSCM），分析环境规制、能源结构对本章构建的绿色高质量发展指标——环境生产效率的影响。

本章将客观评价经济高质量发展和生态环境保护的协同机制，形成更系统、兼容、具体的指标和政策评价体系，旨在促进区域经济的高质量发展，使整体经济发展更有质量、更有效率的同时更绿色。

第一节

经济高质量发展与加强生态环境保护的政策和理论演进

本节以习近平新时代中国特色社会主义思想为理论基点，通过文献学理性综述，归纳我国经济高质量发展与生态环境保护交互作用的科学规律，最终形成经济高质量发展与生态环境保护和谐交集的理论构念。

一、理论逻辑

首先应深入学习习近平新时代中国特色社会主义思想，聚焦经济高质量发展与生态环境保护。2017 年 10 月 18 日在中国共产党第十九次全国代表大会上，习近平（2017）首次提出新时代中国特色社会主义思想。本节研究思路是：整理并研读习近平总书记的系列讲话精神，深刻把握习近平新时代中国特色社会主义思想，并围绕这一思想，结合当前面临的发展情境及高质量发展的战略方向，初步解读生态环境保护与高质量发展指标——生产效率之间的关系，聚焦生态环境瓶颈，挖掘需要解决的具体科学问题。

本节主要依据党的十九大报告强调的三个重点进行分析。

第一，我国已进入高质量发展阶段，以高质量发展引领经济发展新常态。十九大报告指出，“我国经济已由高速增长阶段转向高质量发展阶段，正处在转变发展方式、优化经济结构、转换增长动力的攻关期，建设现代化经济体系是跨越关口的迫切要求和我国发展的战略目标”，并要求“激发全社会创造力和发展活力，努力实现更高质量、更有效率、更加公平、更可持续的发展”。

第二，生态环境保护得到重视，但仍任重道远。报告多处涉及生态环境保护，报告指出现阶段“忽视生态环境保护的状况明显改变”“生态环境治理明显加强”，并指出继续加强生态环境保护的必要性，目前“工作还存在许多不足”“发展不平衡不充分的一些突出问题尚未解决”“生态环境保护任重道远”。

第三，生态环境需求是现代化建设的具体目标。报告指出，“既要创造更多物质财富和精神财富以满足人民日益增长的美好生活需要，也要提供更多优质生态产品以满足人民日益增长的优美生态环境需要。必须坚持节约优先、保护优先、自然恢复为主的方针，形成节约资源和保护环境的空间格局、产业结构、生产方式、生活方式，还自然以宁静、和谐、美丽”。

因此，在经济高质量发展阶段，需要建设中国特色社会主义现代化体系，而面对不断更迭、更高级的人类生态需求，社会主义现代化体系的必要组成部分应包括环境需求，应促进生态环境的可持续发展。

二、文献综述

本部分基于国内外前沿理论成果，结合我国情境，归纳中国经济高质量发展与生态环境保护交互作用的科学规律。将中国经济高质量发展阶段情境、目标与生态环境保护紧密结合，在探讨中国经济高质量发展阶段存在的特征及其演化规律基础上，将生态环境保护需求纳入高质量发展研究，结合已有研究观点，从两个方向归纳出经济高质量发展与生态环境保护二者之间动态交互作用的科学规律：一方面，生态环境保护需求对于经济高质量发展的必要性；另一方面，经济高质量发展可以有效促进生态环境保护，如低耗能、低排放的产业结构调整和与生态环境相关的技术创新等。

下面通过归纳主要观点，形成经济高质量发展与生态环境保护交融的理论构念。从我国经济发展新常态的现阶段发展情境出发，给出经济高质量发展的基本命题，运用逻辑规则，考虑生态环境特殊需求和环境保护的必然要求，导出经济高质量发展阶段下生态环境保护与其他主要发展变量（如经济结构优化、产业价值链攀升、创新驱动）交融的命题。

（一）文献学理性梳理

1. 经济高质量发展与生态环境保护

较早，学者就批评了依赖要素投入来扩张“量”的粗放型经济增长方式（Krugman，1994）。近年，我国学者的研究重点已经从经济数量转变到经济质量，吕延方和王冬（2013a）曾构筑适合我国情境的经济量、质协同发展模型，以实现生产最优化。任保平和魏语谦（2016）指出，“十三五”时期是中国经济发展的关键阶段，在分析制约“十三五”时期质量型增长的因素的基础上，提出“十三五”期间实现质量型增长的发展战略要由赶超战略向质量效益战略转型。

学者近期对我国经济高质量发展新阶段的特征及生态环境保护的重要性进行了说明。迟福林（2017）指出，进入新时代，我国经济发展的突出阶段性特点是由高速增长转向高质量发展，从发展阶段看，我国已经进入“L”形的中高速增长阶段，各方更加注重发展质量，更加注重创新、协调、绿色、开放、共享的发展。陈诗一和陈登科（2018）进一步指出，中国经济向高质量发展阶段转型过程中，环境治理工作被提升到了前所未有的高度，十九大明确中国特色社会主义事业的总体布局是包括生态文明建设在内的“五位一体”（经济建设、政治建设、文化建设、社会建设、生态文明建设），要求着力解决突出环境问题，推进绿色发展。这一阶段加强生态环境保护的战略意义被强调，秋缬滢（2018）指出，只有深刻理解高质量发展阶段加强生态环境保护工作的重大战略意义，才能牢牢把握住根本要求，坚定不移地切实改善生态环境质量，为推动实现更高质量、更有效率、更加公平、更可持续的发展做出新的更大贡献。环境质量被认为是新时代中国高质量发展的决定因素之一，任保平和文丰安（2018）指出，鉴于衡量高质量发展的标准包含经济发展的有效性、协调性、创新性、持续性、分享性等方面，新时代中国高质量发展的决定因素应包括人口的质量与结构、资源环境的质量、资本积累的质量、技术进步质量、对外贸易质量、制度因素。

2. 经济高质量发展阶段的生态环境保护测度与理论架构

在理论范式和构架上，国外学者进行了开创性研究。“污染天堂假说”（pollution haven hypothesis，也称污染避难所假说）和多维度社会责任框架是其中的代表。“污染天堂假说”一直被学者们所诟病，认为正是发展中国家较低的环境规制成本解释了污染企业的转移现象，其逻辑是，东道国的收入越低，其消费者对清洁环境的质量偏好也越低，于是，政府出台的环境规制政策越宽松，环境生产成本也就跟着下降，对制造企业尤其是产生污染较多的企业的吸引力就越大（Eskeland and Harrison，2003；Kheder and Zugravu，2012）。那么，是否有一个一般性的框架来解决发展过程中的生态环境问题？Lund-Thomsen 和 Lindgreen（2014）提出社会责任融入框架，这一范式体现了企业与客户、供应商、社会的合作理念。Sutherland 等（2016）认为现代制造的可持续性发展战略需要关注三个广义维度：经济、生态环境和社会。也就是说，如果仅考虑经济因素，可能结果会欠公平或影响能生存的生态环境，只有在经济维度里增加生态环境和社会维度，现代制造企业发展才会可持续。因此，全球化应该兼顾这三个维度，当部分生产工序转移到国外时，需考虑发包国生产这一工序劳动者的就业问题，还应考虑离岸部分生产有可能引致东道国的生态环境问题。事实也证明，仅从经济业绩角度去考量生态环境业绩是行不通的，因此，除了环境管制压力以外，应在经济业绩基础上，融入更多的社会要素，如政治等（马文超，2016）。

测度是实证研究的关键。王裕瑾和于伟（2016）提出省域层面的绿色全要素生产率测度，该测度把能耗和污染排放等因素纳入经济增长模型，并进行了敛散性实证分析。随着中国外贸对环境的影响被更多的学者关注，张文城和盛斌（2017）提出了中国增加值出口排污强度，这一方法利用多区域投入产出模型对中国增加值出口和污染排放出口进行了测算，并利用结构分解方法考察了影响指标变化的主要因素，最终权衡了出口的经济权益和环境成本。经济高速增长带来的负面问题是大气环境质量下降，雾霾频发，陈诗一和陈登科（2018）在解析 Ma 等（2015）的源数据基础上构建了我国地级以上城市的 $PM_{2.5}$ 浓度数据，最终考察了雾霾污染对城市发展质量的影响。学者还陆续提出了绿色发展指标，作为评判经济可持续发展质量的重要依据。周小亮等（2018）提出了包容性绿色增长测度，这一增长是一种追求经济增长、社会公平、民生福利、成果共享、节能环保，以及经济、社会与资源环境全面协调的可持续发展方式，他们从经济增长、社会公平、民生福利、绿色生产消费和生态环境保护维度构建了包容性绿色增长指标体系，并运用熵权法测算了包容性绿色增长指数。

3. 区域高质量发展的生态环境保护研究

我国收入不同的地区样本可以对“污染天堂假说”理论进一步演绎（向永辉和陈庆能，2018）。那么，有必要进行区域层次的分类研讨。省域层次关于追求经济增长与生态环境和谐的研究是这一层次的主要方向。邹非等（2016）以中国 31 个省区市（不包括港澳台地区）为基础样本库，考察了各省区市实现地区生产总值增速与预期目标之间的差距对其环境污染的影响，研究认为，公众参与政府环境决策和法制能对行政自由裁量权构成制约和监督，在一定程度上预防和遏制行政主管部门片面追逐地区生产总值增长而带来的环境污染和破坏。生产率与生态环境的结合成为近期关注的重点。王裕瑾和于伟（2016）采用随机前沿分析和空间计量模型对近年我国省际绿色全要素生产率进行测算和敛散性实证分析，研究认为，提升资源环境约束下全要素生产率的省际协调度依赖于推动滞后区域的城市化进程和产业升级。屈文波（2018）构建了生态效率评价模型，研究了我国省域层面的生态效率时空差异及关联特征。

同时，重点经济区域的研究也被关注。随着长江下游经济带成本等压力的不断攀升，跨江区域转移逐渐成为趋势，孔凡斌和李华旭（2017）为了准确把握长江经济带产业梯度转移态势，辨析了长江经济带流域内产业转移及其环境效应，研究认为，随着沿江地区产业集聚度的提高，承接工业产业转移的规模快速扩大，环境负面效应不断增大，而劳动生产率和环境规制政策两个因素给环境污染带来显著的抑制作用。崔春生（2017）展开了对中部地区的研究，他以"五位一体"中的生态文明建设为研究对象，以中部五省生态文明建设为例，通过遴选一组评价指标，客观地评价中部五省生态文明建设情况。

进一步，学者还关注了经济高质量发展环境指标与其他指标之间的关联性。例如，陶长琪和周璇（2016）研究了环境与技术创新的关系，他们认为，环境管制、技术溢出是影响省域技术创新能力的主要因素，通过比较环境、技术和耦联下的省域技术创新能力差异性，有效区分了"环境"、"技术"或"双向"偏好型省区市，结论认为，加强省域环境规制力度、优化省域技术溢出路径是促进环境技术高效耦联、缓解资源短缺和要素错配现象、提升技术创新能力的关键。针对不同目标变量之间的关联关系，吕延方等（2015）指出，当前我国经济发展中不平衡、不协调、不可持续问题突出，经济增长的资源环境约束逐渐强化，面对经济增长速度趋缓、收入差距扩大，以及能源供给短缺、全球温室气体排放增多等可持续发展问题，应研究生产率、收入、环境的综合性问题。

4. 产业高质量发展的生态环境保护研究

产业结构调整、生产链价值提升一直是近年供给侧改革的重要一环，那么，产业结构调整能否与生态环境保护协同？学者针对这个问题提出了各自的解释。

更多的研究侧重一般性和宏观性研究，没有涉及具体的产业。韩永辉等（2016）从本地效应和区际互动双重视角分析产业结构优化升级对省区市生态效率影响的驱动机理和作用效果，认为产业结构高度化既能提高本地的生态效率，也能提高其他地区的生态效率，经济发展水平的提高更有利于合理化本地正面效应及高度化双重正面效应的发挥，合理化和高度化与环境规制的相互作用更有利于本地生态效率的提高。蔡濛萌和尹秀芳（2017）构建了产业结构调整和环境质量优化之间的整体协动程度指标，对全国样本的整体协动性及该协动关系的连续性进行了测算，研究发现，各省区市协动性存在一定差异，贸易开放度、环境规制力度、人均收入和研发投入的提升均对协动程度起到正向促进作用，我国需要在引导市场力量参与产业绿色化转型、提高贸易开放的绿色化水平及防范污染产业向中、西部地区转移等方面做出更多探索。有学者侧重了具体省区市的一般性讨论。徐成龙和程钰（2016）利用动态面板的系统 GMM 估计方法、LMDI（logarithmic mean Divisia index，对数平均迪氏指数）分解模型、历史值外推模拟及线性规划约束模型等探究了新常态下山东省环境规制对工业结构调整的影响及其大气环境效应，指出适度环境规制下山东省工业结构调整更有利于经济社会的可持续发展。

工业一直被认为是环境恶化的主要原因。Atici（2012）以日本为例，认为日本从东南亚主要国家的进口没有诱发这些新兴市场国家的环境问题。吕延方和王冬（2013b）的研究则认为，承接发达国家中间生产的外包业务被验证为中国开放经济中诱发能源过度消耗和碳排放快速增长的最主要拉动力量。近年，我国成为发达国家发包生产活动的最大目的国，同时是空气污染物排放最多的国家。针对此，Lyu（2016）结合三种量化方法——投入产出分析、贸易内涵碳分析、IPCC（Intergovernmental Panel on Climate Change，联合国政府间气候变化专门委员会）测算法，按工业部门评估了基于生产的二氧化碳排放量，研究认为，政府应该对零配件相关产业部门及企业给出专向指导，引导这些部门及企业控制二氧化碳排放量。当然，我国的环境诱发因素也包括自身产业结构的问题。例如，宋海欧和王滢（2016）的研究结果表明，京津冀地区大气污染严重主要是因为工业结构不合理，尤其是重点行业产能过剩。

（二）发展动态分析

综合国内外研究现状，现有文献中，以下几个方面有待深入研究。

第一，针对近期的生态环境问题，应契合习近平新时代中国特色社会主义思想，结合十九大讲话精神，提供符合绿色高质量发展的指标体系。对于国内外学界，生态环境一直是关注的热点问题，理论上和方法上都值得深入研究。近期，结合我国高质量发展阶段，部分国内学者给生态环境赋予了新的概念内涵和表征。基于国外的先进研究方法及国内学者的开创性研究，课题组拟采用定性和定量相结合方法，立足于我国高质量发展战略方向，挖掘更多数据和实例，捕捉中国过去追求高速经济增长引致的生态和社会问题，提供一个更为全面的动态分析框架。

第二，主要文献分别考察了政策实施、传导行为或诱发事件对高质量发展目标变量的影响特征，但是，多数采取的是比较静态分析的思路，实际上，高质量发展变量都是相互影响的，下一步应从动态一般均衡的角度来考察政策实施、传导行为或诱发事件对整个社会系统的综合影响。具体工作是，获得更多维度充足年份的地区发展数据，识别和把握地区发展表征变量引致社会综合效应变化的典型特征，审视政策实施、传导行为或诱发事件对整个社会系统的综合影响，结合数据量化分析方法，制定出更科学、更契合地区发展特征的符合生态环境发展乃至高质量发展方向的综合测定评价体系，最终对一个政策的社会效果做出科学评价。

第三，有必要关注不同情境下生态环境政策对高质量经济发展综合目标变量的冲击方向、强度、时滞关系及经济变量间的交互效应，而检验政策传导变量对最终目标的影响是否存在动态特征的研究文献目前比较罕见。本章构建的半参数平滑系数模型能够有效识别制度和结构性因素对本章构建的环境生产效率指标的影响轨迹，通过捕捉政策演进轨迹，以深层次地刻画政策工具及目标之间的动态交互性，更能准确拟合经济现实，为经济预测、政策制定与实施提供更为稳健的参考工具。

第四，绿色、增长、效率和社会多维管理目标需要兼容并和谐。从单层次视角研究效率、增长、绿色或社会和谐的理论与应用研究较为成熟，然而基于多维、多体系分析架构，对环境友好、社会意识增强、经济增长、效率提高多维一体的战略理论和应用研究尚未展开。本章拟协同高质量发展主要目标（效率和绿色），从全方位一体战略出发，兼顾绿色转型和经济效率融合，化矛盾促和谐，实现协同管理，这将是宏观经济领域未来研究的重要课题。

第二节

环境与生产效率的理论逻辑

十九大报告指出，“我国社会主要矛盾已经转化为人民日益增长的美好生活需要和不平衡不充分的发展之间的矛盾”“我国经济已由高速增长阶段转向高质量发展阶段”（习近平，2017）。因此，在评价经济发展时不仅要看速度，更要看质量，尤其是，进入经济发展新常态阶段的中国，为应对增长减速和能源环境方面的约束，迫切需要加快绿色转型。《中国环境经济核算研究报告2013—2014》显示，由环境退化和生态破坏所造成的经济损失高达 20 547.9 亿元，占当年 GDP 的 3.3%，这说明在研究经济增长核算时，资源环境因素对经济增长的影响不容忽视，报告同时指出，我国的总体资源产出效率仍然较低，我国经济发展过度依靠资源高投入的局面并未得到明显改善（王金南等，2015）。Grosskopf（1993）指出，忽略效益的经济增长分析，将导致估计结果有偏。基于此，本节拟侧重研究环境、能源等因素对生产效率的影响，这不仅对推动经济健康高质量地发展具有重要的现实意义，而且，侧重从非参数平滑视角测算全要素生产率有创新性的学术意义。

一、研究基点

在已有文献当中，对经济增长的研究大多是在没有考虑环境因素的情况下对传统生产效率和全要素生产率及其影响因素的分析。从研究方法上可以分为参数法和非参数法。其中，参数法主要包括基于传统柯布–道格拉斯生产函数的索洛余值增长核算法（Griliches，1980；Chow，1993；Wang and Yao，2003；吴延兵，2006；彭国华，2007；王小鲁等，2009）和基于传统柯布–道格拉斯生产函数或超越对数生产函数的随机前沿分析法（stochastic frontier analysis，SFA）（Battese and Coelli，1992；张军等，2004；李胜文和李大胜，2008；姚战琪，2009；陈关聚，2014）。非参数方法则主要是采用基于数据包络分析来计算全要素生产率的马姆奎斯特（Malmquist）指数，并对分解后的各影响因素进行分析，这种方法也是中国学者在分析全要素生产率时运用最多的一种方法（颜鹏飞和王兵，2004；郑京海和胡铵钢，2005；涂正革和肖耿，2008；石盛林，2011）。除此之外，金剑和蒋萍（2006）利用半参数方法对生产率的增长进行了测算；章上峰等（2011）运用时变弹性生产函数计算了投入要素的时变弹性系数；薛艳（2016）通过半参数混合模型研究了区域经济增长。

随着环境污染问题的加重，一些学者开始关注经济增长对环境造成的损耗，并将环境因素纳入生产模型中，进而引申出绿色经济增长、绿色全要素生产率等概念（杨文举，2011；李玲，2012；原毅军和谢荣辉，2015）。在研究方法上，一部分学者采用了 SBM[①] 方向性距离函数与卢恩伯格（Luenberger）生产率指数相结合的方法，来测度绿色生产效率、绿色全要素生产率及其分解成分。例如，王兵等（2010）考虑了中国区域资源环境因素对环境效率和

① 即 slack-based measure，表示基于松弛变量的测度方法。

环境全要素生产率的影响，实证分析结果表明资源环境因素对各省区市的全要素生产率有显著的影响，能源的过多使用是造成环境无效率的主要因素；李斌等（2013）运用基于非径向非角度 SBM 效率测度模型与 ML（Malmquist-Luenberger）生产率指数相结合的方法，测算了 36 个行业的绿色生产效率和绿色全要素生产率，同时分析了环境规制对经济增长的影响，研究发现环境规制对绿色全要素生产率的影响存在关于环境规制强度的门限效应。除基于 SBM 分析方法之外，也有学者采用考虑生产无效效应的超越对数随机前沿分析法对环境生产效率及环境全要素生产率进行了测算。例如，匡远凤和彭代彦（2012）运用该方法将各省区市的碳排放量纳入超越对数生产函数当中，并将传统生产效率和环境生产效率进行了比较分析；谌莹和张捷（2016）将碳排放、能源强度等因素纳入随机前沿模型的生产无效率函数当中，实证分析结果显示碳排放量的增长会降低绿色全要素生产率，同时，虽然技术的进步使能源强度降低，却导致了更高的碳排放。

至今的学术研究忽略了以下几个学术问题：第一，蕴含环境影响因素的环境生产效率和传统生产效率能否协同？如果不协同，环境生产效率是否低于传统生产效率？第二，如果针对“三废”（废水、废气、固体废弃物）排放量的异质性分析结果进行分组，不同组的环境生产效率有怎样的差别？尤其是，高排放地区的环境生产效率是否更低？第三，环境规制和能源结构对环境生产效率有怎样的影响？是否符合“波特假说”？针对特定时点或特定区域的影响系数的变化趋势如何？本章拟在已有研究的基础上进行以下几方面的扩展：第一，国内关于环境生产效率、环境全要素生产率的研究大多采用基于数据包络分析的非参数方法，方法单一，且经常遇到“不可行解”问题，本章拟采用基于超越对数生产函数的随机前沿分析法对环境生产效率进行研究；第二，已有文献在进行分组研究时，大多是根据东、中、西部地域差异或者根据某个单一指标（如区域经济发展水平、二氧化碳排放量等）进行分组，本章则通过对工业“三废”的排放量进行面板系统聚类来分组，并对不同分组进行进一步细化讨论；第三，本章拟从可持续发展的角度，采用半参数平滑系数模型来分析环境规制和能源结构因素对环境生产效率的影响，并且对特定时间和地区进行异质性分析，以研究影响系数的动态变化趋势。

二、方法与模型

作为最传统的测算全要素生产率的方法，索洛余值法关键的假设是所有生产者均能实现最优生产效率，将除了资本和劳动以外的其他影响因素全部归结为技术进步，这种比较粗放的计算方法并不符合现实，因为在现实生产过程中，绝大部分不能达到技术—产出的技术边界（Farrell，1957）。

基于以上思想，Aigner 和 Chu（1968）提出了确定性前沿生产函数模型，他们认为在生产过程中往往由于随机冲击等生产者生产效率无法达到前沿水平，即生产可能性边界。确定性前沿生产函数模型如下：

$$Y=f(X,\beta)\exp(-u) \tag{5-1}$$

其中，$u \geqslant 0$；$Y=f(X,\beta)$ 为前沿生产函数；$\exp(-u)\in[0,1]$ 为生产的无效率程度。

但是确定性前沿生产函数忽略了生产过程中存在的随机现象，这些因素同样会导致解释变量系数的偏误。Aigner 等（1977）与 Meeusen 和 van den Broeck（1977）同时提出了随机前沿生产函数：

$$Y=f(X,\beta)\exp(v-u) \tag{5-2}$$

其中，v 为生产过程中的随机误差，且假定为独立同分布的正态随机变量，u 与 v 相互独立。

本章的研究思路是，在生产模型当中引入环境变量来考察各省区市在考虑环境因素下的环境生产效率。已有文献对于环境因素的引入主要通过两种方式：一种是将环境因素作为技术无效率项的解释变量引入随机前沿生产函数（谌莹和张捷，2016）；另一种是将环境造成的污染排放看成一种未支付的投入，与劳动和资本一起引入随机前沿生产函数（匡远凤和彭代彦，2012）。本章拟采用第二种方式，但是，考虑到我国作为世界上二氧化碳第一大排放国，而且碳排放量是目前环境问题的研究重点，本章将各省区市的二氧化碳排放量作为环境因素纳入生产模型当中。另外，相对于传统的柯布-道格拉斯生产函数，超越对数生产函数的包容性更强，且能够反映投入要素之间交互项、二次项等对产出的影响。因此，本章构建如下超越对数形式的随机前沿生产模型：

$$
\begin{aligned}
\ln y_{it} &= \ln f[x_{it}(t),t]+(v_{it}-u_{it}) \\
&= \beta_0+\beta_l \ln L_{it}+\beta_k \ln K_{it}+\beta_c \ln C_{it}+\beta_t t \\
&\quad +\beta_{lk} \ln L_{it} \ln K_{it}+\beta_{lc} \ln L_{it} \ln C_{it}+\beta_{kc} \ln K_{it} \ln C_{it} \\
&\quad +\beta_{lt} t \ln L_{it}+\beta_{kt} t \ln K_{it}+\beta_{ct} t \ln C_{it}+1/2\beta_t^2 t^2 \\
&\quad +1/2\beta_l^2 \ln^2 L_{it}+1/2\beta_k^2 \ln^2 K_{it}+1/2\beta_c^2 \ln^2 C_{it}+v_{it}-u_{it}
\end{aligned}
\tag{5-3}
$$

其中，$v_{it} \sim N(0,\ \sigma_v^2)$；$u_{it} \sim N(m_{it},\sigma_u^2)$，$m_{it}=\delta_0+\sum_{n=1}^{N}\delta_n z_{nit}$；$y_{it}$ 为第 i（$i=1,2,\cdots,29$）个省区市的第 t（$t=1,2,\cdots,16$）年的产出；K、L、C 分别为资本、劳动力及环境代理变量二氧化碳排放量；β 为待估系数；v_{it} 为随机误差，假设其为独立同分布且服从 $N(0,\ \sigma_v^2)$ 的正态分布，并且假设 v_{it} 与 u_{it} 相互独立；u_{it} 为非负随机变量，表示生产过程中的无效效应，其服从均值为 m_{it}、方差为 σ_u^2 的截断正态分布，u_{it} 的分布随着 m_{it} 的变化而变化；z_{nit} 为生产无效应项的外生解释变量；N 为外生解释变量个数。令 $\sigma^2=\sigma_v^2+\sigma_u^2$，且 $\gamma=\sigma_u^2/\sigma^2$（$\gamma \in [0,1]$），$\gamma$ 为生产无效率部分的比重，γ 越大表示无效效应项的影响越大，δ 为技术无效率方程中的待估系数。

基于上述生产模型，生产效率的定义如下：

$$
\mathrm{TE}_{it}=\exp(-u_{it})=\frac{E(y_{it}\,|\,u_{it},x_{it})}{E(y_{it}\,|\,u_{it}=0,x_{it})} \tag{5-4}
$$

其中，$\exp(-u_{it})\in[0,1]$；分子为考虑无效效应的实际产出的期望值；分母为完全有效的产出的期望值。

第三节 环境与效率的实证分析

一、变量选取范围和方法

本章选取中国 29 个省区市 2000~2015 年的面板数据进行实证分析。变量的原始数据主要来源于《中国统计年鉴》《新中国六十年统计资料汇编》《中国能源统计年鉴》。其中，各省区市的产出采用以 2000 年为基期进行平减后得到的实际地区生产总值。关于资本存量的测算，本章采用张军等（2004）提出的永续盘存法：用 1978 年的固定资本总额除以 10% 作为初始资本存量，折旧率取 9.6%，然后往下延展到 2001~2016 年进行计算，并将数据调整为以 2000 年为基期的各年数值。劳动力采用各省区市第一、第二、第三产业的就业人数。省级的二氧化碳排放量数据需要进行估算：通过各省区市的主要类型能源消费量及 IPCC 确定的碳排放系数可以测算出二氧化碳排放量。其中选择的主要能源类型包括煤炭、焦炭、汽油、煤油、柴油、燃料油、天然气及水泥。对于技术无效率项的外生解释变量，本章选择各省区市的城市化率及所有制结构：城市化率用年末城镇人口在总人口中的占比表示，所有制结构变量用各省区市国有控股公司产值在工业总产值中的占比表示。

二、传统生产模型和环境生产模型的估计结果

这里采用 Frontier4.1 软件对包含环境因素的超越对数生产函数模型进行了极大似然估计，并采用一步法来进行求解，即将技术无效率项 u 的外生解释变量与随机前沿生产函数的解释变量一同纳入模型进行回归，一步法允许两部分的解释变量存在相关性，相对于二步法更符合经济现实。表 5-1 分别报告了传统生产模型和环境生产模型的估计结果。

表 5-1 超越对数生产函数模型的估计结果

变量	传统生产模型		环境生产模型	
	估计值	t检验值	估计值	t检验值
常数项1	0.8320*	1.7145	0.7428	0.9369
ln$K$	0.1266	0.7818	−0.7190***	−3.4168
ln$L$	1.5426***	8.3936	1.8934***	8.6287
ln$C$			−0.0169	−0.0699
ln$K$ln$L$	0.1687***	4.0797	0.0952***	3.0090
ln$K$ln$C$			0.2988***	8.3082
ln$L$ln$C$			0.0265	0.5948
1/2（ln$K$）^{2}	−0.1562***	−3.4144	−0.3564***	−8.3409
1/2（ln$L$）^{2}	−0.2672***	−5.3724	−0.2751***	−5.3446
1/2（ln$C$）^{2}			−0.2381***	−4.4263
t	0.0501	1.6271	0.1699***	5.2458
$t$ln$K$	0.0211***	3.4618	0.0248***	5.1211
$t$ln$L$	−0.0206***	−3.9833	−0.0165***	−2.8817
$t$ln$C$			−0.0208***	−3.2225
1/2t^2	−0.0027***	−3.6124	−0.0013**	−2.3781
常数项2	2.3977***	29.1398	2.5825***	40.2149
Urban	−2.6897***	−26.9820	−2.9441***	−39.2951
SE	0.0666*	1.8921	0.0527**	1.7839
δ^2	0.0199***	13.1462	0.0164***	14.5920
γ	0.9999***	4112.1810	0.9585***	19.3879
对数似然值	254.08		310.18	
单边偏误似然比	610.17		689.98	

*、**、*** 分别表示 10%、5%、1% 显著性水平下拒绝原假设

从表 5-1 两个模型的回归结果可以看出，31 个解释变量（包括常数）的回归系数中，只有 5 个不显著，因此模型解释能力较强。传统生产模型和环境生产模型中的单边偏误似然比（likelihood ratio，LR）均很大，再通过查询混合卡方分布检验临界值表（Kodde and Palm，1986），可以发现两个模型均通过似然比检验，并且，两个模型的 γ 值分别为 0.9999 和 0.9585，都接近于 1，这说明两个模型均存在显著的生产无效效应。以上信息说明本章选择考虑无效效应的超越对数生产函数是合理的，这也与匡远凤和彭代彦（2012）的回归结果基本一致。

另外在两个模型中，非效率函数中城市化率（Urban）的回归系数都显著为负，表明城市化对生产效率的提高有显著的促进作用，并且在环境生产模型中促进作用更明显，这进一步说明加速推进城镇化进程可以提高生产效率。所有制结构变量（SE）的系数均为正，这表明我国公有制经济的生产效率落后于非公有制经济的生产效率，因此应注重国有企业改革，降低国有经济比重，提高公有制经济的生产效率。

三、传统生产效率和环境生产效率的协同分析

接下来为了对环境生产效率与传统生产效率进行更加全面的分析，本章根据各省区市的工业“三废”排放情况进行基于面板数据的系统聚类分析。原始数据来源于《中国环境统计年鉴》。首先将各变量基于时间 t 取均值，进行“降维”处理，然后通过常规聚类分析将 29 个省区市分为三类，分别为高“三废”地区、中“三废”地区、低“三废”地区。低“三废”地区包括天津、北京、广东、上海、江苏、山东、浙江、吉林、福建；中“三废”地区包括河南、湖北、辽宁、湖南、安徽、四川、陕西、江西、黑龙江；高“三废”地区包括海南、甘肃、河北、新疆、内蒙古、广西、云南、贵州、山西、宁夏、青海。

表 5-2 报告了我国各时期传统生产效率、环境生产效率及分区域的环境生产效率。首先从全国层面来看，环境生产效率的均值为 0.3503，低于传统生产效率的均值 0.3627，并且各个时期的传统生产效率与环境生产效率并不协同，每个时期的环境生产效率均低于传统生产效率，这与我们的预期相符合，这说明：由于环境因素，生产效率造成了损失。结果还显示，虽然环境生产效率一直小于传统生产效率，但是，随着时间的推进，环境生产效率与传统生产效率的差距正逐渐减小，可以解释为科技进步与有效的节能减排起到了促进差距减小的作用。

表 5-2　分区域的传统生产效率和环境生产效率结果

年份	传统生产效率（全国）	环境生产效率			
		全国	低“三废”地区	中“三废”地区	高“三废”地区
2000	0.2983	0.2797	0.4090	0.2113	0.1961
2001	0.3057	0.2909	0.4292	0.2185	0.2013
2002	0.3086	0.2963	0.4359	0.2275	0.2052
2003	0.3161	0.3046	0.4443	0.2353	0.2158
2004	0.3226	0.3051	0.4448	0.2423	0.2238
2005	0.3321	0.3166	0.4465	0.2519	0.2341
2006	0.3429	0.3272	0.4596	0.2633	0.2424
2007	0.3545	0.3402	0.4751	0.2785	0.2551
2008	0.3652	0.3514	0.4889	0.2845	0.2644
2009	0.3744	0.3619	0.5056	0.2967	0.2685
2010	0.3886	0.3749	0.5223	0.3095	0.2755
2011	0.4009	0.3872	0.5339	0.3242	0.2835
2012	0.4150	0.4027	0.5569	0.3433	0.2883
2013	0.4223	0.4138	0.5787	0.3558	0.2907
2014	0.4243	0.4211	0.5929	0.3644	0.2955
2015	0.4311	0.4309	0.6120	0.3778	0.3020
均值	0.3627	0.3503	0.4960	0.2865	0.2526

注：表中三个地区的均值是以各省区市 2000 年为基期进行平减的地区生产总值除以各地区总生产总值为权重的加权平均值

根据工业“三废”排放量的分类情况来看，无论是传统生产效率还是环境生产效率，低“三废”地区的值均高于中、高“三废”地区的值，低、中、高“三废”地区三个区域的值依次递减（图 5-1 和表 5-2）。并且，从图 5-1 中可以看出低“三废”地区的环境生产效率增长趋势明显，而中、高“三废”地区的环境生产效率增长趋势缓慢。这可以解释为，由于低“三废”地区以东部沿海省市为主，这些省市技术更加先进，工业规模较大，体系更加完善，工业“三废”的处理情况更好且生产效率较高；而高“三废”地区则以中、西部地区为主，技术相对落后，工业起步较晚，且资源密集型产业和原材料加工产业较多，生产效率较低。另外，从各个时期的环境生产效率来看，三个地区的差距有逐渐拉大的趋势。2000 年低“三废”地区的环境生产效率为 0.4090，高“三废”地区的环境生产效率为 0.1961，差距为 0.2129，2008 年该差距为 0.2245，到了 2015 年，该差距扩大为 0.3100。进一步，将三个地区样本期内的传统生产效率均值与环境生产效率均值进行比较，可以看出低“三废”地区的差距很小，而中、高“三废”地区的生产效率差距明显，这说明环境因素对中、高“三废”地区的生产效率影响更大，因此，可以总结为：由于环境因素的影响，不同区域之间的生产效率存在较明显的异质性差距。

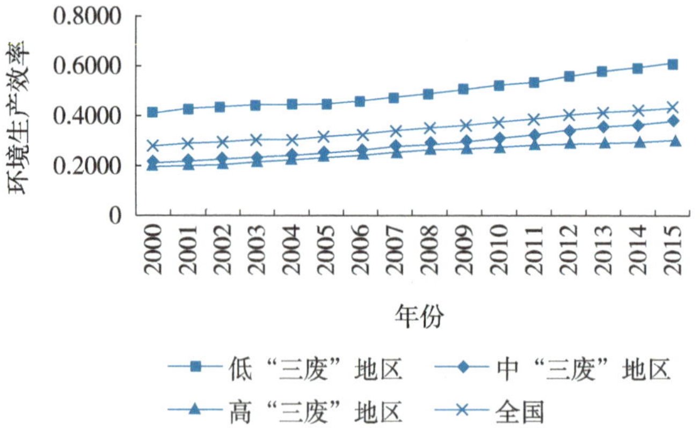

图 5-1　2000~2015 年全国和分区域的环境生产效率趋势

第四节

环境生产效率的影响因素分析

一、方法与模型

通过前文的论述，可以认识到环境因素会对生产效率造成影响，那么环境规制对生产效率的作用如何？针对这一问题，有两种不同观点。一种是传统观点，认为环境规制是企业成本增加的主要因素，对生产率有消极影响，使企业竞争力下降。这种消极作用通过两种效应来实现，一方面，企业为了达到政府环境规制的标准，需要增加环境方面的投资，对其他方面的投资会产生一种挤占效应；另一方面，环境规制对企业的生产施加了约束条件，会产生约束效应。这两种效应会使环境规制带来的外部成本内部化，不利于企业生产效率的提高。但是 Porter 和 van der Linde（1995）认为，虽然从短期来看环境规制政策增加企业的成本，但是从长期来看，适当的环境规制有助于刺激企业进行创新，选择更加有效力的生产设备提高生产力，这将抵消环境规制所带来的成本增加，提高企业竞争力。这种观点是第二种观点，被称为“波特假说”。

本章以两种观点为切入点，并考虑到能源结构与污染排放强度密切相关，进而影响生产效率，最终从可持续发展的角度来探究环境规制、能源结构因素对生产效率的影响。

在模型的选择上，以往的研究当中通常将环境规制或能源结构因素作为直接解释变量加入模型当中，但从现实经济的角度来看，这种方式欠妥，因为制度和结构性因素并不是直接影响生产效率，而是通过其他直接因素而间接发挥作用，并且具体影响方式是未知的，不一定为线性。因此，本章选择构建半参数平滑系数模型对环境生产效率的影响因素展开分析。半参数平滑系数模型参数部分的解释变量用来刻画影响生产效率的直接影响因素，非参数部分用于描述间接影响因素，其估计系数是间接影响因素的平滑函数。该方法综合了参数面板模型与非参数面板模型的优点，既有良好的模型解释能力，又降低了主观构建模型的误差。同时半参数平滑系数模型能够准确描述特定时间和地区的系数动态变化，有助于观测剧烈波动或异常发生。

具体模型构建如下：

$$\mathrm{TE}=\beta_0(Z_{it})+\beta_1(Z_{it})H+\beta_2(Z_{it})\mathrm{RD}+\beta_3(Z_{it})\mathrm{FDI}+u_{it} \tag{5-5}$$

其中，$Z_{it}=(\mathrm{ER},\mathrm{ES},t)$；这里只假设 u_{it} 为均值为零的随机分布；TE 为环境生产效率。直接影响因素包括人力资本变量 H 、研发水平变量 RD、外商直接投资变量 FDI。间接影响因素为环境规制变量 ER、能源结构变量 ES，以及时间变量 t 。

将式（5-5）转化为

$$Y_{it}=X_{it}\beta(Z_{it})+u_{it} \tag{5-6}$$

其中，$Y_{it}=\mathrm{TE}_{it}$；$X_{it}=(1,H_{it},\mathrm{RD}_{it},\mathrm{FDI}_{it})$；$\beta^{\mathrm{T}}(Z_{it})=[\beta_0(Z_{it}),\beta_1(Z_{it}),\beta_2(Z_{it}),\beta_3(Z_{it})]$。

根据 Li 等（2002）的研究，得到半参数平滑系数模型的估计系数为

$$\hat{\beta}(Z_{it})=\left[\sum_{j=1}^{N}\sum_{\tau=1}^{T}X_{j\tau}X_{j\tau}^{\mathrm{T}}K(Z_{j\tau},Z_{it})\right]^{-1}\sum_{j=1}^{N}\sum_{\tau=1}^{T}X_{j\tau}Y_{j\tau}K(Z_{j\tau},Z_{it}) \tag{5-7}$$

其中，N 为横截面个数；T 为时期数；$K(\cdot)$ 一般选择高斯核函数。从而，

$$K(Z_{j\tau},Z_{it})=\prod_{s=1}^{3}K\left(\frac{z_{sj\tau}-z_{sit}}{h_s}\right) \tag{5-8}$$

其中，

$$K(\cdot)=\frac{1}{\sqrt{2\pi}}\exp\left[-\frac{1}{2}\left(\frac{z_{sj\tau}-z_{sit}}{h_s}\right)^2\right] \qquad (5\text{-}9)$$

其中，h 为高斯核函数的宽窗。本章选择应用最广泛的最小二乘交叉验证法（least squares cross-validation）进行宽窗选择，其基本原理如下：在每个局部位置上选择一个观察点，在样本中除去选定的该点，然后将剩余的 n–1 个样本点在此处进行核估计，比较平方拟合误差的大小，最终选择使其达到最小值的宽窗：

$$\mathrm{CV}(h)=\min_h n^{-1}\sum_{i=1}^{N}\sum_{t=1}^{T}\left[Y_{it}-X_{it}\hat{\beta}_{-it}(Z_{it})\right]^2 \qquad (5\text{-}10)$$

其中，

$$\hat{\beta}_{-it}(Z_{it})=\left[\sum_{j\neq 1}^{N}\sum_{\tau\neq 1}^{T}X_{j\tau}X_{j\tau}^{\mathrm{T}}K(Z_{j\tau},Z_{it})\right]^{-1}\sum_{j\neq 1}^{N}\sum_{\tau\neq 1}^{T}X_{j\tau}Y_{j\tau}K(Z_{j\tau},Z_{it}) \qquad (5\text{-}11)$$

式（5-6）中的 $\beta(Z_{it})$ 为直接影响变量的回归系数，且 $\beta(Z_{it})=\partial Y_{it}/\partial X_{it}$，同样可以得到间接影响变量对 Y 的边际效应：$\partial Y_{it}/\partial Z_{it}=X_{it}[\partial\beta(Z_{it})/\partial Z_{it}]$。Racine 和 Li（2004）已经推导出半参数平滑函数向量 $\beta(Z_{it})$ 的一致性和渐进正态性，这里不再进行推导。

二、变量选取和数据来源

在半参数平滑系数模型中依然采用 29 个省区市 2000~2015 年的面板数据，所有变量的数据来源于《中国人力资本报告 2016》、《中国科技统计年鉴》、Wind 资讯、《中国环境统计年鉴》、《中国工业经济统计年鉴》。其中，TE 变量数据由上文随机前沿生产模型计算得到；H 变量用中央财经大学中国人力资本与劳动经济研究中心公布的《中国人力资本报告 2016》中的各省区市实际人力资本结果表示，该结果是通过运用改进的 J-F（Jorgenson- Fraumeni）法，按五个教育程度进行划分计算所得；RD 变量用各省区市科研经费内部支出额在各省区市产值中的占比表示；FDI 变量用各省区市实际利用外商直接投资额在各省区市产值中的占比表示。

对于环境规制变量的衡量方法，已有文献中差异较大，包括与环境规制有关的法律政策、排污费用、治理污染的投资成本、污染排放密度等方面，不同的衡量方式也导致了环境规制与生产效率之间的关系的结论不一致。本章选择采用李玲（2012）的综合指数法，选取三个指标层来综合测量各个省区市的环境规制强度，考虑到工业是主要的污染来源及数据的可得性，选取的三个指标层原始数据为工业废水排放达标量、工业二氧化硫去除量及固体废物综合利用量。其中，《中国环境统计年鉴》在 2010 年以后不再有二氧化硫去除量的数据，之后年份的数据本章通过平均增长速度计算得到。环境规制指标具体的计算方法如下。

首先，将三个指标进行标准化处理，以使得无量纲化的不同指标之间可以共同度量：

$$Y_{ij} = [Y_{ij} - \min(Y_j)] / [\max(Y_j) - \min(Y_j)] \tag{5-12}$$

其中，Y_{ij} 为原始数据；$\min(Y_j)$ 和 $\max(Y_j)$ 分别为污染物 j 在所有省区市的最小值和最大值。

其次，计算每个指标的调整系数 W_j，即权重。由于不同省区市及不同污染物排放量之间存在较大差别，需要对每个省区市的三个评价指标均赋予不同的权重来计算 W_j 值：

$$W_j = \frac{P_{ij}}{\sum P_{ij}} \Bigg/ \frac{O_i}{\sum O_i} = \frac{P_{ij}}{O_i} \Bigg/ \frac{\sum P_{ij}}{\sum O_i} = \mathrm{UP}_{ij} / \overline{\mathrm{UP}_{ij}} \tag{5-13}$$

其中，P_{ij} 为省区市 i（$i = 1, 2, \cdots, 29$）的污染物 j（$j = 1, 2, 3$）的排放量；$\sum P_{ij}$ 为污染物 j 的全国排放总量；O_i 为省区市 i（$i = 1, 2, \cdots, 29$）的工业总产值；$\sum O_i$ 为全国工业总产值；W_j 为省区市 i 的污染物 j 的单位工业产值排放 UP_{ij} 与全国单位产值排放 $\overline{\mathrm{UP}_{ij}}$ 之比。

最后，根据以上计算的无量纲化值与调整系数，得到各省区市的环境规制强度：

$$\mathrm{ER}_i = \frac{1}{3}\sum_{j=1}^{3} W_j \times Y_{ij}^s \tag{5-14}$$

对于能源结构指标，本章主要指能源的消耗结构，并且考虑到煤炭的消耗是造成环境污染的主要来源，选择以能源消耗中煤炭消耗的占比来表示能源的消费结构，且考虑数据的可得性同样选择工业数据。由于《中国能源统计年鉴》的能源消费统计中单位不一致，并且没有官方换算比例来将不同种类的煤炭（包括原煤、洗精煤、其他洗煤）的煤炭单位（万吨）换算成能源合计的单位（万吨标准煤）。本章借鉴马丽梅和张晓（2014）的做法，选择从经济结构的角度来间接测算能源结构中煤炭所占比例：

$$\mathrm{ES}_{it} = \frac{\sum_{j=1}^{m} \mathrm{PC}_{itj}}{\mathrm{GDP}_{it}} \tag{5-15}$$

其中，GDP_{it} 为第 i 个省区市第 t 年的生产总值；PC_{itj} 为第 i 个省区市第 t 年第 j 个高耗煤行业的产值。本章选取 8 个煤炭消耗最高的行业（非金属矿物制品业，化学原料和化学制品制造业，黑色金属冶炼和压延加工业，煤炭开采和洗选业，石油加工、炼焦和核燃料加工业，有色金属冶炼和压延加工业，农副食品加工业，造纸和纸制品业）为代表，根据 2015 年《中国能源统计年鉴》中的数据，经计算 2015 年这 8 个行业的煤炭消耗量占煤炭总消耗量的 87.11%，该指标直接测算了煤炭高消耗行业的产出占各省区市总产出的比重，可以反映各省区市经济的能源结构。因此，以这 8 个行业的产值看作煤炭消耗量，将各省区市的地区生产总值看作能源总消耗来间接衡量。

三、模型估计结果

本章通过 R 软件采用局部常量最小二乘法（local-constant least squares）

对半参数平滑系数模型进行估计。相对于传统的参数模型，半参数平滑系数模型对样本数据有更好的拟合，可以得到与每个观测样本相对应的参数估计值。通过局部常量最小二乘估计，可以得到直接影响因素 H 、RD、FDI 的平滑估计系数，以及这三个平滑估计系数对间接影响因素环境规制、能源结构和时间的导数，从而可以计算环境生产效率对环境规制、能源结构和时间的导数。为了简化报告的结果，这里只列出了所估计的影响系数的均值、最小值、最大值、第一四分位值、中位数、第三四分位值。同时运用 R 软件通过 Bootstrap 方法估计相关系数的标准误差，进而通过估计系数和标准误差之比来判断显著性。

（一）回归结果整体性分析

表 5-3 为直接影响因素的回归结果，为了与线性参数模型进行比较，表 5-3 同时列出了仅包含直接影响变量线性参数模型的普通最小二乘法估计结果。比较两种方法回归系数的平均值，可以看出两个模型的系数均值都为正，影响方向是一致的，这符合我们的预期，且两个模型估计系数的显著性结果一致，均是除了变量 H 之外，截距和其他变量均在 5% 以下的水平下显著。但估计系数大小有差异，影响效果不同。比较两个模型的估计系数均值的标准差，发现除了 RD 之外，半参数平滑系数模型估计系数均值的标准差更小，这是因为半参数平滑系数模型考虑了间接影响因素，结果更为准确。接下来比较三个分位数，我们注意到影响系数的均值和中位数均不一样，说明每个系数的分布均为偏态分布。如变量 H 的均值小于中位数，说明存在一个左拖尾的负偏态，而常数项和 RD、FDI 的系数均是均值大于中位数，说明存在一个右拖尾的正偏态。另外，RD 估计系数的第一四分位值和第三四分位值的差值较大，说明估计的影响系数分散性较强。

表 5-3 直接影响因素回归结果

项目		常数项	H	RD	FDI
普通最小二乘		0.1118 (0.0439)	0.0031 (0.0062)	7.4246 (0.4044)	2.8674 (0.2120)
半参数平滑系数	均值	0.2180 (0.0383)	0.0067 (0.0053)	2.4950 (0.4398)	1.2261 (0.1815)
	最小值	−2.7150 (0.1304)	−0.4783 (0.0530)	−59.4930 (11.6616)	−8.7590 (1.1117)
	第一四分位值	−0.2481 (0.0286)	−0.0436 (0.0061)	−2.9320 (0.4547)	−0.5656 (0.0948)
	中位数	0.1492 (0.0209)	0.0106 (0.0041)	2.2170 (0.4722)	0.4382 (0.0808)
	第三四分位值	0.5702 (0.0375)	0.0637 (0.0034)	8.5230 (0.7668)	1.7783 (0.1637)
	最大值	3.7632 (0.3485)	0.5237 (0.0738)	38.7490 (3.6915)	23.2064 (0.9440)

注：括号里为标准误差

接下来重点分析环境规制、能源结构和时间因素对生产效率的间接影响，表 5-4 中同样给出了与线性参数模型的普通最小二乘回归结果的对比。从表 5-4 的系数均值中可以看出，两个模型中的系数正负方向一致，且从系数和标准误差的比值可以看出环境规制、能源结构和时间这三个变量的回归系数均是在 5% 以下的水平下显著。其中两个模型中环境规制变量的回归系数均值分别为 −0.0199 和 −0.0384，说明从均值来看，环境规制对生产效率的提高有消极作用，不符合“波特假说”，但系数的最大值为正，说明存在一些样本，其环境规制对生产效率有促进作用，符合“波特假说”，具体情况在接下来的省际和时期异质分析中再详细讨论。另外，从环境规制变量的四个分位数来看，均值小于中位数，说明其系数分布存在一个左拖尾的负偏态。两个模型的能源结构变量的回归系数均值分别为−0.6039 和−0.2503，说明能源消费结构中煤炭消耗量占比越大，越不利于生效效率的提高，这符合我们的预期。但是第一四分位与第三四分位的差值较大，且由负转正，说明其系数的估计值分散性强，且部分样本的生产效率与煤炭消耗呈正向关系，这不符合预期，同样会在接下来的省际和时期异质性分析中详细讨论。另外，时间对生产效率的影响显著为正，这与预期相符，此处不再赘述。

表 5-4　间接影响因素回归结果

项目		常数项	环境规制	能源结构	时间
普通最小二乘		0.5593 （0.0257）	−0.0199 （0.0021）	−0.6039 （0.0696）	0.0125 （0.0014）
半参数平滑系数	均值	0.4282 （0.0167）	−0.0384 （0.0077）	−0.2503 （0.0266）	0.0110 （0.0006）
	最小值	−3.0124 （1.1441）	−1.3876 （0.2528）	−2.8686 （0.2560）	−0.0279 （0.0040）
	第一四分位值	0.2502 （0.0087）	−0.0312 （0.0038）	−0.4930 （0.0308）	0.0050 （0.0002）
	中位数	0.3487 （0.0064）	−0.0155 （0.0006）	−0.1375 （0.0198）	0.0085 （0.0007）
	第三四分位值	0.5012 （0.0125）	−0.0095 （0.0011）	0.0265 （0.0131）	0.0164 （0.0009）
	最大值	2.0869 （0.1278）	2.0059 （0.6677）	4.4975 （1.0740）	0.1727 （0.0539）

注：括号里为标准误差

（二）异质性分析

半参数平滑系数模型可以得到每个样本的估计值，因此可以进行省际和时期的异质性分析，从地区和时间两个维度来分析影响系数的动态变化趋势。表 5-5 列出了纵向时间角度的间接解释变量对环境生产效率影响系数的均值。为了节省篇幅，这里省去了分位数值及标准误差。首先来看环境规制变量的回归系数的动态结果，从表 5-5 中可以看出，除了 2003 年和 2004 年外，其余样本期内环境规制对环境生产效率影响系数的全国均值都为负，说明在大多数时期，环境规制造成了企业成本的增加，挤占了其他方面的投资，不利于环境生产效率的提高，只有少数年份证实了“波特假说”的存在，即环境规制刺激了企业的创新，提高了环境生产效率。其次来看能源结构变量的分时期的回归结果，从表 5-5 中可以看出除了 2009 年外，其余所有年份的回归系数均为负，再次说明了能源消费结构中煤炭消耗的占比越大，越不利于提高环境生产效率，因此为了提高生产效率，实现绿色发展，必须调整能源结构，减少化石能源消费。而 2009 年系数为正可能是由于受到经济危机的影响，为了稳定经济增长，国家出台了一系列的扩大内需政策，使得对煤炭的需求短时期迅速增加，工业表现为生产效率提高。

表 5-5　分时间的回归结果

年份	环境规制	能源结构	时间
2000	−0.0404	−0.1907	0.0082
2001	−0.0241	−0.2080	0.0070
2002	−0.0018	−0.0859	0.0082
2003	0.0063	−0.0322	0.0088
2004	0.0482	−0.0276	0.0131
2005	−0.0076	−0.1340	0.0114
2006	−0.0237	−0.1813	0.0091
2007	−0.0247	−0.1778	0.0097
2008	−0.0292	−0.1458	0.0118
2009	−0.0115	0.1225	0.0070
2010	−0.0348	−0.2971	0.0126
2011	−0.0574	−0.4216	0.0131
2012	−0.0764	−0.4037	0.0129
2013	−0.0958	−0.4516	0.0123
2014	−0.0995	−0.4770	0.0125
2015	−0.1189	−0.5183	0.0131

图 5-2 给出了三个变量对环境生产效率影响系数的变动趋势图。从图 5-2 中可以看出时间变量呈现一个稳定增长的状态。环境规制变量在 2004 年出现一个小的峰值，开始逐渐下降，之后在 2009 年再次出现了小的波动后一直呈下降趋势，说明随着技术的进步，环境规制对企业成本的增加效应大于对企业创新的刺激效应，不利于生产效率的提高。能源结构变量的变化趋势与环境规制变量相似，但是波动幅度更大，在 2009 年的峰值之后大幅下降。对环境生产效率消极影响的大幅增加说明了“杰文斯悖论”的存在，技术进步提高了煤炭的使用效率，但煤炭的消耗量并没有减少，反而增加，从而引起了更多的污染排放，对环境生产效率的消极影响随之扩大。另外，从环境规制和能源结构对环境生产效率的影响程度来看，能源结构因素的影响更大，说明为了提高环境生产效率，节能比减排更加有效。

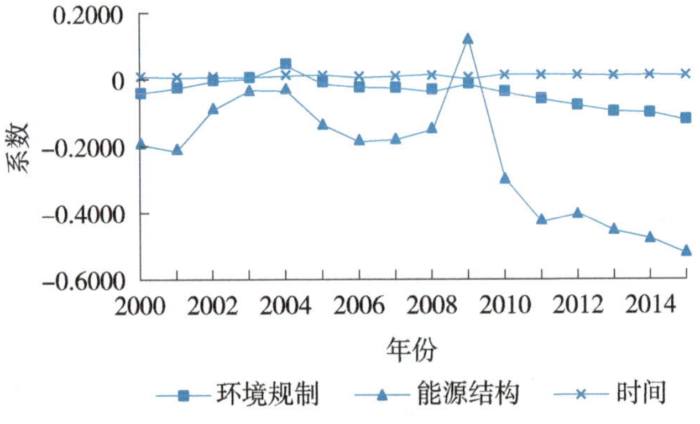

图 5-2　环境生产效率影响因素系数变动的趋势

表 5-6 列出了横向省际角度的间接解释变量对环境生产效率影响系数的均值，按照前文的聚类分类，同时给出了高、中、低“三废”地区的对比结果。从各省区市的环境规制变量对环境生产效率的影响情况来看，只有河北、青海、宁夏三个高“三废”省区及河南一个中“三废”省表现为正，其余均为负，说明在一些污染严重的省区市，环境规制促进了环境生产效率的提高，符合

“波特假说”。而各省区市能源结构变量对环境生产效率的影响绝大多数为负，少数为正，这与各省区市的能源结构和经济发展水平有关。从分类结构来看，三个地区的环境规制和能源结构对环境生产效率的影响均值均为负，这与前文的整体分析均值影响方向一致。并且低“三废”地区的影响系数的绝对值分别高于中、高“三废”地区，说明在经济发展相对较快的低“三废”地区，环境规制和能源结构因素对环境生产效率的影响程度更大。

表 5-6　分地区的回归结果

地区	环境规制	能源结构	时间
北京	−0.0390	0.0204	0.0262
天津	−0.0855	−0.3621	0.0270
河北	0.0012	−0.2241	0.0078
山西	−0.0127	0.0090	0.0107
内蒙古	−0.0158	−0.0247	0.0105
辽宁	−0.0550	−0.3024	0.0069
吉林	−0.0129	−0.4797	0.0143
黑龙江	−0.0164	−0.1995	0.0138
上海	−0.2636	−0.6382	−0.0033
江苏	−0.1832	−0.6039	0.0280
浙江	−0.0969	−0.4207	0.0172
安徽	−0.0544	−0.3582	0.0108
福建	−0.0338	−0.4127	0.0156
江西	−0.0291	−0.3243	0.0071
山东	−0.0370	−0.5353	0.0100
河南	0.0085	−0.2890	0.0033
湖北	−0.0358	−0.5114	0.0134
湖南	−0.0179	−0.1911	0.0153
广东	−0.0019	−0.9733	0.0127
广西	−0.0126	−0.2608	0.0088
海南	−0.0082	0.0459	0.0009
四川	−0.0183	−0.3969	0.0129
贵州	−0.0150	0.1726	0.0059

续表

地区	环境规制	能源结构	时间
云南	-0.0139	-0.0376	0.0079
陕西	-0.0360	-0.5917	0.0170
甘肃	-0.0107	-0.0407	0.0067
青海	0.0015	0.0700	0.0055
宁夏	0.0010	-0.0233	0.0059
新疆	-0.0183	0.2817	0.0051
低“三废”地区	-0.0837	-0.4895	0.0164
中“三废”地区	-0.0283	-0.3516	0.0112
高“三废”地区	-0.0094	-0.0029	0.0069

第五节

针对环境规制、能源结构与环境生产效率的政策建议

本章以2000~2015年省际面板数据为基础，通过运用超越对数随机前沿生产函数测算了考虑环境因素下的环境生产效率，然后通过构建半参数平滑系数模型研究了环境规制、能源结构和时间因素对环境生产效率的影响。

主要结论及政策启示如下。

（1）我国各省区市样本期内的传统生产效率与考虑环境因素的环境生产效率并不协同，每个时期的环境生产效率均低于传统生产效率，且地区差异明显。低“三废”地区的环境生产效率明显高于中、高“三废”地区，实现了环境保护和经济增长的“双赢”，并且在中、高“三废”地区，环境因素给生产效率带来了更大的消极影响，这显现了我国不同地区在可持续发展能力上的差距，这要求我们必须给予中、高“三废”地区更多的政策与技术支持，使其污染型企业完成设备改造和技术升级，提高资源环境的利用效率，缩小区域

间的环境生产效率差距。

（2）环境规制对环境生产效率的影响从整体均值来看表现为负，并没有形成有效的增长激励作用。在省际和时间的异质性分析当中，从各个时期来看，只有在 2003 年和 2004 年表现为正，从省际来看，也只有河北、青海、宁夏三个高“三废”省区及河南一个中“三废”省表现为正，符合“波特假说”。说明加强环境规制不能盲目，应根据不同省区市的资源与经济发展情况，有针对性地、差异化制定政策。对于短期内不能达标的效益低下的中小型企业，不能盲目提高环境规制标准，那样不仅不能刺激其创新，反而可能使其减少环境成本，产生“搭便车”行为和寻租行为。

（3）能源结构对环境生产效率的影响从整体均值上来看同样表现为负，能源消费结构中煤炭消费的占比越大，造成的污染排放越多，越不利于环境生产效率的提高。同时随着技术进步，煤炭消耗对环境生产效率的消极影响反而加大，存在“杰文斯悖论”。虽然短期内我国无法改变以化石能源为主要消费能源的现状，但仍需要采取措施加大优质能源特别是优质煤的使用。从长远发展来看，要想促进经济的高质量发展，提高环境生产效率，必须改变能源结构，发展新能源，减少化石能源的消费份额。

参 考 文 献

蔡濛萌，尹秀芳 . 2017. 产业结构调整与环境质量优化的协动关系研究——基于我国省级面板数据的分析 . 江西社会科学，(8)：54-62.

陈关聚 . 2014. 中国制造业全要素能源效率及影响因素研究——基于面板数据的随机前沿分析 . 中国软科学，(1)：180-192.

陈诗一，陈登科 . 2018. 雾霾污染、政府治理与经济高质量发展 . 经济研究，(2)：20-34.

迟福林 . 2017. 以高质量发展为核心目标建设现代化经济体系 . 行政管理改革，(12)：4-13.

崔春生 . 2017. 基于 Vague 集的中部五省生态文明建设评价 . 管理评论，(8)：243-250.

韩永辉，黄亮雄，王贤彬 . 2016. 产业结构优化升级改进生态效率了吗 ?. 数量经济技术经济研究，(4)：40-59.

金剑，蒋萍 . 2006. 生产率增长测算的半参数估计方法：理论综述和相关探讨 . 数量经济技术经济研究，(9)：22-28.

孔凡斌，李华旭 . 2017. 长江经济带产业梯度转移及其环境效应分析——基于沿江地区 11 个省（市）2006—2015 年统计数据 . 贵州社会科学，(9)：87-93.

匡远凤，彭代彦 . 2012. 中国环境生产效率与环境全要素生产率分析 . 经济研究，(7)：62-74.

李斌，彭星，欧阳铭珂 . 2013. 环境规制、绿色全要素生产率与中国工业发展方式转变——基于 36 个工业行业数据的实证研究 . 中国工业经济，(4)：56-68.

李玲 . 2012. 中国工业绿色全要素生产率及影响因素研究 . 广州：暨南大学 .

李胜文，李大胜 . 2008. 中国工业全要素生产率的波动：1986~2005——基于细分行业的三投入随机前沿生产函数分析 . 数量经济技术经济研究，(5)：43-54.

吕延方，王冬 . 2013a. 经济量、质协同发展动态分析与对策研究 . 宏观经济研究，(9)：20-31.

吕延方，王冬 . 2013b. 我国承接外包与能源消耗、碳排放的动态关联性分析 . 数量经济技术经济研究，(11)：3-20.

吕延方，王冬，陈树文 . 2015. 进出口贸易对生产率、收入、环境的门限效应——基于 1992—2010 年我国省际人均 GDP 的非线性面板模型 . 经济学（季刊），(2)：703-730.

马丽梅，张晓 . 2014. 区域大气污染空间效应及产业结构影响 . 中国人口 • 资源与环境，24（7）：157-164.

马文超 . 2016. 经济业绩与环境业绩的因果之迷：省域环境竞争对企业环境管理的影响——基于“宝钢”与“鞍钢”的案例分析 . 会计研究，(5)：71-78，96.

彭国华 . 2007. 我国地区全要素生产率与人力资本构成 . 中国工业经济，(2)：52-59.

秋缬滢 . 2018. 切实抓好生态环境保护这个高质量发展的基础工程 . 环境保护，(Z1): 7.
屈文波 . 2018. 中国区域生态效率的时空差异及驱动因素 . 华东经济管理，(3): 59-66.
任保平，魏语谦 . 2016.“十三五”时期我国经济质量型增长的战略选择与实现路径 . 中共中央党校学报，(2): 31-39.
任保平，文丰安 . 2018. 新时代中国高质量发展的判断标准、决定因素与实现途径 . 改革，(4): 5-16.
谌莹，张捷 . 2016. 碳排放、绿色全要素生产率和经济增长 . 数量经济技术经济研究，(8): 47-63.
石盛林 . 2011. 县域金融对经济增长的影响机理——基于 DEA 方法的前沿分析 . 财贸经济，(4): 68-72.
宋海鸥，王滢 . 2016. 京津冀协同发展：产业结构调整与大气污染防治 . 中国人口 • 资源与环境，(S1): 75-78.
陶长琪，周璇 . 2016. 环境规制与技术溢出耦联下的省域技术创新能力评价研究 . 科研管理，(9): 28-38.
涂正革，肖耿 . 2008. 非参数成本前沿模型与中国工业增长模式研究 . 经济学(季刊)，7(1): 185-210.
王兵，吴延瑞，颜鹏飞 . 2010. 中国区域环境效率与环境全要素生产率增长 . 经济研究，(5): 95-109.
王金南，於方，曹东 . 2015. 中国环境经济核算研究报告(2013). 北京：中国环境科学出版社 .
王小鲁，樊纲，刘鹏 . 2009. 中国经济增长方式转换和增长可持续性 . 经济研究，(1): 4-16.
王裕瑾，于伟 . 2016. 我国省际绿色全要素生产率收敛的空间计量研究 . 南京社会科学，(11): 31-38.
吴延兵 . 2006. R&D 与生产率——基于中国制造业的实证研究 . 经济研究，(11): 60-71.
习近平 . 2017-10-18. 决胜全面建成小康社会 夺取新时代中国特色社会主义伟大胜

利——在中国共产党第十九次全国代表大会上的报告（2017 年 10 月 18 日）. 人民日报，(1).

向永辉，陈庆能 . 2018. 污染避难所假说和林德假说——基于中国的实证研究 . 经济经纬，(1)：63-69.

徐成龙，程钰 . 2016. 新常态下山东省环境规制对工业结构调整及其大气环境效应研究 . 自然资源学报，(10)：1662-1674.

薛艳 . 2016. 政府公共投资与区域经济增长的关系研究——基于半参数混合模型的分析 . 宏观经济研究，(12)：81-88.

颜鹏飞，王兵 . 2004. 技术效率、技术进步与生产率增长：基于 DEA 的实证分析 . 经济研究，(12)：55-65.

杨文举 . 2011. 基于 DEA 的绿色经济增长核算：以中国地区工业为例 . 数量经济技术经济研究，(1)：19-34.

姚战琪 . 2009. 生产率增长与要素再配置效应：中国的经验研究 . 经济研究，(11)：130-143.

原毅军，谢荣辉 . 2015. FDI、环境规制与中国工业绿色全要素生产率增长——基于 Luenberger 指数的实证研究 . 国际贸易问题，(8)：84-93.

张军，陈诗一，Jefferson G H. 2009. 结构改革与中国工业增长 . 经济研究，(7)：4-20.

张军，吴桂英，张吉鹏 . 2004. 中国省际物质资本存量估算：1952—2000. 经济研究，(10)：35-44.

张文城，盛斌 . 2017. 中国出口的环境成本：基于增加值出口污染强度的分析 . 数量经济技术经济研究，(8)：105-119.

章上峰，许冰，顾文涛 . 2011. 时变弹性生产函数模型统计学与经济学检验 . 统计研究，(28)：91-96.

郑京海，胡鞍钢 . 2005. 中国改革时期省际生产率增长变化的实证分析（1979—2001 年）. 经济学（季刊），4(2)：263-296.

周小亮，吴武林，廖达颖 . 2018. 我国区域包容性绿色增长测度与差异研究 . 科技进步与对策，(6)：42-49.

邹非，朱庆华，王菁 . 2016. 绩效驱动与环境污染：中国省域面板数据的经验研究 . 生态经济，(11)：14-19.

Aigner D J，Chu S F. 1968. On estimating the industry production function. American Economic Review，58 (4)：826-839.

Aigner D J，Lovell C A K，Schmidt P. 1977. Formulation and estimation of stochastic frontier production function models. Journal of Econometrics，6 (1)：21-37.

Atici C. 2012. Carbon emissions，trade liberalization，and the Japan-ASEAN interaction：a group-wise examination. Journal of the Japanese and International Economies，26 (1)：167-178.

Battese G E，Coelli T J. 1992. Frontier production functions，technical efficiency and panel data：with application to paddy farmers in India. Journal of Productivity Analysis，3：153-169.

Chow G C. 1993. Capital formation and economic growth in China. Quarterly Journal of Economics，108 (3)：809-842.

Eskeland G S，Harrison A E. 2003. Moving to greener pastures? Multinationals and the pollution haven hypothesis. Journal of Development Economics，70 (1)：1-23.

Farrell M J. 1957. The measurement of productive efficiency. Journal of the Royal Statistical Society，120 (3)：253-281.

Griliches Z. 1980. R&D and the productivity slowdown. American Economic Review，70 (2)：343-348.

Grosskopf S. 1993. Effciency and productivity// Fried H O，Lovell C A K, Schmidt S S.The Measurement of Productive Efficiency：Techniques and Applications. New York：Oxford University Press：160-194.

Kheder S B，Zugravu N. 2012. Environmental regulation and French firms location abroad：an economic geography model in an international comparative study. Ecological

Economics，77：48-61.

Kodde D A，Palm F C. 1986. Wald criteria for jointly testing equality and inequality restrictions. Econometrica，54（5）：1243-1248.

Krugman P. 1994. The myth of Asia’s miracle. Foreign Affairs，73：62-78.

Li Q，Huang C J，Li D，et al. 2002. Semiparametric smooth coefficient models. Journal of Business & Economic Statistics，20（3）：412-422.

Lund-Thomsen P，Lindgreen A. 2014. Corporate social responsibility in global value chains：where are we now and where are we going?. Journal of Business Ethics，123（1）：11-22.

Lyu Y F. 2016. Evaluating carbon dioxide emissions in undertaking offshored production tasks：the case of China. Journal of Cleaner Production，116：32-39.

Ma Z W，Hu X F，Sayer A M，et al. 2015. Satellite-based spatiotemporal trends in PM2.5 concentrations：China，2004-2013. Environmental Health Perspectives，124：184-192.

Meeusen W，van den Broeck J. 1977. Efficiency estimation from Cobb-Douglas production functions with composed error. International Economic Review，18（2）：435-444.

Porter M E，van der Linde C. 1995. Toward a new conception of the environment-competitiveness relationship. Journal of Economic Perspectives，9（4）：97-118.

Racine J，Li Q. 2004. Nonparametric estimation of regression functions with both categorical and continuous data. Journal of Econometrics，119（1）：99-130.

Sutherland J W，Richter J S，Hutchins M J，et al. 2016. The role of manufacturing in affecting the social dimension of sustainability. CIRP Annals，65（2）：689-712.

Wang Y，Yao Y D. 2003. Sources of China’s economic growth 1952-1999：incorporating human capital accumulation. China Economic Review，14（1）：32-52.

本章系子课题“我国经济高质量发展与加强生态环境保护研究”的研究成果，课题主持人是华侨大学统计学院吕延方教授，课题组成员有王冬、崔兴华。

本章执笔人：吕延方、崔兴华、王冬。

第六章 我国经济高质量发展的指标体系、统计体系和评价体系研究

党的十九大报告指出，“我国经济已由高速增长阶段转向高质量发展阶段”（习近平，2017）。如何对经济高质量发展水平进行评价与监测是值得探讨的问题。建立中国经济高质量发展指标体系、对经济高质量发展水平进行综合评价、对经济高质量发展指数进行预测、分析经济高质量发展的影响因素，可以及时发现问题或短板，有利于经济高质量发展进程的有

效推进。

“高质量发展”是一个相对综合的概念。“高质量”涉及众多领域的众多目标的协同推进与发展。指标体系是一种综合性较强的工具，这种工具抽象的概念可以通过数值得以表达，进而变得可视、易理解。这恰恰为“高质量”这一广泛的概念提供了量化的途径。构建高质量发展指标体系具有实际应用价值。通过高质量发展指标体系可以将我国经济发展质量量化，通过具体数字来评价经济发展质量。总体上，高质量经济发展指标基本涵盖了关于经济发展的各方面要求，有利于在监督经济高质量发展的同时，兼顾全面、充分的发展；纵向上，高质量经济发展指数的时序列数据可以反映自党的十八大以来我国经济发展水平变化，从而评价政策效果，进而指导政策制定方向；横向上，将各省区市、各地区的经济高质量发展指数进行综合排序与比对，可以分析我国不同省区市和地区的经济发展质量差异，有助于中央规划政策倾斜方向，扭转目前不平衡、不充分的发展局面。

本章旨在将“高质量”这一抽象概念量化，通过指标体系的构建，用具体的高质量发展指数评判发展质量，将“高质量”内涵落实到可操作的领域。通过指标体系的构建将高质量发展的各维度内涵加以整合，进一步通过综合评价得到数字化的发展质量，从而展现发展质量的优点与不足，再进行影响因素分析，进而采取相应的对策与措施。

本章拟解决的关键问题是如何将“高质量”直观真实地展示、客观科学地评判，以及分析哪些是影响高质量发展的关键因素。本章将以我国高质量发展指数为基础展开若干实证研究，将近年来高质量发展成果可视化并对其发展成果进行评价，分析其影响因素，最终为我国高质量发展政策提供参考建议。

第一节
经济高质量发展体系研究历程

本节对国外有关发展模式转变理论及实践经验，国内有关高质量发展的核心思想、战略路径、实现方法及评价测度等方面研究进行整合与综述，可为本章后续的高质量发展定义、指标体系构建与综合评价分析等内容奠定基础。

一、国外研究动态

（一）经济增长质量研究

西方学者对于经济增长质量的研究始于 20 世纪 70 年代左右。美国经济学家库兹涅茨（1985）在其所著的《各国的经济增长》中提到经济增长质量的概念，指出只有通过市场竞争的公平性、金融发展的稳定性、环境保护的持续性及教育获得的公平性，才能营造优良的贸易环境，规避金融危机的发生，维持金融市场平稳运行。Mishan（1967）在其所著的 *The Costs of Economic Growth* 中提到经济增长质量的本质就是经济增长与民众福利的内在一致性。而后 Meadows 等（1972）又在其出版的《增长的极限》中论述了经济增长的极限理论，他以可持续发展理论为出发点，综合探索了人口增长、环境污染及生态平衡与经济增长之间的关系；从最大化资源环境效益出发到经济增长的最优路径与落脚点都是 Meadows 的研究内容（Meadows et al.，2004）。卡马耶夫（1983）表示经济增长质量是在其增长的过程中体现的，并且随着生产技术的提高，生产要素的使用规模也会随之上升，生产要素的使用数量及产出效率反映了经济增长质量。托马斯等（1999）认为经济增长只是经济发展的补充，经济增长过程的重点内容包括但不限于每个国民都具有相同的分配机会、对环境的持续性保护、先进的国家治理结构等，并不认为经济增长数量对环境和社会发展的可持续性及更好的治理具有重要的影响，而认为对这些产生重要影响的是经济增长的方式和分布。托马斯还在《增长的质量》中表示经济增长质量内涵的范围比经济发展质量内涵的范围大，经济增长质量应该用人类文明的发展程度、经济收入水平的高低和自然环境的健康可持续发展能力来衡量（Thomas，2000）。Barro（2002）对增长质量的理解要更加宽泛，他将除经济增长本身之外的社会、制度及宗教等其他各类因素归到经济增长质量的范围内，并且从均衡理论出发展开了研究。

（二）发展质量评价指标研究

Leipert（1987）及 Repetto 等（1989）的讨论从经济增长与资源、环境的关系的角度展开，他们构建了经济绿色指数，在此基础上探讨了资源充裕程度偏低与生态环境质量偏低对经济发展产生的负面影响。Lawn（2003）从福利经济的角度考察环境、社会及人力资本相关的收益和成本对经济福利的影响。达利和柯布（2015）的研究角度则与 Leipert（1987）及 Repetto 等（1989）互补，他们从社会角度衡量经济发展的可持续性，提出了可持续经济福利指数，着重考察了失业、财富分配不均等社会因素造成的成本损失。此外，还有部分学者从财富的视角来研究经济发展的质量问题。Arrow 等（2012）、Dasgupta 和 Ler（2000）、Dasgupta（2007）等进一步提出了包容性财富（inclusive wealth，IW）指标，实物资本和各类“软资本”之和即为包容性财富，包容性财富从生产的角度出发，主要反映国家的生产能力。包容性财富指标着重考察环境保护情况、发展是否可持续、人力资本的累积程度及资源消耗情况，能够更加全面地反映经济发展的成效，是经济可持续发展的重要补充。实证研究方面，Easterly 和 Kraay（2000）运用多种方法（包括因果关系检验）对 81 个生活质量指标进行分析，得到结论：81 个指标中只有不足 10% 的指标会随着经济增长而改善，部分指标随着经济增长而恶化，而许多指标与经济发展并没有显著相关性。Barro（2002）通过计算发现发展过程中经济增长数量与其质量的走势不同。Jefferson 等（2003）通过单指标评价中国的经济增长质量，实证分析结果表明总体上 1978 年及以后中国相关单指标数据保持上升，经济增长质量增强，并且增速也在加快。Mlachila（2017）基于国际货币基金组织编制的增长质量指数测算比较了 90 多个国家在 1990~2011 年的增长质量，分析结果表明在 20 年中绝大多数发展中国家的增长质量一直在提高，但是收敛速度相对较慢；在此基础上还探索了经济增长质量的决定因素，包括政治稳定性、扶贫支出、金融发展、制度科学合理性及外部环境稳定性等。

（三）发展质量评价指标体系研究

国外关于经济发展质量指标体系的研究视角非常多样化，各国政府和各国际组织机构都纷纷进行综合性发展质量评价指标体系编制的探索。

人类发展指数。该指数是由联合国负责编制发布的重要指数，其设计思路充分体现了“以人为本”的发展理念，该指数由联合国开发计划署（The United Nations Development Programme，UNDP）最早提出，考虑了三个方面，分别是人的生存——预期寿命、人的文化——国民教育水平、人的生活——人均 GDP（UNDP，1990）。

国际货币基金组织开发了一组增长质量指数，设计思路较为简单宏观，只考虑经济和社会两方面。并且由于国际货币基金组织开发此指标的初衷是开发一套适用于不同国家的经济增长质量评价指标体系，因此在指标选择上首先考虑数据的可得性和可比性问题，所以个别指标并不是最优指标。

美国新经济指数。美国新经济指数是在《美国各州新经济指数》报告中刊登的指数，该报告自 2007 年开始由美国信息技术与创新基金会发布。该指数旨在以跟随发展的视角反映美国的经济发展状况。美国新经济指数的一级指标包括高水平就业、经济活力、经济数字化、创新能力及全球化五个方面；二级指标不固定，随着经济发展情况实时调整。

欧盟可持续发展指数。欧盟可持续发展指数的作用是实时监测欧盟可持续发展战略的进程。欧盟于 2017 年对沿用了十多年的指标体系进行了修改，修改后的一级指标由 10 个增加到 17 个，如产业创新、减少不平等、能源清洁等，力求将社会经济发展各方面都纳入其中。

日本新国民生活指标体系。该指标体系一方面能够反映国民生活质量，另一方面能从侧面反映经济发展状况。新国民生活指标体系包含两大类指标，分别为活动领域类和社会影响类。活动领域类一级指标涉及居民生活的八大领域，包括居住、消费、工作、教育、医疗、娱乐、学习及交际。社会影响类指标旨在反映未包括在活动领域类但对居民生活质量产生显著影响的指标，一级指标包括高龄化、国际化、集中化、信息服务化及清洁化。

二、国内研究动态

（一）经济增长质量研究

我国学术界对经济增长质量的研究可以认为始于 20 世纪中期，当时逐渐开始讨论经济发展进程中的资源使用效率及产出问题，但鲜有学者明确地对经济增长质量的内涵做出阐释。武义青（1995）认为经济增长由数量的增长和经济系统素质的提高两方面构成，经济系统素质的改善程度可以代表经济增长质量的高低，他在此理论基础上进行了量化评价。甘宏业（1996）认为经济增长的质量需要以完整的全生命周期视角进行审视，从发展初期投入的质量到中期运行的质量及末期产出的质量都要囊括到考察范围内。马建新和申世军（2007）则认为“协调性”是“质量”的代名词，他们认为增长质量的实质就是随着数量的扩大，经济模式及效益等也随之提升。钞小静和惠康（2009）

认为高质量的经济增长包括但不限于高端的经济结构、充满潜力的经济发展及高水平的社会福利等，是多方面的综合结果。李佼瑞等（2015）从福利、稳定性、结构及效率四个方面对经济增长质量进行界定。任保平和魏婕（2012）则持有与甘宏业（1996）相似的观点，认为应该从三个不同维度进行讨论，即经济发展条件、过程及结果的质量决定了整体的质量。之后任保平（2013）又从多个角度考量，给出了经济增长质量的基本内涵，提出经济增长质量的高低受到福利水平高低、经济环境稳定性高低、创新能力提升程度、经济结构优化程度等多方面因素的影响，这些因素决定了经济增长是否能够长期得以持续；进而将经济增长质量的研究扩展到规范分析的范式中进行讨论，引入了价值判断，更加关注经济增长的社会效应和环境效应。

（二）发展质量评价指标体系研究

近年来随着高质量发展概念的提出，越来越多的学者投入到对发展质量评价的研究中。目前来看，对于经济增长质量的评价方式大体分为两类，其中单指标法通过计算如“效率”类、“结构”类的单个指标来评价经济发展质量；而指标体系法基于多方面考虑，通过建立指标体系对经济发展进行综合评价，这种方法更为主流。郭峰等（2013）在索洛模型的哈罗德中性基础上，计算了甘肃全要素生产率。结果表明 1978~2010 年甘肃增长质量总体上是提高的，但是对经济增长的贡献明显偏低。高层次人才匮乏、科技投入的不足及产业结构的不合理是制约甘肃经济进一步发展的主要因素。肖欢明（2014）认为资源配置效率可以反映经济增长的质量，除此之外还应该关注经济的可持续发展，他将自然资源和环境作为一种生产要素加入了柯布–道格拉斯函数，基于绿色 GDP 视角测算分析了 2001~2011 年我国的经济发展质量。任保平和李禹墨（2018）认为应该从长短期、宏微观、整体与局部等多个维度讨论经济发展质量指标体系的建立。李强和李新华（2018）以经济“新常态”为基础，研究结果表明 1997~2016 年我国经济不仅在数量上明显增长，质量上也有显著提高；并且科技创新和民生建设对经济增长的贡献最大。李金昌等（2019）则从全新的角度出发，立足于当下主要矛盾，设计了一套包括经济活力、创新效率、绿色发展、人民生活及社会和谐五个二级指标的经济发展质量评价指标体系，但并没有进行实际的测算分析。徐瑞慧（2018）在国际货币基金组织开发的增长质量指数的基础上，结合我国经济发展实际情况构建了一组综合评价指标体系，包括经济基本面、社会和环境三个维度。实证结果表明我国目前已经进入高质量发展阶段，金融发展、财政支出、政府治理及改革开放等因素都是高质量发展的驱动因素。

第二节

中国经济高质量发展指标体系构建

一、指标体系建立依据

2017 年中央经济工作会议上高质量发展内涵得到了进一步阐释："高质量发展，集中体现了坚持以提高发展质量和效益为中心，是为了更好满足人民日益增长的美好生活需要的发展，是体现新发展理念的发展。"习近平做出要求："加快形成推动高质量发展的指标体系、政策体系、标准体系、统计体系、绩效评价、政绩考核，创建和完善制度环境，推动我国经济在实现高质量发展上不断取得新进展。"（中共中央宣传部，2018）

那么将目光聚焦到统计领域，其又拥有怎样的具体内涵呢？ 2018 年 1 月国家统计局局长宁吉喆在《求是》发表署名文章《贯彻新发展理念　推动高质量发展》。文中这样说："新发展理念是习近平新时代中国特色社会主义经济思想的主要内容，是新时代推动高质量发展的战略指引和重要遵循。"并且文章还用统计数据说话，以新发展理念为框架，对高质量发展内涵进行了“统计化”的专业解读。

创新是引领发展的第一动力。从 2015 年党的十八届五中全会提出“让创新贯穿党和国家一切工作”（新华社，2015），到 2017 年十九大报告明确提出“加快建设创新型国家”（习近平，2017），充分表明了近年来国家对创新驱动力的重视程度更上一层楼。一个国家的创新能力对国家发展和国际地位起着至关重要的作用。在建立指标体系时应当考虑创新的多个维度，理论创新是所有创新的先导，是指引各项创新的思想源泉，具备充分的创新意识就会有不竭的创新动力；科技创新是最直接、最有利的“武器”，只有科技创新能力得到提高才能从理论创新走向实践创新，才有可能将科学技术转化为实实在在的生产力，进而把先进的科学知识转化为高技术产品。文化创新也不容忽视，我们追求的是全面的、综合的创新。

协调是持续健康发展的内生特点。高质量发展进程中，经济系统各部分应互相适应、齐头并进，不应当存在掣肘或明显短板的情况。不同产业和不同地区的多维度、全方位的协调发展有利于创造积极良好的发展环境。党的十八届五中全会对协调发展进行了系统全面的阐述：“重点促进城乡区域协调发展，促进经济社会协调发展，促进新型工业化、信息化、城镇化、农业现代化同步发展，在增强国家硬实力的同时注重提升国家软实力，不断增强发展整体性。”（新华社，2015）

绿色发展是可持续发展的普遍形态。绿色是自然的本色，绝不能因为要促进经济的快速发展就去肆意地改变大自然的原有色彩。早在党的十二大就将环境保护理念贯穿于政治报告始终，十九大也指出要全面建成小康社会，“必须树立和践行绿水青山就是金山银山的理念”“形成绿色发展方式和生活方式”（习近平，2017）。因此在指标体系中应重点对绿色发展的各方面加以囊括，以充分体现生态文明的重要性。

开放是国家繁荣发展的必由之路。当今中国作为世界第二大经济体有实力也有责任充分参与到世界经济的浪潮中去，通过充分的开放来发现我国在经济发展方面存在的不足之处，进而为改革提供动力；通过一系列改革把我们的短板补齐、缩小与世界先进水平的差距，这样一来经济自然得到了发展，所以说经济对外开放与经济发展这两者之间存在着互相推进、互相正向影响的关系。回顾过去，党的十五大明确把对外开放作为我们的基本国策开辟对外开放的新征程；十六大提出“引进来走出去”的战略性部署，这一系列举措都为我国打开了一扇更宽阔的与世界对话的窗口。人员流通、资金融通、贸易畅通及技术互通都是我国实行对外开放的具体体现，这些方面在本节的指标体系中也将有所体现。

共享是经济高质量发展的根本目的。党的十八届五中全会说明了共享与人民之间密不可分的关系。首先是全民共享，即努力缩小城乡、区域、行业收入差距，让全体人民都能享受到经济高质量发展的成果；其次是全面共享，这是就发展成果可享受的内容而言的；再次是共建共享，这是就经济高质量发展的实现途径而言的，即市场主体和社会力量都应积极参与建设；最后是渐进共享，这是就如何实现共享而言的。

综上所述，本节建立指标体系的首要依据就是习近平对高质量发展内涵的深刻阐释，同时本节紧紧围绕高质量发展的统计内涵进行研究。

二、指标选取原则

（一）紧紧围绕“高质量发展”内涵原则

首先，“高质量发展”是一个多维度概念，每个维度都具有相同的重要性，每一个维度是独一无二、不可缺少的，因此，要充分全面地考虑到五大发展理念，在进行指标选取时要尽量做到既不遗漏也不重复。

其次，要牢牢把握“高质量发展”的现实背景。“高质量发展”的提出背景是我国经济发展开始转向、主要矛盾改变的新背景，因此，用于评价高质量发展水平的高质量评价指标体系不能忽视人民生活相关指标，只有这样才能构建出真实、全面的高质量发展指标体系。

（二）导向性原则

指标体系应注重突出需求导向和问题导向，这样才能有利于真实反映和监测新发展理念的落实情况和面临的困难。尤其应将现阶段我国发展进程中存在的问题涵盖，不能遗漏发展短板的需求。任何发展模式都不能照搬国际经验而忽略本国国情，我国高质量发展初期阶段要将目光聚焦在我国的实际问题和发展短板上。指标体系要紧扣新矛盾，并在指标设置上予以体现，如用人均可支配收入地区差异系数来反映现阶段“不平衡、不充分”的发展情况。

（三）客观性原则

尽量选取客观指标、结果性指标。建立此指标体系的根本目的是对高质量发展成果进行监测与评价，因此要尽可能减少主观指标的干扰，由客观指标对发展结果进行真实地反映；与此同时也应当注重中间性指标与结果性指标相结合。反映最终成果的指标在指标体系中应当具有绝对的数量优势，但也不可对中间过程一票否决，部分重要的过程性指标如反映人民生活保障水平的公共服务财政支出应酌情纳入指标体系。

（四）代表性原则

高质量发展涉及的方面很多，因此考虑整体综合性的同时要注重单个指标的代表性。选取指标时既要力求简约，又要能够体现新发展理念的本质要求，全面反映各方面发展的成果或进展。尽量提高指标之间的独立性，避免相关度高的指标堆砌但反映实际问题的能力没有相应地提升，甚至以偏概全的情况出现。在涵盖五大发展理念的前提下，要争取做到宏微观指标相结合、正逆向指标相结合。

（五）可比性原则

首先，指标体系设计要便于横向比较。全国的指标体系不同于地方的指标体系，指标的选取要尽量避免“省区市特色”，所选取的指标应该为各省区市均可进行统计的指标，以度量地区之间的转型差异情况；其次，指标体系设计要便于纵向比较。2018 年是我国经济高质量发展元年，是打下基础的关键时期，因此指标体系的设置应具有一定的长远性和稳定性，以衡量该地区在一段时间内新发展理念落实进展的情况；最后，指标体系设计要尽量便于国际比较。高质量发展的内涵之一就是开放发展，那么监测高质量发展进程的高质量发展指标评价体系也要是一个能够“走出去”的指标体系，因此在指标选取上应参照其他发达国家的国际经验，并结合我国现实发展情况进行甄别。

（六）可行性原则

在选取指标时要充分考虑在实际测算时统计资料的可获得性。在厘清指标属性、指标内容后，进入实际建立高质量发展指标体系阶段，对于数据的首要要求就是可获得性。能够获得准确、全面数据的目标范围内的指标是进入指标体系的首选指标；并且应减少对指标的过度计算，尽量使用原始数据或对原始数据进行简单的除法等，以减少误差，增强数据的说服性。

（七）动态性原则

经济高质量发展是一个长期过程，对经济高质量发展进程进行监测的指标体系必须与时俱进，随着我国高质量发展的落实进展和认识的深化而进行不断优化完善，坚持实践标准和群众认可。

三、指标体系框架

本节经过深刻理解高质量发展内涵，遵循上述原则，确立了以图 6-1 中六个模块为主体的高质量发展指标体系，共计一级指标23个，二级指标91个。

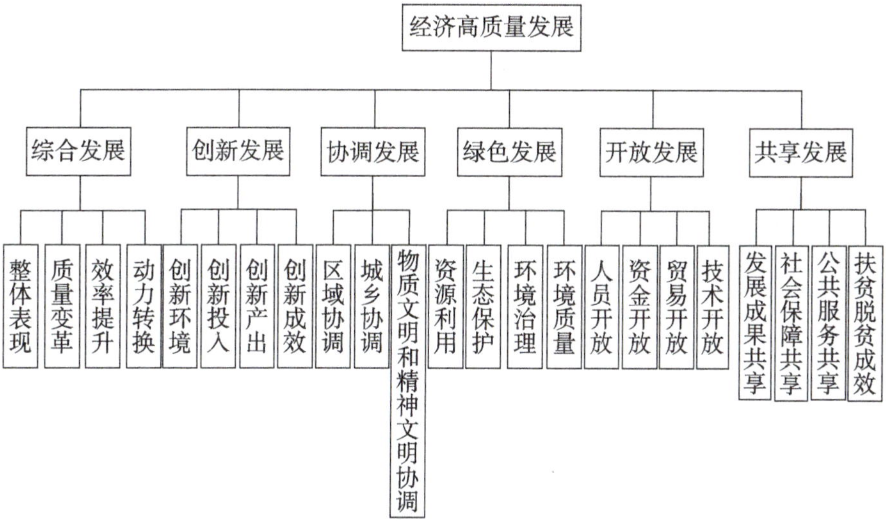

图6-1 指标体系设计框架图

图6-1中的综合发展模块从整体表现、质量变革、效率提升及动力转换四个方面进行考察，即通过多方面措施提升生产效率的同时调节产业结构，其成果在人民生活及产品质量上得到体现；在创新发展模块，对创新环境、创新投入、创新产出及创新成效四个方面进行考察，只有营造了良好的创新环境，同时加大创新投入力度，才能不断优化创新产出提高成效；协调发展可以及时监测避免出现相互掣肘和明显短板的情况，本节从区域协调、城乡协调及物质文明和精神文明协调三个方面对协调发展进行考察；在绿色发展模块，对资源利用、生态保护、环境治理及环境质量四个方面进行考察，以与防治相结合的思路为主导，一方面要合理利用自然资源并且注重生态环境保护，另一方面要强化环境治理，不断优化环境质量；在开放发展模块，对人员开放、资金开放、贸易开放及技术开放四个方面进行考察，着力增强人员开放，提高资金开放力度，推动贸易开放和共同繁荣发展，注重技术开放并积极引进国外先进技术，以开放谋发展；在共享发展模块，对发展成果共享、

社会保障共享、公共服务共享及扶贫脱贫成效四个方面进行考察，坚持成果共享，从整体上提高居民收入水平，使人民健康状况更上一层楼，并继续完善民生领域中的社会保障和公共服务共享机制。

四、指标体系构建思路

（一）综合发展指标体系

综合发展模块通过数量、质量、效率及结构四个方面对整体发展情况进行概括。整体表现一级指标，通过不变价人均 GDP 进行反映，虽然现阶段经济发展首要追求的是质量提升，但经济保持合理增量在一定程度上是经济发展质量提升的基础。质量变革一级指标，选取了不合格产品批次数对产品质量情况进行整体概括，产品质量高低是经济高质量发展在生产层面上的直观体现。经济发展效率通过生产要素的产出率来评价，选取了劳动生产率和资本生产率指标；另一个重要的生产要素——资源的生产效率在绿色发展模块有所体现，为遵循代表性原则，在本模块不加列示。最后用高技术产业增加值占工业增加值比重来表现经济发展驱动力的转换进程。具体如表 6-1 所示。

表 6-1　综合发展指标体系

一级指标	二级指标	数据来源
整体表现	不变价人均GDP	国家统计局
质量变革	不合格产品批次数	国家统计局
效率提升	劳动生产率	国家统计局
	资本生产率	科学技术部、国家统计局
动力转换	高技术产业增加值占工业增加值比重	科学技术部、国家统计局

（二）创新发展指标体系

创新环境一级指标反映了劳动力素质、科技人员待遇、科技拨款及互联网普及等情况。创新投入一级指标从“人”和“物”——人员和经费投入情况反映创新投入的力度。创新产出一级指标通过专利、商标、技术市场成交合同等情况反映创新产出成果。创新成效一级指标通过新产品销售情况、高技术产品出口情况、战略性新兴产业发展情况及全要素生产率等方面刻画创新成效。具体如表6-2所示。

表6-2 创新发展指标体系

一级指标	二级指标	数据来源
创新环境	劳动年龄人口平均受教育年限	国家统计局
	科技人员人均年收入	国家统计局
	互联网普及率	工业和信息化部
	科技拨款占财政拨款比重	财政部
创新投入	每万人R&D人员全时当量	国家统计局
	R&D经费支出占GDP比重	国家统计局
	基础研究人员人均经费	国家统计局
	企业R&D经费占主营业务收入比重	国家统计局
创新产出	每万名R&D人员专利授权数	国家统计局
	发明专利授权数占专利授权数的比重	科学技术部、国家统计局
	每百家规模以上企业商标拥有量	国家统计局
	技术市场成交合同金额与GDP之比	科学技术部、国家统计局
创新成效	大中型高技术企业新产品销售收入占主营业务收入比重	国家统计局
	高技术产品出口额占货物出口总额比重	海关总署
	战略性新兴产业增加值占GDP比重	国家统计局
	全要素生产率	国家统计局

（三）协调发展指标体系

区域协调一级指标反映经济发展、居民收入、基本公共服务均等化等方面的地区协调情况。城乡协调一级指标反映城镇化进程及城乡居民在收入、教育、医疗、信息化等方面的协调发展情况。物质文明和精神文明协调一级指标从文化财政支出、文化设施利用、居民文化消费等角度反映民众精神生活的丰富程度。具体如表 6-3 所示。

表 6-3　协调发展指标体系

一级指标	二级指标	数据来源
区域协调	人均GDP地区差异系数	国家统计局
	居民人均可支配收入地区差异系数	国家统计局
	人均基本公共服务支出地区差异系数	财政部
城乡协调	常住人口城镇化率	国家统计局
	城乡居民人均可支配收入之比	国家统计局
	义务教育生均教师数之比	教育部、国家统计局
	城乡每千人口执业（助理）医师数之比	国家统计局
	城乡互联网普及率之比	工业和信息化部
物质文明和精神文明协调	文化体育与传媒支出占财政支出比重	财政部
	居民文化娱乐消费支出占家庭消费支出比重	国家统计局
	博物馆年参观人次	文化和旅游部
	文化馆（站）年流通人次	文化和旅游部、中共中央宣传部
	公共图书馆年流通人次	国家新闻出版署

（四）绿色发展指标体系

资源利用一级指标从资源消耗效率、能源消费结构、资源循环利用等方面反映我国资源利用情况。生态保护一级指标反映我国当前生态环境保护和治理情况。环境治理一级指标反映较为突出的环境问题的治理情况和治理投入力度。环境质量一级指标反映我国空气、地表水、海洋及耕地质量。具体如表 6-4 所示。

表 6-4 绿色发展指标体系

一级指标	二级指标	数据来源
资源利用	单位GDP能源消耗量	国家统计局、国家发展和改革委员会
	单位GDP用水量	水利部、国家统计局
	单位GDP建设用地面积	自然资源部、国家统计局
	非化石能源占一次能源消费比重	国家统计局、国家能源局
	一般工业固体废物综合利用率	生态环境部、工业和信息化部
	农作物秸秆综合利用率	农业农村部
生态保护	森林覆盖率	自然资源部
	草原综合植被覆盖度	自然资源部
	自然保护区面积	自然资源部
	湿地保护率	国家林业和草原局、自然资源部
	人均耕地面积	国家林业和草原局
环境治理	危险废物处置利用率	生态环境部
	生活垃圾无害化处理率	住房和城乡建设部
	污水集中处理率	住房和城乡建设部
	环境污染治理投资占GDP比重	住房和城乡建设部、生态环境部、国家统计局
环境质量	空气质量达标城市比例	生态环境部
	地表水达到或好于Ⅲ类水体比例	生态环境部、水利部
	近岸海域水质优良（一、二类）比例	生态环境部
	受污染耕地安全利用率	农业农村部

（五）开放发展指标体系

人员开放一级指标反映国内外人员出入境和往来情况，并且通过专家、留学生等指标间接反映文化互通情况。资金开放一级指标从利用外资、对外投资、人民币国际化等方面反映我国资金开放力度。贸易开放一级指标反映我国跨境电商交易情况、贸易依存度及货物出口额情况等。技术开放一级指标从技术引进、知识产权使用费用和进出口情况等方面反映我国技术开放情况。具体如表 6-5 所示。

表 6-5　开放发展指标体系

一级指标	二级指标	数据来源
人员开放	出境人数	海关总署
	境外入境游客人数	海关总署
	境外专家来华工作人数	国家统计局
	外国留学生来华人数	教育部
	出国留学人数	商务部
资金开放	实际利用外资金额	商务部
	当年对外直接非金融投资金额	商务部
	人民币跨境收付占全口径跨境收付比重	中国人民银行
	非金融企业对外直接投资额	商务部
	对“一带一路”相关国家直接投资存量	商务部
贸易开放	贸易依存度	国家统计局
	货物出口额占全球份额	商务部
	跨境电商交易额占进出口总额比重	海关总署
技术开放	高新技术产品和知识密集型服务进出口总额/货物和服务进出口总额	海关总署、商务部
	规模以上高技术产业企业技术引进经费支出	商务部
	知识产权使用费用进出口金额	国家知识产权局

（六）共享发展指标体系

发展成果共享一级指标反映居民就业、收入及健康状况，借以衡量国民对经济社会发展成果的共享情况。社会保障共享一级指标反映社保覆盖、低保救助、住房保障等情况。公共服务共享一级指标反映教育、医疗等公共服务水平及交通、燃气等基础设施建设情况。扶贫脱贫成效一级指标反映脱贫攻坚具体成效。具体如表 6-6 所示。

表 6-6 共享发展指标体系

一级指标	二级指标	数据来源
发展成果共享	登记失业率/调查失业率	国家统计局
	居民可支配收入占国民总收入比重	国家统计局
	中等收入群体占比	国家统计局
	平均预期寿命	国家统计局
社会保障共享	医疗参保率	国家统计局
	养老参保率	国家统计局
	城市居民最低生活保障人数	国家统计局
	农村居民最低生活保障人数	国家统计局
	住房保障支出占财政支出比重	财政部
公共服务共享	人均一般公共服务支出	财政部
	生均专任教师数	教育部
	每千人口拥有执业（助理）医师数	国家卫生健康委员会
	每千人口社会服务床位数	民政部
	社区服务机构覆盖率	民政部
	人均居住面积	国家统计局
	人均城市公共交通运营线路网长度	国家统计局
	供水普及率	国家统计局
	燃气普及率	国家统计局
扶贫脱贫成效	农村贫困发生率	国家统计局
	农村家庭恩格尔系数	国家统计局
	农村自来水普及率	国家统计局
	农村卫生厕所普及率	国家统计局

本节构建的指标体系具有以下几个特点。第一，指标体系设计思路较为完整、贴切地反映了高质量发展的内涵，一级指标综合反映了五大发展理念的具体内涵，二级指标则对每个一级指标的重点部分进行了全面的反映。同时贯彻了高质量发展“以人为本”的核心思想，在公共服务共享一级指标下设置二级指标数量最多，力求充分反映人民生活的基本方面；对目前我国发展“不平衡、不充分”的特点也有所体现，如各类差异系数指标等。第二，指标覆盖全面，指标综合性强。所选指标中既有人均财政支出等正向指标，又有单位 GDP 能源消耗量等逆向指标；既有失业率等宏观指标，也有社区服务机构覆盖率等微观指标；既有森林覆盖率等直接测度指标，也有人均 GDP 地区差异系数等间接测度指标。第三，本指标体系设置方式灵活，指标之间相对独立，能在经济高质量的发展进程中实时根据发展进程进行调整，切实地进行测度。第四，指标数据与时俱进，指标体系设置可以随经济发展情况进行调整。

五、指标权重确定方法

本节对指标采用等权处理，具体原因如下。正如众多专家学者及本节所述，高质量发展是一个多维度的复合型概念。经济发展的各个方面都具有不可替代性与不可忽视性，各个方面都具有同样的重要性，不可偏废，任何一方面存在短板都不能认为经济发展是高质量的。有的学者使用客观赋权法中的熵权法对指标进行赋权，指标的信息熵越小权重越大，信息熵越大权重越小。本节对此抱有不同的看法，因为指标的“重要程度”并不是完全由该指标的信息熵所反映的，比如，可能存在某些指标的信息熵很大，但是其重要程度也很高，此时若赋予一个远小于其他指标的权重，指标体系的合理性将会大打折扣。而层次分析法等主观赋权方法则主要依赖于其寻找的专家对该问题的认知与态度，据此所得权重可能会存在争议。主客观结合的赋权方法则可能同样存在上述问题。

综上，本节所建立的评价体系采取等权的方法。作为一个综合评价体系，本节建立的高质量发展指标体系在进行评价时不偏重经济发展的任何一方面，力求保持考察范围尽可能地涵盖经济高质量发展的所有方面。一方面，一级指标代表了高质量发展的不同维度，每个维度都具有相同的重要性；另一方面，每个二级指标都代表其所属的一级指标在某一具体方面的表现，即每个二级指标的含义不同，所反映的内容也不同，由于二级指标的重要程度都是同样的缺一不可的，对二级指标也同样采取等权的赋权方式。本节建立的指标体系中二级指标共计 91 个，每个指标权重为 1.10%。

六、指标无量纲化方法

本节以发展的眼光建立指标体系，因此采用功效系数法。设定基期对指标数据进行无量纲化处理，即设定基期各项指标值为 60，对于正指标低于基期值的设为不允许值，对于逆指标高于基期值的设为不允许值，两类指标均不存在目标值所以不设满意值。将基期设为 60 分，由于不存在满意值，分值无上限。正指标若高于基期则大于 60 分，低于基期则小于 60 分；逆指标若低于基期则大于 60 分，高于基期则小于 60 分。具体计算方法如下。

正指标：

$$Z_i=\frac{x_i-\mathrm{base}x_i}{\mathrm{base}x_i}\times 40+60 \tag{6-1}$$

逆指标：

$$Z_i=\frac{\mathrm{base}x_i-x_i}{\mathrm{base}x_i}\times 40+60 \tag{6-2}$$

其中，x_i 为报告期原始值；$basex_i$ 为基期原始值；Z_i 为无量纲化后的评价值。

第三节 中国经济高质量发展综合评价

一、中国经济高质量发展整体稳步推进

2013 年是党的十八大后的开局之年，2017 年经济高质量发展概念首次被提出，2013~2017 年可以视为经济高质量发展的先导期，摸清这五年来经济高质量发展的具体情况对接下来经济高质量发展进程的建设有着重要的参考作用。因此本节选取 2013~2017 年的数据，对经济高质量发展指数及六大发展模块分别进行综合评价，其中七项发展指数基期均为 2013 年，基期指数均设为 60。部分指标数据在实际操作层面使用相近指标进行替换，由于部分指标的 2017 年数据未公布，本节在计算时采用近年平均增长率对该部分指标的 2017 年指标数据进行估计。最终综合评价结果如表 6-7 所示。

表 6-7 综合评价结果

年份	经济高质量发展指数	较基期增减点数	较基期增长百分比	较上年增减点数	较上年增长百分比
2013	60.00	—	—	—	—
2014	62.37	2.37	3.95%	2.37	3.95%
2015	66.69	6.69	11.15%	4.32	6.93%
2016	69.43	9.43	15.72%	2.74	4.11%
2017	71.74	11.74	19.57%	2.31	3.33%

从综合评价结果来看，2013~2017 年我国高质量发展持续推进，发展情况整体向好，中国经济高质量发展指数总体呈现稳步增长趋势。从数量增长看，2013 年基期值为 60，2017 年增长至 71.74，2017 年经济高质量发展指数较基期增长了 11.74，增长幅度达 19.57%；2014~2017 年平均每年较上年增长 2.94，平均每年增长幅度约为 4.58%。从发展趋势看，2013~2014 年增长平缓，2014~2015 年出现小幅跳跃性增长，2015 年的环比增幅与环比增量均为阶段性的高点，2016 年增幅下降至 2014 年水平，2017 年增速与增幅较 2016 年相比均有小幅下降。从六大发展模块来看，截至 2017 年按指数绝对数量排名从高到低依次为绿色发展指数 80.03、综合发展指数 76.87、开放发展指数 71.23、创新发展指数 69.93、协调发展指数 67.18、共享发展指数 66.55；从相对增幅角度来看，按年均增幅排名从高到低依次为绿色发展指数 7.47%、综合发展指数 6.39%、开放发展指数 4.38%、创新发展指数 3.90%、协调发展指数 2.87%、共享发展指数 2.62%。基于此，得出分模块综合评价结果如表 6-8 所示。

表 6-8 分模块综合评价结果

年份	综合发展指数	创新发展指数	协调发展指数	绿色发展指数	开放发展指数	共享发展指数
2013	60.00	60.00	60.00	60.00	60.00	60.00
2014	65.40	61.54	61.13	64.67	61.83	60.94
2015	70.11	65.67	63.16	73.17	65.05	63.23
2016	74.18	67.28	65.02	76.53	70.00	65.04
2017	76.87	69.93	67.18	80.03	71.23	66.55
年均增幅	6.39%	3.90%	2.87%	7.47%	4.38%	2.62%

2014 年经济发展进入新常态，当年经济高质量发展指数为 62.37，较基期增长了 2.37，增长幅度为 3.95%。2014 年经济高质量发展指数的绝对增幅在计算年份中位居末位，其中绿色发展模块指数为拉动当年经济高质量发展指数增长的主要动力。2014 年绿色发展指数较 2013 年增长 7.78%，而在六大发展模块中共享发展模块增长幅度相对靠后，仅为 1.57%，在一定程度上放慢了当年整体指数的增长幅度。

2015 年作为新常态的开局之年，经济高质量发展的表现十分可圈可点。2015 年是近几年来经济高质量发展最为高效的一年。六大发展模块在 2015 年均有相对大幅的增长，导致 2015 年经济高质量发展进程得到突出推进。不管是 4.32 的绝对增长量还是 6.93% 的相对增幅，均在 2014~2017 年中排名第一。其中对 2015 年经济高质量发展指数起最主要拉动作用的是绿色发展模块，2015 年绿色发展指数为 73.17，较 2014 年的 64.67 增长了 13.14%，成为拉动 2015 年经济高质量发展指数的主要力量。2015 年绿色发展指数环比大幅增加的主要原因是空气质量达标城市比重指标有了很大幅度的提升，该指标 2015 年指数值为 230.73，几乎是 2014 年的 2 倍。

2016 年经济高质量发展指数为 69.43，较上年增长 2.74，增幅为 4.11%。经济高质量发展指数绝对增长量与环比增幅在统计年份中均排名第二。2016 年的增长亮点是开放发展指数，2016 年该模块指数为 70，环比增幅达 7.6%，是 2013~2017 年所有计算年份中开放发展指数增长幅度最大的一年。

2017 年我国经济高质量发展指数较 2014 年我国经济刚步入新常态时的 62.37 增加了 9.37，增幅为 15.02%。但绝对数量增长及环比增长幅度均有轻微下降，不及 2016 年；其中指数绝对增长量较 2016 年下降了 0.44，增幅较 2016 年下降 0.80 个百分点。图 6-2 则可以非常直观地展示综合评价结果。

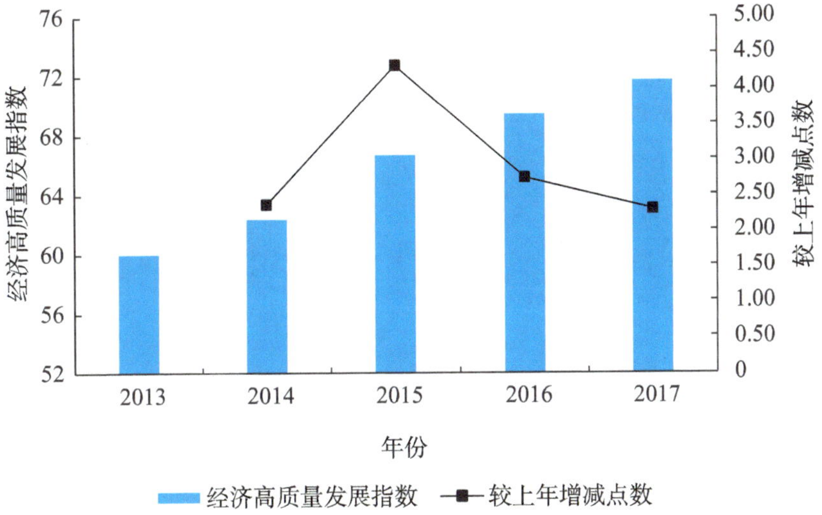

图 6-2 2013~2017 年经济高质量发展指数及较上年增减点数

二、六个模块的综合评价结果

(一) 综合发展整体向好

2017 年综合发展指数为 76.87，在六大发展模块中位居第二，比位于第一的绿色发展指数低 3.16。这说明十八大以来我国经济发展的综合质量整体向好，并且产生了“1+1>2”的效果。图 6-3 非常直观地展现了 2013~2017 年我国综合发展状况：整体向好发展，但增幅逐年下降。

具体而言，代表经济数量增长的不变价人均 GDP 指标表现为较不稳定的增长。2014 年、2016~2017 年均保持 6.50% 左右的稳定增长，2015 年不变价人均 GDP 激增至 5.02 万元，较 2014 年环比增长幅度高达 21.53%，增幅为其余计算年份的三倍多；产品质量逐年提升，但不合格产品批次数降幅呈现“先上升后下降”态势；在生产效率方面，劳动要素与资本要素表现出截然不同的

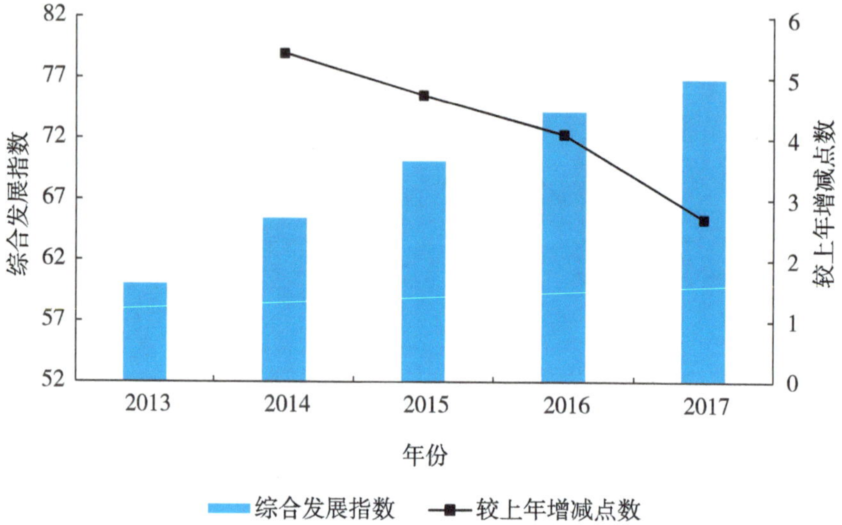

图 6-3　2013~2017 年综合发展指数及较上年增减点数

态势。经初步计算，2013~2017 年我国劳动生产率逐年递增，增速平稳保持在 10% 左右；而资本生产率则逐年递减，且降幅逐年减小，初步计算出 2014~2017 年我国资本生产率增长率分别为 -4.93%、-2.49%、-2.04%、-1.51%；动力转换方面保持增长，高技术产业增加值占工业增加值比重稳步上升，2015~2017 年年均增幅为 7% 左右，初步计算出 2017 年高技术产业增加值占工业增加值比重已增长至 14.67%，动力转换进程得到稳步推进。

总体而言，2013~2017 年我国综合发展情况整体向好，但其中各主要指标的发展程度不尽相同。资本生产率下滑等问题应引起注意。

（二）创新发展有效推进

如图 6-4 所示，2017 年创新发展指数为 69.93，较上年提高了 2.65。2017 年创新发展指数在六大发展模块中位居第四，分别比前三位的绿色发展指数、综合发展指数和开放发展指数低 10.10、6.94 和 1.30。从提升幅度来看，2013~2017 年创新发展平均每年增长幅度为 3.90%，在六大发展模块中处于中下游位置。

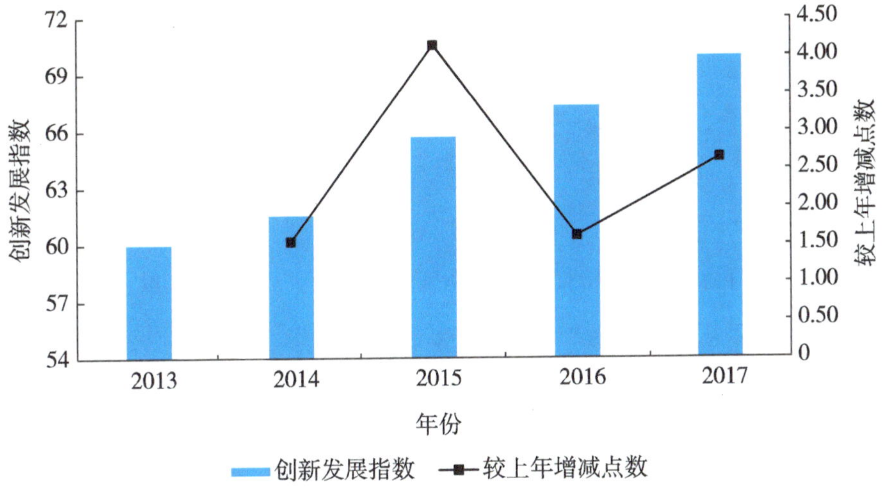

图 6-4 2013~2017 年创新发展指数及较上年增减点数

具体而言，创新环境普遍总体升温，2017 年互联网普及率为 55.8%，较上年提高 5.6 个百分点，较基期 2013 年提升 10 个百分点。初步计算 2017 年劳动年龄人口平均受教育年限约为 10.70 年，较上年有所下降但降幅不明显。创新投入普遍提升，其中每万人 R&D 人员全时当量增长最为明显，据初步计算，2017 年该指标已达到 426.43 万人，较上年增长 10%。创新产出方面表现渐入佳境，2017 年技术市场成交合同金额为 13 675 万元，其占 GDP 比重保持稳步上升，2017 年占 GDP 比重为 1.65%，较 2013 年的 1.25% 上升了 0.4 个百分点，且增速保持平稳，基本每年都以 0.1 个百分点的增长速度稳步上升。创新产出各类指标总体向好，每百家规模以上企业商标拥有量是创新产出一级指标下增长最为显著的二级指标，已经由 2013 年的 285 个上升至 2017 年的 638 个，这在一定程度上说明了我国企业自主创新能力的增强。创新成效方面总体表现较好，其中大中型高技术企业新产品销售收入占主营业务收入比重保持每年 4% 左右的增长速度，这说明我国高技术企业的研发产出效率正在逐步上升。2017 年战略性新兴产业增加值占 GDP 比重为 16.12%，经换算后该项指标指数以平移速度稳步上升。但值得注意的是，与其他指标呈现出截然不同的发展趋势，高技术产品出口额占货物出口总额比重指标呈下降趋势，2013 年占比为 36.73%，2016 年已降至 27.1%，2017 年有所回升至 30.55%，但较 2013 年仍有较大差距。

总体而言，2013~2017 年我国创新发展进程得到有效推进，各主要指标提升进程均有不同程度的进展，创新成效增强和创新产出增加均是我国创新能力提升的有力证据。但高技术产品出口额占货物出口总额比重下降、科技拨款占财政拨款比重下降应引起一定注意。只有良好的创新环境才能够推动企业创新生产，才能使我国的高技术产品“走出去”。

（三）协调发展平稳上升

如图 6-5 所示，2017 年协调发展指数为 67.18，在六大发展模块位居第五位，分别比位居前四位的绿色发展指数低 12.85、综合发展指数低 9.69、开放发展指数低 4.05、创新发展指数低 2.75。从提升幅度来看，2017 年协调发展指数较上年增长 2.16，由于区域、城乡协调不同于其他单方面领域，全方位协调需要长时间的积累，协调发展的提升速度相对较慢，但协调发展指数的增长趋势在六大发展模块中是最为平稳的，2014 年后增长率的变化幅度保持在 3% 左右。

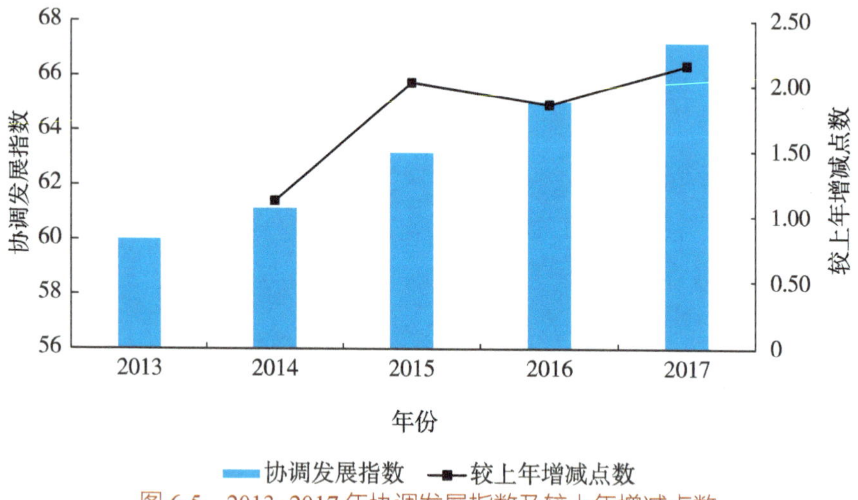

图 6-5　2013~2017 年协调发展指数及较上年增减点数

具体而言，城乡协调稳步发展。常住人口城镇化率稳步增长，2013 年城镇化率为 53.73%，2017 年城镇化率为 58.52%，四年间城镇化率几乎一直保持每年 1% 的增长速度。城镇化率不同于生产性指标，城镇化率的上升往往需要多方面因素进行支撑，如工业、金融、人口、民生等，因此城镇化率的增长速度一般较慢。城乡居民人均可支配收入之比的控制有待加强，2013~2017 年城乡居民人均可支配收入之比分别为 2.81、2.75、2.73、2.72、2.71，2014~2017 年分别较上一年下降 0.06、0.02、0.01、0.01，城乡居民人均可支配收入是体现人民实在"获得感"的有效指标，提高城乡居民人均可支配收入能够实实在在地增强人民的"获得感"，降低城乡居民人均可支配收入之比能有效促进城乡协调发展。区域协调发展程度呈现先降低后上升态势。2013~2017 年人均 GDP 地区差异系数分别为 2.30、2.34、2.32、2.24、2.24，其中 2014 年较上年有较为明显的增长，之后开始下降至 2017 年的 2.24。居民人均可支配收入地区差异系数则呈现"上升—下降—上升"的"N"形态势，2013 年地区人均财政支出差异系数为 2.166，2014 年上升至 2.170，而后 2015 年出现下降趋势至 1.984，2016~2017 年则出现连续两年上升，分别为 2.015、2.040。物质文明与精神文明协调发展是协调发展模块中发展成效最为显著的，博物馆年参观人次以 12.4% 的年平均增速增长，2017 年已实现突破 9 亿人次；公共图书馆年流通人次以 10% 的年平均增速增长，居民文化娱乐消费支出占家庭消费支出比重呈逐年上升趋势，至 2017 年该指标值已由 2013 年的 10.57% 增长至 11.39%，说明我国居民的消费能力在逐渐增强，消费意识也正在逐渐转变。

总体而言，2013~2017 年我国协调发展平稳推进，城乡协调和物质精神文明协调程度更上一层楼，区域协调中较多指标存在反复波动，个别指标有待加强。

（四）绿色发展提升最快

如图 6-6 所示，2017 年绿色发展指数已经突破 80，位居六大发展模块之首，并且是以较大优势领先了位居第二的综合发展指数，但近年来差距有逐渐缩小的趋势。2017 年绿色发展指数与综合发展指数之差为 3.16。从提升幅度来看，2014~2017 年绿色发展指数分别每年增长 4.67、8.50、3.36、3.50，增幅分别为 7.78%、13.14%、4.59%、4.57%。其中 2015 年绿色发展指数出现了跳跃性增长，主要原因是当年环境质量中的空气质量达标城市比重指标值的增长幅度较大。2013 年空气质量新标准开始施行，当年空气质量达标城市占比仅为 4.1%，2014 年上升至 9.9%，而 2015 年跃升至 21.6%，增幅比 2014 年增加 11.7 个百分点，这也成为绿色发展指数增长幅度遥遥领先的主要原因。

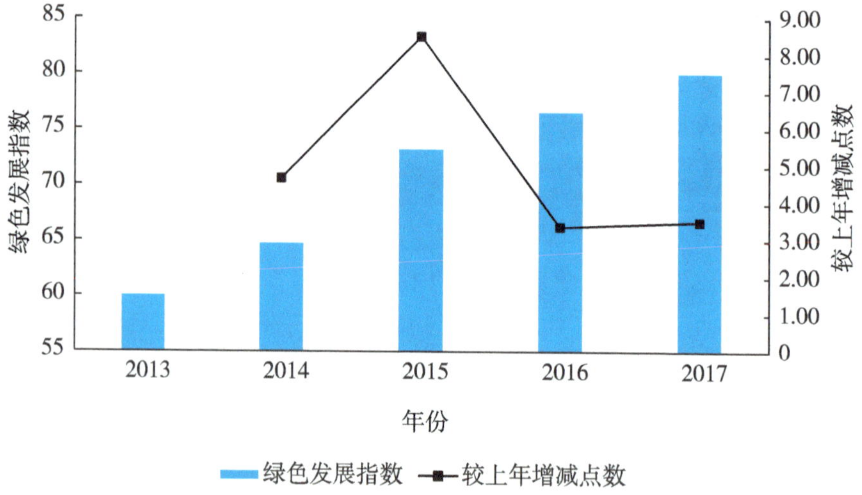

图 6-6　2013~2017 年绿色发展指数及较上年增减点数

具体而言，环境质量指标涨跌互现。其中空气质量达标城市比例指标为所有指标中的领涨指标，2013~2017 年其平均增长幅度达 73%。这充分说明党和国家对于与人民生活息息相关的空气质量问题的高度关心和治理决心。地表水达到或好于Ⅲ类水体比例表现不佳，2013 年该指标值为 71.7%，经过连续两年的下降，2015 年已降至 64.5%；而后出现回升，2017 年回升至 67.9%，但与 2013 年相比仍有差距。近岸海域水质优良（一、二类）比例总体上呈上升趋势，但 2017 年首次出现下降，同样应当引起注意。环境治理一级指标下的所有二级指标均实现正增长，初步计算 2017 年污水集中处理率已超过 95%，2017 年生活垃圾无害化处理率已达到 97.74%。与此同时环境污染治理投资占 GDP 比重呈现逐年下降趋势，但下降幅度近几年有所放缓。近几年 GDP 增速始终保持在 6.5% 左右，2017 年该指标虽已下降至 1.23%，但这仍然说明我国环境治理投资额的绝对值有明显上升，间接说明虽然比重指标向好，但环境问题依旧不容忽视。生态保护情况整体保持稳定，森林覆盖率和湿地保护率在 2013~2017 年没有发生变化，自然保护区面积有所增长，2013 年自然保护区面积占国土面积比重为 15.24%，2017 年小幅上升至 15.32%，但值得注意的是 2017 年比重较 2013 年有一定升高；人均耕地面积有小幅下降，2013 年为 1.49 亩，2017 年降至 1.47 亩。资源利用效率有显著提高，2017 年单位 GDP 建设用地面积、单位 GDP 能源消耗量、单位 GDP 用水量分别降至 6.8 米^2/ 万元、0.5 吨标准煤 / 万元、87.36 米^3/ 万元，较上年分别下降 4%、7.9%、7%。与此同时能源消费结构也有所升级，2017 年除煤炭、石油、天然气以外的一次电力及其他能源占能源消费总量比重为 7.1%，并且保持每年 6% 左右的稳定增长幅度，2017 年该指标已经上升至基期 2013 年的 2 倍。

总体而言，2013~2017 年我国绿色发展指数快速增长，资源利用效率明显上升，环境质量显著，环境治理力度稳步上升；相比之下生态保护有些许欠缺，应当引起注意，加大对自然环境的保护力度。

（五）开放发展波动较大

如图 6-7 所示，2017 年开放发展指数为 71.23，是六大发展模块中除了绿色发展、综合发展之外第三个突破 70 的指数，在六大发展模块中位居第三，但与后三位差距不大，分别比创新发展指数、协调发展指数、共享发展指数高出 1.30、4.05、4.68。从增长幅度来看，开放发展在 2013~2017 年每年的平均增幅为 4.38%，在六大发展模块中处于第三名；但开放发展的增幅相对不稳定，2017 年开放发展增幅为 1.76%，较 2016 年 7.6% 的增幅下降了近 6 个百分点。

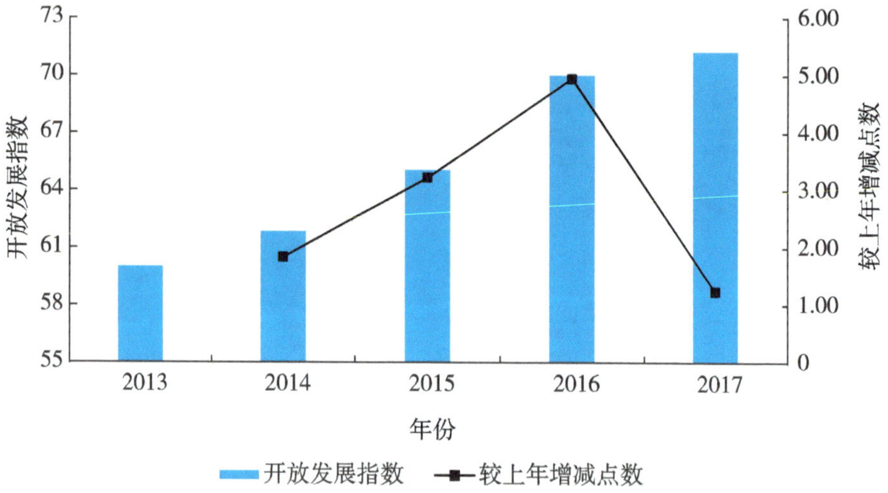

图 6-7　2013~2017 年开放发展指数及较上年增减点数

具体来看，人员开放程度有明显增强，人员互通也是促进技术与贸易开放的必要条件。近几年国人“走出去”的现象变得更加普遍，2017 年出国留学人数较基期增长 47%，国内居民出境人数较基期增长 45.37%。另外，初步计算 2017 年我国外国留学生来华人数以 11% 的年均增长幅度突破 27 万人。2017 年境外入境游客人数达 13 948 人次，并有以 2% 的增幅继续增长的趋势。贸易开放程度有所放缓，我国货物出口额占全球份额在 2013~2017 年呈现区间内小幅震荡的趋势，2013~2017 年该指标值分别为 11.44%、11.57%、10.94%、10.83%、10.95%；而贸易依存度则呈现非常明显的下降趋势，2013~2017 年贸易依存度分别为 43.37%、41.03%、35.63%、32.71%、33.62%。由于近年来国际贸易保护主义有所抬头，再加上中美贸易摩擦的影响，贸易开放程度有所下降，在今后发展过程中应加强对贸易开放程度的修复与推动。技术开放“进出”对比明显，规模以上高技术产业企业技术引进经费支出呈现明显的增长趋势，增幅逐步提升后又大幅下降，2015 年、2016 年增幅较上年增幅均增长 10 个百分点以上，但 2017 年技术引进经费占比出现非常明显的落差：增幅较上年下降近 30 个百分点。这说明 2015~2016 年我国高技术企业对于技术引进的依赖程度较高，但从 2017 年开始我国高技术企业自主创新能力开始逐渐显现。与此形成对应的是：2015~2016 年我国高技术企业主要依赖技术引进，我国高技术产品出口额占货物出口总额比重保持在 36% 左右，而 2017 年该指标上升至 41.3%，创新成效明显提升。资金开放程度“双向提升”，2013~2017 年实际利用外资金额和当年对外直接非金融投资金额均呈现增长趋势，其中实际利用外资金额的增幅较为平稳，当年对外直接非金融投资金额年均增幅较为跳跃。

总体来看，2013~2017 年我国开放发展程度上升，技术开放与创新产出形成联动态势，资金开放与人员开放程度大幅上升，贸易开放程度需要引起注意。

（六）共享发展稳步进行

如图 6-8 所示，2017 年共享发展指数为 66.55，在六大发展模块汇总位居末位，分别比位于第一的绿色发展指数低 13.48，比位于第二的综合发展指数低 10.32，比位于第三的开放发展指数低 4.68，比位于第四的创新发展指数低 3.38，比位于第五的协调发展指数低 0.63。从增长幅度来看，共享发展的年均增长速度在六大发展模块中仍处于末位，2013~2017 年共享发展指数年均增长幅度 2.62%，较前五位分别低 4.85、3.77、1.76、1.28、0.25 个百分点。与位居第五位的协调发展类似，共享发展进程相对缓慢的主要原因有两点：一方面，共享发展成果需要一定时间才能传导至具体指标得以显现，如平均预期寿命；另一方面，共享发展进程需要多方共同推进，如公共服务、社会保障等。

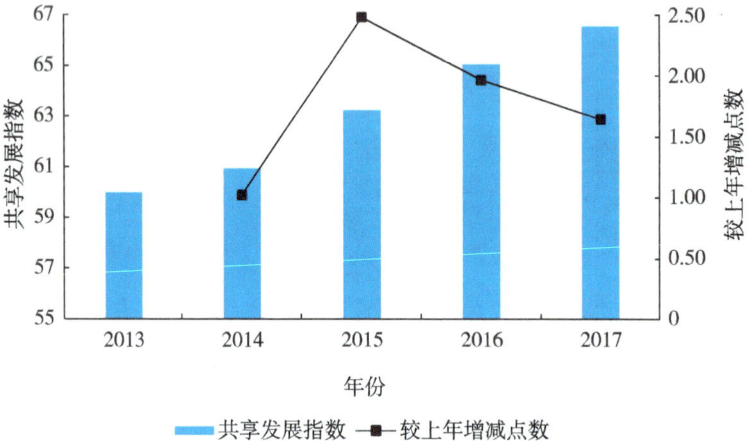

图 6-8　2013~2017 年共享发展指数及较上年增减点数

具体来看，发展成果共享程度仍需要提升。2017 年城镇登记失业率为 3.9%，首次降至 4% 以下，较 2016 年下降 0.12 个百分点。居民可支配收入占国民总收入比重在 2013~2017 年内呈现震荡上升的趋势，2013~2017 年该指标值依次为 42.20%、42.78%、43.99%、44.47%、43.77%，除 2017 年出现较上年下降的情况外，2013~2016 年此指标整体上以年均 1.77% 的速度平稳上升，说明整体上我国居民对经济发展成果的共享程度正在稳步上升。公共服务共享程度普遍上升，但个别指标如城市供水普及率、燃气普及率的指数值上升不明显，上述两个指标 2017 年指数分别较 2013 年提高 0.3、0.85。医疗卫生服务共享程度得到跨越性的显著提升，2013~2017 年每千人口拥有执业（助理）医师数指标以年均 4.5% 的稳定速度增长，2017 年每千人口拥有执业（助理）医师数已达 2.44 人，已经超过世界平均水平。教育资源共享程度增幅不大，初步计算 2017 年生均专任教师数为 0.062 人，较 2013 年仅增加 0.002 人。社区服务机构覆盖率指标增长显著，2013 年社区服务机构覆盖率不到 40%，2017 年该指标已增长至 59.5%。社会保障共享程度呈现“城乡不同步”的现象，需要引起注意。2013~2017 年城市居民最低生活保障人数以年均 11.6% 的速度下降，至2017年城市居民最低生活保障人数已降至1261万人，而农村居民最低生活保障人数的6.9%的下降速度仅为城市的60%，至2017年农村居民最低生活保障人数降至4045万人，在社会保障方面仍存在“城乡不协调”现象，推进力度有待进一步加强。扶贫脱贫成效显著，2013~2018年农村贫困发生率分别为8.5%、7.2%、5.7%、4.5%、3.1%、1.7%，平均以每年27.5%的速度下降，2013~2018年连续六年超额完成千万减贫任务。

总体来说，我国共享发展进程稳步推进，虽然部分指标发展速度较慢但共享发展整体进程稳中向好，扶贫脱贫成效尤其显著。

第四节

基于GM（1，1）灰色预测模型的中国经济高质量发展指数预测

本节采用灰色预测模型对中国经济高质量发展指数进行预测。灰色预测模型适用于对一个既含有已知信息又含有不确定信息的系统进行预测，对数据的处理方法既包含了时间序列模型的序列的累加，也包含了回归模型的最小二乘等方法。而且灰色预测模型对数据的要求并不是很严格，有少量样本即可进行建模。

采用灰色预测模型的具体原因如下。首先是数据要求方面，目前已经获得2013~2017年的中国经济高质量发展指数。其他的预测模型如多元回归模型的建立至少要保证30个以上的样本才能保证回归系数的准确性；时间序列模型由于滞后项的存在会对样本数据产生损耗；趋势外推模型一方面需要较多的样本，另一方面要求事物发展的影响因素不变，这一点在经济发展这一复杂过程中很难保证；神经网络模型作为一种大数据应用方法则需要非常大量的数据样本作为训练集。相比于其他预测模型，灰色预测模型在建模时并

不需要过多的样本，针对时间序列短的样本分析具有其他模型不具有的优势；而且灰色预测模型是最适用于对具有一定不确定性的发展趋势、影响因素进行灰色系统建模，因此，相比之下灰色预测模型是最适用于现有样本数据的建模方法。其次是模型特点方面。上文提到经济发展质量高低与否受到如经济发展效率、经济发展方式及经济发展可持续性等多方面因素的影响，经济高质量发展指数也是由其五项分指数共同确定的。除此之外，随着经济的发展，可能会有新的因素对经济高质量发展指数产生影响，总体来说，待预测系统是一个既具有模糊性又具有未知性的复杂系统，因此采用灰色预测模型是相对合理的。最后是可操作性方面。灰色预测模型原理复杂程度适中，计算机建模操作较为灵活，使用 MATLAB、R 等主流软件均可实现。所以使用灰色预测模型对未来短时间内我国经济高质量发展指数进行预测是合理的。

本节选取 GM（1，1）模型对中国经济高质量发展指数进行预测，使用 R 软件进行操作。下面对 GM（1，1）模型的基本理论进行介绍。

一、模型原理

设原始时间序列

$$X^{(0)}=\left[X^{(0)}(1),X^{(0)}(2),\cdots,X^{(0)}(n)\right] \tag{6-3}$$

通过累加生成新序列

$$X^{(1)}=\left[X^{(1)}(1),X^{(1)}(2),\cdots,X^{(1)}(n)\right] \tag{6-4}$$

令 $Z^{(1)}$ 为 $X^{(1)}$ 的紧邻均值生成序列

$$Z^{(1)}=\left[Z^{(1)}(2),Z^{(1)}(3),\cdots,Z^{(1)}(n)\right] \tag{6-5}$$

$$Z^{(1)}(k)=\frac{1}{2}\left[X^{(1)}(k-1)+X^{(1)}(k)\right] \tag{6-6}$$

那么 GM（1，1）的灰色微分方程模型可以这样表示：

$$X^{(0)}(k)+aZ^{(1)}(k)=b \tag{6-7}$$

其中，a 为发展灰数；b 为内生控制灰数。

设 $\hat{\beta}$ 为待估计参数向量，$\hat{\boldsymbol{\beta}}=(a \quad b)^{\mathrm{T}}$ 可用最小二乘法求解，得 $\hat{\boldsymbol{\beta}}=\left(B^{\mathrm{T}} \quad B\right)^{-1} B^{\mathrm{T}}Y$，其中，

$$B=\begin{pmatrix} -Z^{(1)}(2) & 1 \\ -Z^{(1)}(3) & 1 \\ \vdots & \vdots \\ -Z^{(1)}(n) & 1 \end{pmatrix}, \quad Y=\begin{pmatrix} X^{(0)}(2) \\ X^{(0)}(3) \\ \vdots \\ X^{(0)}(n) \end{pmatrix} \tag{6-8}$$

称微分方程 $\dfrac{\mathrm{d}X^{(1)}}{\mathrm{d}t}+aX^{(1)}=b$ 为灰色微分方程 $X^{(0)}(k)+aZ^{(1)}(k)=b$ 的白化方程的解，也称时间响应函数，其解为

$$\hat{X}^{(1)}(t)=\left[X^{(0)}(0)-\frac{b}{a}\right]\mathrm{e}^{-at} \tag{6-9}$$

累减后的预测方程为

$$\hat{X}^{(0)}(k+1)=\hat{X}^{(1)}(k+1)-\hat{X}^{(1)}(k) \quad (k=1,2,\cdots,n) \tag{6-10}$$

二、模型检验

（一）残差检验

残差检验即对残差进行逐点检验，绝对残差序列为

$$\Delta^{(0)}(i)=\left|X^{(0)}(i) \quad \hat{X}(i)\right| \quad (i=1,2,\cdots,n) \tag{6-11}$$

相对残差序列为

$$\phi_i=\frac{\Delta^{(0)}(i)}{X^{(0)}(i)} \tag{6-12}$$

平均相对残差为

$$\bar{\Phi} = \frac{1}{n}\sum_{i=1}^{n}\phi_i \tag{6-13}$$

给定α，当$\bar{\Phi} < \alpha$时，称模型为残差合格模型。α取值为0.01、0.05、0.1时分别对应优、合格、勉强合格。

（二）后验差检验

后验差检验即对残差分布的统计特性进行检验，计算原始序列标准差为

$$S_1 = \sqrt{\frac{\sum\left[X^{(0)}(i) - \bar{X}^{(0)}\right]^2}{n-1}} \tag{6-14}$$

计算绝对误差序列的标准差

$$S_2 = \sqrt{\frac{\sum\left[\Delta^{(0)}(i) - \bar{\Delta}^{(0)}\right]^2}{n-1}} \tag{6-15}$$

计算方差比

$$C = \frac{S_2}{S_1} \tag{6-16}$$

计算小误差概率

$$p = \left(\left|\Delta^{(0)}(i) - \bar{\Delta}^{(0)}\right| < 0.6745S_1\right) \tag{6-17}$$

给定C_0，当$C < C_0$时，称模型为方差比合格模型。C_0取0.35、0.5、0.65所对应的模型分别为优、合格、勉强合格。给定$P_0 > 0$，当$P > P_0$时，称模型为小残差概率合格模型。P_0取0.95、0.8、0.7所对应的模型分别为优、合格、勉强合格。

三、实证分析

（一）经济高质量发展指数预测

在构建GM（1，1）前首先需要对待预测序列进行级比检验。给定序列

$$X^{(0)}=[X^{(0)}(1),X^{(0)}(2),\cdots,X^{(0)}(n)] \tag{6-18}$$

则该序列的极比为

$$\sigma^{(0)}(k)=\frac{X^{(0)}(k-1)}{X^{(0)}(k)} \tag{6-19}$$

若满足 $\sigma^{(0)}(k)\in\left(e^{-\frac{2}{n+1}},e^{\frac{2}{n+1}}\right)$，则可以直接建模。若不满足需要对原始序列取适当的常数 C 做平移变换，$Y^{(0)}(k)=X^{(0)}+c\left(k=1,2,\cdots,n\right)$ 使序列 $Y^{(0)}=\left[y^{(0)}(1),y^{(0)}(2),\cdots,y^{(0)}(n)\right]$ 的级比落入上述区间范围内。

首先计算 2013~2017 年中国经济高质量发展指数序列的极比，预测区间为 2018~2020 年，n=3，序列各项的极比均在 $\left(\mathrm{e}^{-\frac{1}{2}},\mathrm{e}^{\frac{1}{2}}\right)$，即（0.61，1.65）范围，因此无须对原始序列做平移变换，可以直接进行 GM（1，1）建模。

模型参数输出结果如表 6-9 所示。

表 6-9 经济高质量发展指数 GM（1，1）模型输出参数

模型参数	输出结果
发展系数$-a$	0.05
灰色作用量u	58.88

由于预测年份越近，数据越多，模型的预测精度就越高，本节选取了 2013~2017 年五年的数据对 2018~2020 年三年的中国经济高质量发展指数进行预测，在一定程度上保证了预测数据的准确性。具体输出结果如表 6-10 所示。

表 6-10　2013~2017 年实际值、预测值及残差相关数据

年份	实际值	预测值	残差	相对残差
2013	60.00	60.00	0.00	0.00
2014	62.37	63.02	−0.65	0.01
2015	66.69	65.95	0.74	0.01
2016	69.43	69.01	0.43	0.01
2017	71.74	72.21	−0.47	0.01

模型检验指标如表 6-11 所示。

表 6-11　模型的检验指标

平均相对残差	残差平方和	相对精度	C值
0.86 %	1.38	99.14 %	0.07

由表 6-11 可知所建立模型的平均相对残差 α 为 0.0086，α 取值为 0.01、0.05、0.1 时分别对应优、合格、勉强合格，因此本模型为优模型。C=0.07，因此模型预测精度等级为优。综上所述，建立的模型适用于经济高质量发展指数的预测。2018~2020 年三年的预测数据如表 6-12 所示。

表 6-12　2018~2020 年经济高质量发展指数模型预测结果

年份	预测结果
2018	75.57
2019	79.08
2020	82.75

中国经济高质量发展指数预测情况如图 6-9 所示。

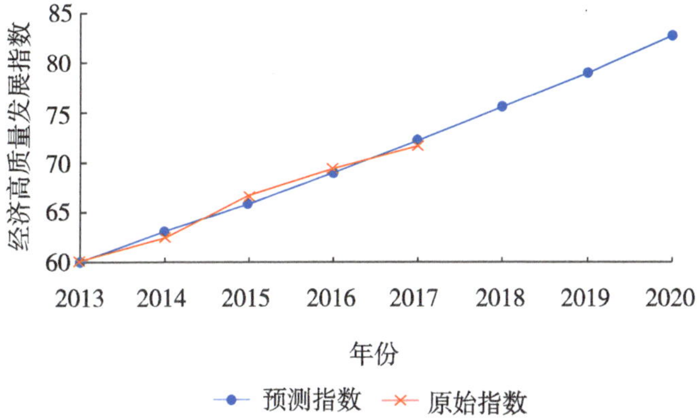

图 6-9 中国经济高质量发展指数预测图

从图 6-9 中可以看出在 2018~2020 年内中国经济高质量发展指数将继续保持上升趋势，到“十三五”末（2020 年）中国经济高质量发展指数将突破 80。这意味着经济发展质量将持续提高，经济发展总体向好的趋势将会延续，并且在“十三五”后半期经济高质量发展指数的年均增长幅度为 4.64%，较 2013~2017 年的 4.57% 上升了 0.07 个百分点。说明我国经济高质量发展动力尚足，经济发展成果对达成全面建成小康社会的奋斗目标将产生重要的助力。站在统计的角度看，应该随着经济高质量发展进程的推进对经济高质量发展指标体系进行及时调整，使得经济发展新形势在统计领域有所体现，更加科学、真实地对经济发展进行监测。

（二）经济高质量发展六个方面的指数预测

在进行建模预测前同样对综合发展、创新发展、协调发展、绿色发展、开放发展及共享发展指数序列进行级比检验，六个发展指数序列的各项级比均落入（0.61，1.65）区间，因此无须进行平移变换，可以直接建模。

1. 综合发展指数

模型输出结果如表 6-13 所示。

表 6-13　综合发展指数 GM（1，1）模型输出参数

模型参数	输出结果
发展系数 $-a$	0.05
灰色作用量 u	61.05

模型检验指标如表 6-14 所示。

表 6-14　综合发展指数 GM（1，1）模型的检验指标

平均相对残差	残差平方和	相对精度	C值
0.85 %	1.52	99.15 %	0.05

由表 6-14 可知，所建立模型的平均相对残差 α 为 0.0085，由于 α 取值为 0.01、0.05、0.1 所对应的模型优劣程度分别为优、合格、勉强合格，可知本模型为优模型。C=0.05，因此本模型预测精度等级为优。综上所述，建立的模型适用于综合发展指数的预测。2018~2020 年的预测数据如表 6-15 所示。

表 6-15　2018~2020 年综合发展指数模型预测结果

年份	预测结果
2018	81.70
2019	86.18
2020	90.90

由表6-15可知，2018年至“十三五”末（2020年）综合发展指数将保持5.48%左右的相对平稳的速度增长至 90.90，图 6-10 为增长趋势的直观展现。

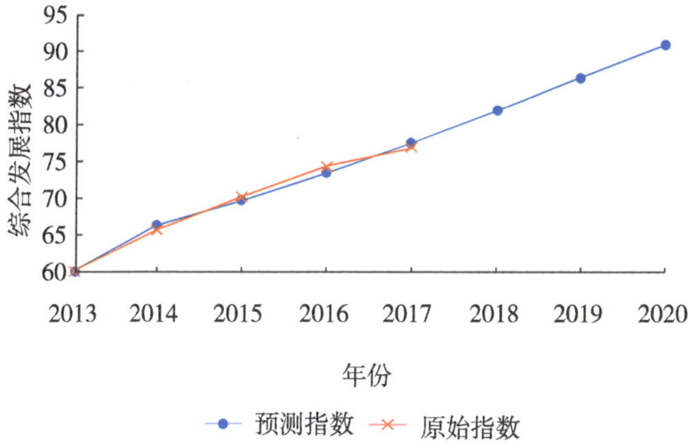

图 6-10 综合发展指数预测图

2. 创新发展指数

模型输出结果如表 6-16 所示。

表 6-16 创新发展指数 GM（1，1）模型输出参数

模型参数	输出结果
发展系数$-a$	0.04
灰色作用量u	58.49

模型检验指标如表 6-17 所示。

表 6-17 创新发展指数 GM（1，1）模型的检验指标

平均相对残差	残差平方和	相对精度	C值
0.73 %	1.35	99.27 %	0.11

由表 6-17 可知，所建立模型的平均相对残差 α 为 0.0073，由于 α 取值为 0.01、0.05、0.1 所对应的模型优劣程度分别为优、合格、勉强合格，可知本模型为优模型。C=0.11，因此本模型预测精度等级为优。综上所述，建立的模型适用于创新发展指数的预测。2018~2020 年的预测数据如表 6-18 所示。

表 6-18　2018~2020 年创新发展指数模型预测结果

年份	预测结果
2018	73.03
2019	76.03
2020	79.16

由表6-18可知，2018年至“十三五”末（2020年）创新发展指数将保持4.11%左右的相对平稳的速度增长至79.16，图6-11为增长趋势的直观展现。

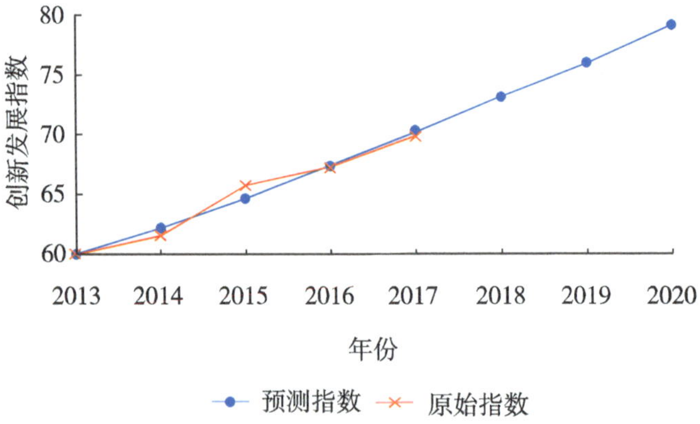

图 6-11　创新发展指数预测图

3. 协调发展指数

模型输出结果如表 6-19 所示。

表 6-19　协调发展指数 GM（1，1）模型输出参数

模型参数	输出结果
发展系数 $-a$	0.03
灰色作用量 u	58.32

模型检验指标如表 6-20 所示。

表 6-20　协调发展指数 GM（1，1）模型的检验指标

平均相对残差	残差平方和	相对精度	*C*值
0.07 %	0.01	99.93 %	0.01

由表 6-20 可知，所建立模型的平均相对残差 α 为 0.0007，由于 α 取值为 0.01、0.05、0.1 所对应的模型优劣程度分别为优、合格、勉强合格，可知本模型为优模型。C=0.01，因此模型预测精度等级为优。综上所述，建立的模型适用于协调发展指数的预测。2018~2020 年的预测数据如表 6-21 所示。

表 6-21　2018~2020 年协调发展指数模型预测结果

年份	预测结果
2018	69.28
2019	71.48
2020	73.75

由表 6-21 可知，2018 年至“十三五”末（2020 年）协调发展指数将保持 3.18% 左右的相对平稳的速度增长至 73.75，图 6-12 为增长趋势的直观展现。

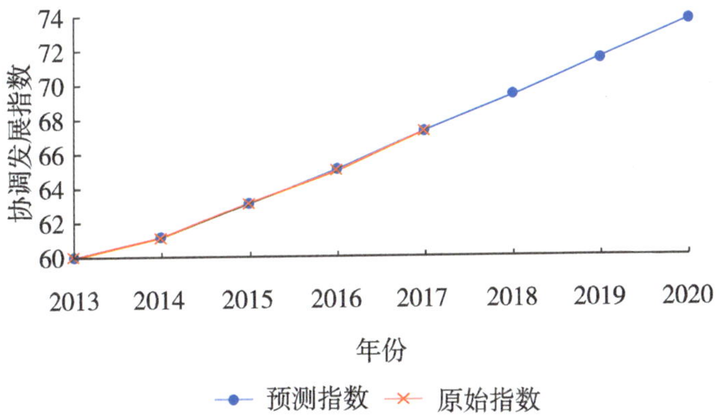

图 6-12　协调发展指数预测图

4. 绿色发展指数

模型输出结果如表 6-22 所示。

表 6-22　绿色发展指数 GM（1，1）模型输出参数

模型参数	输出结果
发展系数 $-a$	0.07
灰色作用量 u	60.29

模型检验指标如表 6-23 所示。

表 6-23　绿色发展指数 GM（1，1）模型的检验指标

平均相对残差	残差平方和	相对精度	C值
1.97%	9.37	98.03%	0.12

由表 6-23 可知，所建立模型的平均相对残差 α 为 0.0197，由于 α 取值为 0.01、0.05、0.1 所对应的模型优劣程度分别为优、合格、勉强合格，可知本模型为合格模型。C=0.12，因此模型预测精度等级为优。综上所述，建立的模型适用于绿色发展指数的预测。2018~2020 年的预测数据如表 6-24 所示。

表 6-24　2018~2020 年绿色发展指数模型预测结果

年份	预测结果
2018	86.59
2019	92.52
2020	98.85

由表 6-24 可知，2018 年至“十三五”末（2020 年）绿色发展指数将继续作为“领头羊”，保持 6.85% 的速度增长至 98.85，图 6-13 为增长趋势的直观展现。

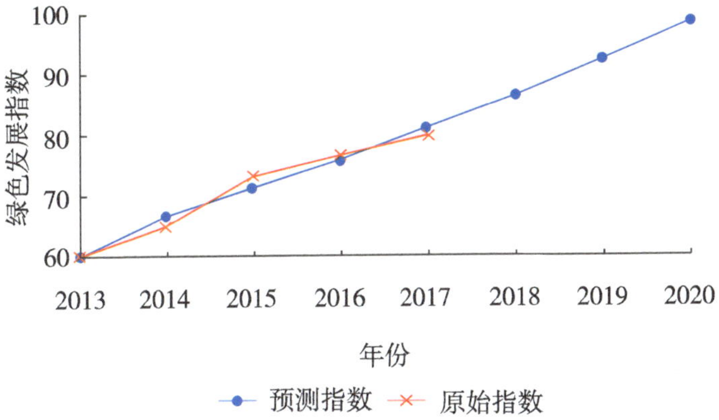

图 6-13 绿色发展指数预测图

5. 开放发展指数

模型输出结果如表 6-25 所示。

表 6-25 开放发展指数 GM（1，1）模型输出参数

模型参数	输出结果
发展系数 $-a$	0.05
灰色作用量 u	57.70

模型检验指标如表 6-26 所示。

表 6-26 开放发展指数 GM（1，1）模型的检验指标

平均相对残差	残差平方和	相对精度	C 值
1.01%	2.82	98.99%	0.13

由表 6-26 可知，所建立模型的平均相对残差 α 为 0.0101，由于 α 取值为 0.01、0.05、0.1 所对应的模型优劣程度分别为优、合格、勉强合格，可知本模型为合格模型。C=0.13，因此本模型预测精度等级为优。综上所述，建立的模型适用于开放发展指数的预测。2018~2020 年的预测数据如表 6-27 所示。

表 6-27　2018~2020 年开放发展指数模型预测结果

年份	预测结果
2018	75.66
2019	79.47
2020	83.47

由表 6-27 可知，2018 年至“十三五”末（2020 年）开放发展指数将保持 5.03% 左右的相对平稳的速度增长至 83.47，图 6-14 为增长趋势的直观展现。

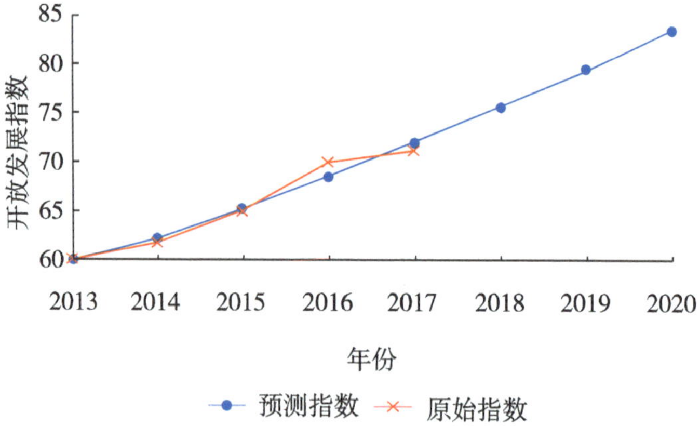

图 6-14　开放发展指数预测图

6. 共享发展指数

模型输出结果如表 6-28 所示。

表 6-28　共享发展指数 GM（1，1）模型输出参数

模型参数	输出结果
发展系数 $-a$	0.03
灰色作用量 u	58.54

模型检验指标如表 6-29 所示。

表 6-29　共享发展指数 GM（1，1）模型的检验指标

平均相对残差	残差平方和	相对精度	C值
0.35%	0.20	99.65%	0.04

由表 6-29 可知，所建立模型的平均相对残差 α 为 0.0035，由于 α 取值为 0.01、0.05、0.1 所对应的模型优劣程度分别为优、合格、勉强合格，因此本模型优。C=0.04，因此模型预测精度等级为优。综上所述，建立的模型适用于共享发展指数的预测。2018~2020 年的预测数据如表 6-30 所示。

表 6-30　2018~2020 年共享发展指数模型预测结果

年份	预测结果
2018	68.72
2019	70.75
2020	72.84

由表6-30可知，2018年至“十三五”末（2020年）共享发展指数将保持2.95%左右的相对平稳的速度增长至 72.84，图 6-15 为增长趋势的直观展现。

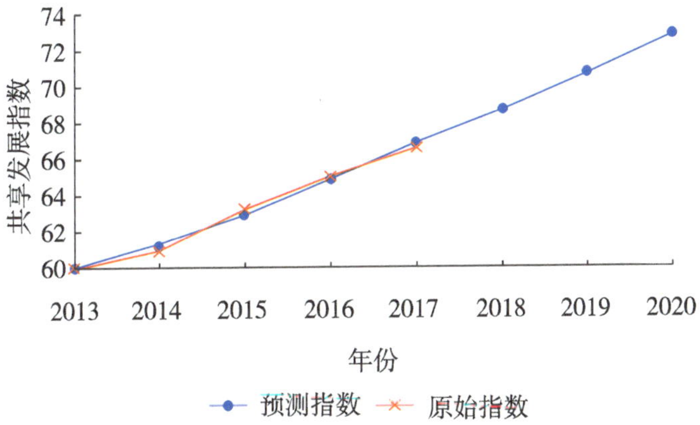

图 6-15　共享发展指数预测图

综合以上分析，2018 年至“十三五”末（2020 年）三年期间经济高质量

发展指数及创新发展、协调发展、绿色发展、开放发展、共享发展指数均保持上升趋势，增速由快到慢分别为绿色发展指数、开放发展指数、经济高质量发展指数、创新发展指数、协调发展指数、共享发展指数。总体来看，未来三年内经济高质量发展进程将继续稳步推进，创新驱动将是拉动我国经济高质量增长的主要动力，绿色发展指数将继续保持相对大幅的增长。但在推进经济高质量发展的同时也要注意公共服务共享的城乡协调性不足及贸易开放程度较低等现阶段已经开始凸显的问题；另外，也要根据经济实际发展环境调整指标体系结构或权重。

第五节

基于面板回归模型的中国经济高质量发展影响因素分析

前面我们从综合视角对中国经济高质量发展的总体表现进行了评价方法设计，进行了综合评价分析，并且预测了到“十三五”末（2020 年）中国经济高质量发展的整体走势。总体来看，前文对经济高质量发展的探讨是以相对宏观的视角对经济高质量发展的结果进行研究。那么经济高质量发展的过程是怎样的？如何才能更好地推动高质量发展？换句话说经济高质量发展的影响因素是什么呢？本节将对此内容进行探讨研究。

一、模型介绍

使用面板数据进行回归建模的策略大致可以概括为三种。第一种是将面板数据直接视为截面数据进行混合回归，此种情况下每个个体都拥有相同的回归方程，此方法容易忽略样本异质性。第二种是每个个体都拥有一个独一无二的回归方程，这种方法一般也会忽视个体共性，并且在实际操作中可能无法获得足够大的样本容量。因此，本节采用第三种模型即个体效应模型，假定个体拥有相同的斜率但截距不同，模型表示为

$$y_{i,t}=x_{i,t}\beta+z_i\delta+u_i+\varepsilon_{i,t}\left(i=1,\cdots,n;t=1,\cdots,T\right) \tag{6-20}$$

其中，z_i 为不随时间变化的个体特征，如性别；$x_{i,t}$ 可随个体及时间而变化；$(u_i+\varepsilon_{i,t})$ 为复合扰动，截距 u_i 代表个体异质性，扰动 $\varepsilon_{i,t}$ 可随个体和时间改变；$\left\{\varepsilon_{i,t}\right\}$ 为独立同分布，且与 u_i 不相关。

二、实证分析

2013~2017 年五年间我国经济发展从“关注质量”到“实现高质量”，是实现阶段性跨越的五年。对这五年间我国经济发展质量影响因素进行分析，是探究中国经济高质量发展影响因素的有效途径。本节实证分析继续紧紧围绕“经济高质量发展”概念的内涵，相关模型设置也都以中国经济高质量发展内涵作为依据。

在样本选取方面，由于一方面时间序列短，全国数据无法构成有效样本；另一方面我国经济发展自身存在“不平衡、不充分”问题，通过省域面板数据的描述性分析能更加直观地得到展现，本节采用 2013~2017 年我国 31 个省区市（不包含港澳台）共计 155 条观测为样本，进行基于面板回归的影响因素探究。

在因变量选取方面，高质量发展是以人为本的发展，2013 年城乡居民收入指标统计口径发生改变，新指标“居民人均可支配收入”替代了原有的城乡居民总收入，其作为经济高质量发展成果在人民生活上的体现，能更加与时俱进地反映当下之需，充分反映了党中央对人民生活的重视。因此，选取“居

民人均可支配收入”为因变量，充分契合了高质量发展是以人为本的发展理念。

在自变量选取方面，依旧考虑了经济高质量发展的几个维度。本节主要探究影响经济发展方式的因素、影响经济发展可持续性的因素、影响经济发展效率的因素及影响经济发展动力的因素四个方面的内容，共选取创新能力、环境保护、经济活力及生产效率四个方面共计 12 个指标，以全面地对经济发展影响因素进行分析。创新能力包含 R&D 人员数、高技术产业企业数及高校平均在校生人数，这三个指标分别从理论创新、实践创新及创新潜力三个方面对我国发展的创新能力进行反映，探索的是影响经济发展驱动力的因素；环境保护分别从环境质量、污染治理及人民生活环境三个方面对我国总体生态环境进行反映，探索的是影响经济发展可持续性的因素；经济活力分别从对外活力、内部活力及结构活力三个方面对我国的经济发展活力进行反映，探索的是影响经济发展方式的因素；生产效率从要素投入的角度出发，用劳动、资本及能源要素的使用效率来探索影响经济发展效率的因素。具体变量设置如表 6-31 所示，数据来源为国家统计局、生态环境部及科学技术部；部分省区市的部分年份数据缺失，采用线性插补对缺失值进行填补。

表 6-31　变量汇总

变量	一级指标	二级指标	二级指标名称	单位
因变量	人民生活	Y	居民人均可支配收入	万元
自变量	生产效率	$X1$	劳动生产率	万元/人
		$X2$	资本生产率	万元/万元
		$X3$	综合能耗生产率	元/千克标准煤
	经济活力	$X4$	贸易依存度	—
		$X5$	地区生产总值增速	—
		$X6$	第三产业占比	—
	环境保护	$X7$	环境质量指数	—
		$X8$	环境污染治理指数	—
		$X9$	建成区绿化覆盖率	—
	创新能力	$X10$	R&D人员数	万人
		$X11$	高校平均在校生人数	万人
		$X12$	高技术产业企业数	万个

在建模前首先对变量进行描述性统计，具体结果如表 6-32 所示。面板数据样本由 31 个截面 5 个序列构成，每个自变量或因变量共计 155 个观测值。观察表 6-32 可以发现，目前我国在生产效率中的劳动生产率及综合能耗生产率两方面存在较大的区域性差异，东部地区[①] 的劳动生产率和综合能耗生产率均值几乎是西部的两倍。说明了我国经济高质量发展相关指标存在较大差异，经济高质量发展存在一定的不平衡。此外，在创新能力方面也存在着不容小觑的区域差异，除了高校平均在校生人数外，R&D 人员数及高技术产业企业数在东、中、西部呈现阶梯式下降趋势，中、西部地区在理论创新与实践创新能力上都落后于东部地区。不同省区市的居民人均可支配收入走势也存在一定差异。像北京、上海这种特大型城市，人均可支配收入保持高位的同时也在相对快速地增长，而中、西部省区市的增长趋势则要相对平缓许多，如果不对这种情况加以干预将难以保证地区收入差异不会越拉越大。

表 6-32　自变量、因变量描述性统计

变量	均值	标准差	最小值	最大值	东部均值	中部均值	西部均值
Y	2.20	0.93	0.97	5.9	3.04	1.86	1.66
*X*1	10.25	6.55	2.50	44.81	14.70	7.98	7.69
*X*2	0.31	0.11	0.13	0.78	0.35	0.31	0.27
*X*3	13.70	5.41	4.55	32.04	17.67	13.55	10.17
*X*4	0.26	0.29	0.02	1.39	0.52	0.12	0.12
*X*5	0.08	0.02	−0.03	0.13	0.08	0.08	0.09
*X*6	0.47	0.09	0.32	0.81	0.52	0.43	0.44
*X*7	0.71	0.16	0.24	1.17	0.70	0.67	0.75
*X*8	0.79	0.14	0.50	2.00	0.75	0.79	0.82

① 东部地区包括北京、天津、河北、辽宁、上海、江苏、浙江、福建、山东、广东、海南等 11 个省市；中部地区包括山西、吉林、黑龙江、安徽、江西、河南、湖南、湖北、广西等 9 个省区；西部地区包括内蒙古、四川、重庆、贵州、云南、西藏、陕西、甘肃、青海、宁夏、新疆等 11 个省区市。

续表

变量	均值	标准差	最小值	最大值	东部均值	中部均值	西部均值
*X*9	0.39	0.04	0.18	0.49	0.41	0.39	0.37
*X*10	2.63	1.81	0.11	8.07	3.97	2.55	1.46
*X*11	0.26	0.08	0.12	0.55	0.30	0.26	0.22
*X*12	0.95	1.37	0.01	6.85	1.85	0.75	0.27

首先，对面板回归选择混合回归还是固定效应回归进行判断。原假设为 $\mathrm{H}_0: u_i = 0$，$i=1,2,\cdots,n$，检验结果输出如表 6-33 所示，所以拒绝不存在个体异质的原假设，选择固定效应回归。

表 6-33　*F* 检验结果

检验统计量	*P*值
F（30，112）=71.47	*P*=0.00

其次，对面板回归选择混合模型还是随机效应回归进行判断。LM 检验的原假设为 $\mathrm{H}_0: \sigma_u^2 = 0$，检验结果输出如表 6-34 所示，所以应拒绝个体异质方差为零的原假设，选择随机效应回归。

表 6-34　LM 检验结果

检验统计量	*P*值
LM统计值 =124.21	*P*=0.00

最后，进行 Hausman 检验，原假设为 $\mathrm{H}_0: u_i$与x_{it}, z_{it} 不相关，检验结果如表 6-35 所示。

表 6-35 Hausman 检验结果

检验统计量	*P*值
Sargan-Hansen 统计值=185.933	*P*=0.00

故应强烈拒绝原假设，即认为 u_i 与 x_{it}, z_{it} 相关，固定效应回归明显优于随机效应回归。因此，此处应建立固定效应回归模型，对于这类回归模型一般使用组内 R^2 对模型拟合优度进行判断，模型输出结果组内 R^2 值为 0.96，说明拟合效果较好。具体全部输出结果如表 6-36 所示。

表 6-36 高质量发展影响因素固定效应面板回归参数估计结果

项目	*X*1	*X*2	*X*3	*X*4	*X*5	*X*6
参数估计（*t*值）	0.04***（3.73）	0.01（0.07）	0.07***（4.88）	−0.95***（−4.49）	1.07（1.36）	0.93***（2.99）
项目	*X*7	*X*8	*X*9	*X*10	*X*11	*X*12
参数估计（*t*值）	0.21***（3.79）	0.06（1.31）	0.42*（1.73）	0.06（1.09）	3.18**（2.12）	−0.16（−1.38）

注：$N=155$，$F=182.47$，$R^2=0.96$

* $p<0.1$，** $p<0.05$，*** $p<0.01$

参数估计的结果显示过半自变量都对因变量具有显著的影响。在 0.01 的显著性水平下，劳动生产率（*X*1）、综合能耗生产率（*X*3）、贸易依存度（*X*4）、第三产业占比（*X*6）、环境质量指数（*X*7）对居民人均可支配收入有着显著的影响，可以认为以上五个因素是经济高质量发展的主要影响因素。根据参数估计结果，人均劳动生产率每增加 10 000 元，居民人均可支配收入将平均增加 400 元。在目前我国人口红利正在逐渐消失的整体环境下，劳动力作为一种重要的生产要素，若能提高其生产率将在一定程度上对人口红利的消退所带来的劳动力损失进行弥补。与此同时，现阶段经济发展应更加关注高水平劳动力的劳动生产率，在创新驱动的经济高质量发展时期，高水平人才的劳动生产率对我国自主创新能力具有不容忽视的影响。回归结果显示在 0.05 的显著性水平下，高校平均在校生人数（*X*11）对居民人均可支配收入影响效果显著，说明创新潜力对地区经济发展也有着较为明显的推动力。因此在今后的经济发展中，要着力通过人才引进、人才奖励、人才落户等措施先使人才“沉淀”下来再提高其劳动生产率，并且要促进人才流动以引导全面的经济高质量发展，提高人民生活品质。

根据参数估计结果，每千克标准煤的综合能耗生产率每上升 1 元，在人民生活表现为人均可支配收入增加 0.07 万元。从居民人均收入的角度来看，相较于劳动生产率，综合能耗生产率对经济高质量发展的影响程度更大。在经济发展进入高质量阶段，对生产效率产生影响的因素已经从能源消耗量转变为综合能耗生产率，即生产同样多的产品，消耗更少的能源，对环境产生更少的污染，才是符合时代要求的绿色高质量发展。此外，综合能耗生产率是所有自变量中区域协调性最低的一个，东部地区综合能耗生产率为 17.67 元 / 千克标准煤，而中部地区和西部地区分别仅为 13.55 元 / 千克标准煤和 10.17 元 / 千克标准煤。由于东部地区人口与产业密集，拥有更高的技术与劳动生产率，可以对综合能耗生产率的提高产生一定的促进作用，而中、西部地区虽然资源相对丰富，但综合能耗生产率因为技术落后等远低于东部，这使得西部地区的区位优势有所削弱。

在回归结果中得出，衡量地区对外经济活跃程度的贸易依存度（*X*4）与居民人均可支配收入呈现负相关关系，可能的原因是贸易类经济活动对就业的拉动能力不如工业和其他现代服务业，进而导致居民工资总量水平较低，因而在本模型表现为居民人均可支配收入与贸易依存度呈现负相关关系，即贸易依存度每上升 1 个百分点，人均可支配收入平均减少 0.95 万元。可见在经济高质量发展阶段，经济发展的目的不应只是促进地区生产总值的上升，不能因追求经济总量的上升而忽略了人民的获得感，应该注重产业间的平衡发展。

相比之下，第三产业占比（*X*6）回归系数的参数估计结果为 0.93，说明第三产业占比每增加 1 个百分点，居民人均可支配收入增加 0.93 万元。可见，第三产业对人民生活的提高具有很大的推动作用。目前我国东、中、西部第三产业占比差距不大，各地区第三产业占比均值保持在 46% 左右。因此在经济高质量发展过程中，要在各地区协同推进的同时，适当加大第三产业占比，尤其是在生产效率、人才创新方面存在短板的中、西部地区，应着重发展高附加值的现代服务业如旅游业。

环境质量指数（*X*7）系数为 0.21，说明环境质量指数每增加 1 个百分点，居民人均可支配收入将增加 0.21 万元。相比之下环境质量指数的杠杆效应更大，经济高质量发展是环境与经济的共同发展，只有这样才能维持经济的绿色可持续。与此同时在 0.1 的显著性水平下，建成区绿化覆盖率（*X*9）对居民人均可支配收入有着显著影响，说明除了生态环境，居民的居住环境对经济发展也有一定的影响。

第六节

基于评价体系研究的经济高质量发展建议与展望

一、综合评价及实证分析结论

本章经过对经济高质量发展内涵的深刻理解，结合当下实际发展情况，以新发展理念和主要矛盾为基础，建立了包括综合、创新、协调、绿色、开放、共享六个模块的中国经济高质量发展指标体系，共选取 91 个指标对经济高质量发展进行全面监测。具体实证结果概括为如下三部分。

首先，选取 2013~2017 年数据测算中国经济高质量发展指数。2017 年我国经济高质量发展指数为 71.74，较上年提高 2.31，较 2013 年提高 11.74。从六大发展模块来看，2017 年各模块指数由高到低分别为绿色发展指数 80.03、综合发展指数 76.87、开放发展指数 71.23、创新发展指数 69.93、协调发展指数 67.18、共享发展指数 66.55。增长方面总体向好，但是内部增幅存在差异。经济高质量发展指数以 4.58% 的速度稳步提升，其他六项指数虽增速存在差异但均保持各自增幅持续上升。尽管经济高质量发展扎实推进，但短板、弱项依然存在，如城乡共享发展进程存在差距、贸易开放程度下降、资本使用效率低等。

其次，通过 GM（1，1）灰色预测模型对 2018 年至“十三五”末（2020 年）时间段的经济高质量发展指数及六大模块的发展指数进行预测。预测结果显示六个指数均将保持增长态势，除了绿色发展指数的年均增幅有所下降，其他五个指数 2018~2020 年的年均增幅较 2013~2017 年均有不同程度上升。预计到“十三五”末中国经济高质量发展指数将达到 82.75，六大模块指数由高到低为绿色发展指数 98.85、综合发展指数 90.90、开放发展指数 83.47、创新发展指数 79.16、协调发展指数 73.75、共享发展指数 72.84。

最后，选取全国 31 个省市自治区的 2013~2017 年的面板数据，通过固定效应面板回归模型对经济高质量发展影响因素进行分析。回归结果显示生产要素使用效率、产业结构及自然环境质量对经济高质量发展有着十分显著的影响。

二、推动中国经济高质量发展进程的几点建议

（一）践行创新驱动，共同营造积极的创新环境

到“十三五”末（2020 年）甚至是更长时间内创新能力将始终是我国经济高质量发展的第一驱动力。2013~2017 年科技拨款占财政拨款比重出现轻微震荡下行的趋势，初步计算出 2017 年该指标值为 4.15，较 2013 年下降 0.26 个百分点。创新能力提升的必要条件之一是积极的创新环境，因此在接下来的发展进程中要以提高质量和核心竞争力为中心，直接措施是增强政府财政对科技领域的投入力度，同时可以通过建立激励机制和导向机制间接地刺激和鼓励企业加大研发投入。

（二）推进城乡全方位协调，改善区域发展不平衡

目前我国城乡协调发展已取得一定成效，2013~2017 年城乡居民人均可支配收入之比呈逐年下降趋势，2017 年该指标值为 2.71，较 2013 年下降 0.1，但从全维度协调发展来看城乡协调发展程度仍有上升空间。因此，除了较为综合的城乡居民人均可支配收入之比，在接下来的城乡建设中还应注重教育、医疗等具体领域的城乡协调发展建设。我国区域发展不平衡现象依旧严峻，要继续大力推进区域协调发展战略，在大力改善内陆地区经济建设环境的同时要因地制宜地发展区域特色产业，通过“用长板补短板”的方式缩小地区差异。

（三）加强生态保护意识，使绿色成为发展普遍形态

从各项指标数据来看，目前我国环境质量较之前有了很大程度的提高，如空气质量、水质量。2017 年空气质量达标城市占比 29.3%，为 2013 年占比

的四倍多。相比之下生态保护建设的步伐则较为缓慢。森林覆盖率指标几乎保持零增长，自然保护区面积变化不大且较 2013 年之前有明显的减少，人均耕地面积轻微下降。高质量发展是资源节约、环境友好的发展，因此在接下来的绿色发展建设进程中应重点改善生态保护情况。

（四）稳定开放发展进程，注重高技术领域对外开放

2013~2017 年我国开放发展取得了丰硕成果的同时也凸显了一些问题。在六大发展模块中开放发展的增长相对不稳定，2017 年开放发展增幅为 1.77%，较 2016 年 7.6% 的增幅下降了近 6 个百分点。因此，应注意开放环境建设，通过政策扶持、财政资金支持等方式为全面开放发展创造稳定的开放环境。高技术领域的对外开放仍有较大潜力，鼓励企业创新的同时也要推动我国的高技术产品出口。

（五）切实改善民生，优化共享发展质量

民生领域是共享发展的重点建设领域，教育、医疗、养老、住房及公共服务等基本民生领域目前仍存在城乡、区域不协调的问题。因此，一方面要因地制宜地补齐民生短板；另一方面要继续大力推进扶贫脱贫工作，并且通过因地制宜、因人施策的精准扶贫措施确保 2020 年农村贫困人口的全部脱贫任务顺利完成。通过以上措施使全国人民更加充分地享受经济发展成果，将共享发展质量推向新台阶。

（六）经济活力和人民生活需要同步提升

本章得出了衡量对外经济活力的贸易依存度变量对经济高质量发展成果在人民生活方面的具体表现形式——居民人均可支配收入具有负影响。可能的原因是贸易行业对居民就业的促进效果不及现代服务业或经济发展必需的工业和高端制造业。综合这两方面的分析结论，本章建议主要通过提升内部

经济活力、调整产业结构两种方式来提高经济活力。而提高内部经济活力的核心就是扩大内需，因此，首要目标就是增加居民收入，所以解决问题的根本就落到了增加就业上。建议在我国未来经济高质量发展过程中，可以考虑把重点放在增加就业、拉动内需、优化结构于一体的现代服务业和高技术产业上。

（七）提高能耗生产率，经济与环境共发展

本章经过分析得到综合能耗生产率变量对居民人均可支配收入有着显著的正影响的结论。然而通过数据对比发现目前我国综合能耗生产率存在较严重的区域不平衡性。本章建议未来持续通过技术进步等方式调节能源使用结构，提高清洁高效能源的使用比例并以此提高综合能耗生产率；同时加大中、西部地区的开放程度，充分发挥区位资源优势以促进发展。

（八）严抓产品质量，为经济高质量发展打牢地基

我国产品质量问题有所凸显。2017 年不合格产品批次数为 9857 批，较上年环比增加 1052 批。我国生产产品质量过硬是经济高质量发展的直接体现之一，也是经济高质量发展的基础支撑。因此，不仅要大力推进高技术产业产品“走出去”，更要严格把关与人民生活质量息息相关的制造业产品质量，让高质量发展真正成为满足人们美好生活需要的发展，让国内外更多消费者认同新时代的“中国制造”。

（九）大力推进普惠金融，提高资本使用效率

资本生产率指标反映一定时期内单位资本创造的产出，初步计算结果显示，2014~2017 年我国资本生产率连续四年下滑，资本生产率增长率连续四年为负。可能的原因是我国投资率与消费率不协调或全要素生产率下降。对此本章建议以普惠金融作为工具来引导资本流向，以最具活力的市场参与主

体——民营企业作为媒介来盘活资本存量、提高资本使用效率，进一步影响就业与消费从而提升经济活力、增强发展质量。

三、经济高质量发展统计体系和评价体系研究的展望与建议

党的十九大做出我国经济已由高速增长阶段转向高质量发展阶段的重大判断，中国经济工作会议要求加快形成推动高质量发展的指标体系、政策体系、标准体系、统计体系、绩效评价和政绩考核。这几方面的工作除了政策体系外，都与统计评价密切相关。即使是政策体系也需要统计体系和评价体系的数据支撑。因此，要做好高质量发展工作，统计体系和评价体系建设是一项基础性工作。

前文中，我们已经对我国经济高质量发展的指标体系及其综合评价问题进行了讨论，在此基础上，我们还要进一步对经济高质量发展的统计体系和评价体系建设问题进行探讨。

（一）统计体系建设的基本原则

经济高质量发展的统计体系涉及内容多，广义的高质量发展统计体系包括指标体系、标准体系和评价体系等内容，是我国高质量发展的风向标和导航仪，对于高质量发展的政策体系和绩效考核具有重要支撑意义。

建立高质量发展统计体系需要以习近平新时代中国特色社会主义思想为指导，深入贯彻党的十九大精神，坚持新发展理念，紧密围绕高质量发展的根本要求，按照“五位一体”的总体布局和“四个全面”的战略要求，为推进国家治理体系和治理能力现代化提供统计保障。

总体说来，高质量发展统计体系建设要坚持以下原则。

1. 贯彻十九大精神

党的十九大报告指出，“发展是解决我国一切问题的基础和关键，发展必

须是科学发展，必须坚定不移贯彻创新、协调、绿色、开放、共享的发展理念”（习近平，2017）。十九大也对我国经济与社会发展战略做出了具体部署，包括科教兴国、人才强国、创新驱动、乡村振兴、区域协调发展、可持续发展、军民整合等发展战略。要突出抓重点、补短板、强弱项，特别是要坚决打好防范化解重大风险、精准脱贫、污染防治的攻坚战，全面服务分两步走建设社会主义现代化国家的新目标。

2. 全面反映高质量发展统计需求

新中国统计事业发展取得了很多成就，但也存在不足。要认真研究党和国家对统计工作的总体要求，系统研究当前统计指标、统计标准和统计调查制度，找出重点和难点，从供给、需求、投入产出等多个方面，对涉及发展衡量的条件、过程、成果等不同角度，全面反映高质量发展的统计需求，全方位考虑统计标准、统计指标和统计监测任务，为高质量发展提供统计保障。

3. 充分借鉴国内外研究成果

我国在小康建设评价、可持续发展评价、绿色发展评价、创新发展评价等方面都有过很多很好的研究成果，相关研究成果可为高质量发展统计体系建设提供很好的基础。同时，当前我国社会主要矛盾已经转化为人民日益增长的美好生活需要和不平衡不充分的发展之间的矛盾，一些发展中面临的问题也是国际发展所面临的共同问题，在此方面，要充分借鉴相关国家和国际组织在高质量发展方面的有益经验。

4. 坚持分阶段动态优化

高质量发展统计体系建设是一项长期的任务，不能一蹴而就。要把高质量发展统计体系与国家总体发展战略和实践密切结合起来。要分阶段推进高质量发展统计体系建设任务，既要做好总体框架设计，也要随着我国高质量发展理论深化而不断补充完善、动态优化。也就是说，未来的高质量发展统计体系不能是千篇一律的，必须根据高质量发展中出现的新问题和新侧重不断发展。

（二）统计体系建设的工作重点

1. 不断完善高质量发展统计指标体系

当前，高质量发展统计指标体系建设有不同的思路：一是从发展质效、结构优化、动能转换、风险防范和民生福祉等不同模块构建，二是围绕五大发展理念来构建。从目前来看，围绕五大发展理念的构建思路应用较为广泛，但是五大发展理念的衡量指标中有一些还不完善，还缺少数据支持。除此之外，高质量发展指标体系并不简单等同于新发展理念指标体系，要进一步围绕高质量发展的理论内涵，补充相关综合性指标和主观评价指标。

2. 尽快加强高质量发展标准体系建设

要以《中华人民共和国统计法》和《中华人民共和国标准化法》为依据，根据高质量发展的政策要求，不断推进统计标准化和规范化工作。主要工作包括：①经济结构变化的统计分类标准，如国民经济行业分类标准、三次产业划分标准、大中小微型企业划分标准等；②反映新经济和创新发展的统计标准，如新产业新业态新商业模式统计分类标准、战略性新兴产业统计分类标准、生产性服务业统计分类标准、高技术服务业分类标准等；③反映人民美好生活需要的统计分类标准，如健康产业统计分类标准、文化产业统计分类标准、体育产业统计分类标准、教育培训产业统计分类标准、旅游产业统计分类标准、养老产业统计分类标准等。

3. 持续推动高质量发展统计监测制度建设

高质量发展统计体系要为高质量发展政策体系服务，并为国家监测各领域高质量发展任务执行情况提供依据。主要包括：①供给侧结构改革统计监测。例如，服务于“三去一降一补”的产能、产量和库存统计，服务创新发展的科技统计、高技术投资统计等。②新经济与数字经济发展监测。例如，分享经济、互联网经济、“三新”经济增加值核算等。③需求统计监测。例如，服务业生产指数编制、新兴服务业统计监测、对外贸易统计监测等。④投入产出统计监测。改革和完善投入产出表编制方法，完善科技创新和研发投入统计，完善工业产能利用率统计。⑤民生统计。要加强居民收支统计、劳动工资统计、价格监测、贫困监测等方面的工作。

4. 切实提高高质量发展统计数据质量

要根据中央的总体部署，推进国家统一经济核算制度，加强统计执法巡察，防范和惩治统计造假，不断提高统计工作的权威性和统计数据的真实性。要加强对统计工作全过程质量控制，运用新技术和新手段，实现高质量发展统计工作的现代化。要加强统计基础设施建设工作，建设信息共享的数据平台，充分利用互联网和区块链技术，努力实现统计生产方式的转变。

（三）高质量发展评价体系建设展望

高质量发展评价体系是高质量发展统计体系的有机组成部分，也是高质量发展指标体系的直接应用。完善高质量发展评价体系对于发挥高质量发展统计体系具有重要导向作用，并对政策体系建设具有重要的作用。我们建议在以下几个方面加强高质量发展评价体系建设。

1. 与地方发展目标相结合

高质量发展必须结合发展基础、目标任务和发展特色进行。不同的地区应有不同的高质量发展模式和阶段。我国地区间经济发展差距大，功能定位各有不同，必须因地制宜，在高质量发展方面实施差异化管理。因此，高质量发展评价体系要有不同的侧重。从指标体系上看，各地区的指标体系应有所不同，不同区域的指标体系在评价方面要在权重方面有所区分。比如，对于东部沿海发达地区，要加大对环境和能源消耗的考核比重；而对于西部生态功能涵养区，要减少或者免除对于地区生产总值增长率指标的考核。

2. 分级分类评价

中央和地方在经济发展方面承担着不同的职能。我国通常以行政区划为基础划分评价单元，中央、各省区市、各地市、各县乡都面临着高质量发展的问题。对于不同的高质量发展评价对象，要坚持分级分类评价。中央负责国家层面和各省区市的指标体系和评价工作，而省级以下层面要负责其管辖地区的高质量发展相关工作。各地可参照中央的总体思路，结合地方发展的特色建立本地高质量发展指标体系。评价结果不必过于强调横向对比，主要功能是反映本地高质量发展的动态特征。

3. 适当引入主观评价

高质量发展评价归根结底是人们对发展问题的评价，仅依靠客观指标是不全面的。应在居民生活、绿色发展、生态环境等领域适当考虑设置主观指标。在引入主观评价指标时，要注意主观评价的差异性问题，比如，不同发展水平地区的人们的主观满意感知程度有所不同，要科学设置有关评价指标和权重，既不能唯客观指标是论，也不能过度强调主观指标的作用，从而影响整体评价的科学性。可以考虑依托现有统计调查系统，进一步完善主观评价的方法体系，为丰富高质量发展的主观评价指标提供技术支持。必要时，可以设置专门的高质量发展主观评价综合指标，用以评价人们的高质量发展获得感和满意度。

4. 设置高质量发展的负面评价清单

建议借鉴企业负面清单的做法，在评价高质量发展水平时设置负面评价清单，对严重影响高质量发展的事项进行列举，当出现这些事项情形时，对总体评价结果直接扣减一定分数，以达到聚集关键领域、防范化解重大风险的目的。主要的负面清单应包括重大影响社会稳定的事件、重大安全生产事故，重大环境污染事件、重大食品安全事件、重大金融风险事件等。建议将统计造假事项加入高质量发展负面评价清单，以加大高质量发展评价的统计保障力度。

5. 服务绩效评价和政绩考核

要合理运用高质量发展评价结果，将其用于机构部门的绩效评价和领导干部的政绩考核，以充分发挥高质量发展统计评价体系的导向作用，为党和国家高质量发展重大战略的全面实施提供保障。在对机构部门的绩效评价过程中，要结合考核对象的不同特点设计有针对性的指标，要注重评价对象的纵向比较，慎用横向比较方法，避免搞排名和拼位次。要尊重高质量发展的客观规律，制定切实可行的目标任务，同时延长考核周期，不单纯以一时一事论英雄。在对领导干部的政绩考核中，要合理设置主观评价指标的权重，全面反映被考核对象的工作实效。

参考文献

钞小静，惠康 . 2009. 中国经济增长质量的测度 . 数量经济技术经济研究，(6): 75-86.

达利 H E，柯布 J B. 2015. 为了共同的福祉：重塑面向共同体，环境和可持续未来的经济 . 北京：中央编译出版社 .

甘宏业 . 1996. 论我国经济发展由数量型向质量型增长的转变 . 管理现代化，(5): 16-17.

郭峰，杜英，窦学诚 . 2013. 甘肃省经济增长质量与科技进步的实证分析 . 科技管理研究，33 (12): 68-71.

卡马耶夫 B D. 1983. 经济增长的速度和质量 . 陈华山，左东官，何剑，等译 . 武汉：湖北人民出版社 .

库兹涅茨 S. 1985. 各国的经济增长 . 常勋译 . 北京：商务印书馆出版社 .

李饺瑞，白桦，赵琎 . 2015. 基于空间视角的西部地区经济增长质量研究 . 西北大学学报 (哲学社会科学版)，45 (5): 125-130.

李金昌，史龙梅，徐蔼婷 . 2019. 高质量发展评价指标体系探讨 . 统计研究，36 (1):4-14.

李强，李新华 . 2018. 新常态下经济增长质量测度与时空格局演化分析 . 统计与决策，34 (13): 142-145.

马建新，申世军 . 2007. 中国经济增长质量问题的初步研究 . 财经问题研究，(3): 18-23.

宁吉喆 . 2018. 贯彻新发展理念 推动高质量发展 . 求是，(3): 29-31.

任保平 . 2013. 经济增长质量：经济增长理论框架的扩展 . 经济学动态，(11): 45-51.

任保平，李禹墨 . 2018. 新时代我国高质量发展评判体系的构建及其转型路径 . 陕西师范大学学报（哲学社会科学版），47（3）：105-113.

任保平，魏婕 . 2012. 经济增长质量：一种全新增长命题的理论阐释 . 福建论坛（人文社会科学版），（9）：5-12.

托马斯 V，等 . 1999. 增长的质量 .《增长的质量》翻译组译 . 北京：中国财政经济出版社 .

武义青 . 1995. 经济增长质量的度量方法及其应用 . 管理现代化，（5）：32-34.

习近平 . 2017-10-17. 决胜全面建成小康社会 夺取新时代中国特色社会主义伟大胜利——在中国共产党第十九次全国代表大会上的报告. 人民日报，（1）.

肖欢明 . 2014. 基于绿色 GDP 的我国经济增长质量测度 . 统计与决策，（9）：27-29.

新华社 . 2015. 中国共产党第十八届中央委员会第五次全体会议公报 . 新长征，（12）：4-6.

徐瑞慧 . 2018. 高质量发展指标及其影响因素 . 金融发展研究，（10）：36-45.

中共中央宣传部 . 2018. 习近平新时代中国特色社会主义思想三十讲 . 北京：学习出版社 .

Arrow K J，Dasgupta P，Goulder L H，et al. 2012. Sustainability and the measurement of wealth. Environment and Development Economics，17（3）：317-353.

Barro R J. 2002. Quantity and quality of economic growth. Working Papers Central Bank of Chile，5（2）：17-36.

Dasgupta P. 2007. The idea of sustainable development. Sustainability Science，2（1）：5-11.

Dasgupta P，Maler K G. 2000. Net national product，wealth and social well-being. Environment & Development Economics，5（1）：69-93.

Easterly W，Kraay A. 2000. Small states，small problems? Income，growth，and volatility in small states. World Development，28（11）：2013-2027.

Jefferson G，Hu A G Z，Guan X J，et al. 2003. Ownership，performance，and innovation in China's large-and medium-size industrial enterprise sector. China Economic Review，14（1）：89-113.

Lawn P A. 2003. A theoretical foundation to support the index of sustainable economic welfare（ISEW），genuine progress indicator（GPI），and other related indexes.

Ecological Economics，44（1）：105-118.

Leipert C. 1987. A critical appraisal of gross national product：the measurement of net national welfare and environmental accounting. Journal of Economic Issues，21（1）：357-373.

Meadows D H，Meadows D L，Randers J，et al. 1972. The Limits to Growth. New York：Universe Books.

Meadows D H，Randers J，Meadows D L. 2004. Limits to growth：the 30-year update. World Future Review，201（1）：12-27.

Mishan E J. 1967. The Costs of Economic Growth. London：Staples Press.

Mlachila M，Tapsoba R，Tapsoba S J A. 2017. A quality of growth index for developing countries：a proposal. Social Indicators Research，134（2）：675-710.

Repetto R C，Magrath W，Wells M，et al. 1989. Wasting assets：natural resources in the national income accounts. World Resources Institute，Washington D C.

Thomas V. 2000. The Quality of Growth. New York：Oxford University Press.

UNDP. 1990. Human development report 1990：concept and measurement of human development. New York.

本章系子课题“我国经济高质量发展的指标体系、统计体系和评价体系研究”的研究成果，课题主持人是北京师范大学统计学院宋旭光教授，课题组成员吕庆喆、李昕、梅婷、何宗樾、周远翔、左马华青、刘雅欣、朴秀婷。

本章执笔人：梅婷、朴秀婷、宋旭光。

第七章

创新驱动高质量发展的机制及对策研究

高质量发展的基本途径是世界性的，是追求“创新驱动高质量发展”的各国都必须遵循的途径。一是将建设创新型国家作为创新驱动发展的“抓手”。二是提高关键核心技术创新能力，以培育技术长足进步的基因。三是发展新兴产业和新兴业态，推动产业结构迈向中高端。四是充分发挥市场机制在资源配置中的基础性作用，全面提高资源配置效率和全要素生产率。我国要走向高质量发展，必须注意到“三横一纵”（国家、区域、行业及企业）的创新体系建设向创新生态体系网络演化对创新驱动发展具有孕育作用，科技创新对创新驱动发展具有核心推动作用，现代化经济体系建设与创新驱动发展具有互动作用。

第一节
经济高质量发展的基本内涵和途径

一、高质量发展的基本内涵

苏联经济学家卡马耶夫最先在《经济增长的速度与质量》一书明确提出了“经济增长质量”问题。他认为，高质量经济增长是指产品质量的提高、生产资料效率的提高、生产成本的降低、消费品消费效果的提高，以及经济增长的活跃性。我国经济学家孙冶方提出的“最大最小原理”、熊映梧教授提出的“结构性适度经济增长”理论，都在一定程度上隐含了对经济发展质量的关注（张国平和谟行，1990）。

泛熊彼特学派从三个层次关心经济发展的质量问题，即创新所构造的新的生产函数（或称新的要素组合）给企业带来的垄断利润、给市场带来的新的供给、给一国经济带来的实质性繁荣。熊彼特一个重要思想是，一项创新的出现会使经济发展跳出既有均衡状态，为企业盈利创造新的机会（巴克豪斯，1992）。在对经济周期的讨论中，熊彼特甚至认为，技术创新是经济增长“新高潮”的基石。

研究现代经济增长的库兹涅茨认为，高质量增长几乎是现代经济增长的同义语，而现代经济增长的主要特征是知识存量的增加、劳动生产率的提高和生产结构的变化。罗默（Romer）提出的内生增长理论认为，技术进步是经济增长的核心；经济增长不仅应重视劳动力和资本的增长，更应该重视研发活动和教育以提高技术水平；知识的生产有两个决定要素，一个是经济的总体技术水平，一个是技术人员和科学家的人力资本。

综上所述，历史上一些经济学家或迟或早地对经济增长质量问题做了讨论，但还没有到全面关注经济发展质量的程度。基于罗默的内生增长理论和卡马耶夫的认识，中国学者傅家骥等（1994）通过对经济发展的影响因素的分析，提出高质量发展主要体现在社会净财富的持续增长和技术进步对于社会净财富增长的贡献份额提高到适当程度，以及新增财富分配的相对公平。

同时，经济高质量发展有几个特征：第一，特定经济体的经济发展质量超过了可比对象的平均先进水平且超过了自己以往的水平；第二，技术创新持续活跃并且成为经济发展的主要驱动力；第三，经济结构优化是高质量发展的基本显性特征；第四，质量和效益提高、生态文明、可持续发展是高质量发展的基本目标；第五，以人民为中心、为人民谋福祉、共享发展成果是高质量发展的终极目标。

二、高质量发展的基本要求与主要途径

一国经济要走向高质量发展，必须关注实践证明的高质量发展的基本要求与国际共识的发展途径。

高质量发展客观上有三大基本要求：一是要建设自主创新导向的创新体系。这是高质量发展的基础性要求。高质量发展的核心动力是创新，创新得以活跃的基础是创新体系的有效支撑。创新体系建设对于各层面创新能力的提升具有基础性作用。一国走向高质量发展过程中，必须把创新体系建设作为提升经济发展质量的重要制度保障，进而还需要将“强调制度安排的创新体系”转变成“强调自组织机制的创新生态体系”。二是要建设现代化经济体系。这是高质量发展的经济结构要求。现代化经济体系是创新驱动发展的必

要载体。要建成这样的经济体系，改革、创新、发展必须齐头并进。需要形成产权有效激励、要素自由流动、价格反应灵活、竞争公平有序、商品及企业优胜劣汰的市场化机制。三是动能、质量、效率三者协调。这是高质量发展的过程要求。培育新动能、提高质量和提升效率三者必须协同推进。创新创业创造新动能就是要将经济发展的基本动力转变为技术创新的持续活跃。提高质量就是要进一步提高生产过程质量和终端产品质量；要通过企业普遍提高质量，净化商品市场竞争，为提高人民群众的生活水平和质量提供物质基础。

高质量发展的基本途径是世界性的。换言之，这些途径是谋求高质量发展的国家都必须走的道路。一是要将建设创新型国家作为创新驱动发展的“抓手”。高质量发展的核心动力是“创新驱动发展”。一国经济发展能否有这种动力，相当程度上依赖于该国能否建成创新型国家。二是提高关键核心技术创新能力，培育技术长足进步的基因。创新型国家的对外技术依存度一般在30% 以下，其背后是研发投入占 GDP 比例在 2% 以上，由此才能培育技术长足进步的基因。三是积极发展新兴产业和新兴业态。创新驱动发展必须落脚到以创新驱动新兴产业和新兴业态发展。创新驱动新兴产业和新兴业态发展，才会有产业结构迈向中高端，才会有现代化经济体系的形成。四是全面提高资源配置效率和全要素生产率。这最终体现一个经济体的经济发展质量，故早期工业化国家特别是创新型国家大多十分注重提高这两个效率。

第二节

我国经济必须走向高质量发展的现实背景

中国经济必须且有望走向高质量发展，这有着国内和国际双重环境的要求与支撑。

一、高质量发展的国内环境

这主要涉及中国特有的经济环境、制度环境和创新进展。

第一，中国现实经济环境。一是工业化中期的内在要求。我国于20世纪90年代中后期进入传统意义上的工业化中期。从国际经验看，一国到工业化中期，要么继续走高消耗、高污染的不可持续的传统道路，要么转向创新驱动、高质量、可持续的发展道路。我们要为人民谋福祉，就必须选择后者。二是产业结构演化的必然趋势。我国是“世界工厂”，有着世界上规模最大、门类最全的制造业。产业体系现存的诸多问题亟待解决，新产业革命和美国对华贸易挑衅使我们的机遇与挑战并存，国际产业链、供应链正在重构，我们必须通过创新驱动发展推动产业结构走向现代化，尽快解决前述问题并适应变化。三是经济发展理念变化的驱动。十八大新一代领导集体就我国经济发展提出了体系化的新理念，“创新、协调、绿色、开放、共享”已成为业界、学界、政府达成共识的发展理念，成为我国经济发展的基本方向和政策思路。各行各业自觉地用新发展理念引领发展行动。其中，“创新、协调、开放”有助于解决中国经济大而不强、传统动力衰减、增长质量与效率不高等问题；“协调、共享”有助于解决我国存在的发展不平衡不充分的问题；“绿色”发展有助于引领产业结构绿色化，节能环保，提高经济发展的生态环境效益。贯彻五大发展理念，我们就可能实现更高质量、更有效率、更加公平、更可持续的发展。

第二，中国现实制度环境。一是我国基本制度使然。社会主义制度是中华人民共和国的根本制度，国家实行社会主义市场经济。我们的发展必须“以人民为中心”，由此前的高速增长转向谋求高质量发展，这才符合中国人民最为根本的利益。二是社会主要矛盾变化的驱动。现阶段我国社会的主要矛盾已转化为人民日益增长的美好生活需要和不平衡不充分的发展之间的矛盾。这就要求大力提升经济发展的质量和效益，更好地推动人及社会的全面进步。同时，社会主要矛盾反映了消费者由较低层级需求向中高层级需求的转变，社会供给由“数量短缺型”供需矛盾向“优质不足型”供需矛盾的转变。在此背景下，经济必须转向高质量发展。三是政府所担当的发展重任的驱动。政府有推进经济社会发展的重任，对宏观经济四大指标（经济增长、充分就业、物价稳定、收支平衡）处于良性负有责任，对维护公共安全、促进社会公平、社会保障体系建设、公共设施建设等负有责任，对科技进步、文教卫生事业发展、生态环境保护等负有责任，对社会主义市场经济体制机制建设负有责任。政府要将这些职能履行得“好上加好”，则必须有“经济高质量发展”的支撑。

第三，科技及创新进展。一是改革开放后我国实现了跨越式发展，与技术创新相关的多项指标位居世界前列。国家创新体系不断完善、企业创新主体地位和主导作用显著增强；基础研究重大成果不断涌现，战略性高新技术研究有不少突破，技术创新引领产业向中高端迈进，新动能产业蓬勃发展。特别是，全社会 R&D 经费由 1988 年的 90 亿元增加到 2017 年的 17 606 亿元，位居全球第二；国家创新能力全球排名五年间提升三位，即由 2012 年的全球第 20 位提升到 2017 年的全球第 17 位。国内发明专利申请量已由 1988 年的 0.478 万件增加到 2017 年的 138.16 万件，位居全球第一。综合反映创新效果的广义技术进步对于经济增长的贡献率一路爬坡，先由 1985 年的大约 27% 提升到 2012 年的 52.2%，其后又提升到 2017 年的 57.5%。这皆为经济高质量发展奠定了很好的基础。二是四十年（1978~2018 年）技术创新“四阶爬坡”为创新驱动发展积累了经验。1978~1988 年是中国技术创新实践的“学习引进补短期”，即学习国外商业理念和思路，进而引进国外技术在国内制造。1989~1998 年是“引进模仿改进期”，即持续引进、模仿改进，进而将国外技术“中国化”后研制新产品。1999~2008 年是“整合助推自创期”，即整合国内外技术和利益、谋求技术整合基础上的自主集成创新。2009~2018 年是“自创迭代提升期”，即开展更加广泛的自主研发，同时借鉴国外高水平创新，进而快速迭代提升前一轮形成的自主创新成果。三是改革开放后创造了一整套有效的创新方法，创新体系日渐完善。学习借鉴、模仿、改进、整合、迭代、将国外典型创新在中国场景中放大应用，都成为企业有效的创新方法。精英和草根都可能成为创新的推动者；政府经过四十多年的历练，日益成为业界创新的重要推手和助力者；民营高新企业和央企皆成为创新的劲旅；大学、院所则成为创新的知识源、孵化器。特别是，创新植入增长日益成为经济发展的重要源泉。

二、高质量发展的国际环境

我们已置身于第二次世界大战后前所未有的国际“大变局”之中，挑战和机遇都正在并将继续驱使中国走向高质量发展。

第一，科技及产业环境。一是新兴科技迅猛发展。在新兴能源技术、计算机及网络控制技术、柔性制造系统技术、机器人、生物科技、大数据、云计算、物联网、量子计算、智慧城市、虚拟现实、先进材料等新兴技术迅猛发展的基础上，诸多新兴科技领域正在或开始加快发展。全球领先的信息技术研究和顾问公司 Gartner 于 2019 年 11 月梳理出的“十大战略科技”呈现出强劲的发展态势，“十大数字化智能化政府技术”和“提升数字商务的十大技术”皆开始得到应用。二是科技发展引发了新产业革命。①在科学革命、技术革命的驱动下，第四次产业革命正改变着人类社会。生物能源、风光能、氢能等的兴起已开始弥补石化能源的供给缺口；随着计算机、互联网、大数据、云计算等技术的出现，机器等系统的控制已由机电技术转变为更多使用计算机及其网络。②随着能源及控制技术变革，科技活动中出现了基于科学的企业、虚拟科技组织、产业技术联盟、跨国研发网络、威客极客平台等；在产业图景中，在早期工业化国家及新兴国家之中，新一代信息技术、智能装备制造、人工智能、生物科技与医药、数字经济、创意经济、绿色经济、流量经济、共享经济等领域迅速形成产业。大批量柔性定制生产、计算机集成制造、精益生产、敏捷制造、虚拟制造已成为重要的生产方式，由此推动了国家生产力的整体进步。相应地，中国成为 GDP 排名第二的新兴国家，世界上 GDP 超过万亿美元的国家 2018 年已超过 16 个。③伴随着前两个方面的变化，发达和新兴国家企业的市场疆域日益走向全球化和立体化。特别是互联网和电子商务的出现，使得人类在面对线下市场竞争的同时，也迎来了互联网市场的繁荣。依靠科技领先、商业模式创新和互联网技术，使商业运行效率更高的企业在全球市场中如鱼得水，由此引发了跨国企业的产业链整合、供应链整合及全球市场竞争结构的巨大变化。越是在科技进步快、知识密度大、创新频率高的细分行业，越是容易形成垄断竞争的市场结构。④社会结构多样化。宏观上受国家间竞争影响，出现了多个区域性国家间联盟；微观上出现了扁平化组织、网络群体、虚拟社区等。相应地，宏微观社会治理模式也发生了巨大变化。宏观上，全球治理正在重构，中国积极倡导构建人类命运共同体；同时，受新的管理理念影响并得到计算机及互联网技术支撑，企业、机构等微观组织开始扁平化和网络化。

第二，经济环境。国际经济环境中的诸多变数进一步驱使我国走向高质量发展。一是美国对华贸易挑衅形成“压力式动力”。中国已成为世界十大贸易经济体中的第一，但与美国、欧盟等国家和地区的贸易摩擦逐渐加剧。2017 年国外涉华贸易救济案有 80 多起，在全球贸易救济案件中占比接近 1/3，其中反倾销案件最多。特别是美国对华发动贸易挑衅。2018~2019 年特朗普多次罗列清单，对我国多家高新企业进行“制裁”，使我国以信息科技、新材料和生物医药等为代表的高端制造业受到冲击。这无疑强化了我国走向高质量发展的紧迫性。二是全球价值链重构使我们挑战与机遇并存。美国对华贸易挑衅的本质是美国维护全球霸权并对中国崛起的战略遏制。美国先后推出了《先进制造业国家战略计划》(2012年)、《国家制造业创新网络(NNMI)项目战略计划》、《评估和强化美国制造业和国防工业基础及供应链弹性》报告、《确保美国先进制造业领先地位战略》报告，这都揭示了美国维护既有国际地位、重构全球价值链(产业链、供应链)的意图。在此背景下，我们必须强调以科技创新为主要驱动力，用高新技术改造提升传统产业并大力发展新兴产业，以期加快实现经济的高质量发展。

第三，政治环境。一是中美关系处于转型阶段。2018年美国发布的《国防战略》报告将中国界定为“长期战略竞争者”。两国间的关系已由前若干年的“合作与竞争”转变为“长期战略竞争”。目前中美关系正处于转型的敏感阶段，两国间的竞争开始涉及技术标准、技术获取和产业话语权。美国进而基于此对中国的技术获取、企业“走出去”等进行打压，限制美国企业向中国销售集成电路等高技术产品。这都增加了中国结构转型、产业升级的难度和紧迫性。二是中欧之间合作与竞争共存。2013年中国和欧盟共同制订了《中欧合作2020战略规划》，确定了中欧在和平与安全、繁荣、可持续发展、人文交流等领域加强合作的诉求和目标。经贸合作仍是中欧关系的主要动力，但受欧洲经济困境长期化和中国经济增速下降影响，经贸关系的可持续问题和竞争因素也在增多。2019年3月欧盟委员会发布了《欧中关系战略展望》报告，提出把中国作为“拥有共同目标、不可或缺的全球合作伙伴”，同时又定位为“经贸科技领域的竞争者”，甚至是“制度性的对手”。中国成为欧盟“贸易防御和投资壁垒针对的主要对象”，双方围绕中国“市场经济地位”问题、反倾销“替代国”问题及钢铁产能过剩问题等的争论，更加充分地反映出中欧经贸关系中“不对称性凸显、竞争性上升”的态势。三是“一带一路”合作出现利好。我国的“一带一路”倡议重新定义了中国与世界的关系，展示了中国构建新型国际关系和人类命运共同体的良好愿望。截至2019年10月底，中国政府已经与137个国家和30个国际组织签署了197份“一带一路”合作文件。中国与“一带一路”国家的战略对接达到新的层次，特别是提升了中国高端装备制造业的影响力，也刺激了我国知识密集型高端服务的出口。这为中国走向高质量发展提供了新的机遇。

第三节

创新驱动高质量发展的影响因素和机理

一、创新驱动发展理论的提出

熊彼特在《经济发展理论》(1912 年) 中提出了“创新”的思想，并把创新作为解释经济发展的核心变量。他认为，创新的发生和实现会引发并助推经济发展，引发经济呈现向上攀爬的长、中、短周期波动，且根本性创新多发生在经济低迷时期和剧烈攀爬时期。此后，索洛把技术创新为核心的广义技术进步作为经济长期增长的根本动力，提出了经济增长的索洛模型；但他把技术创新为核心的广义技术进步作为经济增长的外生变量(Solow，1957)。罗默认为技术进步是由研发投入、人力资本和知识积累内化产生的，基此提出了内生增长理论，即经济增长是建立在内生技术进步基础上的(Romer，1990)。

到了 20 世纪 90 年代，迈克尔·波特在《国家竞争优势》一书中较为明确系统地提出了创新驱动发展的理论。他提出，驱动即推动经济发展的主动力。他把经济发展划分为四个阶段，即要素驱动阶段、投资驱动阶段、创新驱动阶段和财富驱动阶段。他认为，创新驱动指经济发展由投资为主要驱动力转向创新为主要驱动力，且创新频发的新兴产业能够带动整个产业结构的优化升级。国内一些学者进一步将创新驱动发展解释为本质上是推动经济发展的动力和引擎从主要依靠技术的学习与模仿转向主要依靠自主设计、研究和发明及知识的生产与创造。

2000年后，一些学者进一步将创新较为活跃的经济体称为创新型国家。这些国家以知识和人才为依托，以发展拥有自主知识产权的新技术和新产品为着力点，以大力发展新兴产业为标志而发展经济。

二、影响创新驱动发展的主要因素

在承认创新驱动发展的经济发展是高质量发展的基础上，一些学者进一步探讨了影响创新驱动发展的主要因素，较为一致地认为制度效率、人力资本、知识产权保护三者对于创新驱动发展的实际效果有较大影响。所谓“影响”，直观地看是对创新驱动发展的驱动力的强度的影响，最终是对创新驱动发展的质量的影响。

（一）制度效率对于创新驱动发展的影响

制度效率的影响主要反映在创新体系对于创新的发生及其实现的影响上。Lundavall（1992）指出国家创新体系是一个国家内部相关关系和要素构成的复杂系统，是国家自主科技创新活动形成的基础。

Freeman（1987）认为，从区域角度看创新是地方化的，具有地域特色。此后，英国卡迪夫大学的库克教授最先明确提出了区域创新系统（regional innovation system，RIS）的概念，认为区域创新系统是指区域内有特色的、与地区资源相关联的、推进创新的制度组织网络，该类网络会支持并产生创新（Cooke，1996）。

随后，Malerba和Orsenigo（1997）在国家创新系统和技术系统理论的基础上，结合演化论和学习理论的某些观点，明确提出了产业创新系统的概念。Malerba（2004）进一步明确指出产业创新系统由七大类要素构成，可以从知识和技术基础、行为主体及其网络关系、产业制度环境三个维度进行研究，每个维度还包含更为具体的因素，可结合具体研究目的和范围来选取。

值得关注的是，国家创新体系、区域创新系统、产业创新系统的提出者都认为，任何层级的创新体系（或称为系统）能否对创新形成有效的激励和支撑，决定着其对创新及创新驱动发展的实际作用。

（二）人力资本对于创新驱动发展的影响

人力资本对于创新驱动发展的影响主要体现为人力资本水平与效率对于创新的影响。创新是发展的第一动力，科技是第一生产力，人才是第一资源。创新特别是科技创新需要人才的保障。谁拥有一流的创新人才，谁就拥有了科技创新的优势和主导权。

人才培养是创新驱动的人才来源保障。创新驱动高质量发展的过程，主要表现为那些具有创新创业精神和才能的人才能够根据现实资源要素条件和市场需求，对资源进行新的整合及运用，进而推出有价值的新技术、新产品、新模式、新业态等。创新创业人才作为新技术的创造者、传播者和使用者，是科技经济社会发展最为重要的资源。但人才也是需要培养的，高校和培训机构的创新创业教育及培训责无旁贷。

有效的人才机制才能支撑创新驱动发展。人才为创新驱动发展服务，需要靠相应的体制机制营造“我要干、要干好”的环境。在人才配置上，要充分发挥市场机制配置资源的决定性作用。在人才评价上，要以实际能力为衡量标准，不唯学历、唯论文、唯资历，要突出专业性、创新性、实用性。在人才使用上，要为各类人才搭建事业平台，使他们各得其所、各尽其才、才尽其用。在利益分配上，要让知识、技术、管理等要素按贡献程度参与分配。

（三）知识产权保护对于创新驱动发展的影响

知识产权保护促进创新产出。知识产权制度作为一种激励和保护机制，有利于激发创新动力和活力，促进专利数量及质量的提升；也有助于避免重复研究开发，降低创新的社会成本，同时会引导创新者在了解他人既有成果的基础上研发出更多更好的创新成果。通过知识产权保护，还可以消除国际科技交流与合作中的知识产权疑虑，从而促进国家间更为深入、广泛的交流与合作。

知识产权保护有助于加快创新成果转化。良好的知识产权保护有助于维护相关创新主体的利益，为知识产权转移转化、收购托管、交易流转、专利导航等提供支撑，进而促进相关产业更有科技含量地加快发展。良好的知识产权保护也有助于促进知识产权质押融资、证券化等知识产权融资活动，加快创新融入现实经济发展的实际进程。

三、创新驱动高质量发展的内在机理

（一）创新体系对创新驱动发展具有孕育作用

第一，完善的国家创新体系会加速创新要素的聚集。完善国家创新体系，明确其导向和功能定位，将政府、企业、高校、科研机构、中介服务机构和创新创业人才都放在适当位置，有助于各类资源涌向创新创业活动，促进各类资源围绕创新而有效配置；有助于各类创新主体有效互动，减少创新活动中的扯皮、拖延现象和低效、无效的努力；有助于各类创新主体及其他资源更多地涌向有国家战略需求、民生需求、产业发展需求的创新方向。一旦做到这些，有限的创新资源供给就可能产出更多的创新成果，从而更为有效地实现创新驱动发展，促使一国较快地走出低效使用稀缺资金、疯狂消耗自然资源能源的经济增长和发展模式。

第二，完善的国家创新体系能够形成政府的导向作用。政府作为国家创新体系中的行为主体之一，可以通过相关政策的颁布、规划和计划的推进、国家战略和国家级工程的实施等，来引导企业及科研机构的创新努力。其中典型案例是，20世纪八九十年代，我国政府通过推动“863计划”等，引导了全国各地跟踪发达国家高新技术发展及其产业化的创新努力；通过实施“大院大所科技成果产业化专项（资助）计划”，引导了院所自主知识产权科技成果转化为商品和生产力的努力。21世纪后，政府又通过实施“自主创新战略”“创新驱动发展战略”等引导各类创新主体发力自主创新、实现创新驱动发展。政府也是重要的需求方、采购方，可以通过财政支出的公共消费的采购要求，如政府采购、政府首购等，来引导其他主体特别是生产性企业的创新方向。可见，只要政府引导方向和方式恰当，国家创新体系就能够有效发挥政府的导向作用。

第三，完善的国家创新体系能够促进科技成果转化和产业化。在国家创新体系中，只要形成有效的信息流动机制、科技成果供求机制、科技成果的市场化定价机制、科技成果转化投资机制，以及科技成果转化收益分配机制，工商企业、科技人员及其他机构等就会投入到科技成果转化和产业化努力中。1999年第一次召开全国技术创新大会之后，政府和业界先后在“建立企业技术创新的工作机制”“依靠技术创新提高经济增长的质量和效益”“提高自主创新能力、依靠创新驱动发展”“走中国特色自主创新道路、建设创新型国家”“实施创新驱动发展战略”等思路引导下，不断优化国家创新体系的功能定位、完善国家创新体系的体制机制，我国逐步形成了自主创新导向的“三横一纵”的创新体系网络，这对活跃科技成果转化和产业化起到了十分积极的作用。

（二）科技创新对创新驱动发展具有核心推动作用

第一，科技创新才是真正意义上的第一生产力。熊彼特意义上的创新包含产品创新、工艺创新、原材料创新、流程创新、市场创新、组织创新、制度创新等。其中主体部分是产品创新、工艺创新、原材料创新，这三者基本上构成企业的科技创新。科学技术是第一生产力，实际上是指能够转化为新产品、新工艺、新材料的科技成果。而从科学发现、技术突破到新的应用技术，再到新的工程技术、产品技术、工艺技术，正是科技创新的完整过程。换言之，科技创新才是真正的第一生产力。在第一次工业革命以来的产业发展中，人类已经较为彻底地感受到了科技创新这第一生产力的巨大作用。

第二，科技创新有助于提高专利技术的质量。罗默的内生增长理论认为，知识或技术进步是经济持续增长的动力来源。显性的知识基本可以体现在专利技术之中，专利技术是知识发现和技术发明的重要载体。特定专利技术融入的科技创新成果越多，则专利的质量越高，即技术领先程度越高，由此形成的新产品、新工艺、新材料的技术水平也就越高，进而可能给企业带来的经济价值越大。相应地，不同专利技术对于经济增长的作用是有差异的。实用新型专利在技术追赶阶段可以带来技术学习和创新积累效应，但不能提供持续增长动力，故更应该关注发明专利，即提高专利质量。而要提高专利质量，又回到了必须活跃科技创新的问题上。

第三，科技创新有助于实质性提高全要素生产率。高质量经济发展的核心特征是广义技术进步（即全要素生产率提高）对经济增长贡献率的提高。而要提高这个贡献率，科技创新起着基础性作用。科技创新活动有助于丰富企业的技术来源。作为科技创新成果的新的产品设计、工艺设计、流程设计、新材料供给、工具及方法设计等，有助于提高企业的经济效益或效率。不少科技创新的成果，如计算机技术的创新应用［管理信息系统（management information system，MIS）、决策支持系统（decision support system，DSS）、企业资源计划（enterprise resource planning，ERP）等］，已经长足地提高了不少组织（企业、科研机构等）的管理质量和效率。在管理创新越来越重要的第四次产业革命之中，依靠科技创新提高管理质量与效率越发重要。在产业层面，科技创新的过程和成果应用有助于既有产业的改造升级，有助于创造新的业态和培育新的产业，进而提升并阶段性地优化一国的产业结构。这正有助于提高某些领域产业整体的全要素生产率。

（三）现代化经济体系建设与创新驱动发展具有互动作用

现代化经济体系是代表当代科技、管理及生产力发展水平的经济体系，是经济高质量发展的经济体系保障。现代化经济体系建设与创新驱动发展具有强烈的互动作用。

第一，现代化经济体系建设是要靠创新引领的，而不可能靠自然资源消耗驱动。现代化经济体系要求更高效率、效益的经济活动水平和更高质量的经济增长方式；强调以创新驱动经济发展代替其他要素驱动发展，形成以科技创新为引领发展的第一动力的创新型国家；强调靠科技创新特别是绿色技术创新发展循环经济，实现经济增长与污染排放“脱钩”，建成人与自然和谐共生共存的绿色经济模式。现代化经济体系是实体经济、科技创新、现代金融、人力资本协同进步的经济，这就可能为经济高质量发展提供各类经济活动主体协同共进的行为保障。

第二，现代化经济体系要求广义技术进步对经济增长的贡献份额不断提升。我国认为的现代化经济体系有诸多特征，即社会主义市场经济体制日臻完善；有效供给的质量和效率日益提高；经济发展更多地依靠技术创新；乡村发展到城里人羡慕的程度；东西南北中五大区域的发达程度差异大大缩小；形成陆海内外联动、东西双向互济的开放格局。这其中的“有效供给的质量和效率日益提高”“乡村发展到城里人羡慕的程度”“东西南北中五大区域的发达程度差异大大缩小”三者，都离不开广义技术进步对经济增长的贡献份额不断提升。换言之，这一贡献率提高了，才有助于提高有效供给的质量和效率，加速乡村发展，缩小西、南、北、中部与东部的发达程度差异，建设现代经济体系的节奏才可能更快一些。

第三，现代化经济体系建设过程会诱发更多的科技创新。现代化经济体系是创新驱动发展的重要载体，要使一国的经济体系达到现代化的程度，离不开科技创新的频繁发生即活跃。换言之，一国经济体系现代化建设及提升的过程，通常会诱发更多的科技创新。诸如要求科技创新活动有助于丰富企业的技术来源；要求作为科技创新成果的新的产品设计、工艺设计、流程设计、新材料供给等能够提高企业的经济效益或效率；要求作为科技创新成果的管理手段（如计算机信息系统）的进步，能够提高组织（企业、科研机构等、政府机构）的管理质量和效率；要求借助科技创新加快既有产业的改造升级，能够加快创造新的业态和培育新的产业的进程。与之同时，这些创新的活跃及成果积累也会促进现代化经济体系的形成、优化和提升。这已由国际上那些创新型大国的实践所证明。

第四节

科技创新驱动经济高质量发展的测度

“科技创新引领发展”是创新驱动发展的主脉络，故这里重点测度科技创新对于经济高质量发展的驱动作用。基于此，首先分别构建科技创新和经济高质量发展的指标体系，运用分布滞后模型及 VAR（value at risk，风险价值）模型测度科技创新对于经济发展的驱动作用，进而以北京市为例分析测算科技创新驱动经济高质量发展的实际情况。

一、指标体系与数据来源

（一）指标构建与筛选

指标选取原则：①科学性与代表性。所选指标需在科技创新及经济高质量发展中占有重要地位，能够综合反映北京市科技创新及经济高质量发展的实际情况。②数据可支撑性。选取指标需要有1997~2017年的数据支撑，相应选择统计口径与统计标准一致的指标。③逻辑性与差异性。二级指标充分反映一级指标的内涵，同时明确各一级指标的具体范围与内容，避免指标分类错误。

科技创新评价指标体系：鉴于现有文献中对科技创新评价指标的选取差异较大，借鉴前人相关研究成果，这里选择人员投入、经费投入、机构投入、科技产出、经济产出5个维度、14个二级指标。科技创新评价指标体系如表7-1所示。

表7-1 科技创新评价指标体系

一级指标	二级指标
人员投入	科技活动研发人员折合全时当量
	高等学校研发人员折合全时当量
经费投入	科技活动研发经费内部支出相当于地区生产总值比例
	高等学校研发经费内部支出
	地方属研发机构研发经费内部支出
机构投入	高等学校数
	高等学校研发机构数
	科学技术协会所属学会机构数
科技产出	专利授权量
	国外主要检索工具收录我国科技论文数-SCI
	科技成果登记数
	高等学校研发项目数
经济产出	技术合同成交数
	技术合同成交总额

经济高质量发展评价指标体系：这里采用“大规模—高结构—优效率—优效益”思路来构建经济高质量发展评价指标体系。其中，一级指标4个、

二级指标 20 个。相应的指标体系如表 7-2 所示。其中，城乡消费水平对比、万元地区生产总值能耗、婴儿死亡率为逆向指标，其余为正向指标。

表 7-2　经济高质量发展评价指标体系

一级指标	二级指标
规模	年末上市公司数
	规模以上工业增加值
	人均地区生产总值
	新增固定资产
	地方政府一般公共预算支出
结构	高技术产业增加值占地区生产总值比重
	现代服务业增加值占地区生产总值比重
	信息服务业增加值占地区生产总值比重
	规模以上高技术制造业收入占工业总产值比重
	第三产业占地区生产总值比重
	城乡消费水平对比
效率	平均每一从业人员创造农、林、牧、副、渔业总产值
	社会劳动生产率
	万元地区生产总值能耗
效益	机动车拥有量
	全市普通本、专科毕业生数
	城市绿化覆盖率
	国内居民出境人数
	婴儿死亡率
	日污水处理能力

（二）数据来源与处理

数据来源：科技创新及经济高质量发展指标测算所用数据皆来源于《中国统计年鉴》《中国科技统计年鉴》《北京统计年鉴》《北京市国民经济和社会发展统计公报》，从中选取北京市 1997~2017 的年度数据。

缺失数据处理：缺失首尾年度数据的，用 Excel 软件中的“趋势预测法”选取相近七年的数据进行补齐。例如，经济高质量发展评价指标体系中规模以上工业增加值缺失 2017 年数据，采用 Excel 软件中预测函数的方法，选取 2010~2016 年数据进行预测。缺失单个中间年度数据的，取前后年份的均值进行补齐。例如，科技创新评价指标体系中地方属研发机构研发经费内部支出缺失 2013 年数据，用 2012 年与 2014 年数据的均值补齐。缺失多个中间年份数据的，采用前后年份数据构成等差数列进行补齐。例如，科技创新评价指标体系中国外主要检索工具收录我国科技论文数 -SCI 缺失 2002 年与 2003 年数据，用 2001 年与 2004 年数据构成的等差数列补齐 2002 年与 2003 年数据。

异常数据检验：这里把数据正常值界定在$[\mu-3\sigma,\mu+3\sigma]$，运用 SPSS 软件中的描述统计功能将标准化得分另存为变量，标准化得分大于 3 的值为异常数据。经统计检验，在科技创新与经济高质量发展指标体系中均不存在标准化得分大于 3 的异常值，因此无须进行异常值修正。

数据标准化：由于不同指标的数据单位不同，且数据量级差距较大，某些数据单位为百万，某些数据单位为万，故需要将数据无量纲化处理。这里运用极差标准化的方式，对数据进行标准化处理，使结果映射到 [0,1] 区间。变换步骤如下。

对序列 $x_1,x_2,\cdots,x_n$ 进行变换：

$$y_i=\frac{x_i-\min\limits_{1\leqslant l\leqslant n}\{x_l\}}{\max\limits_{1\leqslant l\leqslant n}\{x_l\}-\min\limits_{1\leqslant l\leqslant n}\{x_l\}} \tag{7-1}$$

其中，对经济高质量发展中的城乡消费水平对比、万元地区生产总值能耗、婴儿死亡率此三项逆向指标进行如下变换。

对序列 $x_1,x_2,\cdots,x_n$ 进行变换：

$$y_i=\frac{\max\limits_{1\leqslant l\leqslant n}\{x_l\}-x_l}{\max\limits_{1\leqslant l\leqslant n}\{x_l\}-\min\limits_{1\leqslant l\leqslant n}\{x_l\}} \tag{7-2}$$

此步骤可将逆向指标转换为正向指标。

二、景气指数构建方法

（一）指标动向分组

基准循环：进行景气指数分析时，确定了基准循环方可进行后续分析。通常使用基于原始值的古典循环、基于剥离长期趋势后数据的增长循环和增长率循环等三种景气指数循环方法。

古典循环：指科技创新值有规律地上升、下降，交替循环，从而形成周期性波动的过程。收缩时，科技创新水平会出现绝对量的下降；扩张时，科技创新水平表现为绝对量的上升。

增长循环：指科技创新水平呈现交替升降，从而形成周期性波动的过程，但在绝对量上有所不同。在增长循环中，增长收缩时，科技创新水平仅为增长率降低，很少出现绝对量下降的情况。运用增长循环计算景气指数时，需用 HP 滤波法剥离数据的长期增长趋势，然后用原始数据值减去长期趋势后的周期循环时间序列来计算景气指数。

增长率循环：指科技创新指标的时间序列增长率扩张、收缩交替出现呈现出的规律性。这里主要针对科技创新波动情况进行分析，采用将原始数据剥离长期趋势的增长循环作为基准循环。

基准指标：景气指数是用各时间序列数据的时差相关关系表明景气动向的，故需确定基准指标来划分指标间的先行、一致与滞后关系。基准指标必须能反映科技创新与经济高质量发展的特征关系，能够将科技创新与经济高质量发展的指标体系划分为先行、一致、滞后的指标组。先行性指标是指该指标的周期性波动稳定地领先于整体情况，且具有预测作用；一致性指标的周期性波动与整体情况基本一致，能够同步反映整体景气水平；滞后性指标的周期性波动与基准指标相比是落后的。

指标动向分组：这里采用时差相关分析法（通过 SPSS 软件的互相关图分析），对各个科技创新时间序列数据进行指标动向分组；科技创新时间序列数据与基准指标会存在滞后、一致、先行三种关系，从而可将指标分为滞后、一致及先行指标组。则

$$r_l=\frac{\sum_{t=1}^{nl}(x_t-1-x)(y_t-y)}{\sqrt{\sum_{t=1}^{nl}(x_t-\bar{x})^2}\sqrt{\sum_{t=1}^{nl}(y_t-\bar{y})^2}}\ (L=0,\pm1,\pm2,\cdots,\pm l) \tag{7-3}$$

其中，$y=\{y_1,y_2,\cdots,y_n\}$，为基准指标；$x=\{x_1,x_2,\cdots,x_n\}$，为被选择指标；r 为时差相关系数。

用 SPSS 软件中的互相关图功能，将最大延迟数 l 设置为 4，滞后阶数 $2\leqslant l\leqslant 4$ 为滞后指标，$-1\leqslant l\leqslant 1$ 为一致指标，$-4\leqslant l\leqslant -2$ 为先行指标。领先期及滞后期为科技创新各指标领先于或滞后于基准指标的年份。

（二）指标权重确定

这里采用变异系数法确定相关指标的权重。变异系数法的计算准则是：各指标变动越显著，代表该指标的实现越困难，同时越能体现被评价指标的差距。具体方法如下：

$$V_i=\frac{\delta_i}{x_i}\ (i=1,2,\cdots,n) \tag{7-4}$$

其中，V_i 为 i 项指标的变异系数；δ_i 为 i 项指标的标准差；$\overline{x_i}$ 为 i 项指标各项的平均值。

各项指标权重为

$$W_i=\frac{V_t}{\sum_{t}^{n}v} \tag{7-5}$$

其中，W_i 为 i 项指标的权重。

（三）景气指数的构建

这里采用大多数文献采用的合成指数方法。相应的合成指数能够反映科技创新及经济高质量发展指标的变动程度；指数上升时表明科技创新或经济高质量发展指标处于扩张阶段，指数下降时表明科技创新或经济高质量发展指标处于收缩阶段。合成指数的构建方法如下。

计算对称变化率并将其标准化处理：首先对 $Y_{ij}(t)$ 求对称变化率 $C_{ij}(t)$，当 $Y_{ij}(t)$ 是比率序列或含有零或负值时进行一阶差分处理：

$$C_{ij}(t)=Y_{ij}(t)-Y_{ij}(t-1)\ (t=2,3,\cdots,n) \tag{7-6}$$

使各指标对称变化率 $C_{ij}(t)$ 的平均绝对值等于 1，目的是防止上升或下降剧烈的指标获得支配地位，其中标准化因子为 A_{ij}：

$$A_{ij}=\sum_{i=2}^{n}\frac{\left|C_{ij}(t)\right|}{n-1} \tag{7-7}$$

用 A_{ij} 将 $C_{ij}(t)$ 标准化得到标准变化率 $S_{ij}(t)$：

$$S_{ij}(t)=\frac{C_{ij}(t)}{A_{ij}}(t=2,3,\cdots,n) \tag{7-8}$$

计算指标标准化处理后的平均变化率。滞后、先行、一致指标组的平均变化率 $R_j(t)$：

$$R_j(t)=\frac{\sum_{i=1}^{k_i}S_{ij}(t)\times w_{ij}}{\sum_{i=1}^{k_i}w_{ij}}(j=1,2,3;t=2,3,\cdots,n) \tag{7-9}$$

由 $R_j(t)$ 计算出指数标准因子 F_j：

$$F_j=\frac{\left[\sum_{i=2}^{n}\frac{\left|R_j(t)\right|}{n-1}\right]}{\left[\sum_{i=2}^{n}\frac{R_2(t)}{n-1}\right]}\ (j=1,2,3) \tag{7-10}$$

计算标准化平均变化率 $V_j(t)$：

$$V_j(t)=\frac{R_j(t)}{F_j} \tag{7-11}$$

计算合成指数：令 $I_j(1)=100$，当各指标取对称变化率时，初始合成指数计算方法如下。

$$I_j(t)=I_j(t)\times\frac{200+V_j(t)}{200-V_j(t)}\ (j=1,2,\cdots,n) \tag{7-12}$$

三、实际测度：以北京市为例

测算北京市科技创新驱动经济高质量发展的指数，首先要依次测算北京市科技创新景气指数、经济高质量发展景气指数，其次要测算北京市科技创新景气指数与经济高质量发展景气指数的时序关系，最终测算北京市科技创新驱动经济高质量发展指数。

（一）北京市科技创新景气指数

北京市科技创新景气指数的构建如下。这里选取增长循环为基准循环，将技术合同成交数作为基准指标。以增长循环作为基准循环是把长期增长趋势从原始时间序列数据中分离，把剔除长期增长趋势的循环要素视为景气变动，故需对科技创新指标的增长趋势进行剥离。相应采用 HP 滤波法，用 EViews 软件得到剥离增长趋势后的科技创新评价指标体系。

HP 滤波方法及原理如下：

$$Y_t=\left\{Y_t^T\right\}+\left\{Y_t^t\right\}\ (t=1,2,\cdots,T) \tag{7-13}$$

其中，Y_t 为原始指标时间序列；$\{Y_t^T\}$ 为长期趋势成分；$\{Y_t^t\}$ 为周期性波动成分。$\left\{Y_t^T\right\}$ 值为式（7-14）最小化问题的解。

$$\min\sum_{t=1}^{T}\left\{(Y_t-Y_t^T)^2+\lambda\left[c(L)Y_t^T\right]^2\right\} \quad (7\text{-}14)$$

其中，$c(L)$ 为延迟算子多项式。

$$c(L)=(L^{-1}-1)-(1-L) \quad (7\text{-}15)$$

将式（7-15）代入式（7-14），使下面损失函数最小，即

$$\min\left\{\sum_{t=1}^{T}(Y_t-Y_t^T)^2+\lambda\sum_{t=1}^{T}[(Y_{t+1}^T-Y_t^T)-(Y_t^T-Y_{t-1}^T)]^2\right\} \quad (7\text{-}16)$$

最小化问题用 $\lambda[c(L)Y_t^T]^2$ 来调整趋势的变化，且其值会受到 λ 的影响。λ 取值如下。

$$\lambda=\begin{cases}100，年度数据\\1600，季度数据\\14\,400，月度数据\end{cases}$$

科技创新指标使用的数据均为年度数据，故 λ 取 100，运用 EViews 软件对科技创新各指标的长期趋势剥离后，对数据进行极差标准化处理，运用 SPSS 软件进行时差相关分析，得到科技创新指标动向分组结果如表 7-3 所示。

表 7-3　科技创新指标动向分组结果

分类	指标名称	滞后期	相关系数
先行指标	高等学校研发经费内部支出	–4	0.743
	科学技术协会所属学会机构数	–3	0.494
	高等学校研发机构数	–4	0.301
	地方属研发机构研发经费内部支出	–2	0.239
一致指标	技术合同成交数	基准	1
	科技活动研发人员折合全时当量	1	0.580
	国外主要检索工具收录我国科技论文数-SCI	1	0.484
	高等学校数	0	0.419
	技术合同成交总额	0	0.167
滞后指标	高等学校研发人员折合全时当量	2	0.557
	科技成果登记数	2	0.527
	科技活动研发经费内部支出相当于地区生产总值比例	4	0.389
	专利授权量	2	0.229
	高等学校研发项目数	1	0.223

相关系数表示先行和滞后指标与基准指标的相关性，系数小于 0.4 的指标由于相关性较低，不列入科技创新景气指数指标体系。先行指标最终确定为高等学校研发经费内部支出、科学技术协会所属学会机构数两项。一致指标最终确定为技术合同成交数、科技活动研发人员折合全时当量、国外主要检索工具收录我国科技论文数 -SCI、高等学校数等。

运用变异系数法确定科技创新指标数据权重。在先行指标中，高等学校研发经费内部支出权重为 0.62，科学技术协会所属学会机构数权重为 0.38。因变异系数法能够反映各指标间的变动情况，故在 1997~2017 年，高等学校研发经费内部支出指标波动较为显著，科学技术协会所属学会机构数指标较为稳定。在一致性指标中，技术合同成交数权重为 0.32、科技活动研发人员折合全时当量权重为 0.21、国外主要检索工具收录我国科技论文数 -SCI 权重为 0.25、高等学校数权重为 0.22，可知四项一致性指标权重差别不显著，指标变动差异不大。

相应得到基于增长循环的北京市科技创新景气先行、一致指数如图 7-1 所示。

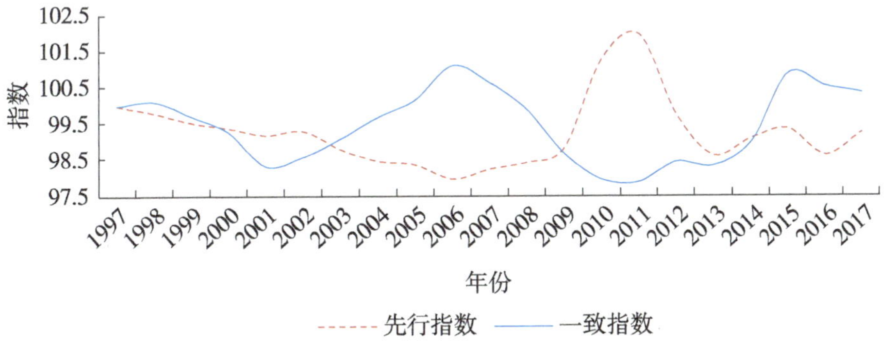

图 7-1 北京市科技创新景气先行和一致指数走势图

北京市科技创新景气指数波动分析：由于增长循环是剔除长期趋势后对波动情况进行分析，故基于增长循环的科技创新景气指数波动表示科技创新在一定增长水平下的扩张或收缩；其指数的下降可能低于也可能高于增长趋势，故其数值的下降不一定表示其绝对值的降低。总体上看，一致指数呈现出水平发展趋势，表示 1997~2017 年北京市科技创新景气指数平稳增长伴随小幅波动的发展态势。北京市科技创新景气指数波峰波谷统计如表 7-4 所示。

表 7-4　北京市科技创新景气指数波峰波谷统计表

项目	一致指数	先行指数	周期长度
波峰年份	2006年	2011年	10年
	2015年		
波谷年份	2001年	2006年	10年
	2011年	2016年	

北京市科技创新景气指数在监测期内仅存在两个周期，周期长度为 10 年，波动频率较低、较稳定。先行指数平均领先一致指数均 5 年。一致指数峰值分别出现在 2006 年、2015 年，波谷出现在 2001 年、2011 年。2015~2017 年景气水平数值有所回落。2006 年全国科学技术大会提出“提高自主创新能力”“建设创新型国家”，这使得北京市科技创新景气一致指数在 2006 年达到峰值。2015 年《国务院关于大力推进大众创业万众创新若干政策措施的意见》的出台及北京市科学技术奖励大会的召开，将北京市科技创新景气水平又推向新的高峰。

北京市科技创新景气指数分维度分析：将科技创新评价指标体系的 14 个指标按照人员投入、经费投入、机构投入、科技产出、经济产出五个维度，以 1997 年作为基期，分别合成北京市科技创新投入与产出指数，Δx_t 代表各指标指数值，计算方法如下：

$$\Delta x_t = x_t / x_{1997} \ (t = 1997, 1999, \cdots, 2017) \tag{7-17}$$

北京市科技创新投入和产出指数如图 7-2 所示。

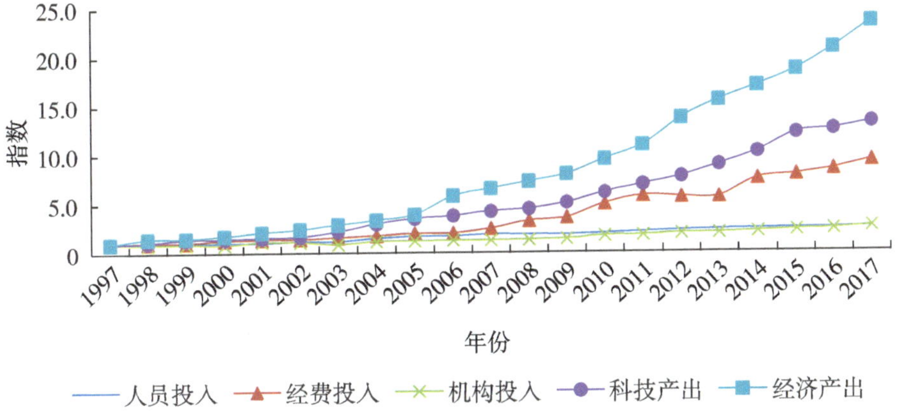

图 7-2 北京市科技创新投入和产出指数走势图

从投入产出分析看，北京市科技和经济产出远高于人员、经费与机构投入，说明北京市科技投入的产出效果良好，低投入带来高产出。从产出维度分析看，经济产出远高于科技产出，科技创新产生的经济效益高于科技创新产生的中间成果（以论文和专利为主），说明北京市科技创新转化率较高。从投入维度看，经费投入增长率最快，人员投入与机构投入增幅较缓慢。

（二）北京市经济高质量发展景气指数

北京市经济高质量发展景气指数的构建如下。这里将北京市经济高质量发展指标数据进行极差标准化，运用变异系数法确定权重，运用合成指数方法构建景气指数。根据变异系数法可知，地方政府一般公共预算支出和国内居民出境人数在 1997~2017 年涨幅较大；高技术产业增加值占地区生产总值比重在 1997~2017 年变动较剧烈。

运用 HP 滤波法对北京市经济高质量发展景气指数的增长趋势进行剥离，得到北京市经济高质量发展景气指数走势如图 7-3 所示。

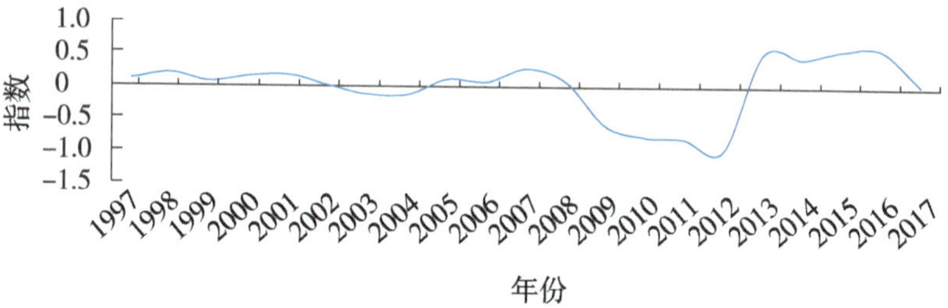

图 7-3　北京市经济高质量发展景气指数走势图

由图 7-3 可见，可将北京市经济高质量发展景气指数根据其波动情况分为两个阶段，第一阶段（1997~2007 年）：平稳发展阶段，此间北京市经济高质量发展景气波动较平稳。第二阶段（2008~2017 年）：剧烈震荡阶段，此间北京市经济高质量发展景气指数迅速大幅下跌，在 2012 年达到谷底，此后到 2013 年迅速攀升到峰值。2014~2017 年北京市经济高质量发展水平总体平稳，但在 2017 年小幅下降。

北京市经济高质量发展指数的结构分析如下。为分析其波动成因，可对北京市经济高质量发展进行“规模、结构、效率、效益”对比分析。这里将北京市经济高质量发展指标运用极差标准化方法进行处理；运用变异系数法计算权重后，各指标加权值之和为该维度的发展指数。以 1997 年作为基期，Δx_t 代表各指标指数值，运用如下公式进行计算：

$$\Delta x_t = x_t / x_{1997} \left(t = 1997, 1999, \cdots, 2017\right) \tag{7-18}$$

北京市分维度的经济高质量发展指数如图 7-4 所示。

由图 7-4 可知，北京市经济发展规模与效益增幅最快，表明 1997~2017 年北京市经济增长势头强劲且居民生活质量大幅提升，但经济效率与结构改善不力。效益指标在 1997~2007 年与规模发展基本持平，2008~2015 年效益增速低于规模增速，但差距持续缩小，2016 年时效益增速略高于规模增速。

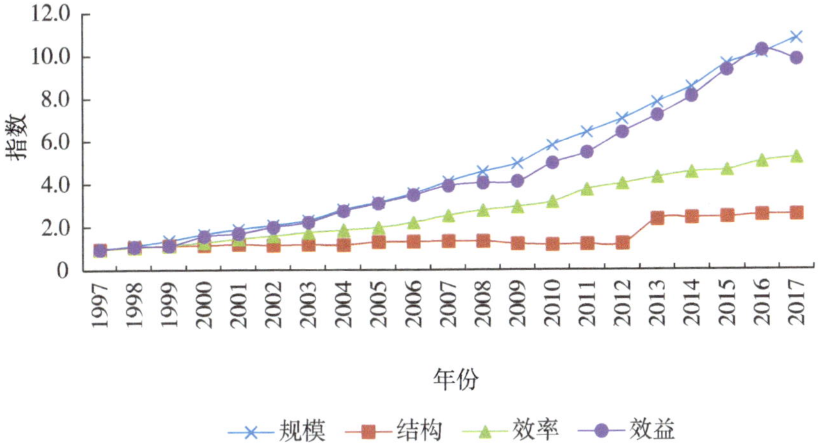

图 7-4 北京市分维度的经济高质量发展指数走势图

效率增速低于规模与效益增速。效率指标包含平均每一从业人员创造农、林、牧、副、渔业总产值，社会劳动生产率与万元地区生产总值能耗。由图 7-4 可见，1997~2017 年效率指标稳步提升，但增速较缓，且生产效率有待进一步提升。

结构指标增速最缓慢，但 2013 年时大幅攀升。结构指标中高技术产业增加值占地区生产总值比重由 2012 年的 6.76% 激增至 2013 年的 21.11%，规模以上高技术制造业收入占工业总产值比重没有出现逐年增长趋势，而是先上升再下降。

由图 7-5 可知，规模以上高技术制造业收入占工业总产值比重没有出现逐年增长趋势。这是由于 2007~2010 年规模以上高技术制造业主营业务收入有所下降，而规模以上工业总产值逐年攀升，增长势头强劲，且规模以上工业总产值增长快于规模以上高技术制造业主营业务收入增长。说明规模以上工业总产值增长并不是由规模以上高技术制造业发展带动的，经济结构需进一步优化升级。

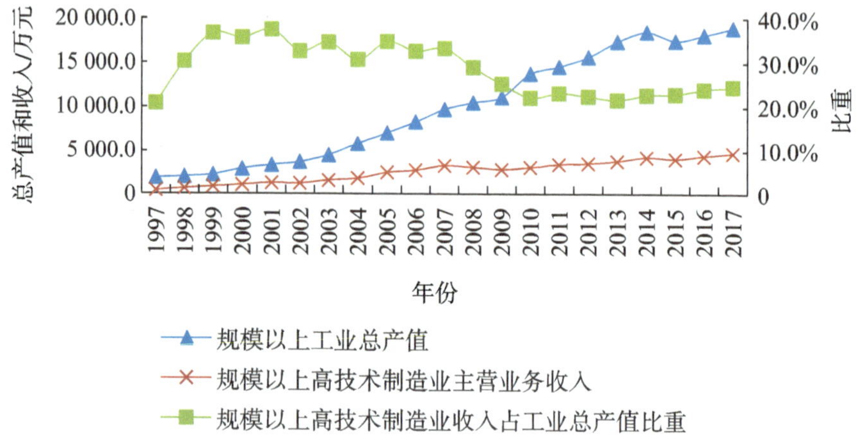

图 7-5　北京市规模以上工业总产值与规模以上高技术制造业主营业务收入走势图

经济高质量发展综合指数与规模以上工业增加值、地区生产总值指数对比分析如下。这里将经济高质量发展各个指标加权值作为北京市经济高质量发展综合指数。分别就北京市经济高质量发展综合指数、规模以上工业增加值、地区生产总值以 1997 年为基期计算各年份增长率，公式如下：

$$\Delta x_t = x_t / x_{1997}\ (t = 1997, 1999, \cdots, 2017) \tag{7-19}$$

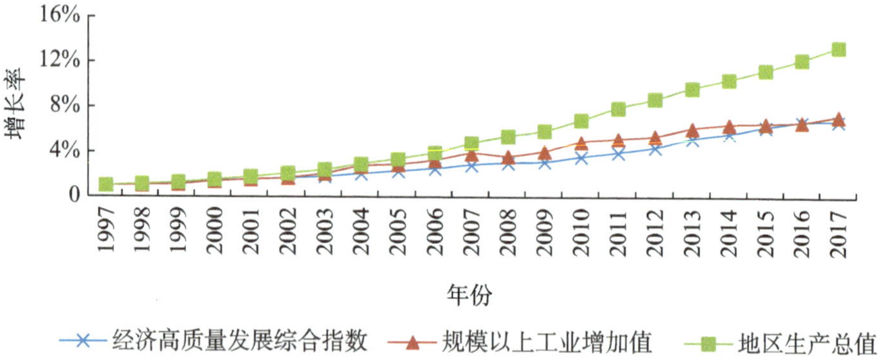

图 7-6　北京市经济高质量发展综合指数与规模以上工业增加值、地区生产总值增长率

由图 7-6 可见，北京市地区生产总值增长最快，规模以上工业增加值次之，

经济高质量发展综合指数增长率最低。规模以上工业增加值在2007~2017年增长势头有所放缓。相应地，北京市需注重年主营业务收入超过2000万元规模以上工业企业的发展，重视产业结构转型升级。从北京市经济高质量发展各指标增速来看，虽经济增长增速较快，但经济发展质量较低，需注重效率、效益、结构、规模等协调发展，全面提升经济发展质量。

（三）北京市科技创新景气指数与经济高质量发展景气指数的时序关系

1. 波动关系

分别将北京市科技创新景气指数、经济高质量发展景气指数进行标准化处理，得到北京市科技创新景气指数与经济高质量发展景气指数，如图7-7所示，其中TI为北京市科技创新景气指数，EI为北京市经济高质量发展景气指数。

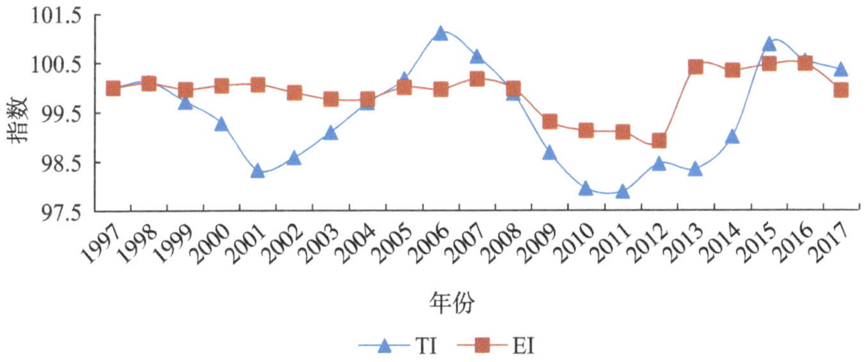

图7-7　TI与EI走势图

由图7-7可知，TI的波动具有周期性趋势，而EI较为平稳。TI在1997~2017年存在两个波动周期，而EI在1997~2008年较平稳，在2009~2017年出现剧烈变动。

2. 相关性分析

将TI与EI同时取对数，用SPSS软件进行Pearson相关性检验。Pearson

相关系数(r)能够表示变量间的线性相关水平，计算方法如下：

$$r=\frac{\sum_{i=1}^{n}(X_i-\bar{X})(Y_i-\bar{Y})}{\sqrt{\sum_{i=1}^{n}(X_i-\bar{X})^2}\sqrt{\sum_{i=1}^{n}(Y_i-\bar{Y})^2}} \tag{7-20}$$

对 TI 与 EI 进行 Pearson 相关性检验，检验结果如表 7-5 所示。

表 7-5　Pearson 相关性检验结果

相关性检验		TI	EI
TI	Pearson 相关性	1	0.584**
	显著性（双侧）		0.005
	N	21	21
EI	Pearson 相关性	0.584**	1
	显著性（双侧）	0.005	
	N	21	21

** 表示在 0.01 水平（双侧）上显著相关

r=0.584，TI 与 EI 在 0.01 的显著性水平上通过检验，因此可以拒绝 TI 与 EI 不相关的假设，表明 TI 与 EI 存在相关性。

时差相关分析：这里运用时差相关分析法测度 TI 与 EI 间的时序关系，根据滞后阶数判断二者的时滞期。其计算公式为

$$r_l=\frac{\sum_{t=1}^{nl}(x_{t-1}-x)(y_t-y)}{\sqrt{\sum_{t=1}^{nl}(x_t-\bar{x})^2}\sqrt{\sum_{t=1}^{nl}(y_t-\bar{y})^2}}\left(l=0,\pm1,\pm2,\cdots,\pm L\right) \tag{7-21}$$

其中，$\bar{x}$ 为 x 的算术平均值；$\bar{y}$ 为 y 的算术平均值；l 为延迟数；L 为最大延迟数；nl 为数据取齐后的数据个数；r 为时差相关系数。

将最大延迟数 L 设置为 7，$-7\leqslant l\leqslant-3$ 为先行指标，$-2\leqslant l\leqslant 2$ 为一致指标，$3\leqslant l\leqslant 7$ 为滞后指标。TI 与 EI 的时差相关分析图如图 7-8 所示。

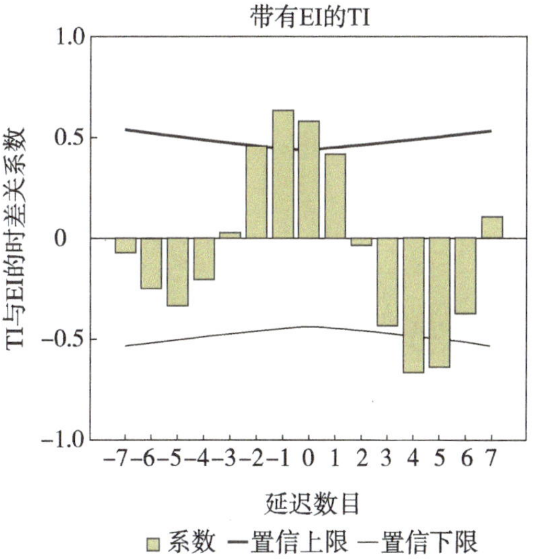

图 7-8　TI 与 EI 的时差相关分析图

图 7-8 表明 TI 滞后 EI 一个年度，滞后一阶时相关系数为 0.629，表示 TI 与 EI 在滞后一阶时存在强相关关系。

VAR 模型的构建及检验。VAR 模型是基于数据的统计性质建立的，该模型能够分析变量的随机扰动对整个系统的动态冲击，进一步分析这种冲击使经济变量产生的变动情况。VAR 模型可将内生变量的滞后期函数加入模型中进行分析，这符合科技创新对经济高质量发展的影响存在滞后期的实际情况。故为分析科技创新变动对经济高质量发展所产生的动态冲击效应及影响，这里选取 VAR 模型对北京市科技创新驱动经济高质量发展的动态效果进行分析。

VAR（p）模型表达式：

$$y_t = \phi_1 y_{t-1} + \cdots + \phi_p y_{t-p} + Hx_t + \varepsilon_t \quad (t = 1,2,\cdots,T) \tag{7-22}$$

其中，y_t 为 k 维内生变量列向量；x_t 为 d 维外生变量列向量；p 为滞后阶数；T 为样本个数；ε_t 为 k 维扰动列向量；$k \times k$ 维矩阵 $\phi_1, \phi_2, \cdots, \phi_p$ 为待估计的系数矩阵；$k \times d$ 维矩阵 H 为待估计的系数矩阵。

3. 单位根检验

单位根检验用来检验序列的平稳性，这里运用单位根检验方法对 TI 和 EI 的时间序列数据进行平稳性检验。相应地，TI 的单位根检验结果如表 7-6 所示。

表 7-6　TI 的单位根检验结果

统计检验临界值	t 检验统计量	P值
1%显著性水平	−3.886 75	
5%显著性水平	−3.052 17	
10%显著性水平	−2.666 59	
ADF检验统计量	−3.935 57	0.009 1

单位根检验的统计量 t 值为 −3.935 57，小于在 1% 显著性水平下的临界值 −3.886 75，表明在 1% 的显著性水平下拒绝序列不平稳的原假设，TI 序列平稳，不存在单位根。

EI 的单位根检验结果如表 7-7 所示。

表 7-7　EI 的单位根检验结果

统计检验临界值	t 检验统计量	P值
1% 显著性水平	−3.886 75	
5%显著性水平	−3.052 17	
10%显著性水平	−2.666 59	
ADF检验统计量	−3.774 88	0.012 5

由 P=0.0125 可知，EI 通过了单位根检验，为平稳序列。TI 与 EI 的时间序列均为平稳序列；两个序列间存在协整关系，可进行后续分析。

4. 最优滞后阶数的确定

滞后阶数是 VAR 模型构建中最重要的问题。滞后阶数 p 很大时，可以全面反映 VAR 模型的动态特征，但滞后阶数越大需要估计的参数也会越多，这就导致 VAR 模型的自由度降低。确定滞后阶数的方法有似然比检验法、AIC 和 SC（Schwarz criterion，施瓦兹准则）三种普遍采用的方法。这里运用 AIC 和 SC 进行 VAR 模型滞后阶数的确定。

AIC：

$$\mathrm{AIC} = -2l/T + 2(k+1)/T \tag{7-23}$$

SC：

$$\mathrm{SC} = -2l/T + \left[(k+1)\ln T\right]/T \tag{7-24}$$

其中，l 为对数似然值：

$$l = \frac{T}{2}\left[1 + \ln(2\pi) + \ln(\hat{u}'\hat{u})/T\right] \tag{7-25}$$

确定 p 值的准则为 AIC 值或 SC 值越小越好。

在 EViews 软件中建立 TI 与 EI 序列的 VAR 模型，通过 AIC 和 SC 得知滞后 3 期为最优滞后阶数，VAR 模型滞后 0 到 4 阶的滞后阶数检验结果如表 7-8 所示。

表 7-8 VAR 模型滞后阶数表

滞后期	LL值	似然比	最小预报误差准则	AIC	SC	HQ准则
0	32.814 80	NA	0.206 05	4.095 858	4.193 884	4.105 602
1	23.947 87	14.604 35	0.117 07	3.523 279	3.817 354	3.552 511
2	15.796 79	11.507 41*	0.073 90	3.034 916	3.525 041	3.083 635
3	8.682 56	8.369 68	0.054 84*	2.668 536	3.354 712*	2.736 743*
4	4.671 31	3.775 30	0.062 73	2.667 212*	3.549 438	2.754 907

注：HQ 准则即 Hannan-Quinn criterion，汉南–奎因准则

* 表示 10% 的显著性水平

5. 格兰杰因果关系检验

格兰杰通过研究因变量能够在多大程度上被自变量解释，即加入自变量的滞后期能否更加充分地解释因变量，解决了某个变量是否引起另一变量变化的问题。若加入自变量的滞后期在因变量的预测中有帮助，就可以说因变量是由自变量的格兰杰原因引起的。

格兰杰因果关系检验是其他变量如果受到加入滞后期变量的影响，则认为这两个变量是有格兰杰因果关系的。对 TI 与 EI 进行格兰杰因果关系检验，得到格兰杰因果关系检验结果如表 7-9 所示。

表 7-9　TI 与 EI 的格兰杰因果关系检验结果

项目	滞后1期	滞后2期	滞后3期	滞后4期	滞后5期
EI不是TI的格兰杰原因	0.124	0.159	0.131	0.277	0.142
TI不是EI的格兰杰原因	0.623	0.043	0.141	0.419	0.217

由表 7-9 可知，在滞后 1 期和滞后 2 期时，TI 与 EI 仅存在单向的格兰杰因果关系；在滞后 3 期时，TI 与 EI 的格兰杰因果关系的检验结果略超过 10% 的显著性水平，但仍可认为 TI 与 EI 间存在双向的格兰杰因果关系；在滞后 4 期与滞后 5 期时，TI 与 EI 不存在格兰杰因果关系。在 VAR（3）模型中，TI 与 EI 存在格兰杰因果关系，在该模型中不存在外生变量，TI 与 EI 均为内生变量，VAR（3）模型有效，可进行后续检验。

6. 平稳性检验

对 VAR（3）进行平稳性检验，若 VAR（3）模型所有根模的倒数都小于 1，即 AR 根检验图中所有的点均位于单位圆内，则说明 VAR（3）模型是稳定的，模型有效，可以对此模型进行脉冲响应函数及方差分解分析。如果模型不稳定则不能进行后续分析。经过检验发现，AR 根检验图中所有的点均位于单位圆内（图 7-9），VAR（3）模型平稳。

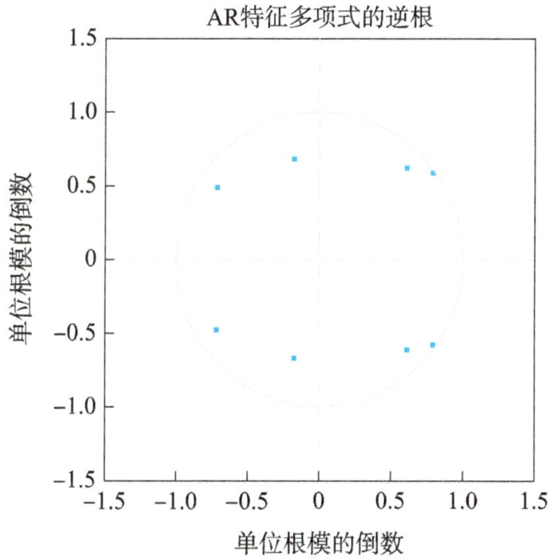

图 7-9 VAR（3）的平稳性检验

7. 脉冲响应函数

脉冲响应函数是分析模型受到某种冲击时对系统的动态影响。这里的分析得出 TI 与 EI 的脉冲响应函数如图 7-10 所示。

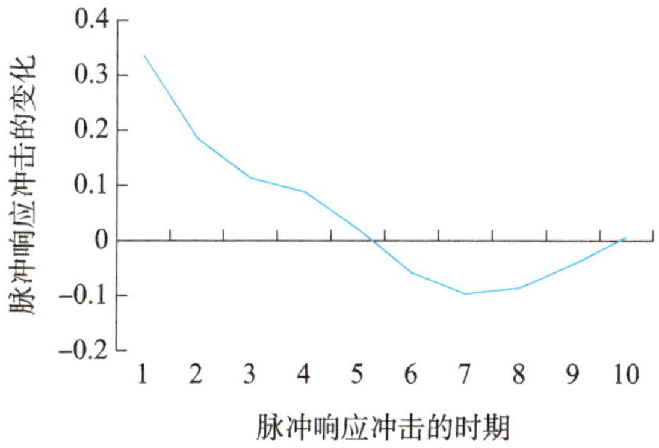

（1）EI的自身冲击

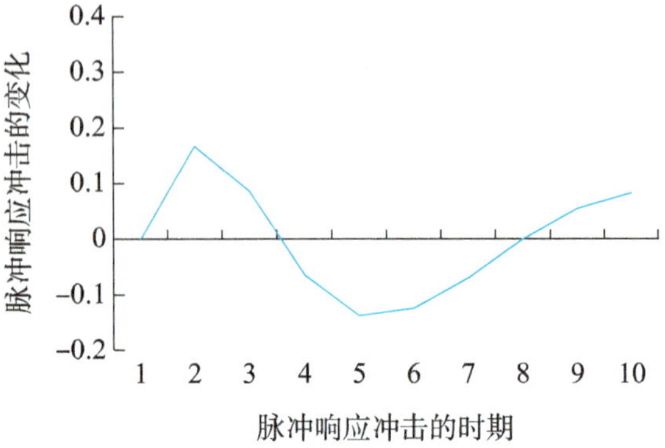

（2）TI对EI的冲击

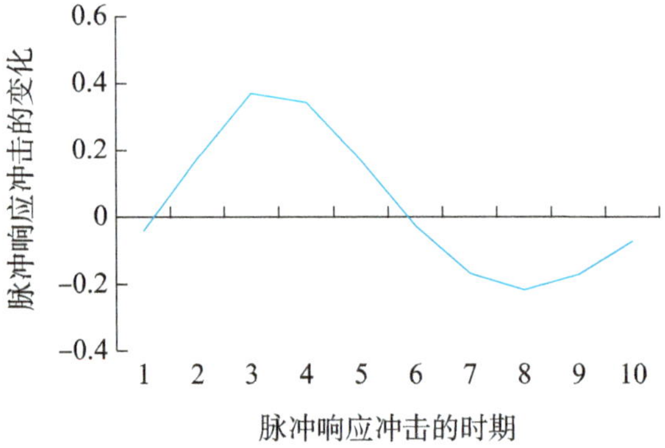

（3）EI对TI的冲击

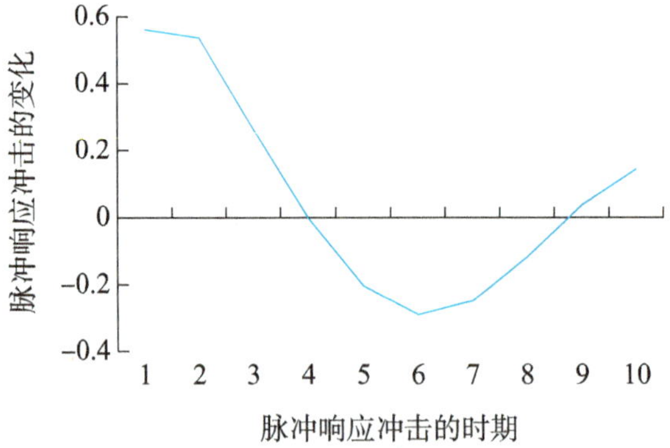

（4）TI的自身冲击

图 7-10　TI 与 EI 的脉冲响应函数图

由图 7-10（1）可知，经济高质量发展指标的变动会带来自身的正向变动，且变动幅度会随着时间的推移有所减弱；由图 7-10（2）可知，科技创新指标的变动会带来经济高质量发展指标的正向变动，影响程度在 0~2 年内逐年增加，在 3~4 年内逐渐降低；由图 7-10（3）可知，经济高质量发展指标的变动会带来科技创新指标的正向变动，此变动带来的影响在 0~3 年内逐年升高，在 4~6 年内逐年降低；由图 7-10（4）可知，科技创新指标的变动会带来自身的正向变动，此影响逐年减弱。

8. 方差分解

脉冲响应函数是分析内生变量的变化能够造成的其他内生变量的变化情况。方差分解与脉冲响应函数有所不同，它是通过分析内生变量变化对其他内生变量及自身变化的贡献程度，从而得出不同变量变化的重要程度。故对 VAR 模型进行方差分解，便能知道内生变量产生影响时，每一随机扰动的重要程度。

对 TI 与 EI 的影响作用进行方差分解，结果如图 7-11 所示。

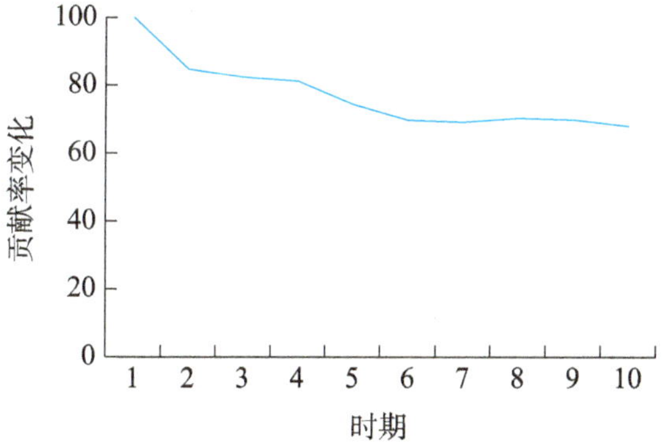

（1）EI 归因于自身波动造成的变动

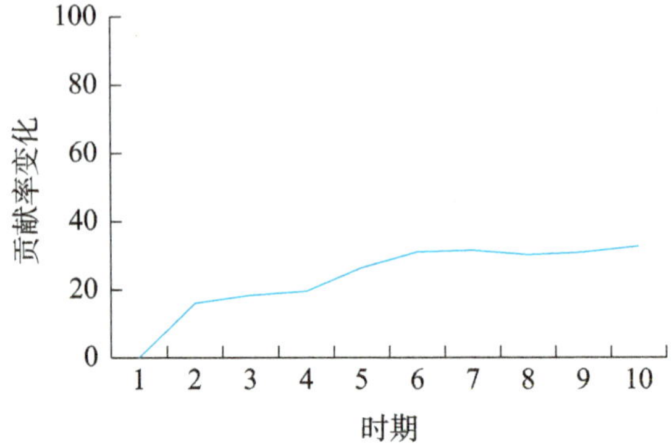

（2）EI 归因于 TI 波动造成的变动

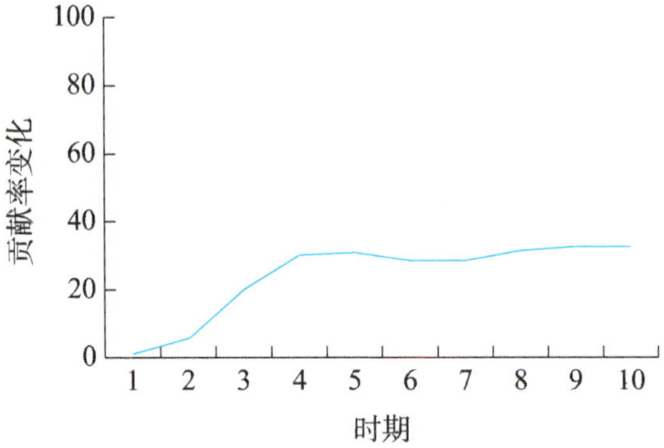

（3）TI 归因于 EI 波动造成的变动

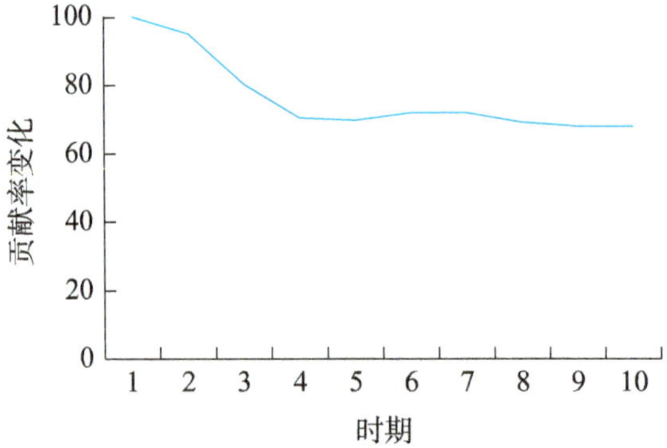

（4）TI 归因于自身波动造成的变动

图 7-11　TI 与 EI 的方差分解图

图 7-11 表明，EI 的变动 60% 是由自身变动造成的，40% 是由 TI 的变动

造成的；TI 的变动 40% 是由 EI 造成的，60% 是由自身变动造成的。

（四）北京市科技创新驱动经济高质量发展指数

1. 分布滞后模型

在时间序列数据中，经济效率和效益的影响均需要时间，故应考虑变量间的滞后关系。由前文格兰杰因果关系检验结果可知，TI 与 EI 在滞后 1 期、滞后 2 期和滞后 3 期时均存在格兰杰因果关系，且科技创新由于存在滞后因素在当期内难以对北京市经济高质量发展产生影响，因此建立分布滞后模型如表 7-10 所示。

表 7-10 分布滞后模型计算结果

变量	回归系数	回归系数标准误差	*t*检验统计量	显著性
TI（-1）	0.215 87	0.166 398	1.297 323	0.221 1
TI（-2）	-0.097 23	0.227 105	-0.428 140	0.676 8
TI（-3）	-0.156 39	0.190 230	-0.822 120	0.428 5
EI（-1）	0.397 05	0.275 448	1.441 471	0.177 3
EI（-2）	0.066 07	0.307 983	0.214 516	0.834 1
EI（-3）	-0.311 72	0.261 439	-1.192 340	0.258 2
C	88.474 31	27.857 960	3.175 908	0.008 8
R^2	0.664 641			
调整后R^2	0.481 718			
回归方程标准误差	0.342 415			
残差平方和	1.289 726			
LL值	-1.817 41			
*F*检验统计量	3.633 45			
*F*检验的*P*值	0.030 832			
因变量均值	99.870 67			
因变量标准误差	0.475 63			
AIC	0.979 713			
SC	1.325 968			
HQ准则	1.027 457			
DW值	2.154 314			

由表 7-10 可知，TI 在滞后 2 期和滞后 3 期时的回归系数为负，EI 在滞后 3 期时的回归系数为负，这不符合现实情况，说明可能由于自变量过多产生了多重共线性，这里采用逐步回归法，依次对 P 值最大的指标进行剔除，直至所有的指标均符合经济意义，得到最终的分布滞后模型如下：

$$\mathrm{EI}=0.28\mathrm{TI}(-1)+0.33\mathrm{TI}(-2)+0.52\mathrm{EI}(-1)+53.02 \tag{7-26}$$

R^2 =0.58，说明此分布滞后模型相关性较好；F 检验的 P 值为 0.004，说明方程的显著性较好；DW 值为 2.11，说明残差不存在自相关，回归效果较好。

2. 驱动指数的构建

北京市科技创新驱动经济高质量发展指数是指运用 TI 和 EI 合成的，用于测度北京市科技创新驱动经济高质量发展景气情况动态变化的指数。该驱动指数的理论基础为熊彼特以创新周期诠释的经济周期理论，该指数基于时间序列分析中的“厚今薄古归一化法”思想进行构造。这一思想是指距离当下越近的科技创新和经济高质量发展年份的指标水平对当前的影响及权重越大；反之亦然。故对 TI 与 EI 在 1997~2017 年的指数值进行时间加权，进而得出总体评价值。在$[t_1,t_n]$内，t_k 时刻权重为

$$w_k=k\Big/\sum_{k=1}^{k}k\ (k=1,2,\cdots,N) \tag{7-27}$$

其中，w_k 为指标的时间权重；k 为具体的某一时刻。

由于科技创新驱动经济高质量发展存在一定的滞后期，即当年的科技创新无法对当年的经济高质量发展产生影响，只有在滞后一定年份内的科技创新才会对当年的经济高质量发展产生影响。建立 VAR 模型得到科技创新在滞后 1 期和滞后 2 期时会对当年的经济高质量发展产生影响。选取滞后 1 期和滞后 2 期的 TI 原始值乘以相应的时间权重表示该年科技创新的影响，选取前一年和本年的 EI 原始值乘以相应的时间权重表示该年经济高质量发展的影响，该年科技创新驱动经济高质量发展的相对景气水平即为前者与后者的比值，据此得到科技创新驱动经济高质量发展的指数。

根据科技创新驱动经济高质量发展指数值与0和1界限值的比较，将科技创新驱动经济发展的效果分为耦合驱动、强驱动和弱驱动三种情形，计算方法如下：

$$\mathrm{SIDEDINDEX} = W(\mathrm{TI}) / W(\mathrm{EI}) \tag{7-28}$$

其中，SIDEDINDEX 为科技创新驱动经济高质量发展指数；$W(\mathrm{TI})$ 为科技创新景气指数的时间加权值；$W(\mathrm{EI})$ 为经济高质量发展景气指数的时间加权值。$\mathrm{SIDEDINDEX} > 1$，为强驱动，未来呈收敛式发展；$\mathrm{SIDEDINDEX} = 1$，为耦合驱动，未来呈融合式发展；$0 < \mathrm{SIDEDINDEX} < 1$，为弱驱动，未来呈发散式发展。

经济学家阿尔弗雷德・马歇尔曾经指出：当 0<SIDEDINDEX ≤ 1 时，表明科技创新对经济高质量发展的驱动效率较低，说明此时的科技创新结构存在一定问题，仅提高科技创新投入并不能促进经济高质量发展；当 SIDEDINDEX>1 时，说明科技创新对经济高质量发展的驱动效率高，此时的科技创新结构良好，提高科技创新投入便能使经济高质量发展水平有效提升。通过上述驱动指数的计算，得到北京市科技创新驱动经济高质量发展指数走势，见图 7-12。

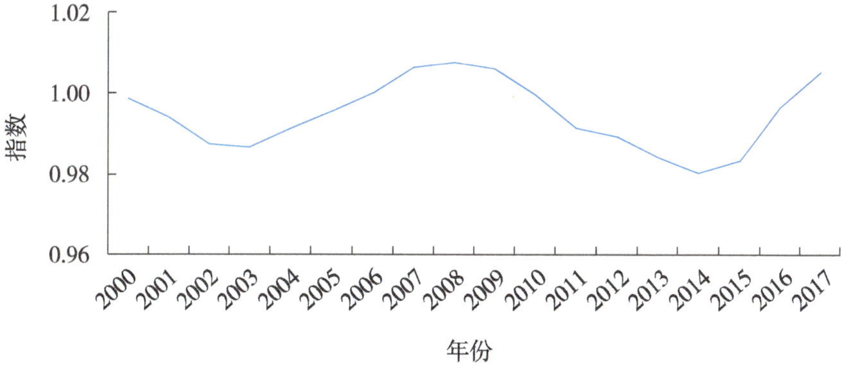

图 7-12 北京市科技创新驱动经济高质量发展指数走势图

由图 7-12 可知，北京市科技创新对经济高质量发展的驱动作用呈现周期性变化。2007~2009 年及 2017 年的驱动指数大于 1，表明该期间内科技创新为强驱动，科技创新驱动经济高质量发展的弹性较好，此时加大科技创新投入即可带来经济高质量发展水平的有效提升；2000~2005年及2011~2016年的驱动指数小于1，说明这两个时期内科技创新为弱驱动，科技创新驱动经济高质量发展的弹性较差，此时科技创新投入的提高并不能带来经济高质量发展水平的有效提升，需要优化科技创新投入结构。

根据最终确定的分布滞后模型，把北京市经济发展中的科技创新驱动作用与经济发展自身惯性作用进行分离，得到图7-13。由图7-13可知，对于北京市而言：①科技创新驱动作用大于经济发展惯性作用，两者作用是此消彼长的；②科技创新的驱动力稍有松弛，经济发展惯性作用的驱动力就会发挥作用；③科技创新对经济发展的驱动作用呈现出周期性波动变化趋势。1999~2017年出现了1.5个周期，其中两次低谷分别出现在2003年与2013年。在这两年中，科技创新驱动作用较弱而经济发展惯性作用较强。峰值出现在2009年，表明该年科技创新驱动作用较强，达到整个周期的峰值。这皆说明我们必须通过进一步的科技创新努力，持续加强科技创新对于经济发展的驱动作用。

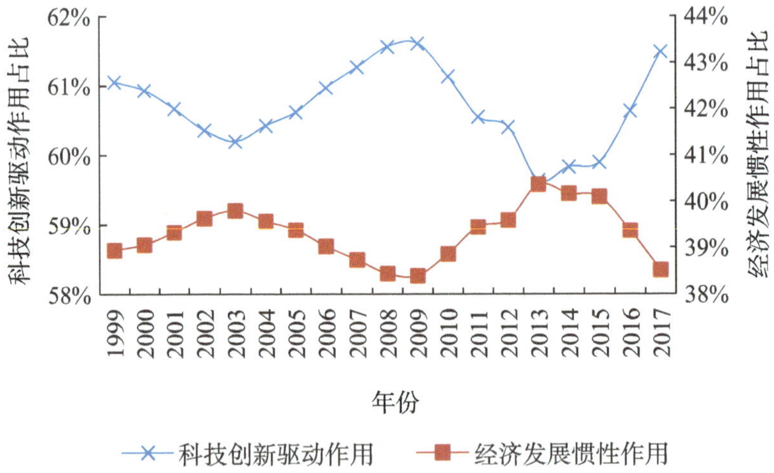

图7-13　北京市科技创新驱动作用与经济发展惯性作用走势图

第五节 创新驱动高质量发展需要实施的重点策略

中国经济已由高速增长转向高质量发展。要进一步增强创新驱动发展的动力、提升经济发展的质量，我们必须在创新驱动发展的政策指向、产业指向、改革指向等方面有效发力。

一、政策指向：以活跃引领性创新提高创新驱动发展的效率

（一）引领性创新：创新驱动发展的根本动力

从学理上可将创新分为引领性创新和非引领性创新。两类创新对于经济发展的作用存在较大的差异，引领性创新会拉动经济发展，而非引领性创新对于经济发展存在不少弊端。

非引领性创新主要有五类。一是有名无实的创新。如仅仅换个名字或外壳的“新药”，尽管企业自我标榜是“创新”，但这些“创新”实际上并没有创新的含量。二是简单模仿，而自己并无进一步研发与改进的“创新”。这类创新的企业本身很难走远，更谈不上引发他人的创新和经济增长速度与发展质量的提升。三是没有学习、借鉴和扩散价值的创新。这类创新更不可能引发经济增长速度与发展质量的提升。四是功能过度冗余的产品创新。功能过度冗余，生产阶段必然消耗过多的原材料、零部件、元器件，使用阶段必然消耗过多能源。这类创新有助于经济总量增长，但却伤害经济发展的质量。五是无助于产业升级的创新。如只解决了本行业内某些技术落后问题，但不

能诱发上下游产业链环节企业的技术改进、产品创新和工艺创新的提升。这类创新对增加某个小行业的工业增加值会有一定作用，但很难拉动 GDP 和经济发展质量的提升。值得关注的是，现实中我们的创新多数是非引领性创新，由此导致经济发展质量很难达到我们期待的程度。

创新驱动发展：引领性创新才是根本动力。引领性创新是指对经济发展具有引领作用的创新，或是引导业界创新的方向和路径，或是拉动创新的持续活跃，进而提升经济增长速度和发展质量。引领性创新有五种情况。一是会诱发人们深层次需求的产品创新或商业模式创新。如智能手机诱发了个人和商家利用手机做更多的事情，电子商务激活了人们原本“可买可不买”的消费欲望。这类创新有助于从供给侧和需求侧同时拉动经济发展。二是装备性、工具性、方法性创新。诸如高铁、大数据、人工智能等领域的创新。这类创新因有助于提升工作的质量和效率而得到较为广泛的应用，进而从供给侧和需求侧同时拉动经济发展。三是造就新业态、新产业的技术创新。如集成电路设计和制造技术创新引发了微电子产业的形成，互联网技术创新引发了互联网、电子商务、云计算、大数据等产业的形成。四是提升既有产业的技术创新。如将绿色技术创新应用到制造业，有助于生产过程中节能降耗。五是有助于提升国家技术经济基础的创新。如微电子、化学基础材料、化学制药、新兴材料等领域的技术创新，它们有助于缓解甚至化解发达国家对我国在新技术供给上“卡脖子”的问题，进而引领整个经济可持续发展。

由以上分析可以看到，创新驱动发展最为根本的动力是引领性创新，而非所有的创新。因为只有引领性创新才具备以下功能：①引导众多企业、行业、领域创新的方向和路径；②通过“引领”，增加经济中“创新”的有效供给，促进创新的持续活跃；③通过“引领”，拉动经济整体增长速度的回升和发展质量的提高。

（二）充分发挥引领性创新在创新驱动发展中的独特作用

既然创新驱动发展最为根本的动力是引领性创新，那么我们关注的重点就应该是引领性创新，而非所有创新。

创新引领发展所需的机制构建：重点鼓励引领性创新。现阶段政府政策多数是笼统地鼓励创新，其中鼓励了较多的非引领性创新，这既浪费了政府稀缺的政策资源，也不利于创新更好地作用于经济发展，甚至会因为非引领性创新的副作用，而抑制引领性创新对于经济发展更为积极的作用。相应地，政府有关创新的税收鼓励政策、财政扶持政策、金融支持政策、人才引进及使用优惠政策等都应向引领性创新倾斜。而对非引领性创新则应由市场机制去“优胜劣汰”。

创新引领发展应关注的重点领域：四大领域的引领性创新。应在能够保障各类资源投入的前提下，紧跟国际科技发展趋势，鼓励并扶持若干重点领域的引领性创新。一是应优先鼓励、扶持微电子、生物技术、化学基础材料、化学制药、新兴材料、人工智能、重大装备等领域的引领性创新，以夯实整个经济发展的基础，突破某些发达国家对我们的遏制。二是应突出鼓励、扶持提升既有产业和造就新业态、新产业的技术创新。诸如互联网、电子商务、绿色技术、传统产业提升等方面的创新。三是应积极鼓励、扶持装备性、工具性、方法性创新。诸如新兴交通工具、云计算、大数据等领域的创新。四是应积极鼓励、扶持有可能进一步诱发人们深层次需求的产品创新或商业模式创新。诸如新零售、科技金融等领域的创新。

为引领性创新产品培育市场：政策引导十分必要。为引领性创新培育市场是十分重要的。相应的创新形成产品之后，如果缺少国内市场需求，不出意外，这样的创新产品很快就会夭折。基于此，鼓励、扶持企业更多地做出引领性创新产品的同时，除政府首购、采购外，还应有进一步的市场培育政策。

二、产业指向：以活跃基于科学的产业的创新加快结构升级

第四次产业革命发生以来，全球产业竞争出现了新的动向，发达国家越来越围绕面向未来的科技创新与新兴产业而加大努力，它们在基于科学的产业领域几乎已全面领先。相应地，我国更应关注培育和发展基于科学的产业，否则我们转变产业结构的战略任务将难以完成。

（一）全球产业竞争新的制高点：基于科学的产业

从产业创新和发展的知识来源的角度，可将产业分为基于科学的产业和基于技术的产业。前者的创新和发展频繁地依赖于科学上新的发现；后者的创新与发展更多地依赖于技术上的渐进式进步。目前基于科学的产业已在不少发达国家迅速崛起，并成为它们新的国际优势产业，成为它们独有的国际竞争力。围绕基于科学的产业，目前全球产业竞争的新动向有以下几点。

新的科学进展直接引发新产业的形成。诸如生物科学的进展引发了生物工程、生物医药、生物农业、生物能源、生物制造等新产业的形成与发展；纳米科学的进展引发了纳米产业的形成与发展；大数据科学、人工智能科学的进展引发了大数据及人工智能产业的形成与发展。目前我国着力发展七大战略性新兴产业，40 个行业门类中有 13 个属于基于科学的行业，即下一代信息网络产业、电子核心产业、网络信息安全产品和服务、人工智能、智能制造装备产业、航空产业、新型功能材料产业、先进结构材料产业、高性能复合材料产业、生物医药产业、生物医学工程产业、生物农业、生物制造产业。美国等发达国家至少在二十多年前就启动了相关基础科学和应用科学研究，从而在科学理论与核心技术上领先于我国。

科学家引领创新，创新引领产业发展。我们分析了诺贝尔奖设立一百多年来获奖科学家的研究成果，筛选出 59 个已经实现商业转化的案例，以及我

国国家科学技术进步奖中 30 个重大创新案例。发现基于科学的产业的创新与发展模式有三类，第一类是企业内部科学家主导科学研究与后续商业转化的创新模式；第二类是学研机构的科学家有了科学研究成果后，与企业合作的创新模式；第三类是科学家有了科学研究成果后，亲自创办企业的创新模式。典型的如 2009 年诺贝尔物理学奖获得者高锟（Charles Kuen Kao）提出了光纤传输光信号理论，提出用玻璃代替铜线来传送光信号，打开了光纤通信应用的大门。其后他向企业转让专利，推动了光纤产业的发展。再如，2008 年诺贝尔化学奖获得者钱永健博士做出基础科学成果后，至少创建了两家公司从事科学成果的商业转化，加快佐证了他的科学研究成果对于人类的有用性，从而也加快了他获得诺贝尔奖的进程。

为发展基于科学的产业，发达国家鼓励建立基于科学的企业。这类企业的基本特征是科学家既从事科学研究，又深度介入商业性创新活动；科学家带土移植自己的科学研究成果及应用研究成果后，还以后续科学研究及应用研究成果持续“滋润”企业的商业性创新，如产品研制和工艺开发。国外创新理论界将这类企业称为基于科学的企业，并认为鼓励科学家创立基于科学的企业是加快发展基于科学的产业的有效途径。我们所考察分析的诺贝尔奖案例中科学家牵头创办这类企业的例子甚多。如考察 21 世纪的情况，仅 2000~2010 年诺贝尔奖获得者亲自创建这类企业，专门从事自己的科技成果商业转化的，竟然有 16 位化学、生理或医学领域的获奖科学家。

（二）以加快发展基于科学的产业来培育我国未来的产业国际竞争力

我们必须加快培育和发展基于科学的产业。中国是发展中的新兴大国，要想赢得未来的产业国际竞争，就必须加快培育和发展基于科学的产业。这点由美国、日本早年的经验和教训可见一斑。20 世纪 50 年代始，美国联邦政府就投入越来越多的资金，支持大学和公共机构的基础及应用科学研究。这既促进了重要领域的基础研究和应用技术创新，也造就了一批基于科学的产业，从而为美国维持全球产业竞争优势提供了强有力的支撑。相反，日本在20世纪六七十年代实现了对欧美的技术追赶后，八九十年代在基础科学方面的投入和积淀不足，直接导致了计算机这类基于科学的产业在日本发展后劲匮乏。借鉴日本这一教训，当下我们必须加快发展基于科学的产业。

新时代对加快发展基于科学的产业提出了新要求。我们目前正在发展的基于科学的产业，正是目前和未来一个时期发达国家聚焦加快发展的产业。在这些产业领域，科学进展引领产业发展，科学与技术高度融合，科学技术化与技术科学化的特征明显；科学成为有目的、有组织的活动，成为产业发展的核心要素，产业发展越来越深度依赖于科学理论的新突破。十九大强调发展新经济、培育新动能。我们只有积极有效地加快发展基于科学的产业，才可能更为有效地培育新动能，进而加快创新驱动高质量发展的实际进程。

应将培育和发展基于科学的企业作为发展基于科学的产业的政策抓手。据对59个成功实现商业转化的诺贝尔奖科学家成果和我国30多个成功实现商业转化的国家科学技术进步奖成果的分析，发现鼓励科学家创办基于科学的企业是加快发展基于科学的产业的有效途径。故我国应积极培育和发展基于科学的企业。应从政策上鼓励科学家创新创业，特别是创办基于科学的企业；在科学政策、技术政策中要有明确针对基于科学的企业的基础研究政策、技术发展政策；在已建、拟建、将建的大科学中心周围，要规划未来基于科学的企业的布局。

三、改革指向：着力构建创新驱动高质量发展所需的创新生态系统

（一）由创新体系建设到完善创新生态系统

创新生态系统比创新体系更具活力。创新生态系统是在创新体系理论的

基础上，结合生态学观点提出的概念。美国竞争力委员会在《创新美国——挑战与变革》报告中，将创新生态系统定义为由社会经济制度、基本课题研究、金融机构、高等院校、科学技术、人才资源等构成的有机统一体。在同一创新生态系统中，各类创新主体通过发挥各自的异质性，与其他主体进行协同创新，实现价值创造，并形成相互依赖、共生演进的网络关系。如将创新体系与创新生态系统相比较，前者强调有效的制度安排，后者则强调相关创新主体的互动和自组织机制的形成。

创新驱动高质量发展所需的创新生态系统的特征。将以往形成的多层类的创新体系转变为创新生态系统，可围绕政用产学研金协同创新来展开。在相应的创新生态系统中，政用产学研金等创新主体应合理定位，各司其职，形成合理的创新主体功能格局。应通过倡导合作精神、磋商态度、契约意识、政府引导等，促进各类创新主体加强合作及互动。应通过倡导市场机制、磋商态度、契约意识、多赢意识，以及合理的分益机制，形成高效的创新资源整合。应通过政策激励、文化激励、媒体传播、政府褒奖等，形成有益于创新发生及实现的机制。特别是应通过国家战略引领、市场竞争筛选，形成促进引领性创新、基于科学的产业的创新更为活跃的机制。

（二）完善创新驱动高质量发展所需的创新生态系统的重点任务

围绕创新主体功能定位，应重点关注政府政策导向是否有利于创新的发生；政府财政科技投入是否支撑了创新前端的关键技术或核心技术研发；政府采购、首购是否扶持了自主创新。市场用户是否给予自主创新产品以与国外同类产品平等的认同。产业中的企业是否有足够的研发投入、专利持有、新产品销售占比。高校是否根据业界的创新需要培养了社会急需的人才。科研机构是否面向国民经济主战场、大趋势搞研究开发。各类金融机构是否乐于为业界的创新提供资金支持。

围绕创新主体连接，应重点关注政用产学研金各类创新主体相互间的信息流动、磋商态度、合作精神、契约意识等。特别是要借助相关政策和制度安排，促使政用产学研金各类创新主体在履行好相关本职工作的基础上，与其他创新主体有效沟通、磋商、合作；要借助合同法等的有效实施，促使相关主体在法制的轨道上维护互动的守约。

围绕创新资源整合，应重点关注创新人才合理、合法流动的方便性，市场化创新资金投入和政府引导资金的活跃程度，各类创新主体是否有多赢意识，创新投入分益机制的合理性、合法性等。特别是要丰富创新创业的投融资品类，谨慎有序地发展企业股权的柜台交易，引导企业和居民将闲置资金投向创新创业的企业。

围绕创新环境支撑，应重点关注政策激励、文化激励、媒体传播、政府褒奖、创业救济机制的有效程度；特别是应引导社会公众、政府机构对于创新失败的理性容忍。鉴于不少创新要通过创业的方式来实施，而且越基于技术创新的创业，困难越多，失败的概率越大，故国家有必要以类似“低保”的力度，为创业失败人员建立类如“创业失败救济”的保障制度。

围绕创新发生与实现，应重点关注国家战略引领、国内市场培育、市场竞争筛选是否形成了引领性创新、基于科学的产业的创新更为活跃的格局。因为这两类创新有着远强于其他类型创新的创新驱动发展的效果。

（三）尤应重视培育企业和产业的创新生态系统

要活跃一国的创新，创新的生态系统也应是“三横一纵”的网络结构。在重视国家和区域创新生态系统培育的同时，企业、行业尤其应重视自身范围的创新生态系统的培育。

企业创新生态的培育的关键是形成良性的创新激励机制和创新支撑体系，以期使乐于创新的员工能够心情愉悦地参与或推动创新，便捷地得到创新所需的企业内部的资源支持，进而分享到创新的收益。

行业范围创新生态的培育的关键是为行业内企业的创新提供必要的信息

服务、共性技术支持、产业技术基础支持、同行协同支持，同时，行业内下游企业要尽可能地成为上游企业创新的“首批客户”，为上游企业创新的“最小产品”“待迭代完善产品”提供测试性市场。

由建设创新体系到培育创新生态系统，差别主要在于前者强调制度安排，后者强调各类主体都站到适当的生态位，机制牵引、相互适应、能量交互。在“三横一纵”的生态系统之间，也需要重视“小生态适应大生态”，重视机制牵引、能量交互。这样的生态系统才能真正成为有利于创新发生与实现的有机网络。

参考文献

巴克豪斯 R. 1992. 现代经济分析史 . 晏智杰译 . 成都：四川人民出版社 .

陈再齐，李震，杨志云 .2019. 国际视角下经济高质量发展的实现路径及制度选择 . 学术研究，(2)：79-86.

傅家骥，姜彦福，雷家骕 .1994. 高质量经济增长的实现要素分析 . 数量经济技术经济研究，(3)：9-17.

傅家骥，雷家骕 . 1996. 靠什么提高中国经济增长的质量——增加经济中的创新流量 . 数量经济技术经济研究，(3)：7-13.

侯建，陈恒 .2016. 高技术产业自主创新模式驱动专利产出机理研究——知识产权保护视角 . 科学学与科学技术管理，(10)：63-73.

胡伟 .2019. 高质量发展阶段我国产业组织政策的四个前沿问题 . 经济纵横，(1)：76-82.

卡马耶夫 B D. 1983. 经济增长的速度和质量（中译本）. 陈华山，左东官，何剑，等译 . 武汉：湖北人民出版社 .

李元旭，曾铖 .2019. 政府规模、技术创新与高质量发展——基于企业家精神的中介作用研究 . 复旦学报（社会科学版），61（3）：155-166.

任保平 . 2018. 创新中国特色社会主义发展经济学——阐释新时代中国高质量的发展 .

天津社会科学，(2)：12-18.

师博 . 2018. 论现代化经济体系的构建对我国经济高质量发展的助推作用 . 陕西师范大学学报(哲学社会科学版)，(3)：126-132.

师博，张冰瑶 . 2018. 新时代、新动能、新经济——当前中国经济高质量发展解析 . 上海经济研究，(5)：25-33.

唐未兵，傅元海，王展祥 . 2014. 技术创新、技术引进与经济增长方式转变 . 经济研究，49(7)：31-43.

田秋生 .2018. 高质量发展的理论内涵和实践要求 . 山东大学学报(哲学社会科学版)，(6)：1-8.

王海成，吕铁 .2016. 知识产权司法保护与企业创新——基于广东省知识产权案件“三审合一”的准自然试验 . 管理世界，(10)：118-133.

王智新，梁翠 .2016. 知识产权司法保护、技术创新绩效与产业升级 . 科学管理研究，(1)：22-24，41.

韦倩，李珂涵 .2010. 新时代中国高质量发展的制度创新研究——第一届中国制度经济学论坛综述 . 经济研究，54(2)：199-203.

张国平，谟行 . 1990. 当代中国理论经济学的主要流派 . 哈尔滨：黑龙江教育出版社 .

张银银 . 2018. 高质量发展阶段的产业政策优化研究 . 当代经济管理，40(12)：1-5.

周波 . 2018. 如何看待建设现代化经济体系与高质量发展 . 国际贸易问题，(2)：28-32.

Cooke P. 1996. The new wave of regional innovation networks：analysis，characteristics and strategy. Small Business Economics，8：159-171.

Freeman C. 1987. Technology Policy and Economic Performance：Lessons from Japan. London：Pinter Publishers.

Lundavall B-A. 1992. National Systems of Innovation：Towards a Theory of Innovation and Interactive Learning. London：Printer Publishers.

Malerba F. 2004. Sectoral Systems of Innovation：Concepts, Issues and Analyses of Six Major Sectors in Europe. New York：Cambridge University Press.

Malerba F，Orsenigo L. 1997. Technological regimes and sectoral patterns of innovative activities. Industrial and Corporate Change，6(1)：83-118.

Romer P M. 1990. Endogenous technological change. Journal of Political Economy，98(5)：71-102.

Solow R M. 1957. Technical change and the aggregate production function. Review of Economics and Statistics，39：312-320.

本章系子课题“创新驱动高质量发展的机制及对策研究”的研究成果，课题主持人是清华大学经济管理学院雷家骕教授，课题组成员有杨武、张庆芝、王玲、钟惠波、刘影、肖士恩、杨淼、孟猛猛。

本章执笔人：雷家骕、杨武、张庆芝、王玲、钟惠波、刘影、肖士恩、杨淼、孟猛猛。